WILLIAM J. BERNSTEIN

UMA BREVE HISTÓRIA DA RIQUEZA

COMO FOI CRIADA A PROSPERIDADE DO MUNDO MODERNO

Editora **FUNDAMENTO**

2015, Editora Fundamento Educacional Ltda.

Editor e edição de texto: Editora Fundamento
Editoração eletrônica: Rosana Alves do Nascimento (Francielle Sambay)
    Bella Ventura Eventos Ltda. (Lorena do Rocio Mariotto)
CTP e impressão: Markpress Brasil Indústria Gráfica Ltda.
Tradução: Migliacci Projetos de Comunicação Eireli (Paulo Eduardo Migliacci)
Revisão técnica: Rosa Maria Oliveira Fontes
Arte da capa: Zuleika Iamashita

Copyright © 2004 The McGraw - Hill Companies, Inc.
Copyright da tradução © 2014 por Editora Fundamento Educacional Ltda.

Imagens de entrada dos capítulos foram fornecidas pelo banco de imagens Fotolia:
© Todor Rusinov, © Ezio Gutzemberg, © pvg, © Denis Tabler

Todos os direitos reservados. Nenhuma parte deste livro pode ser arquivada, reproduzida ou transmitida em qualquer forma ou por qualquer meio, seja eletrônico ou mecânico, incluindo fotocópia e gravação de backup, sem permissão escrita do proprietário dos direitos.

Dados Internacionais de Catalogação na Publicação (CIP)
(Câmara Brasileira do Livro, SP, Brasil)

Bernstein, William J.
    Uma breve história da riqueza / William J. Bernstein ; [versão brasileira da editora] – 1. ed. – São Paulo, SP : Editora Fundamento Educacional Ltda., 2015.

Título original : The birth of plenty

1. História econômica. 2. Qualidade de vida. 3. Riqueza. I. Título.

12-09051   CDD 339-2

Índice para catálogo sistemático:
1. Riqueza: História 339.2

Fundação Biblioteca Nacional

Depósito legal na Biblioteca Nacional, conforme Decreto nº 1.825, de dezembro de 1907.
Todos os direitos reservados no Brasil por Editora Fundamento Educacional Ltda.

Impresso no Brasil

Telefone: (41) 3015 9700
E-mail: info@editorafundamento.com.br
Site: www.editorafundamento.com.br

Este livro foi impresso em papel pólen soft 80 g/m² e a capa em papel-cartão 250 g/m².

Sumário

Prefácio — 1

Introdução — 7

Parte 1 – As fontes do crescimento — 15

1. Uma hipótese sobre a riqueza — 17
2. Propriedade — 63
3. Razão — 109
4. Capital — 144
5. Energia, velocidade e luz — 184
6. A síntese do crescimento — 216

Parte 2 – Nações — 222

7. Os vencedores – Holanda e Inglaterra — 224
8. Quem ficou para trás — 266
9. Os últimos colocados — 309

Parte 3 – Consequências — 334

10. Deus, cultura, cobiça e a esteira rolante do hedonismo — 335
11. Concessões e compensações — 374
12. Cobiça e conflito: a maldição do vencedor — 389
13. O fim do crescimento? — 414
14. Quando, onde e para onde — 420

Prefácio

Quando minha mulher chegou em casa, trazendo da biblioteca *Eat the Rich*, de P. J. O'Rourke, alguns anos antes que a McGraw-Hill lançasse a versão com capa dura do presente livro, em 2002, eu não tinha grandes expectativas quanto às observações históricas. O objetivo de O'Rourke é divertir, e sua jornada zombeteira pelas histórias de sucesso e fracasso econômico não decepciona, particularmente sua definição para risco de crédito: um título de alto risco funciona como se você emprestasse dinheiro para seu irmão mais novo; um título de alta qualidade funciona como se a família Gambino* tivesse feito o empréstimo.

A prosa frívola de O'Rourke não deixa transparecer o esforço de pesquisa considerável do autor. Espalhadas entre as brincadeiras e anedotas, o livro traz passagens bem pesquisadas, entre as quais um trecho que menciona por alto dados coletados por um obscuro economista escocês chamado Angus Maddison, que constatou uma estranha descontinuidade no crescimento econômico mundial, por volta de 1820: antes dessa data, o crescimento, na prática, não existia; depois dela, tornou-se vigoroso e persistente.

Demorei um pouco a obter uma cópia do livro de Maddison, *Monitoring the World Economy, 1820-1922*. A edição em capa dura parece tão tediosa e complicada quanto um livro didático de Direito, mas

---

* As mais importantes famílias da máfia italiana que começaram a chegar aos Estados Unidos nas primeiras décadas do século 20 foram as que atuavam Nova York. Elas ficaram conhecidas como "as cinco famílias": Genovese, Bonanno, Gambino, Lucchese e Colombo.

Maddison relata com dados sucintos a maior história já contada: a do nascimento econômico do mundo moderno. O mais belo relato textual sobre a restauração Meiji, no Japão, ou sobre a prosperidade do planeta depois da Segunda Guerra Mundial não faria justiça aos números brutos que o trabalho de Maddison apresenta: crescimento anual de 6% no PIB per capita japonês, 100% de aumento na expectativa de vida, quase 400% de avanço no nível de educação e um rápido desaparecimento do analfabetismo, tudo isso nas quatro décadas que precederam a Primeira Guerra Mundial.

Essa virada súbita na fortuna do mundo ocidental me fascinou. O próprio Maddison tenta propor uma explicação sucinta para o fenômeno, mencionando o progresso tecnológico, melhoras no comércio internacional, nas finanças e no capital humano e a exploração dos recursos naturais – além de se referir a conceitos econômicos mais obscuros, como o de "contabilidade de crescimento". Nenhuma dessas explicações me satisfez. A crença de que mudança tecnológica produz crescimento não explica coisa alguma. É praticamente um processo automático que inovações tecnológicas produzam crescimento econômico. Se os avanços na eletrônica, nos transportes e nas ciências subitamente parassem, a única maneira de melhorar a eficiência econômica seria por meio de avanços na especialização do trabalho. Desconsiderado esse fator, o crescimento econômico se deteria.

A questão começou a me incomodar. Por quê? Por que o crescimento econômico mundial e o progresso tecnológico subjacente explodiram em um determinado momento e não em outro? Por que os florentinos não concretizaram os motores a vapor e as máquinas voadoras que Da Vinci desenhou? Por que os romanos, com sua alta capacidade metalúrgica, não descobriram a eletricidade e inventaram o telégrafo? Por que os gregos, tão habilidosos em matemática, não descreveram as leis de probabilidade, sem as quais os modernos mercados de capitais não poderiam funcionar? Aliás, já que estamos tratando do assunto, por que os atenienses se mantiveram relativamente pobres durante os 150 anos que separam sua vitória sobre os persas de sua queda diante de Alexandre, uma vez que dispunham das condições usualmente consideradas necessárias para o crescimento econômico: democracia, direito de propriedade, mercados livres e uma classe média livre? Acima de tudo, por que a descrição de Hobbes para a vida em estado natural como "solitária, pobre, cruel, bruta e curta" – palavras que descrevem com perfeição a existência da maioria das pessoas até o século

19 – desapareceria, na Europa Ocidental, menos de dois séculos depois de ele colocá-la no papel?

Paul Johnson, em *The Birth of the Modern*, chega perto de responder essas questões. Sua descrição das revoluções na ciência, literatura e arte, no começo do século 19, não tem paralelo e serve como maravilhosa contrapartida em prosa ao trabalho de Maddison – como se ele tivesse escrito uma "história do desenvolvimento moderno para poetas", digamos. Mas Johnson não tenta explicar por que a mais importante das transições históricas aconteceu naquele momento. Seguindo um caminho diferente, Jared Diamond, em *Armas, Germes e Aço*, propõe a "pergunta de Yali": "Por que os homens brancos ficam com toda a carga?" (Yali é um nativo da Nova Guiné, e "carga" é o termo local para todas as invenções tecnologicamente avançadas – principalmente eixos de aço, refrigerantes e guarda-chuvas.) Ainda que o livro de Diamond ofereça um relato deslumbrante sobre os agentes biológicos e geográficos que influenciam a história humana, a resposta que ele propõe para a pergunta (ou queixa) do aldeão – a de que geografia, clima e exposição microbiológica determinam quem domina a História – faz pouco sentido histórico e econômico. Afinal, geografia e clima certamente não explicam os destinos radicalmente diferentes da Coreia do Sul e da Coreia do Norte. Da mesma forma, a Microbiologia não basta para explicar o domínio europeu sobre boa parte da Ásia depois de 1500, porque, como apontou inicialmente o historiador William McNeill, os conjuntos de patógenos da Europa e Ásia já se haviam equilibrado em larga medida na metade do segundo milênio.

Minha tarefa, portanto, será desvelar os fatores culturais e históricos que passaram a operar em conjunto a partir do começo do século 19 para deflagrar a grande decolagem econômica do mundo moderno. A escrita efetiva de não ficção deve transcender a simples exposição de fatos e as narrativas, por melhores que estas sejam, e oferecer aos leitores ferramentas úteis para que eles compreendam o mundo que os cerca. Qualquer abordagem quanto às origens da prosperidade mundial apresenta dois desafios. Primeiro, a história – a maneira como o mundo chegou ao estado em que se encontra – é uma das mais intrinsecamente absorventes como tema para um escritor. Se este não consegue atrair o interesse dos leitores pela história, a culpa é toda dele. O segundo desafio é oferecer ao leitor um ponto de observação capaz de explicar por que qualquer nação – e não apenas as várias de que trata este livro – é rica ou pobre, democrática ou totalitária, fraca ou poderosa e talvez até os motivos para que seus cidadãos estejam satisfeitos ou não com as vidas que levam. Se o autor se sair bem, os leitores poderão vislumbrar o que o futuro terá a oferecer para nosso planeta e seus povos.

Este livro se divide naturalmente em três partes: por que, como e para onde. A primeira tarefa é tentar definir as fontes essenciais do crescimento econômico. Em seguida, o foco se volta para as notáveis consequências sociológicas, políticas e militares do explosivo crescimento econômico do mundo moderno. Descobriremos que compreender as fontes do crescimento nos dá uma percepção incisiva sobre as grandes questões de nossa era.

- Em um mundo que está se tornando não apenas mais rico, mas também mais complexo, acelerado e desgastante, o que acontece em termos de bem-estar e satisfação ao cidadão médio?
- Qual é a relação entre a riqueza e o desenvolvimento democrático? O que o progresso econômico e a desigualdade de riqueza entre os países gerada por ele reservam ao futuro político do planeta?
- De que forma a evolução da moderna prosperidade afetou o equilíbrio de poder que existe hoje no mundo? A ascendência militar dos Estados Unidos é um acidente histórico e devemos supor que ela continuará? De que forma os não ocidentais, principalmente no mundo muçulmano, poderão exercer poder político e militar?
- Os países em desenvolvimento parecem ter suportado a crise econômica iniciada em 2007 de maneira muito melhor que as velhas potências dominantes do Ocidente. Até que ponto o histórico domínio ocidental pode continuar a erodir?

Ninguém pode alegar domínio completo sobre todos os campos que a história do crescimento econômico mundial abarca – Direito, História, Filosofia, Astronomia, Teologia, Administração Pública, Sociologia e, claro, Economia. Porque não sou especialista em nenhum deles, minha lista de agradecimentos àqueles que me orientaram, editaram meu trabalho e me ofereceram incentivo ao longo do caminho é certamente longa.

Ed Tower me acompanhou nesta jornada praticamente desde o começo, ajudando-me a compreender a complexidade das teorias de Comércio Internacional e oferecendo a sabedoria que adquiriu em décadas de orien-

PREFÁCIO

tação a alunos de graduação e pós-graduação nas Ciências Econômicas. Em 2001, Ed me sugeriu que considerasse a possibilidade de escrever um livro sobre história da economia, sem saber que eu já havia iniciado um projeto semelhante alguns meses antes, e com isso me animou o bastante para que eu mantivesse o esforço. Robert Ellickson me ofereceu material inédito sobre os direitos de propriedade no Crescente Fértil, e Mark Roe fez o mesmo com relação aos custos de aplicação dos direitos de propriedade. Victor Hanson ajudou-me quanto à contribuição dos gregos para as leis de propriedade. Richard Easterlin me orientou quanto à conexão entre dinheiro e felicidade; Stephen Dunn refinou minha compreensão sobre os efeitos da influência na história da Suprema Corte norte-americana; Alex Johnson me convenceu a estudar, de maneira mais profunda do que eu teria feito, a história das leis de propriedade intelectual; Robert Arnott me ajudou a compreender a tempestade geracional que nos aguarda; e Karl Appuhn criticou minha avaliação quanto aos antecedentes medievais da Era do Crescimento. Robert Barro ofereceu-me dados e gráficos sobre correlações de crescimento; Gregory Clark, dados sobre a forma de prosperidade adotada na Inglaterra durante séculos; Emmanuel Saez, dados sobre distribuição de renda; e Jim Hirabayashi, dados sobre as atividades do Serviço de Patentes dos Estados Unidos. Waldo Tobler, Jack Goldstone, Jay Pasachoff, Robert Uphaus, Niall Ferguson, Paul Kennedy, Donald Moggridge, Robert Skidelsky, Larry Neal, Jane Alpert e Richard Sylla me ofereceram assistência generosa quanto aos aspectos históricos desse relato. Ron Inglehart merece agradecimentos especiais por ter me ajudado a compreender a nebulosa interação entre economia, cultura e religião e pelos gráficos que me forneceu.

Também tive a ajuda de diversos mestres consumados do jornalismo financeiro e econômico. Wiliam Schultheis me ofereceu conselhos essenciais no início do projeto. Bernard Sherman, da Iowa Public Radio, esteve envolvido no processo editorial do começo ao fim e me salvou de embaraços tantas vezes que nem consigo contá-las, principalmente em questões de administração pública. Jonathan Clements, do Wall Street Journal, ofereceu-me generosa assistência em diversas áreas, de conselhos sobre estilo e estrutura a uma visão refinada quanto à história intelectual inglesa, que ocupa posição central em muitos dos capítulos do livro. Jason Zwei, da revista Money, ofereceu à causa conselhos de estilo, fatos recônditos, um perverso senso de humor e conhecimento enciclopédico sobre quase todos os assuntos. John d'Antonio, que me ajudou a conduzir o manuscrito ao longo do processo de produção, foi rigoroso nos momentos necessários e não tem rivais quando o assunto é preparação de textos.

Judy Brown emprestou seus conhecimentos especializados e seu talento artístico ao produto final; e Don Goyette também ajudou a refinar boa parte do aspecto gráfico deste livro. Catherine Dassopoulos emprestou seu impressionante talento e os recursos da McGraw-Hill a um esforço admitidamente ambicioso de descrever a forma do mundo moderno pela lente da Economia.

Meus amigos e família também contribuíram para este livro. Como de hábito, os conhecimentos do falecido dr. Charles Holloway sobre idiomas europeus mortos e sobre os gregos, bem como sua capacidade sintática, provaram ser muito úteis; e minha filha, Katheryn Gigler, ofereceu assessoria sociológica especializada. Kathy e Rick Grossman leram com cuidado o texto final. Por fim, o livro não teria sido escrito sem minha mulher, Jane Gigler, que tomou minha prosa indistinta e a transformou impiedosamente em capítulos legíveis, substituindo jargões e abreviaturas por formas compreensíveis de escrita e contestando repetidamente os defeitos de lógica e fluência do texto. Ela esteve sempre presente, rearranjando, aparando e revisando os incontáveis rascunhos de cada capítulo. Mas até mesmo esse esforço hercúleo empalidece diante da tolerância e apoio que oferece constantemente a um marido obcecado.

Introdução

O capitão George Proctor, da belonave britânica HMS Centurion, tinha muitos motivos para agradecer a John Harrison, o mestre relojoeiro que havia decidido acompanhar os primeiros testes de seu cronômetro marítimo H-1 – um grande relógio, extremamente preciso, usado para computar longitudes – a bordo de um navio, no segundo trimestre de 1737. Quando os primeiros contornos escuros da costa inglesa surgiram na linha do horizonte, o navegador do Centurion, utilizando o método tradicional de cálculo de posição, estimou que o navio estava navegando em águas seguras, ao sul de Dartmouth. Mas Harrison discordou. O relógio dele indicava que o navio estava a cerca de 130 quilômetros de Dartmouth, em águas perigosas ao largo da Lizard, a península que delimita o extremo sudoeste da Inglaterra. Para evitar riscos, o capitão mudou o rumo para o leste e confirmou, horas mais tarde, que os cálculos de Harrison estavam absolutamente corretos.

A cautela de Proctor seria compreendida de imediato por qualquer navegador daquela época. Trinta anos antes, o almirante sir Clowdesley Shovell havia cometido o mesmo erro de navegação e levado sua frota inteira aos recifes que cercam as ilhas Scilly, causando a morte de mais de dois mil marinheiros. A catástrofe fez com que as atenções britânicas se concentrassem na necessidade de melhorar as técnicas de navegação. Sete anos mais tarde, em 1714, o Parlamento aprovou a Lei da Longitude, estabelecendo o "Conselho da Longitude" e oferecendo um prêmio de 20 mil libras – o equivalente a um milhão de libras em dinheiro atual – para quem conseguisse criar um método para estimar posições no eixo leste-oeste com a precisão da ordem de meio grau (ou cerca de 50 quilômetros).

Além de possivelmente dever a vida a Harrison, Proctor também havia testemunhado, sem saber, um dos grandes pontos de inflexão da História, de magnitude comparável à invenção do motor a vapor, ao desenvolvimento da democracia representativa ou à batalha de Waterloo. O advento de um cronômetro marítimo confiável ajudou a fazer do comércio marítimo, antes empreitada incerta e frequentemente mortal, uma confiável máquina de gerar riquezas.

Dois séculos e meio mais tarde, o relógio de Harrison, em exibição no Museu Marítimo Nacional britânico, em Greenwich, e ainda marcando o tempo com precisão da ordem de uma fração de segundo ao dia, continua a ser uma maravilha. Mas representou, na verdade, o menos ilustre dos avanços tecnológicos realizados na notável era de 1730 a 1850. Poucos cidadãos comuns já viram um cronômetro marítimo, enquanto os demais grandes avanços do período – o moderno sistema de canais, os motores a vapor e o telégrafo – estão ou estiveram à vista de qualquer interessado.

Desde que a Idade Moderna começou, o conceito vem sendo o de que os avanços tecnológicos de um dado período são singulares e revolucionários – e o pensamento de nossa era certamente não é exceção. Mas essa, ainda assim, é uma ideia ilusória. Para perceber o efeito total do progresso científico sobre os assuntos humanos, basta considerar a explosão tecnológica ocorrida naquele período de 120 anos, que transformou completamente a vida, da mais alta à mais baixa camada da sociedade. A velocidade de transporte aumentou dez vezes de um só golpe, e a comunicação se tornou quase instantânea. No começo do século 19, Thomas Jefferson demorava dez dias para viajar de sua fazenda em Monticello até a Filadélfia, o que implicava despesas, dores e perigos consideráveis. Mas, em 1850, uma locomotiva a vapor tornava possível fazer esse trajeto em um dia e por uma minúscula fração do custo, desconforto e risco antes envolvidos. Nas palavras do historiador Stephen Ambrose:

> Um fato crítico para o mundo de 1801 é que nada se movia mais rápido que um cavalo. Nenhum ser humano, nenhum produto de manufatura, nenhum barril de trigo, peça de carne, carta, informação, ideia, ordem ou instrução, de qualquer ordem, era capaz

INTRODUÇÃO

de se mover mais rápido. Nada jamais havia se movido mais rápido e, na opinião dos contemporâneos de Jefferson, nada jamais o faria.

Com a invenção do telégrafo por William Fothergill Cooke e Charles Weatherstone, em 1837, na Inglaterra, a comunicação instantânea alterou os assuntos econômicos, militares e políticos de modo tão abrupto que, se comparada às mudanças propiciadas pelo avião e pelo computador no século 20, estas se tornam pequenas. Antes do telégrafo, o estado rudimentar da comunicação frequentemente resultava em tragédia. A sangrenta vitória de Andrew Jackson sobre os britânicos em Nova Orleans, em 1815, por exemplo, aconteceu duas semanas depois que a Inglaterra e os Estados Unidos assinaram um tratado de paz em Ghent.

Desde 1850, o ritmo do progresso tecnológico desacelerou ligeiramente, em vez de acelerar. Um morador médio do mundo ocidental que estivesse vivo em 1950 não teria dificuldade para compreender a tecnologia do ano 2000. Por outro lado, a vida cotidiana de 1850 teria causado espanto a um cidadão médio de 1800.

Os tumultos econômicos iniciados em 2007 geraram muita conversa ociosa sobre "uma nova normalidade", envolvendo níveis de crescimento mais baixos. Mercados de capital saudáveis são de fato um ingrediente essencial para o progresso econômico, mas a economia mundial conseguiu se recuperar de crises muito piores que a da primeira década do século 21. A razão para essa elasticidade é simples: a turbulência nos mercados de capital não altera de modo fundamental a fonte básica do crescimento econômico – o fluxo relativamente constante de avanços científicos e tecnológicos.

Um exame qualitativo da história e da cultura oferece aprendizado limitado. Em última análise, a medida verdadeira do progresso deve ser estatística. Que avanços mensuráveis um país conseguiu em termos de alfabetização, longevidade e riqueza? Quando observamos os números, torna-se extremamente claro que algo aconteceu em dado momento do início do século 19. Antes, o ritmo de melhora na situação da humanidade era lento e hesitante e, depois disso, tornou-se substancial e firme.

Isso não significa que os avanços intelectuais e científicos conquistados nos três séculos posteriores ao Renascimento tenham sido irrelevantes. Mas o fato evidente é que o Renascimento e o período inicial do Iluminismo melhoraram muito pouco a situação das pessoas comuns. Como podemos saber disso? Com base no estudo da história da economia. A melhor maneira de mensurar o impacto do progresso intelectual e científico é examinar seus efeitos sobre as pessoas comuns. Qual foi o índice de crescimento na produtividade per capita das forças de trabalho da Itália, França, Holanda e Grã-Bretanha ao longo dos séculos? O que aconteceu em termos de expectativas de vida e níveis de educação?

Graças ao esforço dos historiadores econômicos de décadas passadas, o retrato quantitativo dos avanços da humanidade vem lentamente ganhando protagonismo. Os números revelam uma história surpreendente. Até aproximadamente 1820, o crescimento no PIB per capita mundial ficava próximo do zero. Nos séculos posteriores à queda de Roma, a riqueza europeia se reduziu e diversas tecnologias essenciais desapareceram. A mais importante delas foi o cimento, que só voltaria a ser descoberto 13 séculos mais tarde.

A grande tragédia da era pré-moderna está no fato de que grandes conhecimentos ficaram perdidos por milênios. Antes de Gutenberg e Bacon, faltavam aos inventores duas vantagens cruciais que hoje tomamos como axiomáticas: métodos robustos de armazenagem de informação e uma base sólida para as teorias científicas. A falta de um método científico implicava que avanços tecnológicos surgissem com base em pura tentativa e erro e, portanto, acontecessem em pequeno número e a longos intervalos de tempo. Além disso, a indisponibilidade de livros impressos significava que inventores e fabricantes só podiam registrar seus trabalhos em alguns poucos locais. Consequentemente, invenções eram "perdidas" com frequência, e a condição tecnológica e econômica de nossos antepassados costumava recuar tanto quanto avançava.

É verdade que, a partir do ano 1000, o bem-estar humano melhorou, mas de forma tão lenta e tão pouco confiável que praticamente não era sentida, em uma era na qual a expectativa de vida era de 25 anos. Mas então, pouco depois de 1820, a prosperidade começou a jorrar em uma torrente cada vez mais intensa, e a cada sucessiva geração a vida dos filhos se torna perceptivelmente mais confortável, informada e previsível que a dos pais.

Este livro examinará a natureza, as causas e as consequências dessa transformação. A primeira seção detalhará a narrativa que esses novos dados oferecem. Identificarei os pontos, tanto no espaço quanto no tempo, em que o crescimento econômico aflorou depois de milênios adormecido. Também descreverei e examinarei a história de quatro fatores – direitos de propriedade, racionalismo científico, mercados de capital e melhoras nos transportes e nas comunicações – que servem como ingredientes essenciais para deflagrar e sustentar o crescimento econômico e o progresso humano.

A segunda seção relata a história de quando e como esses fatores foram percebidos: primeiro na Holanda e depois na Inglaterra e nas nações que descendem da cultura inglesa e, em seguida, no restante da Europa, Japão e, por fim, nos demais países do Leste Asiático. Em cada caso, dissecarei a decolagem do crescimento, para constatar que, apenas quando os quatro fatores mencionados acima estão em ação, um país pode prosperar.

Ainda que eu tente manter uma perspectiva mundial ao longo do livro, muitos leitores certamente verão seu foco como excessivamente eurocêntrico. Os chineses – inventores do papel, da impressão e da pólvora – não foram os maiores e mais inovadores engenheiros do mundo pré-moderno? Os primeiros impérios árabes não representavam oásis de cultura e aprendizado na Idade das Trevas europeia? Os matemáticos indianos não desenvolveram um sistema numérico, que incorporava o conceito de zero, muito mais avançado que os sistemas numéricos baseados em letras, usados pelos gregos e pelos romanos? A resposta a todas essas perguntas é um vigoroso sim. No entanto, nenhuma dessas sociedades foi capaz de reproduzir a moderna façanha ocidental de elevar o padrão de vida de seus cidadãos de maneira contínua e permanente. Além disso, os quatro fatores responsáveis pela riqueza moderna – direitos de propriedade sustentados pela lei comum; racionalismo científico; mercados de capital avançados; e grandes avanços nos transportes e nas comunicações – tiveram origem em larga medida na Europa. Ainda que a prosperidade tenha se tornado um fenômeno mundial, não há como evitar a conclusão de que ela nasceu em uma área que se estende de Glasgow a Gênova.

Por fim, a terceira seção do livro avaliará as consequências sociológicas, políticas, econômicas e militares das grandes disparidades com relação à riqueza nacional surgidas desse nascimento da abundância e as consequências que o crescimento acarretará para o futuro.

Recentes avanços nas ciências sociais nos abrem uma janela fascinante para as complexas interações entre valores sociais, riqueza e política. Primeiro as más notícias: em um mundo que está se tornando mais e mais próspero, as pessoas não estão necessariamente se tornando mais felizes, particularmente no Ocidente. Mas a boa notícia é que melhoras substanciais no bem-estar individual estão ocorrendo nos países em desenvolvimento. À medida que os países deixam o Terceiro Mundo e chegam ao Primeiro, seus cidadãos se tornam mais e mais satisfeitos. Veremos, além disso, que o desenvolvimento econômico facilita a democracia, e não o oposto – o que confirma a ideia de que "democracia demais" pode prejudicar o crescimento econômico. O Estado de direito é um baluarte essencial de um sistema robusto de direitos de propriedade. Estes, por sua vez, são essenciais para a prosperidade, que serve como solo fértil para o florescimento da democracia. Na primeira edição deste livro, em 2004, afirmei que o otimismo quanto ao desenvolvimento democrático em um país cujos valores essenciais são contrários à ética de um Estado de direito – como acontece com relação ao Iraque ou ao Afeganistão – provavelmente demonstraria ser caro e perigoso. E os últimos anos infelizmente provaram que eu tinha razão.

Aqui argumentarei que o destino de cada nação é determinado mais pelo seu dinamismo econômico do que pelas incertezas da guerra, cultura e política. A atual hegemonia mundial sustentada pelo poderio militar norte-americano não é acidental. A História nos ensina que o destino de todas as grandes potências é declinar e cair, mas isso não acontecerá com os Estados Unidos antes que outras nações ultrapassem os norte-americanos tanto em produtividade econômica quanto desenvolvam um interesse pela projeção de seu poder. A despeito da crise econômica iniciada em 2007, os Estados Unidos controlam solidamente as principais vias marítimas e os gargalos de tráfego naval do planeta e têm condições de projetar poder mundialmente de uma maneira inacessível a qualquer outro país. E isso provavelmente não mudará por muito tempo. O mais importante é que, em um futuro previsível, nenhum país pode ameaçar a existência do território essencial dos Estados Unidos sem sofrer aniquilação inevitável.

Ao examinar como, quando e onde nosso mundo prosperou, poderemos melhorar nossa capacidade de antever o que o futuro nos reserva.

UMA BREVE NOTA SOBRE MOEDAS

Este livro, como cabe a qualquer trabalho de história da economia, expressa valores nas moedas das épocas de que trata – libras esterlinas, pesos espanhóis, ducados venezianos, florins florentinos e libras francesas, para citar apenas algumas. Optei por não macular o texto convertendo cada montante mencionado em seu equivalente contemporâneo – o que é sempre um exercício impreciso.

Para os leitores que desejam esse tipo de informação, o seguinte método serve para uma conversão genérica: ao longo da história europeia, a moeda-padrão da maioria dos países foi uma pequena moeda de ouro, como o guinéu inglês (de valor pouco superior a uma libra), libra francesa, florim florentino ou ducado, com peso de pouco mais de três gramas e valor de aproximadamente US$ 130 em moeda moderna. Entre 1500 e 1800, as despesas regulares de um cavalheiro inglês chegavam a cerca de 300 libras por ano, enquanto trabalhadores e agricultores recebiam de 15 a 20 libras anuais. No entanto, a manipulação do valor das moedas torna até mesmo essa abordagem extremamente imprecisa com uma frequência alarmante.

A grande exceção na Europa é o florim holandês, cujo valor era equivalente a cerca de metade do guinéu e da libra francesa. Por fim, o dracma da Grécia antiga equivalia ao valor de um dia de trabalho para um trabalhador ou agricultor.

PARTE 1

As fontes do crescimento

A prosperidade não é conquistada simplesmente pela posse de usinas hidrelétricas, cabos telefônicos, fábricas, terras agricultáveis ou mesmo de grandes montantes de dinheiro. E também não pode ser transplantada de um país para outro pela simples transferência dos componentes essenciais de uma infraestrutura econômica. Em quase todos os casos, com exceção apenas dos mais excepcionais, a prosperidade nacional não envolve somente objetos físicos ou recursos naturais. Em vez disso, gira em torno de instituições – as estruturas por meio das quais os seres humanos pensam, interagem e conduzem seus negócios. Esta seção descreve essas instituições e a maneira como elas se relacionam umas com as outras.

Quatro dessas instituições são pré-requisitos para o crescimento econômico:

- direitos firmes de propriedade, não apenas propriedade física, mas também propriedade intelectual e sobre a própria pessoa (liberdades civis);
- um procedimento sistemático para examinar e interpretar o mundo (o método científico);
- uma fonte de financiamento amplamente acessível e aberta para o desenvolvimento e produção de novas invenções (o moderno mercado de capital);
- a capacidade de comunicar informações e transportar bens e pessoas com rapidez.

O capítulo 1 apresenta a lógica do modelo desses quatro fatores expostos e avalia a lastimável situação econômica do começo da era moderna.

Os capítulos 2 a 5 discorrem sobre o desenvolvimento econômico de cada um dos quatro fatores. O capítulo 6 discute a dependência entre os fatores. Algumas das histórias que relatarei já são conhecidas dos leitores, principalmente a do racionalismo científico; outras, como a da origem do moderno direito de propriedade intelectual na Antiguidade, nem tanto. O conhecimento básico sobre esses quatro fatores permitirá que compreendamos como, quando e por que o mundo moderno enriqueceu.

CAPÍTULO 1
UMA HIPÓTESE SOBRE A RIQUEZA

A burguesia, durante seu período de domínio que mal dura um século, criou forças produtivas mais imensas e colossais do que todas as gerações precedentes somadas.

(Karl Marx, Manifesto do Partido Comunista)

É sempre tentador lamentar o estado do mundo, principalmente para as pessoas que se interessam pelos melodramas da humanidade – conflitos violentos, trapaças, grandes fracassos e as mais recentes manifestações dos ódios raciais e religiosos que permeiam a história humana.

Um dos mestres dessa modalidade sempre popular de pessimismo, o jornalista Anthony Lewis, ao final de uma longa e distinta carreira, foi indagado se o mundo estava melhor naquele momento do que quando ele começara a cobrir as notícias, meio século antes.

> Perdi minha fé no ideal do progresso. E emprego o termo no sentido em que era usado no começo do século 20, de que a humanidade está se tornando mais sábia e melhor – como manter essa opinião depois de Ruanda, da Bósnia e de uma dúzia de outros lugares nos quais ocorreram horrores semelhantes?

O problema de Lewis é que seu critério subjetivo – de que a humanidade não atingiu a perfeição moral como fora definida em universidades de elite norte-americanas ou na redação do New York Times – é rigoroso demais.

Lewis parece não estar ciente de que é possível medir o bem-estar da humanidade. Na verdade, podemos fazer isso de maneira esplêndida. Ao contrário das impressões sombrias desse jornalista, a segunda metade do século 20 foi bem menos violenta que a primeira. Além disso, a proporção da população mundial que está sujeita a totalitarismo, genocídio, fome, guerra e epidemias vem decrescendo firmemente há dois séculos, e a maior parte dessa mudança aconteceu exatamente nas cinco décadas que Lewis tanto desdenha.

Considere que, de 1950 a 1999, a expectativa de vida média nos países desenvolvidos subiu de 66 para 78 anos; nos países em desenvolvimento, subiu de 44 para 64 anos. A longevidade que isso propiciou a quase todos no Ocidente, e não apenas às pessoas mais afortunadas, talvez seja a maior realização dos últimos 50 anos. Ou considere que, no mesmo período, o PIB per capita mundial – a quantidade de bens e serviços produzidos por uma pessoa média, descontada a inflação do período – quase triplicou. Ou que, por volta do ano 2000, o PIB per capita mexicano era substancialmente mais alto que a do Reino Unido, o líder da economia mundial em 1900. E, se você ainda assim não se impressiona com o progresso material da humanidade nos últimos 50 anos, deve pelo menos levar em conta que, se examinar praticamente qualquer indicador de progresso social que desejar – mortalidade infantil, índices de alfabetização e educação –, irá observar avanços dramáticos em quase todo o planeta, excetuadas apenas algumas das regiões mais problemáticas.

Escapando da armadilha

O mundo moderno parece estar cambaleando com o peso de uma população que não para de crescer e que, a cada ano, tem mais dezenas de milhões de bocas a serem alimentadas. Quando Cristo nasceu, a Terra sustentava pouco mais de 250 milhões de pessoas; em 1600, a população havia subido para 500 milhões; por volta de 1800, a marca do bilhão foi atingida; o segundo bilhão chegou em 1920; e o terceiro, em 1960. Hoje, há mais de 6 bilhões de habitantes no planeta. O crescente congestionamento da vida urbana, especialmente no Terceiro Mundo, gera a impressão de que a população cresce muito mais rápido que o ritmo real de 1,85% ao ano registrado nos últimos 50 anos.

A superlotação do planeta é um fenômeno relativamente recente, derivado da prosperidade que o planeta conquistou há pouco tempo. Antes da Idade Moderna, fome, doenças e guerras frequentemente sobrepujavam a inclinação humana para procriar. Nos dois primeiros milhões de anos da história da humanidade, o crescimento populacional não superava muito o 0,001% anual. Depois do surgimento da agricultura, dez mil anos atrás, o ritmo do crescimento populacional subiu aproximadamente 0,036% ao ano e, no século 1, atingiu 0,056% anual. Depois de 1750, o crescimento chegou a 0,5% ao ano e só ultrapassou a marca do 1% no começo do século 20.

Na Idade Moderna, o desanimador panorama econômico de uma população que não para de crescer é virtualmente sinônimo de Thomas Malthus. Nascido de uma família da pequena nobreza em 1766, Thomas se formou com louvor pela Universidade de Cambridge em 1788. Como muitos dos jovens universitários de sua época na Inglaterra e na Escócia, rendeu-se à influência da nova ciência da "economia política" desenvolvida por Adam Smith e dedicou a vida a um estudo quantitativo da humanidade.

A Inglaterra, nos anos de formação do aspirante a economista, parecia mais o país de Hobbes que o de Smith – escassez de alimentos e ocasionais surtos de fome eram coisas normais na época, principalmente na vizinha Irlanda. Em 1795 e 1796 e de 1799 a 1801, a guerra e a redução das safras se combinaram para causar tumultos pela falta de alimentos na Inglaterra. Para Malthus, a raiz dessa escassez parecia evidente: "O poder de crescimento da população é infinitamente maior que o poder da terra para produzir alimentos para a humanidade". Os seres humanos são capazes de se reproduzir rapidamente, enquanto a agricultura está sujeita à lei dos rendimentos decrescentes. A tendência natural, portanto, seria a de que a humanidade crescesse até esgotar o estoque de alimentos disponível. (A expressão conceitual comum da tese de Malthus afirma que a população cresce geometricamente enquanto o suprimento de comida cresce aritmeticamente.)

Os infames "obstáculos positivos" de Malthus não se limitavam aos clássicos *fama, pestis et bellum* (fome, peste e guerra), mas incluíam também diversos males menos graves: condições sanitárias ruins no trabalho, trabalho excessivo, habitações superlotadas e insalubres e cuidados insuficientes com as crianças. Se por um breve momento a comida se tornasse abundante, a população aumentaria rapidamente. Mas logo o excedente de trabalhadores resultante dessa expansão causaria a redução de salários. Isso tornaria mais difícil comprar comida e, por desencorajar o casamento, reduziria o crescimento populacional.

Os baixos salários então induziriam os fazendeiros a contratar mais trabalhadores, o que, por sua vez, resultaria em ampliação da terra arável cultivada e reiniciaria o processo em um nível ligeiramente mais elevado de população e produção de alimentos – o notório "ciclo malthusiano".

No mundo áspero de Malthus, o suprimento de alimentos de uma nação – e sua população – crescia lentamente, se é que crescia, e por isso o padrão de vida era inversamente proporcional ao número de bocas a serem alimentadas. Caso a população aumentasse, não haveria comida suficiente para todos; os preços subiriam, enquanto os salários e o padrão de vida em geral cairiam. Por outro lado, se a população diminuísse muito subitamente, como aconteceu em função da peste negra no século 14, a disponibilidade de comida, os salários e o padrão de vida dos sobreviventes cresceriam de maneira dramática.

Malthus havia observado em primeira mão as fomes do final do século 18, e essa sequência de eventos ficou firmemente enraizada em suas ideias.

O gráfico 1-1 mostra o aumento do PIB per capita comparado ao tamanho da população inglesa de 1265 a 1595. A distribuição esparsa e em formato crescente dos pontos retrata a "armadilha malthusiana".

Gráfico 1-1
A armadilha malthusiana na Inglaterra, 1265-1595

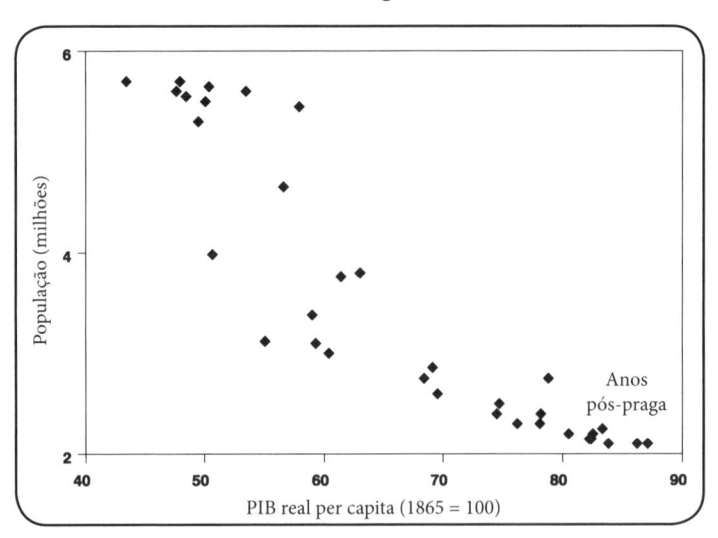

Fonte dos dados populacionais: ANDERSON, Michael. British Population History from the Black Death to the Present Day, Nova York/Cambridge: Cambridge University Press, 1996. p. 77.
Fonte sobre o PIB per capita: CLARK, Gregory. The Secret History of the Industrial Revolution, Universidade da Califórnia-Davis: Departamento de Ciências Econômicas, 2001.

A historiadora Phyllis Deane resume o conceito de forma clara.

> Quando a população subia, na Inglaterra pré-industrial, a produção per capita caía e se, por algum motivo (uma nova técnica de produção ou a descoberta de um novo recurso, por exemplo, ou a abertura de um novo mercado), a produção geral subisse, a população não demorava a acompanhar a tendência, por fim nivelando o avanço inicial em renda per capita.

Nesse ciclo eterno, a produção agrícola podia subir, mas a população a acompanhava de perto, o que condenava a humanidade a viver permanentemente em nível de subsistência.

Paradoxalmente, pouco depois que Malthus imortalizou essa sombria previsão em seu *Ensaio sobre o Princípio da População*, publicado em 1798, ela deixou abruptamente de se aplicar à Europa Ocidental.

O gráfico 1-2 mostra que, por volta de 1600, o desenho em forma de crescente se adensou em determinada área de distribuição e, como ilustra o Gráfico 1-3, a população claramente escapou ao crescente depois de 1800 e jamais retornou ao limiar da fome.

Gráfico 1-2
A armadilha desmontada, depois de 1600

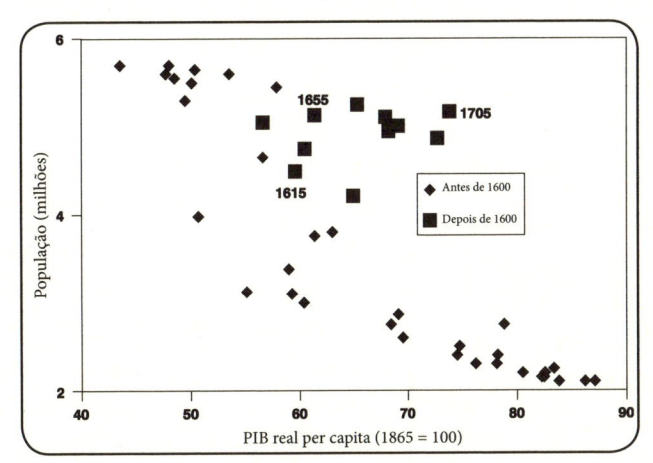

Fonte dos dados populacionais: ANDERSON, Michael. British Population History from the Black Death to the Present Day, Nova York/Cambridge: Cambridge University Press, 1996. p. 77.
Fonte sobre o PIB per capita: CLARK, Gregory. The Secret History of the Industrial Revolution, Universidade da Califórnia-Davis: Departamento de Ciências Econômicas, 2001.

Gráfico 1-3
Escapando à armadilha, depois de 1800

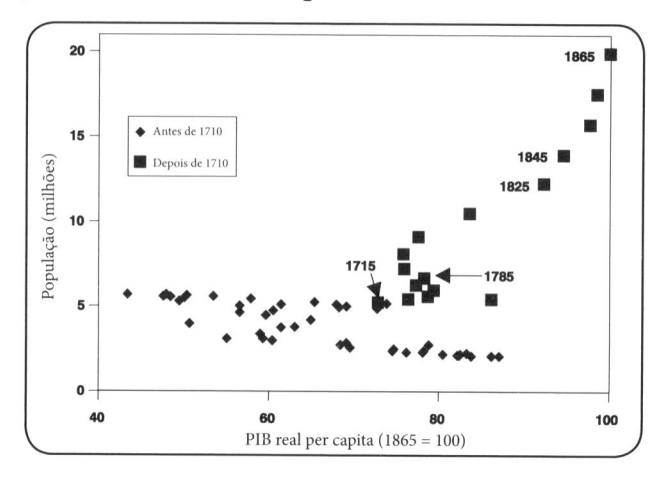

Fonte dos dados populacionais: ANDERSON, Michael. British Population History from the Black Death to the Present Day, Nova York/Cambridge: Cambridge University Press, 1996. p. 77.
Fonte sobre o PIB per capita: CLARK, Gregory. The Secret History of the Industrial Revolution, Universidade da Califórnia-Davis: Departamento de Ciências Econômicas, 2001.

A escala vertical de população no gráfico 1-3 foi alongada, de modo que o crescente original aparece na forma de uma panqueca achatada, na porção inferior do gráfico. O que tornou possível escapar da armadilha não foi um avanço no índice de natalidade, mas sim uma queda de 40% no índice de mortalidade, resultado da rápida melhora nos padrões de vida, surgida, por sua vez, da súbita alta no crescimento econômico.

A natureza do crescimento se alterou dramaticamente nos séculos posteriores a 1600. Inicialmente, o crescimento era "extensivo", consistia em expansão significativa na economia nacional causada puramente por um aumento da população, desacompanhado de avanços reais na riqueza ou no conforto material do cidadão médio. A economia britânica conseguiu, pela primeira vez, registrar crescimento suficiente para acompanhar a ascensão populacional no país. Mas, a partir do século 19, o

> NOVAS TECNOLOGIAS REPRESENTAM UM PODEROSO INCENTIVO AO CRESCIMENTO ECONÔMICO PER CAPITA.

crescimento se tornou "intensivo", superando até mesmo o instinto humano de reprodução, com alta na renda per capita e melhora no bem-estar material individual.

COMO AS NAÇÕES ENRIQUECEM

Começando por volta de 1820, o ritmo do avanço econômico se acelerou de modo perceptível, o que tornou o mundo um lugar melhor para se viver. O que aconteceu? Uma explosão de inovações tecnológicas até então inédita. Conta a lenda que um jovem aluno, quando a professora solicitou que definisse a Revolução Industrial, respondeu afirmando que "em 1760, a Inglaterra foi varrida por uma onda de engenhocas". O mitológico menino não estava errado. Novas tecnologias representam um poderoso incentivo ao crescimento econômico per capita; sem elas, não acontecem elevações na produtividade ou no consumo. Para começar, portanto, é necessário que perguntemos "o que é preciso para que uma sociedade desenvolva aparelhos?" Quatro coisas.

- Direitos de propriedade. Inovadores e comerciantes precisam garantir que o fruto de seu trabalho não seja arbitrariamente confiscado, seja pelo Estado, por criminosos ou por monopolistas. A garantia de que uma pessoa terá direito de manter a maior parte da justa recompensa por seus esforços é o direito que embasa todos os demais direitos. Perceba que enfatizei a expressão "a maior parte". O direito de propriedade jamais é absoluto. Até os governos mais libertários em termos econômicos, como os de Cingapura e de Hong Kong, impõem certos tributos, executam algumas desapropriações e mantêm certas restrições à liberdade de ação dos comerciantes. Confiscos podem ocorrer, ainda que de modo mais sutil do que em Estados feudais ou socialistas. Um governo que não consiga conter a inflação ou manter o devido controle sobre os bancos, como o do Brasil nos anos 80 ou o do Zimbábue atual, está roubando seus cidadãos exatamente da mesma forma que Eduardo 3º da Inglaterra e Stálin fizeram. Na Europa pré-moderna, monopólios concedidos pelos governos, embora fossem altamente lucrativos para os beneficiários, minavam o incentivo ao crescimento para o resto da nação.

- Racionalismo científico. O progresso econômico depende do desenvolvimento e da comercialização de ideias. O processo inventivo requer um quadro intelectual de sustentação – uma infraestrutura de pensamento racional, seria possível dizer, dependente da observação empírica e das ferramentas matemáticas que sustentam o avanço tecnológico. O método científico que aceitamos como certo no mundo ocidental moderno é um fenômeno relativamente novo. Somente nos últimos 400 anos os povos ocidentais se libertaram do jugo de uma mentalidade totalitária, aristotélica. Ainda hoje, especialmente em certas partes da África, Ásia e Oriente Médio, em função das forças do Estado e da tirania religiosa, pesquisas intelectuais honestas acarretam grave risco à vida e à propriedade.
- Mercados de capital. A produção em larga escala de novos bens e serviços requer grandes montantes de dinheiro de terceiros – "capital"*. Embora a propriedade e a capacidade de inovar estejam asseguradas, o capital continua a ser necessário para o desenvolvimento de projetos e ideias. Uma vez que raros empreendedores dispõem do dinheiro necessário para a produção em massa daquilo que inventam, o crescimento se torna impossível sem o capital substancial oferecido por fontes externas. Antes do século 19, os indivíduos mais capazes, inteligentes e ambiciosos de uma sociedade tinham pouco acesso aos grandes montantes de dinheiro necessários para transformar seus sonhos em realidade.
- Transportes e comunicações rápidos e eficientes. O passo final para a criação de aparelhos é sua divulgação e distribuição para compradores localizados a centenas ou milhares de quilômetros de distância. Mesmo que os empreendedores tenham seus direitos de propriedade garantidos, as ferramentas intelectuais necessárias e o capital adequado, suas inovações não se estabelecerão a não ser que eles possam levar seus produtos de modo rápido e barato até as mãos dos consumidores. O transporte marítimo não havia se tornado seguro,

---

* O termo "capital" tem múltiplos significados econômicos. Os economistas, muitas vezes, o empregam como definição ampla, que abarca o conhecimento humano, ou capital "intelectual", e o capital físico envolvido em fábricas e equipamentos. Neste livro, "capital" é definido da maneira mais estrita: dinheiro disponível para investimento.

eficiente e barato há até dois séculos, com o desenvolvimento dos navios a vapor; e o transporte terrestre só atingiu essa condição cerca de 50 anos mais tarde.

Apenas quando esses quatro fatores – direitos de propriedade, racionalismo científico, mercados de capital efetivos e transportes e comunicações eficientes – estiverem disponíveis, uma nação poderá prosperar.

Esses quatro fatores se aglutinaram pela primeira vez, por um breve período, na Holanda do século 16, mas só se estabeleceram de forma definitiva em 1820, nos países de língua inglesa. E demorou ainda mais para que eles começassem a se espalhar pelo mundo.

Basta a ausência de um desses fatores para que o progresso econômico e o bem-estar humano estejam em risco. Se falta um desses quatro pilares, a plataforma sobre a qual repousa a riqueza de uma nação pode ruir. Isso aconteceu na Holanda do século 18, em função do bloqueio naval britânico; nos países comunistas, quando o direito de propriedade foi abolido; e continua a acontecer em boa parte do Oriente Médio, devido à ausência de mercados de capital e do racionalismo ocidental. A situação mais trágica é a da África, onde todos os fatores continuam essencialmente ausentes.

HISTÓRIA ECONÔMICA EM BASE NUMÉRICA

Os heróis desta história quantitativa são os historiadores econômicos que dedicaram suas vidas a descobrir os contornos e as linhas gerais do bem-estar humano ao longo dos séculos. O maior deles é um obscuro economista escocês chamado Angus Maddison. Nascido em Newcastle na era da Grande Depressão, as circunstâncias de sua criação indicam a fonte de seu fascínio pelo desenvolvimento econômico.

> Meu pai tinha emprego fixo como ajustador de trilhos em uma ferrovia, mas dois de meus tios ficaram desempregados, e muitos de meus vizinhos também. Os desempregados não só eram pobres como estavam deprimidos. Muitos vagueavam sem rumo pelas ruas, usando bonés e cachecóis e fumando bitucas de cigarro. Seus filhos pareciam sempre doentes e tuberculosos.

Maddison teve um excelente desempenho na escola e passou seus anos de formação acadêmica no estimulante ambiente intelectual da Universidade de Cambridge, durante a Segunda Guerra Mundial. Ele cita carinhosamente um de seus professores, Dharma Kumar: "O tempo é um recurso para impedir que tudo aconteça de uma vez; o espaço é um recurso para impedir que tudo aconteça em Cambridge". O desenvolvimento de cada um dos quatro fatores críticos mencionados acima está fortemente ligado à famosa universidade.

Gráfico 1-4 PIB per capita Mundial (ajustado pela inflação)

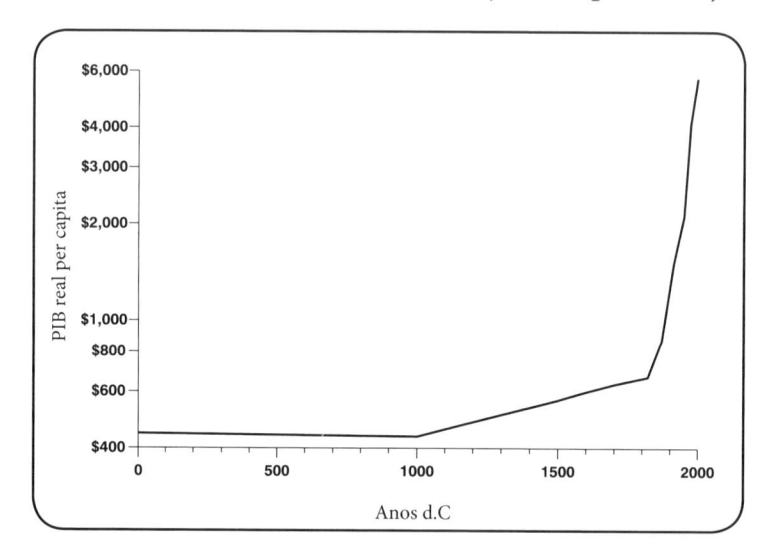

Fonte: MADDISON, A. The World Economy: A Millennial Perspective, Paris: OECD, 2001. p 264.

Se a Inglaterra é o berço da moderna prosperidade, Cambridge representa a maternidade na qual ela nasceu e o local onde surgiram muitos dos mais importantes parteiros envolvidos no processo: Francis Bacon, Isaac Newton e o jurista Edward Coke, além de dezenas de outros protagonistas da história que este livro relata*.

Nos primeiros 25 anos de sua carreira, depois que se formou, em 1948, Maddison trabalhou na Organização para a Cooperação Econômica

---

* Ironicamente, no século 20, Cambridge se tornou um polo de retórica anticapitalista e de ocasionais traições, nascidas de simpatias totalitárias.

Europeia (OCEE), criada para direcionar os fundos do Plano Marshall, depois da Segunda Guerra Mundial, e em sua sucessora, a Organização para a Cooperação e Desenvolvimento Econômico (OCDE). Dedicava boa parte de seu tempo a viagens para países do Terceiro Mundo, principalmente Brasil, Guiné, Mongólia, Paquistão e Gana. E as diferenças quanto à riqueza e ao bem-estar entre os países que costumava visitar nunca deixou de impressioná-lo. Em 1978, ele se tornou professor da Universidade de Groningen, na Holanda, e começou a elaborar uma visão coerente sobre o desenvolvimento econômico mundial.

> APENAS QUANDO ESSES QUATRO FATORES – DIREITOS DE PROPRIEDADE, RACIONALISMO CIENTÍFICO, MERCADOS DE CAPITAL EFETIVOS E TRANSPORTES E COMUNICAÇÕES EFICIENTES – ESTIVEREM DISPONÍVEIS, UMA NAÇÃO PODERÁ PROSPERAR.

O retrato que Maddison e outros economistas começaram a pintar era espantoso e também inesperado. O destino do indivíduo médio, medido em termos de PIB per capita real, não mudou nada no primeiro milênio da Era Cristã. Nos 500 anos seguintes, de 1000 a 1500, as coisas não melhoraram muito. O gráfico 1-4, que mostra as estimativas de Maddison para o PIB per capita mundial desde o ano 1, destaca o bem-estar da pessoa média. Antes de 1820, havia apenas um minúsculo progresso material de década a década e de século a século. Depois de 1820, o mundo começou a prosperar de maneira constante.

Há "ruído" suficiente nos dados para tornar um tanto arbitrária a escolha de 1820 como o ano miraculoso no qual nasceu o crescimento econômico mundial. Os dados britânicos, como veremos, apontam para um início um pouco posterior do crescimento; e os norte-americanos, para uma data pouco anterior. Mas não importa a data escolhida, fica claro que, na primeira metade do século 19, o crescimento da economia mundial decolou, trazendo prosperidade a despeito da repetida devastação causada pelas guerras, conflitos civis e revoluções.

O gráfico 1-5, que resume o crescimento anual médio no PIB per capita mundial, mostra a rápida ascensão iniciada em 1820 de um ponto de vista diferente. Uma vez mais, antes de 1820, havia pouca melhora no bem-estar material da pessoa média a cada período. Esse é um quadro que contraria aquilo que costuma ser ensinado nos cursos da área de humanas dos Estados Unidos.

Gráfico 1-5
Crescimento anualizado do PIB per capita mundial (ajustado pela inflação)

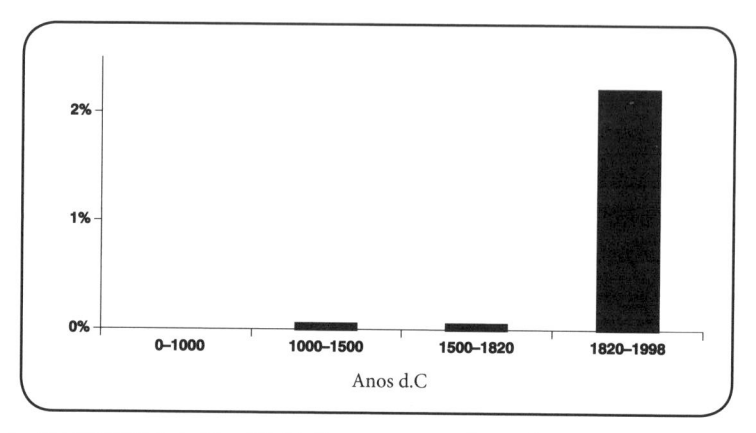

Fonte: MADDISON, A. The World Economy: A Millennial Perspective, Paris: OECD, 2001. p 264.

Da perspectiva de um especialista em idiomas românicos ou de um historiador da arte, o Renascimento parece ser o momento crucial do segundo milênio. Os grandes escritores e artistas do período, no entanto, pouco fizeram para melhorar a nutrição, para criar novos sistemas de transporte ou para prevenir epidemias. Em uma época na qual a pessoa média raramente viajava para destinos localizados a mais que poucos quilômetros de seu local de nascimento, os afrescos da Capela Sistina pouco fariam para elevar o espírito humano coletivo.

Os economistas não encontraram dificuldade para criticar as estimativas de Maddison sobre renda e produção em séculos de um passado distante. Afinal, como ele pode estar certo de que a renda per capita japonesa no início da Era Cristã era de US$ 400 ao ano em dólares atuais, e não de US$ 200 ou US$ 800? Maddison mesmo reconhece o argumento: "Recuar a um passado mais distante envolve o uso de evidências menos firmes e mais confiança em pistas e conjeturas".

A Idade Moderna apresenta um problema mais básico. Até os mais acurados dados econômicos são incapazes de medir o valor real de novas invenções. Quanto J. P. Morgan teria pago por um assento barato em um avião de passageiros que o levasse do aeroporto Kennedy a Heathrow? Que valor Shakespeare teria atribuído à capacidade de digitar cinco mil palavras diárias em um Macintosh e encaminhá-las por e-mail a algumas dezenas de amigos? Até os cidadãos mais pobres do Ocidente desenvolvido têm acesso a bens e serviços, como automóveis confiáveis, televisão e internet, coisas que não estavam disponíveis, não importa o preço, um século antes. Embora muitos dos bens e serviços modernos tenham valor dúbio, outros são valiosos. Em 1940, meningite e pneumonia, doenças que hoje podem ser prevenidas com antibióticos que custam poucos dólares, matavam as pessoas ricas e poderosas quase com tanta frequência quanto matavam as mais pobres. Um exemplo diferente: tente imaginar o que os grandes engenheiros e físicos do começo do século 20 poderiam ter realizado se dispusessem de um computador pessoal.

Mas como os historiadores econômicos medem o Produto Interno Bruto (PIB) da Roma antiga ou do Império Carolíngio? Afinal, há milênios não existia Departamento do Comércio ou Serviço de Análise Econômica. Os primeiros demógrafos, a exemplo de John Graunt e Caspar Naumann, começaram a tabular dados atuariais apenas no século 17 e só dois séculos mais tarde os economistas iniciaram a compilação dos primeiros dados econômicos agregados precisos para países individuais.

Se você deseja medir o progresso econômico ao longo dos séculos, precisa primeiro perguntar quanto dinheiro era necessário para a subsistência em cada período.

Maddison estimou que, em um país subdesenvolvido, em 1990, o dinheiro necessário para a subsistência era da ordem de US$ 400 ao ano. Em seguida, os historiadores utilizaram todos os dados que puderam obter para determinar a porcentagem de uma população que vivia em nível de subsistência. Uma sociedade na qual quase 100% da população está envolvida em agricultura e que não exporta uma porção significativa de sua produção agrícola vive, por definição, muito perto do nível de subsistência de US$ 400 anuais. É altamente arbitrário atribuir essa renda per capita de US$ 400, como fez Maddison, à Europa do século 1, à China de 1950 e ao Burkina Faso moderno, mas fazê-lo oferece ao menos aos historiadores uma referência para a mensuração do crescimento econômico.

Outra forma de considerar essa questão é observar a "razão de urbanização" – a proporção da população de um país que vive em cidades com, digamos, mais de 10 mil habitantes e, por inferência, deduzir a proporção da população rural. Em 1500, a maior cidade europeia era Nápoles, com 150 mil habitantes. Apenas 865 mil europeus, ou 1% da população do continente, viviam em cidades com mais de 50 mil habitantes; outros 6% viviam em cidades com mais de 10 mil moradores. Mais de 90% dos europeus, portanto, estavam envolvidos com o trabalho agrícola no período medieval. Nas grandes civilizações da Ásia, que durante a Idade Média eram bem mais avançadas que as da Europa, a porcentagem da população envolvida com a agricultura ficava ainda mais próxima dos 100%. As vastas riquezas das minúsculas elites governantes elevavam pouco o nível geral de prosperidade nesses territórios. Portanto, parece provável que, antes de 1500, a renda per capita mundial estivesse próxima do patamar de US$ 400 definido por Maddison.

Nos Estados Unidos, ainda em 1820, cerca de 70% da população economicamente ativa continuavam a trabalhar na agricultura – porque o país exportava grande parte de sua produção agrícola, os padrões de vida eram bastante superiores aos que o baixo índice de urbanização sugere. Aqueles que romantizam a vida rural deveriam levar em conta que, no mundo moderno, a porcentagem de uma população que continua envolvida com o trabalho agrícola apresenta forte correlação com a pobreza. Na aurora da civilização, a situação era a oposta: a humanidade estava, então, concluindo sua transição da vida nômade dos caçadores-coletores, ainda menos produtiva, para a existência sedentária e relativamente mais próspera do lavrador. Talvez os caçadores-coletores do período lastimassem os novos e deploráveis costumes dos lavradores – entre os indígenas norte-americanos, a agricultura era vista como trabalho de mulher.

Nos últimos anos, os historiadores identificaram períodos de crescimento econômico sustentado anteriores ao ano de 1500 em diversos países. O economista E. L. Jones aponta que houve um crescimento vigoroso na China da dinastia Sung (960-1279) e no Japão da era Tokugawa (1603--1687). A produção de ferro nas últimas décadas da era Sung atingiu um nível que a Europa só reproduziria na metade do século 18. Jack Goldstone, da Universidade da Califórnia em Davis, define esses períodos como "florescimentos", momentos nos quais a tecnologia e o padrão de vida, ao menos para as pessoas da classe dominante, avançaram rapidamente. Mas até mesmo Jones e Goldstone admitem que o crescimento no mundo pré-moderno era frágil e se provou efêmero. Depois da invasão mongol, a economia chinesa voltou a cair em um coma secular, do qual está emergindo apenas agora.

A Europa conseguiu algum crescimento econômico depois da queda de Roma. O início da Idade Média presenciou a mudança para um sistema de rotação de três safras, em vez de duas; a invenção da ferradura e a da coalheira, que permitia atrelar cavalos de forma mais eficiente para o transporte de cargas em carroças; o desenvolvimento dos moinhos de água e de vento; e a substituição das carroças de duas rodas pelas de quatro. Os historiadores econômicos discordam com relação ao momento no qual essas mudanças começaram a resultar em crescimento econômico, e as estimativas variam do século 8 ao 15.

Ainda que tenham produzido crescimento extensivo, esses avanços resultaram simplesmente em aumento da população, o que deixou inalterado o bem-estar dos cidadãos comuns. A ampla divergência de opiniões quanto ao momento em que o crescimento ressurgiu no mundo pós-romano é prova suficiente de que o aumento da renda per capita (o melhor indicador para avaliar o bem-estar individual) não pode ter sido substancial ou prolongado.

A beleza de examinar um período histórico tão longo é que sua duração permite desconsiderar até mesmo incertezas apreciáveis quanto ao crescimento. Se, ao longo de um período de milhares de anos, por exemplo, tivermos superestimado a renda per capita inicial ou final por um fator de dois, isso envolveria uma margem de erro anual de apenas 0,07%. Ou, para expressar a questão de outro modo, o aumento da renda per capita mundial na Era Cristã não pode ter atingido nem mesmo 0,5% anual. Se isso tivesse ocorrido, a renda per capita teria subido de US$ 400 (em dólares atuais) ao ano no ano 1 para mais de US$ 8,6 milhões de dólares no ano 2000. Podemos ter certeza, portanto, de que, na maior parte do período, o crescimento esteve bem próximo de zero.

Uma terceira forma de expressar a questão é que nem mesmo as estimativas mais otimistas sugerem mais que 100% ou 200% de aumento na renda per capita entre o ano 1 e o ano 1000, frente os 800% de aumento nos 172 anos posteriores a 1820. Nesse mesmo período de 172 anos, a renda per capita britânica cresceu em 1.000% e a estadunidense em 2.000%.

O CRESCIMENTO ESTÁVEL DE 2% NA PRODUTIVIDADE

O vigor do moderno crescimento econômico é espantoso. Ao longo do século 19, o crescimento do PIB per capita real nos países hoje definidos como desenvolvidos teve uma aceleração gradual para cerca de 2% ao ano e depois manteve esse ritmo ao longo de todo o turbulento século 20.

A tabela 1-1 lista o crescimento do PIB per capita real em 16 países durante o século 20, dividindo-os entre aqueles que foram fisicamente devastados por guerras civis e externas e aqueles que não foram.

> A DEVASTAÇÃO DA GUERRA, APARENTEMENTE, NÃO CAUSA DANOS DE LONGO PRAZO ÀS ECONOMIAS DE PAÍSES DESENVOLVIDOS.

Perceba a estreita concentração das taxas de crescimento em torno dos 2% – 13 dos 15 países elevaram seu PIB per capita entre 1,6% e 2,4% ao ano no período. É como se uma força irresistível – uma espécie de controle de cruzeiro econômico – impulsionasse o avanço de sua produtividade a quase exatamente 2% ao ano, nem mais rápido nem mais devagar. Perceba também a ausência de diferença entre as taxas médias de crescimento nos países devastados por guerras e as dos demais. A devastação da guerra, aparentemente, não causa danos de longo prazo às economias de países desenvolvidos.

A tabela 1-1 e o gráfico 1-6 exibem outra característica fascinante das economias ocidentais – as que eram mais ricas em 1900 apresentaram crescimento mais lento ao longo do século 20, enquanto as que eram menos ricas cresceram mais rápido ao longo do mesmo período. Em outras palavras, a riqueza per capita dos países mais avançados tende a convergir. O Japão, que começou o século 20 como a mais pobre das nações da lista, viu um crescimento de produtividade de 3% ao ano, enquanto a nação-líder em 1900, a Grã-Bretanha, cresceu apenas 1,4% anuais.

O exemplo mais espetacular da resiliência do crescimento nas economias ocidentais – a tendência de convergir – foi a recuperação na renda per capita da Alemanha e do Japão no pós-guerra.

Tabela 1-1 Crescimento anualizado no PIB per capita, 1900-2000

Países prejudicados por guerras	Crescimento no PIB per capita
Bélgica	1,75%
Dinamarca	1,98%
França	1,84%
Alemanha	1,61%
Itália	2,18%
Japão	3.13%
Holanda	1,69%
Espanha	1,91%
Média dos países prejudicados por guerras	2,01%

Países não prejudicados por guerras	Crescimento no PIB per capita
Austrália	1,59%
Canadá	2,17%
Irlanda	2,08%
Suécia	1,96%
Suíça	1,72%
Reino Unido	1,41%
Estados Unidos	2%
Média dos países não prejudicados por guerras	1,85%

Fontes: MADDISON, A. The World Economy: A Millennial Perspective, Paris: OECD, 2001. p. 276-279; MADDISON, A. Monitoring the World Economy, 1820-1992. Paris: OECD, 1995. p. 194-197; e OCDE.

A devastação sofrida pela máquina econômica das potências do eixo durante os anos da guerra fica claramente perceptível no extremo esquerdo do gráfico 1-7. O Japão começou a Segunda Guerra Mundial com PIB per capita equivalente a 40% do norte-americano; próximo do fim da guerra, ele havia caído a apenas 15% do norte-americano. No mesmo período, o PIB per capita alemão caiu do equivalente a 80% da média norte-americana para apenas 40% dessa média. Mas, na década de 60, as duas nações já haviam retomado as posições de PIB per capita que tinham antes da guerra com relação aos Estados Unidos.

Na era pré-moderna, uma recuperação como essa depois de um desastre seria impossível. O PIB per capita chinês, depois de florescer nos anos da era Sung, a partir da invasão mongol, manteve-se estagnado por sete séculos. A máquina de crescimento ocidental, ao contrário, reduz as consequências de uma derrota militar catastrófica a um simples solavanco histórico. Em 1990, o PIB per capita japonês havia crescido a ponto de se equiparar ao dos Estados Unidos.

Gráfico 1-6
Crescimento vs. Riqueza inicial

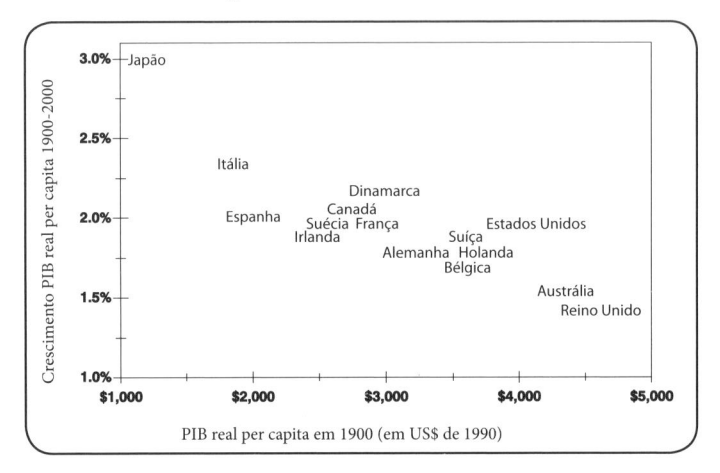

[Gráfico de dispersão: Crescimento PIB real per capita 1900-2000 (eixo Y, de 1,0% a 3,0%) vs. PIB real per capita em 1900 em US$ de 1990 (eixo X, de $1.000 a $5.000). Pontos: Japão (~$1.200, 3,0%); Itália (~$1.750, 2,5%); Espanha (~$2.000, 2,0%); Canadá, Suécia, França, Irlanda (~$2.700-2.900, 1,9-2,0%); Dinamarca (~$3.000, 2,1%); Alemanha, Holanda, Bélgica, Suíça (~$3.300-3.600, 1,8-1,9%); Estados Unidos (~$4.100, 2,0%); Austrália, Reino Unido (~$4.300-4.600, 1,5%).]

Fontes: MADDISON, A. The World Economy: A Millennial Perspective, Paris: OECD, 2001. p. 276-279; MADDISON, A. Monitoring the World Economy, 1820-1992. Paris: OECD, 1995. p. 194-197; e OCDE.

Embora a política esclarecida adotada pelos vitoriosos na Segunda Guerra Mundial tenha sido fator importante na rápida recuperação do Japão e da Alemanha, ela não explica o desempenho alemão depois da derrota do país na Primeira Guerra Mundial, período em que, a despeito das pesadas punições sofridas por causa do Tratado de Versalhes, os alemães necessitaram de apenas duas décadas para conquistar a maior parte da Europa.

O início do século 19 não trouxe transformação ao mundo todo. Inicialmente, apenas a Europa e as nações de colonização europeia do Novo Mundo prosperaram. Mesmo assim, nos 200 anos seguintes, a variedade ocidental de crescimento se espalhou pelo resto do mundo.

Antes de 1820, havia indícios da prosperidade iminente. Maddison estima que, em 1500, o PIB per capita europeu fosse, em média, de US$ 774 e que o da Itália tenha atingido os US$ 1,1 mil no Renascimento. Mas a relativa prosperidade italiana não duraria muito. Depois de 1500, o país se estagnaria e a Holanda passaria a registrar crescimento persistente, embora lento. No mesmo período, o ritmo de crescimento inglês começou a subir, ainda que mais lentamente que o holandês.

Gráfico 1-7
Crescimento do PIB per capita vs. EUA (EUA = 100%)

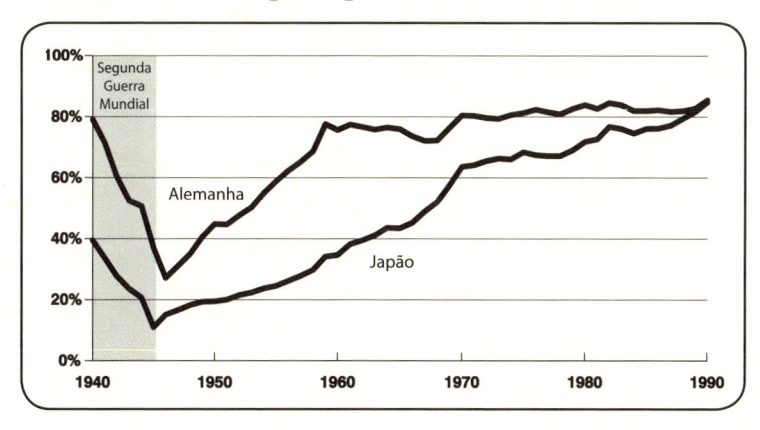

Fonte: MADDISON, A. Monitoring the World Economy, 1820-1992. Paris: OECD, 1995. p. 194-197.

A Revolução Gloriosa de 1688 criou uma monarquia constitucional estável na Inglaterra e importou um rei holandês para o país. A nata das instituições financeiras holandesas e dos avanços que a Holanda havia registrado em seus mercados de capital logo seguiram o monarca para o lado oposto do Mar do Norte. Ainda assim, foi preciso mais de um século para que o crescimento inglês se acelerasse rapidamente. Somente na metade do século 19, o inglês médio passou a viver melhor que o holandês médio – e isso só aconteceu porque o Reino Unido impôs décadas de bloqueio naval à Holanda, seguidas pela conquista e exploração napoleônicas da República Holandesa.

Os britânicos estimularam a formação de suas colônias ultramarinas não apenas exportando pessoas, mas também o que se provou ainda mais importante, instituições jurídicas, intelectuais e financeiras. A grande transformação econômica só começou a se espalhar pelo resto da Europa e da Ásia muito tempo depois. E seus efeitos nessas regiões foram altamente irregulares, como mostra o gráfico 1-8, com a "decolagem" da Inglaterra, do Japão e da China em 1820, 1870 e 1950, respectivamente.

Por que investigar essas origens remotas da História Moderna? Porque, em algum momento próximo ao ano 1820, o mundo parece ter mudado de eixo. Porque o percurso do progresso econômico anterior pode ser comparado ao lento desenvolvimento de um arbusto, e o posterior, ao firme e vigoroso crescimento de um carvalho.

Gráfico 1-8 Renda per capita (ajustada pela inflação)

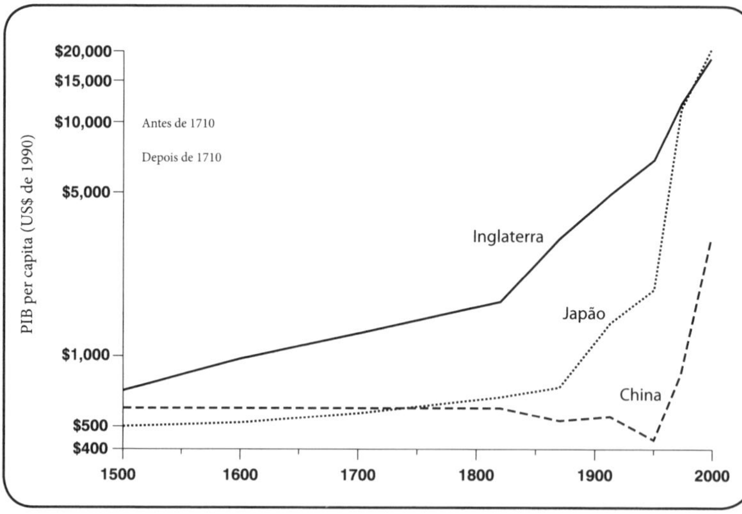

Fonte: MADDISON, A. The World Economy: A Millennial Perspective, Paris: OECD, 2001. p. 264,276-279.

Porque a história de como os direitos de propriedade, o racionalismo científico, os mercados de capitais e os transportes e as comunicações modernos enfim se aglutinaram de modo decisivo no século 19, produzindo a moderna máquina da riqueza, é crucialmente relevante para a Idade Moderna.

Para começar, examinaremos a situação da vida cotidiana na Europa Ocidental antes de 1600, tendo em mente as quatro precondições para o progresso econômico. O período medieval pode ser resumido com algumas vinhetas simples, organizadas de maneira informal sob a rubrica dos quatro fatores essenciais ao crescimento.

A FALTA DE DIREITOS
DE PROPRIEDADE NA ERA PRÉ-MODERNA

Excetuada a escravidão propriamente dita, nenhum sistema negava tanto os direitos de propriedade e a liberdade individual quanto o feudalismo medieval. Hoje, a palavra "feudalismo" em si retém apenas uma parcela de seu impacto passado. Imagine, por um momento, que você é um camponês típico do século 11. Você se ajoelha diante do senhor, que segura suas mãos nas dele. Em seguida, você lhe promete serviço exclusivo e incessante. A promessa não é financeira ou comercial; em vez disso, você está prometendo sua vida e honra. Você vive sem dinheiro e troca seu trabalho, e com frequência sua vida, pela proteção que o senhor lhe confere contra o mundo externo.

A essência do relacionamento feudal estava no fato de que ele não era financeiro. As propriedades rendiam poucos produtos adicionais que pudessem ser vendidos e quase todo comércio era realizado por escambo. Os senhores feudais raramente pensavam em seu patrimônio em termos de valor monetário, e os servos praticamente não tinham em que usar a moeda. Adam Smith menciona com espanto que, ainda em 1745, um lorde escocês era capaz de equipar 800 homens para a guerra tendo como patrimônio terras cuja renda senhorial era de menos de 500 libras anuais. Vestígios de direitos feudais continuavam a existir em diversos bairros de Paris até serem abolidos nos estágios iniciais da Revolução Francesa.

Os lordes eram quase tão escravos quanto seus servos. Como observou Marx, era tão verdade supor que a terra herdava o senhor quanto que o senhor herdava a terra. Como veremos, a terra é um veículo muito ineficiente como principal repositório de riqueza de uma sociedade, porque não é fácil dividi-la, comerciá-la ou melhorá-la.

Além disso, na sociedade sem moeda do sistema feudal, os bens que não pudessem ser armazenados precisavam ser consumidos antes que estragassem. Enquanto a sociedade moderna exibe riqueza por meio de posses materiais, a sociedade feudal a exibia por festins de consumo.

O conceito de direitos de propriedade em si era impensável em uma sociedade na qual não circulava dinheiro. A choupana e as ferramentas de trabalho do camponês eram uma extensão de sua pessoa, conceito que sobrevive ainda hoje na tendência europeia de batizar as casas em vez de numerá-las. A choupana, afinal, pertencia ao senhor, e as ferramentas não podiam ser vendidas, porque não existiam compradores, mercados ou dinheiro. Considere a descrição de Adam Smith quanto à vida do camponês.

> Os ocupantes da terra eram em geral servos, cujas pessoas e posses eram igualmente sua [do senhor] propriedade. Aqueles que não eram servos eram arrendatários que o senhor admitia a seu critério e, embora o aluguel que pagavam fosse nominalmente apenas uma *quit rent**, na realidade equivalia a toda a produção da terra. O senhor tinha direito a requisitar seu trabalho em todas as ocasiões, e seu serviço em caso de guerra. Embora vivessem a certa distância de sua casa, dependiam dele da mesma maneira que os criados e seguidores que nela viviam. Mas toda a produção da terra pertencia indubitavelmente a ele, que podia dispor do trabalho e serviço de todas as pessoas a quem a terra mantinha.

Assim, o servo medieval tinha pouco incentivo para produzir safras superiores às suas obrigações para com o senhor ou para aumentar a produtividade da terra em que trabalhava. Se o senhor possuía o servo e tudo o que ele produzisse, que vantagem havia em trabalhar demais ou inovar? Ainda mais importante: a estrutura feudal deixava pouco espaço para a formação de nações. A política era, de fato, estritamente local. "Não cidadão de um Estado, mas vassalo de um lorde: esse era o elo que embasava toda a estrutura política. O Estado ainda estava se esforçando por nascer", escreve Barbara Tuchman.

O sistema feudal não apenas deixava de proteger a propriedade e de reconhecer a igualdade perante a lei, também sufocava as atividades básicas de consumo. Leis suntuárias, que especificavam que roupas podiam ser usadas, de acordo com a situação social e a renda de cada pessoa, sufocavam uma economia cujo principal produto manufaturado eram os tecidos. Em Florença, o arminho estava reservado aos nobres, aos médicos e aos magistrados, enquanto na França um lorde ou uma dama só podia comprar quatro trajes por ano, um dos quais para uso no verão, mas apenas se sua renda

---

* Smith, III, 155. *Quit rent* era o aluguel pago em dinheiro por um servo no lugar de serviços que ele devia ao senhor.

superasse as 6 mil libras francesas ao ano. A lei inglesa também ditava níveis precisos de renda para o uso de certas roupas. A nobreza parecia valer em dobro: um aristocrata inglês podia usar certos trajes se tivesse renda anual de 500 libras, enquanto um mercador precisaria de uma renda de mil libras anuais para desfrutar do mesmo privilégio.

No começo do segundo milênio, a expansão da economia monetária erodiu e acabou destruindo o feudalismo. No momento em que um camponês pôde começar a vender seu trabalho a quem pagasse melhor por ele, os elos que o vinculavam ao senhor se romperam. Só então o desenvolvimento das instituições legais e de capital nacionais pôde começar. E não eram apenas indivíduos que conseguiam comprar sua liberdade com dinheiro, havia ocasiões em que aldeias inteiras o faziam, como no caso de Coucy-le-Château, uma cidade francesa que, em 1197, comprou sua liberdade da viúva empobrecida de seu antigo senhor feudal por 140 libras francesas.

A importância de tributar com seriedade

Todos os países precisam arrecadar e a maneira como os governos tributam seus cidadãos é assunto de vida e morte em muitos deles. No mundo pré-moderno, os Estados geralmente sobrecarregavam de impostos seus membros mais pobres e menos poderosos, o que inevitavelmente resultava em fracasso. Da mesma forma que os países bem-sucedidos garantem os direitos de propriedade ao exigir imparcialidade nas decisões quanto a quem é proprietário de alguma coisa, também é preciso demonstrar equanimidade ao decidir como tributar a renda e a riqueza. E esse decididamente não era o caso na Idade Média, durante a qual os nobres, em troca da "proteção" física que conferiam a seus servos, ficavam isentos de impostos sobre as terras que detinham. Os religiosos participavam do mesmo jogo, porque "protegiam" espiritualmente os servos, ou seja, a estrutura tributária feudal também poupava o clero, que frequentemente possuía grandes riquezas.

Ruas violentas

Direitos de propriedade efetivos requerem proteção contra o crime. As cidades medievais eram lugares inimaginavelmente perigosos, com um nível geral de violência tão elevado que os homicídios eram duas vezes mais comuns que as mortes acidentais. Brigas mortais eram parte da vida cotidiana, e as justas, que ofereciam atividade marcial alternativa aos cavaleiros que haviam se tornado desnecessários pelo desenvolvimento dos arcos longos e das catapultas, muitas vezes registravam imensa matança. O sequestro era um modo de vida popular, principalmente para os cavaleiros desempregados.

E as coisas não podiam ser de outro modo. Em 1500, o próprio conceito de policiamento como função governamental parecia inimaginável. O policial londrino ganhou o apelido de "bobby" por conta do primeiro-ministro britânico Robert (Bob) Peel, que deu ao mundo sua primeira força policial metropolitana em 1829. Antes disso, um cavalheiro prudente não se aventuraria pelas ruas de Londres sem sua espada, punhal e pistola.

Do lado de lá dos muros da cidade, não havia lei. Saqueadores de estrada agiam quase com total impunidade, sozinhos ou em quadrilhas. Os soldados, se não estivessem envolvidos em cruzadas, disputas dinásticas ou na realização de ambições papais, ocasionalmente engrossavam as fileiras desse tipo de saqueadores.

Apenas as muralhas ofereciam proteção efetiva a uma cidade contra o ambiente sem lei que a cercava. E, como elas eram caras, a vida urbana tendia a se concentrar no menor espaço possível. As ruas não passavam de estreitos esgotos a céu aberto, repletas de pessoas e de doenças – os primeiros demógrafos documentaram incidência duas vezes maior de doenças infecciosas do lado de dentro das muralhas que do lado de fora.

A maioria das pessoas vivia em minúsculas aldeias e trabalhava nos campos vizinhos a elas. Somente em 1500 os camponeses conseguiram limpar as florestas de suas populações de lobos. Todos, das crianças pequenas aos idosos, executavam o fatigante trabalho do campo, em geral sem a ajuda de arados. Até o ano 900, eram raros os camponeses capazes de arcar com o custo de cavalos e bois e equipá-los com cangas que permitissem seu uso no trabalho do campo.

A esqualidez das habitações medievais era inimaginável. De acordo com o maior humanitário do Renascimento, Erasmo de Roterdã,

> Quase todas as moradas são feitas de barro e folhas dos pântanos, renovadas de modo tão descuidado que as fundações às vezes permanecem por 20 anos, abrigando, por sob o cuspe e vômito e

vinho de cães e homens, cerveja, restos de peixes e outras formas de sujeira irreconhecíveis. Assim, quando o tempo muda, essas edificações exalam um vapor que, em minha opinião, não poderia ser menos salubre.

Todos os membros da família dormiam em uma mesma cama suja, e chaminés eram quase desconhecidas. A fuligem recobria as paredes de todas as choupanas, exceto as mais novas. A falta de um mecanismo exaustor apropriado resultava em incêndios que causavam a morte de grande número de aldeões, principalmente mulheres, que cuidavam de fornos e lareiras vestidas com tecidos altamente inflamáveis.

Os parágrafos acima descrevem as circunstâncias em que viviam os camponeses em melhor situação. Os menos afortunados contavam com muito pouco ou nenhum abrigo. Na sociedade que vivia em nível de subsistência da era pré-moderna, fome e pestilência batiam à porta constantemente. Em períodos de fome extrema, canibalismo não era algo desconhecido; viajantes eram ocasionalmente mortos para que sua carne fosse comida e há inclusive relatos sobre pessoas que roubavam cadáveres de condenados para comê-los.

O continente europeu sofria surtos frequentes de pestilência. O mais famoso episódio ocorreu em 1347, quando uma frota mercantil genovesa atracou em Messina, no extremo sul da Itália. A maioria dos marinheiros da frota havia morrido ou estava morrendo de uma nova e estranha doença, posteriormente identificada como a peste bubônica. Em poucas décadas, ela matou quase um terço dos europeus.

A FALTA DE RACIONALISMO CIENTÍFICO NO MUNDO PRÉ-MODERNO

Hoje, "separação entre Igreja e Estado" parece uma expressão obsoleta da época da criação dos Estados Unidos, e sua relevância moderna fica confinada a questões marginais como orações nas escolas e exibição pública de ornamentos natalinos. Na Europa pré-moderna, a Igreja desfrutava de uma sufocante onipresença, era

> [...] a matriz e a lei da vida medieval, onipresente e na verdade compulsória. Seu insistente princípio de que a vida do espírito e no

além era superior ao aqui e agora não é compartilhada pelo mundo moderno, por mais devotos que sejam alguns dos cristãos atuais.

A obsessão de Jefferson e Madison com a conexão entre a Igreja e o Estado estava baseada na presença dominante da religião organizada no mundo pré-moderno. Paradoxalmente, a separação entre a Igreja e o Estado é uma noção implícita no cristianismo desde seus primeiros dias. "A César o que é de César, e a Deus o que é de Deus", disse Jesus aos fariseus. Mas para que essa separação se tornasse uma realidade foi necessário tempo. A partir da conversão de Constantino, os Estados conferiram terras e riquezas aos representantes temporais de Deus. Quanto mais rica a Igreja se tornava, mais corrupta e mais distante do povo ficava.

> A SEPARAÇÃO ENTRE A IGREJA E O ESTADO É UMA NOÇÃO IMPLÍCITA NO CRISTIANISMO DESDE SEUS PRIMEIROS DIAS.

Hoje, palavras como heresia, blasfêmia e auto da fé são usadas mais comumente em contextos satíricos. Nos 500 anos anteriores a 1600, elas enchiam de terror as almas dos europeus. A caracterização de Hobbes para a vida em estado de natureza como "solitária, pobre, cruel, bruta e curta" descreve precisamente a existência terrena no período medieval; a recompensa das pessoas só viria depois da morte. Ainda que desagradar as autoridades religiosas pudesse levar uma pessoa a ser queimada viva, essa punição se empalidece diante das mortes horrendas orquestradas pelas diversas modalidades de Inquisição. O mais infame instrumento de tortura era a "dama de ferro", uma estrutura que comprimia lentamente o corpo da vítima, ferindo-a com dezenas de lâminas e deixando-a à beira da morte. Depois de submetida a esse tratamento, a vítima era arremessada a um buraco no qual havia um mecanismo também dotado de lâminas giratórias. Mas até mesmo a mais dolorosa forma de morte era considerada preferível ao fogo eterno do inferno.

Que tipo de delito causava castigos tão terríveis? Quase qualquer coisa que desagradasse ou contestasse o poder da Igreja, por exemplo, questionamentos de sua autoridade, crenças e, acima de tudo, de sua riqueza.

As infrações em certas circunstâncias eram notavelmente dissimuladas. Por exemplo, no começo do século 16, o astrônomo polonês

Mikolaj Kopernik, hoje mais conhecido pela versão latinizada de seu nome, Copérnico, deduziu que a Terra não estava no centro do universo, mas, sim, que girava em torno do Sol. Visões heréticas costumavam ser toleradas enquanto sua divulgação ocorresse apenas na linguagem universal dos estudiosos, o latim, porque essa linguagem do passado era compreendida por poucas pessoas além da elite governante, eclesiástica, monárquica e comercial, e as controvérsias por eles causadas não chegavam aos camponeses. O próprio Copérnico, sabiamente, evitou cruzar a linha do latim para os idiomas vernáculos, por isso seu trabalho era tolerado pelo Vaticano. Mesmo os mais esclarecidos estudiosos da era, entre os quais Erasmo e Thomas More, criticaram essa nova cosmologia. Um fato interessante é que o trabalho de Copérnico foi recebido de maneira ainda pior ao norte dos Alpes, onde muitos líderes da Reforma, inclusive Martinho Lutero, pediram sua cabeça.

> No final da Idade Média, a Igreja detinha a espécie de poder ideológico absoluto que Stálin, Hitler e Pol Pot invejariam.

Quando o filósofo italiano Giordano Bruno tolamente pôs em circulação panfletos escritos em idioma vernáculo nos quais defendia muitas posições heterodoxas, como o apoio às ideias de Copérnico, a Inquisição do Vaticano o executou na fogueira. Nas décadas seguintes, a Igreja travou uma fútil ação de retaguarda contra o heliocentrismo e, por fim, submeteu o mais capacitado dos defensores dessa ideia, Galileu, à Inquisição. Quando os instrumentos de tortura lhe foram exibidos, Galileu optou por renegar suas teorias.

No final da Idade Média, a Igreja detinha a espécie de poder ideológico absoluto que Stálin, Hitler e Pol Pot invejariam. Como diz o ditado, todo poder corrompe, e o poder absoluto corrompe absolutamente. Por volta de 1500, a fraqueza da Igreja era perceptível até para os fiéis mais devotos. Subornos, simonia (venda de cargos) e extorsão haviam se tornado procedimentos padronizados na vida eclesiástica. A decadência chegou ao pico durante o papado de Avignon, quando "tudo que a Igreja tinha e era, da mitra do cardeal à relíquia do peregrino, estava à venda". Bispos e cardeais acumulavam imensas fortunas com a venda de dízimos e indulgências (perdões para pecados, que a Igreja comerciava). João XXII, que foi papa entre

1316 e 1334, exibia notório apetite por roupas douradas e peles. Famílias nobres compravam cargos religiosos para seus filhos pequenos, e arcebispos de 20 anos de idade não eram incomuns. Das 624 dispensas de legitimidade concedidas pelo papa entre 1342 e 1343, 484 foram concedidas a filhos de sacerdotes.

Em certas áreas da Inglaterra do século 16, religiosos eram indiciados por um quarto dos crimes sexuais, uma proporção 10 vezes superior à sua parcela da população indiciada pelo mesmo motivo.

A oposição à corrupção da Igreja, embora relativamente silenciosa e dispersa, cresceu lentamente, especialmente na atmosfera pós-apocalíptica que surgiu depois do surto de praga no século 14. Os *beghards*, movimento contracultural de origem popular, professavam que a salvação podia ser obtida sem recurso ao clero e defendiam a distribuição de propriedades dos nobres e da Igreja ao povo, bem como o amor livre. Nem a Igreja nem a classe governante os encaravam com simpatia, e muitos deles terminaram morrendo na fogueira. O mais popular poema do período, "Piers the Plowman", oferece um catálogo das categorias de seres humanos falhos do período medieval, e o clero ocupa posição de destaque.

Uma fundação mais sólida para a dissidência foi estabelecida por John Wyclif, brilhante professor da Universidade de Oxford no século 14, cuja oposição ao domínio da Igreja ganhou corpo devido à longa desavença entre a Inglaterra e Roma. Como ancestral intelectual direto de Martinho Lutero, ele "pregou metaforicamente suas teses à parede", nas palavras de Barbara Tuchman, ao publicar *De Civili Dominio* ("O Poder Civil"). O texto propunha o confisco das propriedades da Igreja e a exclusão dos padres do governo. Por fim, Wyclif, como os *beghards*, negou a doutrina da transubstanciação e a necessidade do clero. Isso não o tornou muito querido pelo clero romano ou pelo inglês, que atacaram suas muitas heresias.

Wyclif também traduziu a Bíblia para o inglês. Felizmente, vivia na era pré-Gutenberg, por isso seu crime não foi amplificado pelo uso da impressão. Em 1381, o Balliol College, do qual ele havia sido diretor, proscreveu-o – uma sanção relativamente amena. Ao fazê-lo, a Universidade de Oxford causou perdas maiores a si mesma que a Wyclif. Ela passou por dois séculos de declínio, enquanto Wyclif, um pregador altamente efetivo, manteve-se influente até morrer de causas naturais três anos mais tarde. Depois que ele foi banido, seus seguidores, conhecidos como *lollards*, passaram a atuar de modo clandestino. Isso deu início à longa tradição de dissensão e puritanismo religiosos na Inglaterra.

O caso Tyndale apresenta um contraponto pós-Gutenberg com relação à tradução da Bíblia feita por Wyclif. A invenção da impressora de tipos móveis por Johannes Gutenberg, de Mainz, Alemanha, no ano de 1457, amplificou consideravelmente a voz dos hereges. William Tyndale, estudioso dos clássicos em Cambridge e Oxford, havia inicialmente deliciado o rei Henrique VIII com suas opiniões a respeito da preeminência do poder real sobre o da Igreja.

Em 1525, Tyndale, como Wyclif (e numerosos monges travessos que os precederam), traduziu o Novo Testamento para o inglês. Nos 150 anos que separam a história de Wyclif e a de Tyndale, a invenção da impressora de tipos móveis havia mudado tudo, amplificando em mil vezes a potência da heresia de seu tradutor. A ideia de que camponeses quase analfabetos agora poderiam ler e discutir a Bíblia era repulsiva para o clero, pois tudo o que se esperava de 90% da população era analfabetismo e obediência cega.

Os editores ingleses da era de Tyndale recusaram seu manuscrito, e ele fugiu para a Alemanha, onde quase conseguiu imprimir sua Bíblia em Colônia antes que o clero local o descobrisse. No baluarte protestante de Worms, por fim, ele conseguiu que sua tradução fosse impressa e enviou seis mil cópias do livro à Inglaterra, onde elas foram avidamente devoradas. Por insistência de Henrique VIII, que àquela altura era um católico muito devoto, o clero continental manteve Tyndale prisioneiro por 16 meses, julgou-o por heresia e o condenou à forca por publicar a Bíblia em inglês. Isso aconteceu antes que Henrique XIII rompesse com a Igreja Católica porque desejava anular seu casamento com Catarina de Aragão.

Hoje, 175 das bíblias de Wyclif sobrevivem, o que indica que, no mínimo, algumas centenas devem ter sido copiadas. A posse de uma bastava para condenar uma pessoa por heresia. Transcrevê-la podia resultar em condenação à fogueira, mas, como o trabalho era feito à mão, o risco de um auto da fé era baixo. O uso da impressora de tipos móveis por Tyndale tornou a situação mais séria, dos dois lados da disputa; os hereges que distribuíssem livros impressos estavam brincando com fogo, literal e figurativamente.

Quando Martinho Lutero finalmente usou a invenção de Gutenberg como aríete para derrubar a autoridade da Igreja Católica, ele a substituiu por uma tirania igualmente odiosa, embora menos corrupta. Típico desse novo zelo protestante foi o papel assumido por João Calvino em Genebra. Um missionário itinerante, Guillaume Farel, convidou o pastor francês refugiado a se radicar na cidade lacustre, que havia acabado de se converter ao protestantismo. Calvino não se tornou o "ditador" da cidade, ainda que muitos historiadores modernos assim o descrevam. Em vez disso, ele presidiu o Consistório, grupo composto principalmente por pessoas comuns, laicas, que tinham a missão de proteger a moral da república. Na realidade, Genebra só conferiu cidadania ao pastor cinco anos antes de sua morte. Ao longo dos 16 anos em que Calvino o dirigiu, o Consistório condenou 89 pessoas à morte, a maioria por bruxaria. Pelos padrões da época, esse não era um número excepcional.

Estados católicos vizinhos executavam um número muito maior de hereges, usualmente depois de torturas hediondamente cruéis, algo que as autoridades de Genebra em geral evitavam. Talvez o mais famoso episódio judicial do período tenha sido o julgamento e execução do herege Michael Servetus, em 1553, por negar a Santíssima Trindade e o nascimento divino de Jesus. Quando questionado se preferia ser julgado em Genebra ou na França, ele caiu de joelhos e implorou pela justiça de Genebra.

O que Calvino e seu Consistório criaram foi uma versão pré-moderna do Estado como babá. Não havia assunto pequeno o bastante para escapar à atenção desse alegre grupo, para o qual o termo "microgestores" parece ter sido criado. Em 1562, eles compeliram François de Bonsivard, um homem idoso que havia enviuvado recentemente, a se casar de novo, com uma mulher muito mais jovem. Quando a nova esposa, inevitavelmente, buscou o afeto de um homem com idade mais próxima à sua, a cidade decretou que seu amante fosse decapitado e que ela fosse morta por afogamento. Em outra ocasião, o Consistório descobriu que cinco homens já velhos não conseguiam descrever adequadamente em que consistia a fé protestante e ordenou que eles contratassem um tutor e demonstrassem o catecismo antes da próxima comunhão pública.

Antes que a divisão do poder de governo entre rei, parlamento e judiciário garantisse as liberdades individuais, o estado de direito e os direitos de propriedade, Deus e César precisavam ser separados. Inspiradas pelo fervor ideológico, guerras religiosas – que colocavam protestantes contra católicos e protestantes contra protestantes – varreram a Europa por quase dois séculos. Os conflitos exauriram e enfraqueceram os participantes. Isso abriu caminho tanto para governos laicos independentes quanto para a mensagem de maior tolerância do Iluminismo.

A AUSÊNCIA DE MERCADOS DE CAPITAL NO MUNDO PRÉ-MODERNO

O empresário moderno não vê nada de anormal na fácil disponibilidade de dinheiro de terceiros para investimento – capital. Hoje, as empresas mais prestigiosas conseguem empréstimos em longo prazo nos mercados de títulos para expansão e melhorias, pagando juros de pouco mais de 5% ao ano, e os pequenos empresários dotados de garantias firmes pagam apenas alguns pontos percentuais a mais que isso.

Mesmo antes que o dinheiro surgisse, há cinco mil anos, os seres humanos já concediam e tomavam empréstimos. Por milhares de anos, empréstimos de grãos e de gado foram feitos a juros: um fardo de grãos ou novilho emprestado no inverno devia ser pago em dobro no momento da colheita. Nas sociedades subdesenvolvidas, esse tipo de prática continua a ser comum.

A história dos mercados de crédito da Antiguidade é extensa e profunda. Boa parte dos registros históricos mais antigos do Crescente Fértil – Suméria, Babilônia e Assíria – envolve empréstimos de dinheiro. O famoso Código de Hamurábi – o primeiro conjunto abrangente de leis a ser preservado – tratava de transações comerciais. Alguns poucos exemplos sobre o mundo antigo bastarão. Na Suméria, do ano 3000 a.C. ao ano 1900 a.C., a taxa de juros usual para empréstimos de cevada era de 33%, enquanto para um empréstimo de prata era de 20%. A diferença entre as duas taxas reflete o fato de que empréstimos de cevada tinham risco superior a empréstimos de prata, porque esses últimos não podiam ser consumidos e não estragavam e não podiam passar por algo como um "fracasso da safra de prata".

Juros altos assim são proibitivos para projetos de longo prazo: com juros de 20% ao ano, o montante devido dobra em menos de quatro anos. Com uma dívida tão pesada, nenhum empreendedor ou companhia racional tomaria empréstimos para financiar um projeto que só propiciará lucros dentro de cinco ou dez anos, como acontece na maior parte dos grandes empreendimentos comerciais.

As taxas de juros, de acordo com o historiador econômico Richard Sylla, refletem com precisão a saúde de uma sociedade. Na prática, o gráfico das taxas nacionais de juros ao longo do tempo serve como uma "carta de temperatura" para determinar se uma nação está febril. Ao longo da História, todas as grandes civilizações do passado demonstraram um padrão em forma de U para as taxas de juros. As taxas eram elevadas nos anos iniciais, seguidas por uma lenta queda à medida que a civilização amadurecia e se estabilizava. Isso conduzia a juros baixos no pico do desenvolvimento, sucedidos por nova alta quando uma civilização começava a decair. Por exemplo, no auge do Império Romano, nos séculos 1 e 2, as taxas de juros caíram para apenas 4%. A sequência descrita acima só funciona em longo prazo, e as flutuações em curto prazo são muitas. Mesmo no ápice da Pax Romana, durante os séculos 1 e 2, houve picos de juros de até 12% em momentos de crise.

Depois da queda de Roma (datada tradicionalmente como ocorrida em 476), os juros dispararam no império. Pouco mais de dois séculos mais tarde, o comércio ocidental sofreu outro duro golpe: a Hégira de Maomé e a ascensão do Império Árabe, que veio a dominar a maior parte da Península Ibérica. Ao tomar o controle do Estreito de Gibraltar, os árabes, na prática, estrangularam o comércio do Mediterrâneo.

O rastro histórico das taxas de juros simplesmente desapareceu no final do período romano e só voltou a ressurgir um milênio mais tarde, na Inglaterra. Lá, juros superiores a 40% anuais eram registrados no século 12; e, na Itália, os juros eram em média 20% ao ano no final do mesmo século. Os primeiros vislumbres de um futuro mais razoável surgiram na Holanda, onde os juros caíram para apenas 8% já em 1200.

Taxas de juros tão pesadas sugeriram uma virtual ausência de mercados de capitais e foram uma camisa de força comercial e econômica da qual não houve como escapar durante séculos. Da mesma forma que a doutrina religiosa estrangulava o progresso intelectual, o comércio cotidiano era prejudicado pela ausência de mercados de capital. As proibições do cristianismo ao empréstimo de dinheiro não ajudaram. A origem dessas proibições foi a Bíblia, em Êxodo, 22:25: "Se emprestares dinheiro a qualquer um de meu povo que seja pobre em comparação a ti, não deverás cometer usura contra ele". Santo Agostinho dispôs que "os negócios em si são um mal", e São Jerônimo opinou que "um homem que seja comerciante raramente poderá agradar a Deus".

No ano 325, no Concílio de Niceia, o primeiro conclave organizado da Igreja, o clero foi proibido de fazer empréstimos e, em 850, a Igreja começou a excomungar os agiotas laicos – não que existisse grande demanda por dinheiro nos definhados mercados comerciais europeus então existentes.

As normas contrárias à agiotagem lentamente ganharam força. Em 1139, o Segundo Concílio Laterano declarou que até mesmo as hipotecas constituíam usura. O auge do fervor anticapitalista eclesiástico, que só encontraria um momento com o qual pudesse ser equiparado na era de Marx e Lênin, ocorreu na metade do século 13, quando São Tomás de Aquino retomou o conceito aristotélico de que toda atividade comercial em larga escala era inerentemente pecaminosa.*

A agiotagem é parte indissociável do repertório humano e é tão difícil de eliminar por decreto quanto o consumo de álcool e de drogas. Mesmo no pico do fervor contra os usurários, as ruas das cidades medievais estavam repletas de lojas de penhores. Na Holanda, os agiotas operavam sob licença e forneciam capital regularmente aos príncipes reinantes. Os judeus, que não podiam ser excomungados, emprestavam livremente. Só depois de 1571, quando o Quinto Concílio Laterano suspendeu a proibição à usura, os investidores puderam contribuir para uma atividade comercial vigorosa.

> DA MESMA FORMA QUE A DOUTRINA RELIGIOSA ESTRANGULAVA O PROGRESSO INTELECTUAL, O COMÉRCIO COTIDIANO ERA PREJUDICADO PELA AUSÊNCIA DE MERCADOS DE CAPITAL.

A AUSÊNCIA DE TRANSPORTES E DE COMUNICAÇÕES EFETIVOS NA ERA PRÉ-MODERNA

Por mil anos depois da queda do Império, as estradas romanas, embora decadentes, continuaram a ser as melhores vias trafegáveis da Europa. De acordo com o historiador Laurence Packard:

> As pessoas não se deslocavam na Idade Média; até a época das cruzadas, viagens não eram comuns. A profunda ignorância quanto à geografia, quanto a locais além daquele a que a pessoa pertencia,

---

* Embora Aristóteles visse como honrados os negócios agrícolas ou pessoais de pequena escala, condenava tanto o varejo quanto a agiotagem. Ver Política v. 3III, 23.

ajudava a criar um medo de regiões e pessoas desconhecidas que logo adquiriu contornos supersticiosos. Perigos reais, como saqueadores de estrada, piratas, más estradas – ou inexistência de estradas –, pontes quebradas – ou inexistentes – representavam obstáculos muito efetivos ao comércio. Cada senhor feudal, além disso, cobrava pedágio pelo tráfego em suas terras, e essa tributação elevava a tal ponto o custo dos bens que grãos não podiam ser transportados das regiões de abundância para as regiões de escassez, porque o custo eliminaria o lucro ou elevaria o preço a tal ponto que as pessoas famintas não poderiam pagar.

Como aponta Packard, a falta de transporte era apenas parte do problema. Nas palavras do historiador econômico Eli Heckscher, "na Idade Média o maior obstáculo ao comércio eram os pedágios". Na Idade Moderna, a palavra "pedágio" evoca a taxa paga pelo uso de uma estrada moderna ou para atravessar uma fronteira. Antes de 1800, porém, os pedágios eram descaradamente arbitrários e representavam grande fonte de renda para muitos governantes locais, que estabeleciam postos de pedágio em gargalos de tráfego como rios navegáveis e passagens montanhosas, para que os comerciantes não pudessem evitá-los.

A ausência de estradas no norte da Europa era uma faca de dois gumes. Por um lado, protegeu a Escandinávia e a maior parte da Alemanha de serem conquistadas pelo Império Romano. Por outro, essa ineficiência no transporte sufocava todo o comércio ao norte dos Alpes, especialmente na Escandinávia. Durante um milênio depois da queda de Roma, notícias e bens viajavam apenas à velocidade que os rudimentares navios a vela do período pudessem atingir: a viagem de Veneza a Constantinopla durava cinco semanas. Para destinos em terra, o transporte era ainda mais lento e menos eficiente. Uma viagem por terra de Veneza a Londres durava quatro semanas. A maior parte dos camponeses jamais deixava seu local de nascimento. Apenas os mais resistentes e afortunados conseguiam sobreviver às viagens marítimas longas e somente os mais ricos tinham dinheiro para bancar os cavalos necessários para viagens terrestres de longo percurso.

Ainda na virada do século 20, quando o Ford modelo T surgiu para mudar a história, a esmagadora maioria dos norte-americanos passava a vida toda a, no máximo, 30 quilômetros do lugar onde havia nascido.

Antes de 1800, a falta de transporte adequado não só ameaçava o comércio como era mortífera por si mesma. No mundo moderno, onde alimentos podem ser transportados facilmente das áreas de abundância para as de escassez, o fracasso de uma safra raramente resulta em fome maciça. Na Idade Média, ao contrário, uma cidade podia viver uma catástrofe enquanto a cidade do vale ao lado prosperava; isso era particularmente válido para as áreas onde o transporte fluvial ou marítimo não estava disponível. No século 20, os países comunistas, ao interferirem com os mecanismos normais de mercado e de transporte, tornaram-se os maiores causadores de fome em massa.

O custo, o perigo, o desconforto e, acima de tudo, a dolorosa lentidão das viagens, antes que surgisse o transporte a vapor, chocam as sensibilidades modernas. Ainda na metade do século 19, o transporte de cargas pesadas no continente europeu era considerado eficiente se percorresse 30 quilômetros por dia. Normalmente, eram necessárias quase seis semanas para que bens percorressem os 465 quilômetros de Paris a Lyon – pouco mais de 10 quilômetros ao dia. E os passageiros dos coches teriam sorte se atingissem uma velocidade duas vezes mais alta que essa.

As despesas de viagem eram assustadoras. Em 1820, uma viagem de coche de Nova York ao oeste do Ohio – naquele momento o limite da civilização – custava US$ 80 ou o equivalente a dois meses de salário. Na Inglaterra, uma jornada de cem quilômetros custava uma libra, cerca de uma semana de salário. O viajante podia economizar cerca de metade desse custo caso se dispusesse a viajar pendurado do lado de fora do coche. Apenas os mais ricos podiam bancar carruagens próprias.

A principal despesa de viagem eram as repetidas trocas de cavalos necessárias em percursos mais longos. Por fim, a imensa população de cavalos, bois e mulas nas cidades superlotadas criava problemas estéticos e de higiene dos quais somos muito afortunados de termos podido nos livrar.

A segurança das viagens na era pré-moderna era um fato ainda mais grave. Os saqueadores de estrada só desapareceram dos caminhos ingleses depois da metade do século 18, mas, no continente europeu, assaltos a coches continuaram a ocorrer com frequência alarmante por ainda mais cem anos. Viajantes ingleses na Itália reportavam que, em 1817, passageiros de coches eram frequentemente saqueados, mortos e queimados em seus veículos. A ameaça de roubo era uma preocupação constante, e acidentes com coches eram notavelmente comuns. Em 1829, um viajante que foi de coche de Nova York a Cincinatti registrou não menos de nove capotagens nas precárias estradas da era. Acidentes com vítimas fatais eram ocorrências cotidianas.

O desconforto das longas viagens em coche e navios a vela desgastava até os mais resistentes viajantes. O pintor inglês J. M. W. Turner escreveu, sobre uma viagem à Itália que fez em 1829:

> A neve começou a cair em Foligno. O coche pesado derrapava em todas as direções. Não demorei a estar todo molhado e, em Sarre-Valli, o coche caiu em uma vala, foram precisos seis bois, que vieram de um lugar a cinco quilômetros de distância, para arrastá-lo de lá. Isso nos custou quatro horas, por isso chegamos a Macerta com 10 horas de atraso, consequentemente estávamos famintos e congelados ao chegarmos a Bolonha. Mas lá nossos problemas se agravaram, em lugar de diminuir. Cruzamos o monte Cenis em um trenó e paramos na neve por três horas no monte Tarrat enquanto o coche era retirado de um atoleiro. Naquela noite, fomos uma vez mais forçados a desembarcar e caminhar com neve até os joelhos.

Desde o começo da História formalmente registrada, pessoas, bens e informações se movimentavam, no máximo, à velocidade de um cavalo ou de um navio a vela e continuaram a fazê-lo até a aurora da Idade Moderna. O uso de motores a vapor em navios e locomotivas ferroviárias a partir da metade do século 19 e a eliminação dos pedágios por governos nacionais poderosos propiciariam o último dos quatro fatores necessários ao crescimento econômico. O desenvolvimento das ferrovias, navios a vapor e telégrafos deflagrou uma prosperidade que ia além da febril imaginação do mais otimista dos sonhadores pré-modernos.

TERRA, MÃO DE OBRA E CAPITAL

Antes de 1500, o bem-estar do ser humano médio estava estagnado. As raízes dessa estagnação agora se tornam óbvias. Primeiro e acima de tudo, não havia incentivo à criação de riqueza, pois ela não estava segura contra a depredação cometida pela aristocracia feudal, Estado, Igreja ou criminosos comuns. Segundo, nenhum europeu ousava pensar criativa ou cientificamente, porque pensamentos originais, muitas vezes, resultavam na condenação de seu autor, seja neste ou no outro mundo. Terceiro, mesmo que serviços e invenções criadores de riquezas tivessem sido concebidos, o capital necessário a seu desenvolvimento não estava disponível. Quarto, mesmo que essas invenções tivessem sido produzidas em larga escala, os responsáveis por elas não poderiam tê-las anunciado e transportado, ou a seus produtos, a baixo custo para os consumidores de cidades distantes.

Tradicionalmente, os economistas dividem a produção de riqueza em três "insumos": terra, mão de obra e capital. Os economistas acreditam que compreender como esses insumos clássicos se comportam e interagem revela as raízes históricas da prosperidade mundial. Para estabelecer uma fazenda, uma fábrica ou uma rede de satélites, são necessárias as três coisas; e a produtividade de cada um desses fatores é o que distingue os ricos dos falidos.

Se você é um empreendedor, o que importa não é a produtividade média de um terreno, funcionário ou empréstimo, mas sim a produtividade marginal do terreno, funcionário ou capital. O termo "marginal" se refere à terra, à mão de obra e ao capital disponíveis para você naquele determinado momento. Não adianta muito planejar uma plantação em um distrito agrícola se todas as boas terras estiverem ocupadas e os únicos terrenos disponíveis tiverem baixa qualidade; ou construir uma fábrica de tecidos em uma área onde há mão de obra capacitada, mas na qual todos os melhores trabalhadores já estão empregados e satisfeitos; ou planejar um complexo de apartamentos em um lugar no qual as hipotecas existentes têm juros baixos, mas os novos empréstimos custariam mais caro.

Dos três insumos clássicos, a terra marginal – aquela que está disponível para você naquele momento – é o menos produtivo. Porque, a qualquer momento, a terra mais produtiva já estará sendo cultivada, apenas terras de menor qualidade estarão disponíveis para compra e incorporação. Novas fazendas quase nunca são tão produtivas quanto as já existentes. Portanto, elevar o investimento na economia agrícola é uma ideia desfavorável. A lei dos rendimentos decrescentes se aplica de maneira particularmente rigorosa à agricultura.*

---

* Como no caso de qualquer generalização útil, existem exceções; a expansão dos Estados Unidos rumo ao oeste nos séculos 18 e 19 registrou o aproveitamento de grandes áreas de terras marginais de alta qualidade.

Por outro lado, a mão de obra marginal, tende a reter sua produtividade com mais eficiência que a terra. Desde que exista uma força de trabalho passível de treinamento, investimentos subsequentes em mais fábricas seriam tão eficientes quanto o investimento original. A contratação de cada vez mais mão de obra se beneficia da economia de escala: treinar cem funcionários é mais barato que treinar dez, em base per capita. Além disso, a mão de obra marginal se beneficia da "curva de aprendizado". À medida que operários criativos e seus supervisores desenvolvem treinamento e métodos de trabalho cada vez melhores, eles se tornam mais eficientes. Assim, a mão de obra marginal se torna mais produtiva a cada contratação subsequente.

> ECONOMIAS INDUSTRIAIS CRESCEM FACILMENTE E ECONOMIAS AGRÍCOLAS SÓ CRESCEM COM GRANDE DIFICULDADE, QUANDO O FAZEM.

Na terminologia moderna, as economias industrializadas, que usam mão de obra de forma intensiva, são definidas como "escaláveis" (o que significa que seu tamanho e produção podem ganhar escala rapidamente), enquanto as economias agrícolas não o são; economias industriais crescem facilmente, e economias agrícolas só crescem com grande dificuldade, quando o fazem.

Por fim, o capital, em companhia da tecnologia de comunicações que embasa seu uso, torna-se cada vez mais produtivo à medida que o investimento aumenta. Chega um ponto em que os mercados de capital atingem "massa crítica", com melhoras dramáticas de eficiência. Foi esse o caso do telefone, do cartão de crédito, da internet e, mais notoriamente, do sistema operacional Windows para computadores: tudo isso se tornou tão generalizado que passou a ser uma necessidade para a vida.

Os próprios mercados de capital se comportam de maneira semelhante. As economias de um país não propiciam grande benefício se ficarem guardadas embaixo do colchão ou forem depositadas em um sistema bancário ineficiente, como ocorreu no início da industrialização da França, onde a desconfiança quanto ao sistema bancário impediu que empreendimentos eficientes acumulassem grandes fortunas. Os mercados funcionam melhor quando todos os compradores e vendedores de um mesmo item estão confinados em um mesmo lugar e ao mesmo tempo. Em uma situação como essa, a formação de preços do item se torna muito "eficiente", ou seja, quase todos o compram e o vendem praticamente ao mesmo preço. O exemplo desse fenômeno mais fácil de compreender é o do cambista de ingressos. Quando um país impõe leis rigorosas de combate aos cambistas, estes e seus clientes executarão suas transações em diversos lugares e de modo sub-reptício. Como resultado, o preço dos ingressos variará amplamente. Além disso, como o cambista quase sempre dispõe de informações melhores que as do comprador, os preços tenderão a ser altos. Esse tipo de mercado é definido como "ineficiente". Já as comunidades mais esclarecidas descobriram que, quando os cambistas são autorizados a vender em locais e horas específicos, em geral na entrada do local do jogo ou do espetáculo, pouco antes de seu início, os preços tendem a ser baixos e uniformes. O motivo para isso é evidente. Confinar a venda a uma área e período pequenos maximiza o fluxo de informações para os compradores e vendedores e elimina a vantagem do cambista. O grande objetivo da eficiência de mercado é que todos os compradores e vendedores de um determinado item estejam no mesmo lugar ao mesmo tempo – ou seja, o eBay.

Os mercados financeiros trabalham da mesma forma. Quando um grande número de compradores e vendedores se une em um local, por exemplo, o pregão da bolsa de valores de Nova York, o capital se torna mais barato e confiável e a produtividade do capital aumenta.*

Em outras palavras, à medida que a atividade econômica cresce, as taxas de juros caem e se estabilizam. O governo também desempenha papel central no processo de investimento ao eliminar incertezas no custo e na oferta de capital. Ou, como perguntou o presidente Clinton a Alan Greenspan em 1993: "você quer dizer que o sucesso do meu programa e da minha reeleição depende do Federal Reserve e de um bando de operadores de títulos?" Sim, sr. Presidente, era disso que seu sucesso dependia. A esmagadora reeleição de Clinton em 1996, em medida considerável, deveu-se ao sucesso das manobras monetárias de Greenspan.

A mesma situação se aplica ao transporte: enviar grande quantidade de bens em navios grandes é mais eficiente que enviar pequena quantidade

---

* Quando a bolsa de valores de Nova York começou a permitir transações pós-pregão, recentemente, logo se tornou aparente que elas eram menos eficientes que as transações em horário regular, quando o volume negociado é muito maior.

de bens em navios pequenos. Nas comunicações, a mesma coisa: um serviço telegráfico ou de mensagens que transmita grande volume de tráfego oferecerá seus serviços a preço mais baixo que um serviço menos ativo. Esse tipo de serviço é sempre fortemente escalável. A indústria de alta produtividade em que a escalabilidade é mais forte é a do software. Quando as despesas de desenvolvimento tiverem sido cobertas, a distribuição e a venda ocorrem praticamente sem custos, especialmente no caso de distribuição eletrônica. A produtividade do capital marginal, ampliada pelas modernas telecomunicações e beneficiada pelo número crescente de participantes, representa, assim, o mais forte dos três fatores tradicionais. A mão de obra marginal é menos produtiva; e a terra marginal oferece a mais baixa produtividade.

Conhecimento: o quarto insumo

Diversas décadas atrás, o crescimento rápido e sustentado na riqueza e na produtividade do Ocidente começou a se tornar mais e mais aparente, e os economistas compreenderam que o modelo clássico de três insumos, que tentava explicar a produção econômica com base na produtividade da terra, mão de obra e capital, não oferecia explicação suficiente para a afortunada tendência. O economista Paul Romer sugeriu que, em certo momento, o conhecimento científico e tecnológico em si se torna um importante fator de crescimento. Ele apontou para o fato de que a sociedade se beneficiava das "externalidades" tecnológicas – a rápida adoção, por todos os fabricantes, das práticas avançadas desenvolvidas pelos líderes setoriais – e afirmou que a produtividade marginal do conhecimento cresce à medida que este se acumula, de modo semelhante aos avanços de produtividade marginal no mercado de capitais. No mundo de Romer, o crescimento econômico só é limitado pela imaginação humana e não existe motivo para que ele se limite ao ritmo real de ganho de produtividade de 2% ao ano registrado historicamente pelos países industrializados do planeta.

Estágio 1: caçadores-coletores

Consideremos de que forma esses quatro insumos (terra, mão de obra, capital e conhecimento) foram percebidos ao longo da história humana. Em termos muito amplos, os historiadores econômicos dividem a saga humana em quatro estágios: caçador-coletor, agrícola, industrial e pós-industrial. Esse paradigma de quatro estágios é, evidentemente, uma simplificação grosseira. No Brasil dos dias atuais, por exemplo, um número significativo de pessoas se dedica a cada um desses estágios de atividade. Mesmo nos países mais avançados do mundo, os três últimos estágios continuam a ser vitalmente importantes.

Por mais de 99% de nosso tempo de existência no planeta, nós, seres humanos, fomos apenas caçadores-coletores. Essa extraordinária atividade requeria grandes extensões de terra: eram necessários 2,5 quilômetros quadrados de terra para sustentar uma pessoa. Além disso, os caçadores-coletores logo esgotavam a fauna e a flora comestíveis de uma área e precisavam se movimentar constantemente. Eles carregavam posses físicas mínimas e não podiam manter habitação fixa.

Quanto aos quatro insumos econômicos, os caçadores-coletores dependiam pesadamente da terra e da mão de obra, e a produtividade de ambas permanecia constante. Uma tribo não tinha como elevar o número de animais ou frutos que obtinha nos milhares de quilômetros quadrados do território que explorava. A mão de obra enfrentava restrições semelhantes, e as melhoras na atividade de caça e coleta ocorriam após longos intervalos de tempo. Embora aumentar a mão de obra (o número de caçadores-coletores) em um território pudesse elevar temporariamente a produção da terra (medida em frutos recolhidos e búfalos caçados), a produtividade não demorava a cair quando os recursos do território se esgotavam.

As sociedades de caçadores-coletores não precisavam de capital. Em termos econômicos, portanto, eram sociedades paralíticas, porque dependiam do menos produtivo dos quatro insumos – a terra – e a produtividade de sua mão de obra melhorava lentamente, quando o fazia. Por fim, o estoque de conhecimento de uma sociedade de caçadores-coletores avançava em ritmo glacial, porque os avanços na "tecnologia caçadora-coletora" ocorriam em prazos tão extensos, medidos em milhares de anos, que o cálculo de taxas de crescimento se tornava irrelevante.

Estágio 2: agricultura

Há cerca de 12 mil anos, os humanos começaram a se assentar no Crescente Fértil e a cultivar a terra. A agricultura é muito mais produtiva que a caça e a coleta e permite densidades populacionais da ordem de algumas centenas de habitantes por quilômetro quadrado. Quando comunidades agrícolas e caçadores-coletores entravam em contato, estes últimos tinham pouca chance de sobrevivência, por quatro motivos. O principal era a densidade populacional pura e simples – as sociedades de caçadores-coletores, com sua densidade de uma pessoa a cada 2,5 quilômetros quadrados, não eram capazes de concorrer militarmente com sociedades agrícolas cuja densidade populacional era de dezenas ou, em casos excepcionais como os das ilhas de Java e Honshu, centenas de pessoas por quilômetro quadrado. Segundo, as sociedades agrícolas desenvolveram uma elite relativamente pequena de soldados que se especializaram na aniquilação dos vizinhos nômades. Uma elite de governantes ainda menor planejava e dirigia esses esforços. A especialização em diferentes papéis sociais tornada possível pela agricultura tornou-se conhecida como "civilização", quando se desenvolveu ainda mais. Terceiro, a estreita proximidade entre seres humanos e animais domesticados, nas sociedades agrícolas, criou microrganismos patogênicos, como a varíola e o sarampo, e, enquanto os componentes de sociedades agrícolas desenvolveram imunidade contra essas doenças, os microrganismos foram letais para os vizinhos caçadores-coletores. A varíola matou muito mais astecas que as armas de Cortez e, no século 17, pode ter causado a morte de até 20 milhões de indígenas na América do Norte antes mesmo que eles fizessem contato significativo com o homem branco.

> A ESPECIALIZAÇÃO EM DIFERENTES PAPÉIS SOCIAIS TORNADA POSSÍVEL PELA AGRICULTURA TORNOU-SE CONHECIDA COMO "CIVILIZAÇÃO".

Por fim, e particularmente importante, muitas comunidades agrícolas adotaram a instituição do direito individual de propriedade. Para os caçadores-coletores, era praticamente impossível estabelecer propriedade sobre vastos trechos de seu hábitat selvagem. Embora muitas, se não a maioria, das primeiras empreitadas agrícolas, tenham sido comunais, como veremos, já no início da História documentada, agricultores começaram a se tornar proprietários de terras e a cultivá-las. Essas fazendas provaram ser muito mais eficientes que as concorrentes geridas de forma comunal, e as sociedades que favoreciam o direito de propriedade logo se viram em enorme vantagem não apenas com relação aos vizinhos caçadores-coletores, mas também à maioria das sociedades de agricultura comunitária.

Douglas North, economista laureado com o Prêmio Nobel que definiu a transição para a agricultura como "a primeira revolução econômica" (a segunda foi a Revolução Industrial), afirma que

> A primeira revolução econômica não foi uma revolução porque fez com que a caça e coleta fosse substituída pela agricultura estável como atividade econômica primária. A mudança de incentivo deriva dos direitos de propriedade diferenciados dos dois sistemas. *Quando existem direitos de propriedade comum sobre os recursos, há pouco incentivo para a aquisição de tecnologia e aprendizado.* (Ênfase acrescentada pelo autor.)

A principal desvantagem econômica da agricultura está no fato de que, como no caso da caça e coleta, a terra é seu insumo mais essencial. Caso a população cresça, por exemplo, 10%, os agricultores precisam cultivar mais terra a fim de permitir a manutenção do mesmo consumo per capita de alimentos. A terra agrícola marginal não terá a mesma qualidade da terra agrícola estabelecida e, consequentemente, será menos produtiva. Os agricultores, por isso, terão de cultivar mais de 10% de terra adicional para alimentar a população expandida. Isso não significa que seja impossível haver progresso na produtividade agrícola – técnicas avançadas de irrigação e de fertilização, a rotação de safras e o arado de tração animal elevaram dramaticamente o rendimento por hectare, mas muitos séculos separam esses avanços.

Se, como sugerem alguns historiadores, o rendimento das safras quadruplicou entre 1000 e 1500, isso representou crescimento anual de apenas 0,28% no período. Entre essas duas datas, elevações na população forçaram o cultivo agrícola de terra marginal de baixa qualidade, cancelando boa parte dos avanços de produtividade agrícola conquistados em meio milênio, se não todos eles. Com isso, o padrão de vida de sociedades puramente agrícolas se manteve relativamente estável.

No entanto, a transição para a economia agrícola, há cerca de 12 mil anos, produziu grande elevação na população mundial. E, sim, os modestos progressos subsequentes na tecnologia da agricultura resultaram em crescimento populacional ainda maior. Mas esses avanços não produziram melhora sustentada nos padrões de vida. Ainda no século 18, com regularidade, havia fome na Europa. No século 19, a Grande Fome matou mais de um milhão de irlandeses.

Alguns "ganhos de conhecimento" foram realizados no período medieval, mas eram esporádicos. O "agricultor melhorado" da Inglaterra do século 18, que procurava constantemente aplicar os mais modernos métodos agrícolas, ainda estava muito distante.

Era essa a lastimável situação descrita de maneira tão convincente por Malthus: um mundo no qual o crescimento populacional sobrepuja a melhoria glacial no rendimento da agricultura. Os clássicos "obstáculos positivos" de Malthus – *fama, pestis et bellum* – eram uma solução inevitável para o desequilíbrio entre nutrição e necessidade.

Estágio 3: industrialização

Por volta de 1500, as modestas melhoras nas técnicas agrícolas, somadas ao primeiro período de ascensão nos direitos de propriedade, mercados de capitais e tecnologias de transporte, permitiram que um número substancial de trabalhadores deixasse o campo para procurar emprego em manufaturas. Tanto no norte quanto no sul da Europa, manufatura queria dizer só uma coisa: tecidos. Na Itália, tecelões habilidosos processavam a seda e outros tecidos exóticos para criar produtos de luxo. Os ingleses vendiam lã bruta para a Borgonha (região que abarcava as modernas Holanda, Bélgica e norte da França) e lá artesãos capacitados criavam com ela tecidos finos. A construção naval e a produção de máquinas começaram gradualmente a se desenvolver. Ainda que os chineses há muito tempo já exportassem tecidos e porcelana, essas indústrias, proporcionalmente, não eram grandes o bastante para permitir que uma porcentagem significativa da população chinesa escapasse da agricultura, como ocorreu na Europa.

A manufatura requer pouca terra. Os fatores que a limitam são a mão de obra e o capital. Ainda que a lei dos rendimentos decrescentes se aplique ocasionalmente ao trabalho, a mão de obra não é tão sensível quanto a terra aos avanços de escala. A produtividade dos trabalhadores em geral não sofre muito se um número maior deles for contratado.

Na Idade Moderna, a produtividade da mão de obra pode, na verdade, aumentar com o crescimento, porque a densidade cada vez maior de trabalhadores e locais de trabalho facilita a comunicação entre os produtores – como o provam as linhas de montagem de automóveis em Detroit ou as fábricas de chips do Vale do Silício.

Melhor ainda, a manufatura utiliza capital de modo intensivo. À medida que as velhas fábricas se tornam obsoletas, é preciso construir instalações novas – e caras. O aumento da densidade populacional gera mercados de capital mais eficientes. Com o crescimento, o financiamento da capacidade industrial se torna progressivamente mais fácil. Finalmente, em uma sociedade industrial, o conhecimento se torna cada vez mais reconhecido como estrada para a riqueza, e as "melhores práticas" logo evoluem e se difundem, o que eleva a produção de todos.

Em algum momento do século 19, na Europa e nos Estados Unidos, surgiu um "círculo virtuoso". Os avanços na tecnologia geravam melhoras de produtividade, que, por sua vez, geravam ainda mais progresso tecnológico. Quando as economias industriais passaram a empregar insumos de capital e de conhecimento altamente produtivos, o crescimento tornou-se autossustentável e impossível de ser detido.

"Construa e eles virão"

O rápido crescimento econômico das sociedades industriais enfeitiçou gerações inteiras de economistas. Com certeza, conforme argumentavam, a chave para o desenvolvimento econômico era a industrialização em si. A simples construção de fábricas e de uma infraestrutura moderna e o treinamento de trabalhadores resultariam na muito almejada "decolagem econômica". Mas infelizmente, como demonstraram a história da industrialização soviética e os gigantescos projetos de infraestrutura construídos no Terceiro Mundo com assistência estrangeira, a prosperidade requer mais que fábricas, represas e ferrovias. (*Quanto mais as coisas mudam, mais elas permanecem iguais:* no capítulo 9, estudaremos o fracasso da industrialização realizada de cima para baixo no Império Otomano do século 18.)

Um país atinge o estágio industrial de desenvolvimento não apenas pela industrialização em si, mas devido à existência de instituições subjacentes e vitais: direitos de propriedade, pesquisa científica e mercados de capitais. E, quando um país atinge esse estágio, rompe os grilhões da pobreza. O crescimento econômico, podemos expressar assim, torna-se parte do código cultural. Mesmo que um desses países sofra uma imensa destruição em sua economia, como ocorreu com as potências do Eixo na Segunda Guerra Mundial, rapidamente reconquista e supera a prosperidade que detinha antes do conflito.

Pior que a guerra é a suspensão dos direitos de propriedade. No século 20, o leste da Alemanha se recuperou duas vezes dos efeitos físicos de guerras mundiais devastadoras. Mas serão necessárias gerações inteiras para que a região se recupere do comunismo.

Estágio 4: sociedade pós-industrial

Os contornos de um novo estágio no desenvolvimento econômico humano – a chamada sociedade pós-industrial – emergiram lentamente na segunda metade do século 20. Em uma sociedade pós-industrial, a indústria cede lugar à prestação de serviços. A economia pós-industrial requer ainda menos mão de obra e terra que o estágio industrial precedente. Embora o novo regime requeira ao menos tanto capital quanto o sistema industrial, seu apetite pelos insumos de conhecimento, principalmente em forma de inovações tecnológicas, é imenso. Enquanto há 40 anos uma companhia telefônica teria contratado um exército de telefonistas, agora ela atende o público com muito menos técnicos e por meio de redes de satélites, celulares e fibras ópticas imensamente dispendiosas. Como os mercados de capital e a base de conhecimento são os mais "escaláveis" dos quatro fatores de produção, as sociedades pós-industriais que utilizam capital e conhecimento de forma intensa provavelmente atingirão o mais elevado crescimento.

> Em uma sociedade pós-industrial, a indústria cede lugar à prestação de serviços.

O mundo ocidental não chegou a esta situação agradável da noite para o dia. Foi preciso a maior parte do segundo milênio para corrigir a supressão dos direitos de propriedade pelo feudalismo, para desmantelar a repressão intelectual da Igreja, superar a falta de mercados de capitais e retificar a falta de transportes e de comunicações confiáveis. Apenas quando essas quatro tarefas foram concluídas, os cidadãos das novas sociedades industriais e pós-industriais puderam desfrutar plenamente dos frutos de seus esforços.

CAPÍTULO 2
PROPRIEDADE

Não pode haver sociedade livre sem propriedade privada.

(Milton Friedman)

Müezzinzade Ali Pasha, comandante da frota otomana, teve um dia horrível na batalha de Lepanto, ao largo da costa oeste da Grécia, em um dia ensolarado do final de 1571. Em um combate naval que durou muitas horas, sua frota foi cercada pelas forças navais da Espanha, Veneza e Vaticano – a Santa Liga –, comandadas por Don Juan da Áustria. Foi uma das mais sangrentas batalhas da História, com 40 mil baixas fatais de ambos os lados – cerca de 150 mortes por minuto. Marinheiros de diversos navios da Santa Liga, entre os quais La Reale, a capitânia da frota de Don Juan da Áustria, abordaram o Sultana, capitânia de Ali Pasha, e os dois comandantes participaram pessoalmente da luta. Ali Pasha estava armado com um pequeno arco, Don Juan estava com um machado e uma espada. O comandante turco foi morto por um tiro na cabeça, e sua frota se dispersou em pânico. Em um dos grandes momentos de inflexão da História, as forças da Europa Ocidental contiveram a ascensão da influência turca no leste do Mediterrâneo e quase impediram a conquista da Itália pelos otomanos.

Em Lepanto, Ali Pasha perdeu mais que uma batalha e a vida, perdeu também toda a fortuna de sua família. Como todos os turcos ricos, ele mantinha seus ativos líquidos perto de si o tempo todo.

Os marinheiros da Santa Liga que abordaram a embarcação otomana capturaram um tesouro de 150 mil peças de ouro. Por que um comandante naval carregaria toda sua riqueza em sua cabine de comando? Uma possível explicação foi sugerida por Adam Smith, em *A Riqueza das Nações*.

De fato, nos infelizes países em que os homens vivem continuamente temerosos da violência de seus superiores, é frequente que enterrem e ocultem parte de suas cotas comuns, uma prática comum na Turquia, no Industão e, creio, na maioria dos demais governos da Ásia.*

Excetuando o sultão, nenhum cidadão turco – nem mesmo Ali Pasha, cunhado do monarca – era livre. A vida de um cidadão, sua liberdade e sua fortuna podiam ser confiscadas subitamente e por capricho. Aí está a raiz da extinção de todas as sociedades totalitárias e da força do sistema de livre mercado. Sem direitos de propriedade e sem direitos civis, pouca coisa motiva o inventor ou empreendedor a criar ou produzir algo que vá além de suas necessidades imediatas.

A PRIMEIRA PEÇA DA ESTRUTURA

Das quatro fundações da prosperidade moderna – direitos de propriedade, racionalismo científico, pronto acesso ao capital e comunicações e transporte eficientes –, os direitos de propriedade se desenvolveram primeiro; seus elementos mais importantes surgiram ainda na Antiguidade. No mundo moderno, a propriedade é o mais crítico dos quatro fatores. Como definiu o grande economista P. J. O'Rourke,

> [...] a Coreia do Norte tem índice de alfabetização de 99%, uma sociedade disciplinada e trabalhadora, e renda per capita de US$ 900. O Marrocos tem índice de alfabetização de 43,7%, uma sociedade que passa o dia todo bebendo café e aporrinhando turistas para que comprem tapetes, e um PIB per capita de US$ 3,26 mil.

Ao mesmo tempo, somente os direitos de propriedade não bastam para encorajar o crescimento econômico, como o demonstra a estagnação e o declínio da Grécia e de Roma, sociedades que não possuíam nenhum dos três outros elementos.

---

* Smith, II, p. 301,1776. Para Smith, "cotas comuns" significam toda a riqueza, e não as ações das empresas.

A relação entre direitos de propriedade e direitos civis é complexa. Os socialistas tendem a negar que essas duas coisas estejam conectadas. Considere o socialista francês Pierre-Joseph Proudhon, que acreditava firmemente nas liberdades civis, mas que, ainda assim, no século 19, definiu propriedade como roubo. Mesmo que a visão tradicional disponha que os direitos de propriedade derivam dos direitos civis, a posição oposta também é sustentável. Leon Trótski, um dos principais personagens do socialismo, argumentou o contrário, afirmando que a liberdade civil nasce dos direitos de propriedade. O direito de propriedade é o direito que garante todos os demais. Indivíduos sem propriedade estão sujeitos à fome, e é muito mais fácil curvar os famintos e os temerosos à vontade do Estado. Se o Estado puder ameaçar arbitrariamente a propriedade pessoal, esse poder será inevitavelmente utilizado para intimidar aqueles que defendam opiniões políticas e religiosas divergentes.

> O DIREITO DE PROPRIEDADE É O DIREITO QUE GARANTE TODOS OS DEMAIS.

Friedrich Hayek compreendeu, mais de meio século atrás, que os direitos civis e os direitos de propriedade formam um contínuo e não podem existir isoladamente. Quem cede seus direitos de propriedade logo se vê "no caminho da servidão" – tomando emprestado o título do mais conhecido trabalho do autor.

A interpretação humanista dominante atribui a John Locke a invenção do conceito de sagrado quanto aos direitos de propriedade pessoais. Mas Locke, embora tenha papel crucial na História, não está entre os precursores no jogo da propriedade. Ainda que "a publicação de seu livro *Dois Tratados sobre o Governo*, em 1690, tenha feito da proteção à vida, à liberdade e à propriedade a função primária do governo esclarecido, àquela altura, direitos civis e de propriedade básicos já faziam parte da lei comum inglesa há séculos. Aliás, as origens desses direitos tinham sólidas raízes nas cidades-estado gregas.

DAS NÉVOAS DA HISTÓRIA

Como a origem dos direitos de propriedade se perdeu no tempo, decidir quando começar a narrar sua história é uma questão arbitrária. É certo que muitas, se não a maioria, das sociedades primitivas devem ter contido elementos de direitos de propriedade, especialmente quanto à posse da terra. As sociedades de caçadores-coletores tinham problemas para manter direitos de propriedade, porque eles acarretavam um custo. Um grupo tribal isolado não tinha como patrulhar os milhares de quilômetros quadrados de área de que necessitava para sobreviver.

As tribos que obtiveram sucesso na defesa de seus direitos de propriedade eram provavelmente mais eficientes que as demais. Um cenário plausível poderia incluir o seguinte: à medida que os mamíferos de grande porte, a fonte preferencial de alimentação dos humanos, tornavam-se escassos, no período final da Pré-História, qualquer grupo de caçadores que monopolizasse e gerisse cuidadosamente o estoque local de mamutes, cada vez mais reduzido, ganharia vantagem competitiva sobre os vizinhos. No entanto, essa é uma teoria altamente especulativa, pois, como estamos tratando da Pré-História, é impossível ter certeza.

Em contraste com a natureza especulativa de qualquer exame das atividades dos caçadores-coletores pré-históricos, podemos tratar com grau maior de segurança das comunidades agrícolas anteriores à alfabetização. Nas mais antigas vendas de terras das quais foram preservados registros, historiadores identificaram detalhes de como as sociedades pré-históricas transferiam propriedades. No Velho Testamento, por exemplo, Abraão adquiriu do vizinho hitita, Efrom, um túmulo para Sara, sua mulher, que acabara de morrer. Inicialmente, Efrom ofereceu a propriedade a Abraão como presente, mas este insistiu em pagar pela terra. Fez que a prata fosse pesada e que a venda fosse proclamada na presença de outros aldeões hititas. As duas partes pareciam exibir genuína generosidade entre vizinhos, mas Abraão tinha fortes motivos para insistir em um pagamento diante de testemunhas. Antes de mais nada, porque, com isso, ele estabelecia seu direito perpétuo à propriedade, e Efrom não poderia rescindir a transferência. Depois, porque a presença dos demais vizinhos lhe garantia que não havia outras pessoas que alegassem propriedade sobre a terra em questão. E, por fim, porque, o pagamento o liberava da necessidade de retribuir o favor no futuro. Descrições semelhantes sobre transferências de propriedade diante da comunidade são comuns no mundo antigo.

Em um estágio ainda prematuro da História formalmente registrada, já encontramos a essência de direitos de propriedade efetivos. Primeiro, os direitos estavam claramente definidos: não havia dúvida de que Abraão e seus descendentes haviam se tornado proprietários da terra. Segundo, os direitos em questão eram alienáveis – ou seja, podiam ser comprados e vendidos livremente. Nos milênios subsequentes, os destinos das nações dependeriam do grau de respeito que exibissem com relação a essas duas condições.

> No começo da história da Mesopotâmia, a venda de terras diante de testemunhas deu lugar a vendas registradas de modo permanente.

As primeiras civilizações do Crescente Fértil e do Egito eram hierárquicas e totalitárias. Uma leitura acrítica da história do passado distante sugere que os faraós eram proprietários de toda a terra do Egito, mas isso quase certamente não procede. Algumas terras eram propriedade privada e os historiadores modernos debatem acaloradamente sobre a extensão dos direitos de propriedade dos agricultores e cidadãos comuns do Egito antigo.

Os sítios das primeiras civilizações humanas, na Mesopotâmia, a "terra entre os rios", correspondiam aproximadamente ao território do atual Iraque, uma região árida e plana entre os rios Tigre e Eufrates. Agricultura intensiva nesse tipo de terreno requer uma tecnologia sofisticada de irrigação. E esta só pode ser criada por um forte governo central, o que justifica a observação de um historiador sobre o fato de que as sucessivas civilizações da Mesopotâmia eram "sociedades hidráulicas". Ao longo dos séculos, essas sociedades criaram imensos canais, provavelmente escavados por mão de obra escrava. Os vastos projetos de engenharia tornaram possível uma agricultura de alta produtividade e densidades populacionais elevadas.

No começo da história da Mesopotâmia, a venda de terras diante de testemunhas, como a praticada por Abraão e Efrom, deu lugar a vendas registradas de modo permanente e com registros armazenados em repositórios públicos. Arqueólogos descobriram arquivos governamentais de vendas de terras que remontam ao ano 2500 a.C., cerca de 500 anos depois dos primeiros indícios de existência da escrita.

A agricultura em larga escala se desenvolveu um pouco mais tarde no vale do Nilo, e registros de vendas de terras também começaram a aparecer na região por volta de 2500 a.C. Como os hieróglifos egípcios são menos compactos que a escrita cuneiforme da Mesopotâmia, a história das transações de propriedades no Egito é menos detalhada que a da Suméria ou da Babilônia, nas quais pilares de pedra (stelae) descreviam, já em 2100, transações de terras e as leis que as regiam, um processo que culminou no código de Hamurábi, que data de 1750 a.C. Os israelitas também deixaram descrições detalhadas de suas transações de terras nos primeiros cinco livros do Velho Testamento (a Torá), cujos capítulos iniciais foram escritos por volta de 1150 a.C.

As três fontes históricas – sumérias, egípcias e israelitas – oferecem registro detalhado de transações imobiliárias no mundo antigo, mas infelizmente não faziam o mesmo quanto à estrutura geral da posse da terra. Por exemplo, templos egípcios e sumérios controlavam grandes extensões de terra, mas a propriedade privada da terra também era comum. Não existem informações sobre a importância e a produtividade relativas das terras privadas e das pertencentes aos templos ou sobre o grau de proteção de que as propriedades privadas dispunham contra a cobiça das autoridades religiosas e temporais.

O Décimo Mandamento oferece um comentário instigante sobre a questão, ao determinar "não cobiçarás a casa de teu vizinho". Mesmo os mais rígidos regimes totalitários do sul da Mesopotâmia, como o período de Ur III da história suméria, por volta de 2050 a.C., guardam registros de vendas de casas e de terras particulares, bem como registros de arrendamento e de terras dadas como presente pelos soberanos a indivíduos comuns.

O "processo de Mose" (não confundir com o Moisés hebraico) oferece um vislumbre fascinante dos procedimentos egípcios quanto às propriedades. Por volta de 1600 a.C., o faraó deu terras a um capitão naval, ancestral de Mose. Cerca de três séculos mais tarde, um funcionário desonesto do governo chamado Khay subornou colegas nos departamentos de justiça, de celeiros e do tesouro, para que lhe permitissem tomar a terra legada a Mose. Mas este conseguiu reverter a falsificação diante do tribunal, ao apresentar velhos registros tributários preservados na sede do governo local. O processo de Mose oferece um exemplo notável de proteção do direito de propriedade contra traições por um governo da Antiguidade, demonstrando a existência de sistemas judiciais e de registro sólidos o bastante para manter intactas as terras de uma família ao longo dos séculos.

Com o tempo, as restrições à venda de terras que existiam em Israel e na Mesopotâmia foram gradualmente relaxadas. Inicialmente, em ambos os lugares, membros de clãs tinham o direito de proibir vendas por outros integrantes de seus clãs. Mas, com o passar do tempo, a tendência de substituir a posse comunal de terra pela propriedade privada se acelerou e, em algum momento entre os anos 700 a.C. e 500 a.C., a terra passou a ser comprada e vendida livremente.

A propriedade imobiliária era influenciada pela natureza física da paisagem. Em um extremo, ficava a planície seca e árida do sul da Mesopotâmia, que precisava de irrigação abundante, e isso tendia a concentrar a propriedade nas mãos de uns poucos. No outro, havia o terreno montanhoso de Israel, onde há poucas menções a grandes propriedades – pequenas propriedades eram a regra.

Um elemento populista ocasionalmente causava distúrbios nas leis de propriedade de terras da Antiguidade. Os reis mesopotâmios, usualmente no período inicial de seus reinados, decretavam um *misharum*, ou seja, um cancelamento de dívidas e impostos. Isso era uma das causas dos juros elevados na Mesopotâmia, porque os agiotas, temerosos de que um *misharum* fosse decretado, o que poderia exterminar seus investimentos, exigiam 33% de juros nos empréstimos de grãos e 20% nos empréstimos de prata.

O Código Deuteronômio dispunha que as dívidas fossem canceladas a cada sete anos.* Uma norma ainda mais radical, a cláusula de Jubileu do Levítico, devolvia as propriedades a seus antigos donos a cada 50 anos. A despeito de serem mencionadas na Bíblia, porém, essas normas são provavelmente fictícias, pois, se tivessem sido executadas, teriam destruído o mercado de terras do antigo Estado de Israel.

A PRIMEIRA DEMOCRACIA, ESQUECIDA

Em seu influente *The Other Greeks*, o historiador Victor Davis Hanson sugere que as origens da democracia ocidental estão em sociedades agrárias que precederam muitos séculos a Atenas de Péricles. Hanson teoriza que essas raízes ancestrais da democracia grega se desenvolveram devido à força dos direitos individuais de propriedade no terreno montanhoso da Ática (a região de Atenas e seus arredores). A teoria de Hanson, embora controversa, oferece uma conexão vital entre os direitos de propriedade e

---

* Essa é a origem do termo "sabático".

as liberdades individuais. Essa conexão, aceita por estudiosos tão díspares quanto Trótski e Hayek, parece, portanto, remontar à Antiguidade.

A hipótese de Hanson se inicia no período micênico (de 1600 a.C. a 1200 a.C.). O colapso da civilização micênica causou uma revolução no relacionamento entre agricultores, governantes e propriedade cujos ecos continuam a ser ouvidos ainda hoje. A sociedade micênica era em muitos sentidos semelhante à da Mesopotâmia e da Europa feudal, com grandes propriedades coletivizadas que eram cultivadas por escravos e servos e geridas por uma minoria de aristocratas. Quando essa cultura misteriosamente implodiu, por volta do ano 1200 a.C., o controle das terras foi transferido a pequenas elites de proprietários. O caos que se seguiu ao colapso micênico permitiu que agricultores aventureiros começassem a colonizar terras marginais nas encostas, menos produtivas que as terras dos vales, o que remete às diferenças entre a agricultura israelense e a mesopotâmica. Esses "homens novos" superaram a má qualidade das terras que detinham, exibindo a ambição e a inovação que caracterizam homens livres que trabalham em terra de sua propriedade. Logo, essas terras começaram a produzir mais que as velhas propriedades e, em muitos casos, passaram a tomar o controle delas. Se tudo o mais for igual, o agricultor livre sempre terá vantagem econômica sobre o proprietário de terras feudais. Hanson afirma que:

> Nenhum ingrediente, creio, apresenta sucesso tão dramático na agricultura quanto a livre vontade, a capacidade de implementar uma nova ideia, de desenvolver uma rotina comprovada, de aprender da primeira vez com os erros, de ficar livre de planos governamentais e desenvolver por conta própria um plano de sobrevivência... Arrendatários, servos e meeiros não podem investir em safras de capital, como árvores e vinhas, de maneira eficiente. E não desejarão incorrer nos riscos consideráveis que a arboricultura e a viticultura acarretam sem a posse clara da terra que cultivam.

Não se trata de um conceito novo, claro. Considere a afirmação de Aristóteles de que "o melhor material para a democracia é uma população agrícola; não existe dificuldade em formar uma democracia onde a maior parte das pessoas viva da agricultura ou da criação de gado".

Esses primeiros agricultores pós-micênicos talvez possam ser considerados a primeira "classe média" – nem ricos, nem pobres. O grande paradoxo foi que a disponibilidade de terra marginal – *eschatia* – ditou que a democracia e o respeito pelos direitos de propriedade que a acompanha fossem desenvolvidos nas áreas em que esse tipo de terra era mais abundante, a saber, no terreno montanhoso da Ática. Os ricos não tinham necessidade de fazer com que a *eschatia* se desenvolvesse, e os pobres não tinham recursos para tanto. As partes da Grécia mais ricas em vales aráveis, como a Macedônia e Esparta, não desenvolveram a democracia, direitos de propriedade privada e liberdades individuais. Não é por acaso que Alexandre Magno, a verdadeira antítese e o destruidor dos valores democráticos gregos, tenha vindo do fértil e plano norte.

> ESSES PRIMEIROS AGRICULTORES PÓS-MICÊNICOS TALVEZ POSSAM SER CONSIDERADOS A PRIMEIRA "CLASSE MÉDIA".

Também podemos creditar ao pequeno agricultor grego do passado – o *georgos* – o desenvolvimento de um equivalente antigo à ética de trabalho protestante que se tornou tão familiar na cultura agrícola norte-americana. O agricultor investia o estafante trabalho na terra com nobreza e honra, um conceito incomum na época. Em *Os Trabalhos e Os Dias*, Hesíodo, agricultor na Beócia, deixa claro o valor da dedicação à terra: "Tanto os deuses quanto os homens se enfurecem diante dos ociosos".

O *georgos* típico fazia o máximo para diversificar seu produto, cultivando uma mistura complexa de uvas, cereais, legumes e frutas e criando gado. Em longo prazo, porém, os elementos ou o destino arruínavam até mesmo o mais habilidoso agricultor na mais diversificada fazenda. Felizmente para a civilização ocidental, os concorrentes dos pequenos proprietários – os grandes agricultores gregos – não dispunham das técnicas empresariais de gestão de riscos do agronegócio moderno, e a propriedade de fazendas não passou por concentração excessiva até que a conquista do Império Grego por Alexandre varresse do mapa a autonomia das cidades-estado.

Em uma época na qual a riqueza e o poder hereditários quase sempre superavam a inteligência e o esforço, o período pós-micênico marcou um dos breves hiatos em que o oposto aconteceu. A era iniciada por volta de 1100 a.C. ofereceu uma oportunidade protocapitalista aos agricultores gregos, e eles a exploraram ao máximo. Em 700 a.C., havia até cem mil pequenas fazendas com tamanho médio de 4 hectares florescendo na Grécia. Ferozmente individualistas e inimigos do autoritarismo, os *georgoi* manifestavam sua independência de formas que continuam profundamente enraizadas na moderna vida ocidental e que mudaram o rumo da civilização. Faziam isso de três maneiras:

> – conferindo valor à propriedade privada, acima de tudo à fazenda, às ferramentas e a seus produtos. E, para que não os idealizemos demais, também valorizavam seus escravos. O *georgos* típico tinha um ou dois deles. Abundantes no mundo antigo, particularmente depois de vitórias militares, escravos costumavam ser adquiridos pelos gregos depois da conquista de cidades-estado vizinhas, quando o "excedente" resultante derrubava o preço de venda a apenas algumas dezenas de dracmas (US$ 100 em dinheiro atual). Em períodos "normais", escravos eram negociados por 100 a 150 dracmas;
> – valorizando seu igualitarismo. As raízes da democracia ocidental estão, em larga medida, no modo de ação desses agricultores rústicos, analfabetos e bronzeados, e não em famosos políticos urbanos como Sólon, Clístenes e Péricles (e menos ainda nos filósofos gregos, em sua maioria, profundamente avessos à democracia). O conceito essencial, no mundo grego dos séculos 7 e 6 a.C., era o de "timocracia", sob o qual os direitos de voto dependiam da propriedade. A sorte da Grécia estava em suas propriedades rurais serem tantas e tão bem distribuídas pelas diversas regiões. Foi apenas no final do século 6 a.C. que a mais radical das cidades-estado gregas, Atenas, conferiu o voto aos pobres urbanos;
> – promovendo a autossuficiência militar. Os agricultores de uma área geralmente se uniam para formar uma falange de hoplitas: 50 a 60 soldados equipados com sua "panóplia" (lança, escudo, capacete e armadura), marchando em formações densas e varrendo tudo que encontrassem no caminho.

A poderosa interação entre esses três fatores – direitos de propriedade, timocracia e autossuficiência militar – gerou transformação. O *georgos* era parte de três redes análogas entre seus vizinhos: a da terra, a da assembleia legislativa e a da falange. Como ele e os vizinhos formavam unidades militares próprias, eram capazes de proteger sua propriedade contra invasores de Estados vizinhos e contra aspirantes a tirano. A autossuficiência militar oferecia outro benefício, mais sutil. A maioria das batalhas era decidida em uma tarde e, nos

> ESSE ASPECTO SOFISTICADO, URBANO E NÃO AGRÍCOLA DA SOCIEDADE GREGA ACABOU SENDO ACALENTADO PELO MUNDO OCIDENTAL SÉCULOS MAIS TARDE.

modorrentos séculos 7 e 6 a.C., ocorriam uma vez a cada dez ou vinte anos. Por isso, a guerra era barata. A maior despesa era a da panóplia, que custava algumas centenas de dracmas (cerca de US$ 500 em dinheiro atual) e era passada de geração a geração. Por isso, os gregos desse período evitaram o flagelo que veio a destruir os Estados-Nações que os sucederam – impostos elevados para bancar despesas militares.

Com seus direitos de voto recentemente adquiridos, eles criaram uma sólida estrutura judicial. Essa estrutura defendia a vida, a liberdade e a propriedade, milênios antes de os estudiosos ingleses da lei terem concebido esses direitos básicos. Por fim, sua produtividade permitiu, possivelmente pela primeira vez na História, que uma porcentagem significativa das pessoas comuns – e não apenas as elites governantes, religiosas e militares – escapasse de vez da agricultura. Esse aspecto sofisticado, urbano e não agrícola da sociedade grega acabou sendo acalentado pelo mundo ocidental séculos mais tarde. Mas não se engane: o mundo cosmopolita dos gregos posteriores não teria sido possível sem a fundação agrícola timocrática. A própria base da civilização ocidental – a de um cidadão livre dotado do direito de ter e de dispor de propriedade – teve sua origem nas cidades-estado que floresceram pela primeira vez séculos antes da Atenas de Péricles.

A cidade-estado grega descentralizada não tinha como recrutar os *georgoi* para campanhas mais longas no exterior, pois eles eram autossuficientes em termos militares; não podia sujeitá-los a impostos escorchantes; e, acima de tudo, nem mesmo um tirano conseguiria oprimi-los, porque as cidades-estado não tinham como criar forças militares mais amplas sem o consentimento de seus cidadãos. Os exércitos de hoplitas eram liderados pelos próprios soldados, e o "general" comandante, quase sempre se posicionava discretamente no meio da falange e empunhava lança e escudo da mesma maneira que seus compatriotas.

A PREVISÃO DE SÓLON

Como vimos, as fazendas da Ática tinham apenas quatro hectares de área. Por que eram tão uniformemente pequenas? Talvez intencionalmente. Por volta de 592 a.C., Sólon, herdeiro de uma família de prósperos mercadores, foi eleito *archon*, ou alto magistrado, de Atenas. A fim de prevenir apropriações de terra em larga escala e inquietação civil, ele decretou o perdão das dívidas opressivas que incidiam sobre muitos agricultores, da mesma forma que havia acontecido na Mesopotâmia e em Israel.

> AINDA QUE SÓLON NÃO TENHA "INVENTADO" A DEMOCRACIA, DESCOBRIU O SEGREDO DE SUA SOBREVIVÊNCIA – UM JUDICIÁRIO INDEPENDENTE DO PODER DO ESTADO.

Sólon também pode ter sido, ao menos em parte, responsável pela ausência de grandes fazendas, ainda que os detalhes sobre isso não sejam bem conhecidos. Por volta do século 8 a.C., Atenas, como a maioria das demais cidades-estado, havia dividido a maior parte de suas terras aráveis em lotes muito pequenos cultivados por dezenas de milhares de cidadãos/agricultores/hoplitas. Sócrates atribuiu a invenção da geometria à necessidade de calcular precisamente o tamanho e o rendimento das fazendas. Os pequenos lotes se tornaram uma instituição muito apreciada, reverenciada até mesmo pela elite filosófica conservadora dos séculos seguintes, inclusive por Platão e Aristóteles. Este último escreveu mais de cem comentários políticos sobre os diversos Estados gregos.

O momento crítico no nascimento da democracia ateniense surgiu quando Sólon organizou o sistema judicial em torno de assembleias de atenienses comuns, que incluíam até cidadãos livres desprovidos de terras, que na época não tinham direito a participar do Legislativo. Ainda que Sólon não tenha "inventado" a democracia, descobriu o segredo de sua sobrevivência – um Judiciário independente do poder do Estado. Um aparelho judicial como esse oferecia proteção à vida, à liberdade e à propriedade dos cidadãos comuns. A história de Atenas demonstra amplamente que essa proteção, embora bem menos que perfeita, representava imensa melhora com relação ao sistema que a precedera e para aqueles que a sucederiam. Não é possível identificar com precisão a origem desses baluartes do moderno direito de propriedade – o estado de direito e a igualdade perante a lei –, mas as reformas de Sólon são excelentes candidatas.

A Guerra do Peloponeso (431 a.C. – 404 a.C.), imensamente dispendiosa, destruiu esse padrão de pequenas propriedades que dominava o cenário na Grécia. Os altos impostos que a guerra tornou inevitáveis forçaram a esmagadora maioria dos *georgoi* a abandonar suas terras, e o arcaico padrão de imensas propriedades aristocráticas retornou. Por volta do século 2 a.C., havia fazendas de milhares de hectares. Essas imensas propriedades, cultivadas por escravos e por trabalhadores sem direitos de cidadania, conseguiam sustentar apenas uma fração da população grega anterior. Como essas enormes fazendas "empresariais" eram menos eficientes que as pequenas fazendas dos hoplitas, a arrecadação tributária total despencou.

> O SUCESSO DE UMA NAÇÃO EM LONGO PRAZO DEPENDE DE QUE SE ESTENDA OPORTUNIDADES ECONÔMICAS À MAIORIA, OU PELO MENOS A UMA MINORIA SUBSTANCIAL, DE SEUS CIDADÃOS.

As autoridades não tiveram escolha a não ser elevar ainda mais os impostos, o que forçou mais agricultores a deixar suas terras e gerou uma espiral destrutiva na sociedade.

O sucesso de uma nação em longo prazo depende de que se estenda oportunidades econômicas à maioria, ou pelo menos a uma minoria substancial, de seus cidadãos. Em uma sociedade agrícola, isso significa apenas uma coisa: a propriedade da terra. Infelizmente, o estoque de terra é limitado. No mundo antigo, a tendência de que as propriedades crescessem e se concentrassem nas mãos de um número menor de pessoas provou ser fatal para as cidades-estado gregas, como o foi posteriormente em Roma. A democracia é uma flor frágil em uma nação predominantemente agrícola. Quando a propriedade começa a se concentrar excessivamente, o que inevitavelmente ocorre, a estabilidade política e econômica desaparece.

Por que deveríamos atribuir importância ao breve florescimento dos direitos de propriedade em uma região pequena, ainda que culturalmente influente, do mundo antigo? Porque essa história nos informa três coisas:

- direitos vigorosos de propriedade requerem um Judiciário independente;
- cidadãos dotados de direitos e poderes econômicos são cruciais para a produtividade de uma sociedade;
- os direitos de propriedade não bastam para produzir crescimento econômico vigoroso e sustentado.

Por mais avançados que fossem os gregos da Antiguidade, sua estrutura socioeconômica não satisfazia as três outras condições necessárias ao crescimento econômico: uma estrutura científica adequada, mercados de capital sofisticados e transportes e comunicações eficientes. Seriam necessários mais dois mil anos para que a convergência desses quatro fatores abençoasse a humanidade com uma prosperidade sustentada.

OS DIREITOS DE PROPRIEDADE EM ROMA

De sua fundação, em 500 a.C., até o triunvirato de César, Pompeu e Crasso, em 60 a.C., Roma foi teoricamente uma república, governada por dois cônsules eleitos anualmente pelo voto de assembleias populares. Os juízes, ou pretores, ocupavam o segundo degrau da hierarquia. A autoridade legal suprema cabia ao pretor urbano – o primeiro deles foi apontado em 367 a.C.

Ostensivamente, o pretor não criava leis. A lei romana consistia inicialmente nas chamadas "12 Tábuas", supostamente promulgadas por volta de 450 a.C., e em um modesto conjunto de estatutos aprovados por assembleias populares. Na prática, porém, o pretor tanto interpretava quanto criava as leis ao suprimir velhas causas de ação ou criar causas novas por meio de estatutos judiciais conhecidos como *jus honorarium*.

Os primeiros pretores eram sacerdotes, mas, por volta do século 3 a.C., uma tradição de justiça laica havia evoluído.

O novo sistema estabeleceu um complexo esquema de regras de propriedade, boa parte do qual continua a parecer notavelmente esclarecido aos olhos de um cidadão moderno. Por exemplo, a propriedade de uma mulher continuava sob o controle dela durante o casamento e voltava plenamente para seu controle em caso de divórcio. Ainda que o dote se tornasse propriedade do marido durante o casamento, ele também retornava ao controle da mulher em caso de divórcio. Uma peculiaridade dos direitos femininos de propriedade era que uma mulher precisava ter um administrador, ou tutor, para efetuar transações formais com propriedades, como a venda de terras ou de escravos.

Outras partes das leis romanas parecem bizarras aos olhos modernos. O principal membro masculino de uma família – o *pater familias* – exercia poder de vida e de morte sobre os demais familiares. Enquanto estivesse vivo, seus filhos e netos não tinham direito a manter propriedades. Teoricamente, até um cônsul de 50 anos de idade continuava sujeito ao poder do pai. Na prática, porém, isso raramente constituía um problema sério devido à baixa expectativa de vida da época. Os historiadores estimam que apenas 10% das pessoas na casa dos 40 anos ainda tinham pais vivos. Além disso, com a passagem do tempo, a lei romana gradualmente relaxou a severidade desse dispositivo, primeiro, para ganhos auferidos com a guerra e para os saques dos soldados e, mais tarde, para circunstâncias muito mais amplas.

Para um observador moderno, a mais estranha das normas é o conceito de que até profissionais muito respeitados, como os médicos, professores e empresários, podiam ser escravos. No mundo romano, os direitos de propriedade de uma pessoa sobre si mesma não eram considerados automáticos, mesmo no caso dos membros mais bem-sucedidos de uma sociedade.

Os romanos impunham leis estritas, detalhadas e altamente sofisticadas quanto a transações comerciais e aos direitos de propriedade. Compreendiam bem as sutilezas da propriedade roubada, por exemplo. Porque uma aplicação frouxa das leis encorajaria o roubo e uma aplicação excessivamente severa tornaria difícil realizar compras e vendas com base na boa-fé, o que prejudicaria o comércio, a lei romana fazia uma distinção cuidadosa entre propriedade e posse, e as duas coisas podiam ser adjudicadas separadamente, em caso de necessidade.

Pela primeira vez na História, as leis diferenciavam transações pequenas e cotidianas, para as quais era preciso ter apenas um registro físico simples (*traditio*), de transferências de maior valor, especialmente as de terras, para as quais a lei exigia um registro formal por escrito (*mancipatio*).

> OS ROMANOS PROMOVERAM GRANDES AVANÇOS DA LEI NO QUE TANGE AOS MERCADOS DE CAPITAL.

Os romanos promoveram grandes avanços da lei no que tange aos mercados de capital. As leis distinguiam criteriosamente diferentes categorias de emprestadores. Tipicamente, um depósito bancário que rendia juros era conhecido como *mutuum*. Como ele rendia juros, o depositante necessariamente arcava com os riscos associados a uma possível quebra do banco e tinha direito relativamente limitado a ressarcimento caso isso acontecesse. Por outro lado, os depósitos que não podiam ser emprestados e permaneciam nos cofres de um banco, sem render juros (*depositum*), seriam mais facilmente recuperados se o banco quebrasse.

Leis complexas regiam os arranjos de garantia de empréstimos. Nas sociedades modernas, esses empréstimos são garantidos por propriedades reais, ou seja, caução. Quando um mutuário deixa de pagar a hipoteca de sua casa, a instituição de empréstimo pode tomar o imóvel. Em Roma, todas as garantias eram garantias pessoais. Além disso, elas quase sempre contavam com o aval de amigos, sócios ou parentes. Em caso de calote, os fiadores tinham responsabilidade pessoal de honrar o pagamento. Curiosamente, os credores tinham uma única oportunidade de recuperar o dinheiro garantido por fiadores. Tinham direito a processar apenas um deles e, caso fossem derrotados, não podiam processar os demais nomes da lista. No mundo atual, o pedido de um aval como esse desgastaria a maior parte dos relacionamentos e provavelmente não seria atendido. Em Roma, fornecer esse tipo de garantia era parte do código cotidiano de responsabilidade social.

O mundo antigo, como seria de esperar, tratava os caloteiros com aspereza. Em Roma, deixar de pagar até mesmo uma pequena dívida podia resultar no confisco de todas as propriedades do devedor, que seriam vendidas em leilão. Em casos extremos, o devedor podia ser aprisionado até que honrasse sua dívida, prática que persistiu até o século 19, nas chamadas prisões de devedores dos países ocidentais. Assim, dívidas não pagas ficavam sujeitas não apenas a soluções judiciais, mas também acarretavam modos de punição cuja severidade excedia em muito as exigências da simples justiça. Por mais duro que fosse o sistema, ele representava uma grande melhora com relação à prática grega, que punia com a escravidão uma pessoa que deixasse de pagar um empréstimo.

A solicitação de formas de garantia pessoal tão drásticas certamente prejudicava e sufocava a inovação. Todos os novos empreendimentos têm possibilidade considerável de fracasso, e o empresário efetivo aceita livremente o risco implícito nessas empreitadas. Perder sua riqueza devido ao fracasso de um novo negócio é ruim o bastante; mas perder a liberdade por isso parece exagero. Quando os ingleses puseram fim à prisão por dívidas e inventaram as sociedades de responsabilidade limitada, 15 séculos mais tarde, melhoraram muito a situação dos mercados de capital e ajudaram a deflagrar o crescimento econômico mundial.

O DEFEITO FATAL DE ROMA

Ainda assim, ao expor claramente as regras do jogo comercial, a lei romana tornava mais fácil conduzir os negócios. Nas esferas social e política, porém, a lei romana era ineficaz. Vimos que, com o tempo, o sistema grego de representação se expandiu. Em Roma, aconteceu o oposto. A partir de 200 a.C., conquistas externas se tornaram a força econômica dominante da república, com fluxo constante de escravos e espólio das terras conquistadas para a Itália. Esse excesso de liquidez criou imensas plantações formadas a partir de terras adquiridas de pequenos fazendeiros.

Roma "tributava" pesadamente os pequenos agricultores ao forçá-los a passar muito tempo servindo em suas legiões. Os ricos evitavam o problema do serviço militar ao usar escravos para cultivar suas terras, pois, como uma forma de precaução para que não se rebelassem contra seus senhores, eles não podiam servir o exército. A assembleia popular da República Romana, o Concilium Plebis, tentou uma reforma em 133 a.C., quando dois de seus líderes, os irmãos Tibério e Caio Graco, propuseram a distribuição de terras do Estado aos pobres. Quase imediatamente, agentes dos patrícios do Senado assassinaram Tibério Graco e, 12 anos mais tarde, Caio pereceu da mesma forma. A derrubada da república e a ditadura de Júlio César, em 45 a.C., destruíram os últimos vestígios do sistema de prestação de contas pelos governantes. Também prenunciaram o fim do Judiciário independente em Roma.

Depois da queda da república, o imperador fazia as leis. Ainda que usualmente contasse com a ajuda de profissionais do Direito, alguns imperadores, especialmente Cláudio e Sétimo Severo, deliciavam-se em conduzir pessoalmente os casos judiciais. A maioria das questões legais, é claro, não envolvia o imperador; gabinetes separados, cada qual dotado de grandes equipes de funcionários civis, lidavam com as petições. Não importa quanto os estatutos fossem sofisticados ou quanto o aparelho fosse complicado, o imperador, como governante absoluto, corrompia a lei romana. Nesse sentido, as leis de Roma pouco difeririam das leis de uma tribo primitiva cujo chefe funcionasse como juiz e júri em todas as disputas.

Mesmo durante a república, os juristas trabalhavam sob intensa pressão política. A posição de pretor, na verdade, servia como degrau para o cargo de cônsul, que, por sua vez, era o portão de entrada para o poderoso Senado. Nos anos finais da república, oito pretores disputavam apenas duas posições de cônsul a cada ano. Os pretores não podiam se dar ao luxo de fazer inimigos poderosos, e a maior parte dos historiadores duvida que constituíssem um Judiciário independente. Por isso, os direitos civis e de propriedade dos romanos comuns, sem influência ou amigos poderosos, eram precários.

Durante o Império, todos os resquícios de independência do Judiciário desapareceram. O imperador, se assim o desejasse, criava e impunha leis. Um ambiente como esse colocava em perigo a vida e a propriedade dos cidadãos comuns, que por isso tinham pouco incentivo para inovar e investir.

O sistema romano tinha outra grande falha: os direitos políticos e civis ficavam subordinados aos direitos de propriedade, um arranjo que desestabilizava a estrutura social. Em todas as sociedades, a escravidão e o serviço militar obrigatório corroem a difusão dos direitos de propriedade. Escravos baratos e facilmente acessíveis tornam simples operar grandes propriedades. Pior, o sistema romano isentava a maioria dos grandes proprietários rurais de tributação e de serviço militar. Se o Estado pode punir um cidadão comum com décadas de serviço militar e impostos opressivos, por que ele desejaria trabalhar em suas terras pessoais, se vendê-las a um vizinho rico e isento de impostos e do alistamento era bem mais fácil?

> UMA NAÇÃO QUE SUBSISTE COM BASE NA CONQUISTA VIVE SEMPRE SOBRE O FIO DA ESPADA.

Tanto a escravidão quanto o serviço militar prolongado tinham raízes profundas demais no sistema romano para que fossem seriamente questionados. Embora os gregos também recorressem à escravidão, reduziram gradualmente o nível de propriedade requerido para que um homem desfrutasse de plenos direitos civis e políticos. Na época da guerra do Peloponeso, quase todas as cidades-estado havia conferido cidadania plena, com todos os seus privilégios, à maioria dos homens livres nascidos em seus territórios.

Uma nação que subsiste com base na conquista vive sempre sobre o fio da espada. Quando os espólios da criação do império deixaram de fluir para Roma, no século 3, o déficit não pôde ser compensado por meio de impostos sobre os atrofiados setores agrícola e comercial romanos. Consequentemente, o Império Romano do Ocidente desabou no século 5.

A ASCENSÃO DA LEI COMUM NA INGLATERRA

O conceito de direitos de propriedade é tão velho quanto a civilização, e talvez até mais velho. Não é esse o caso quando falamos dos direitos dos indivíduos, que no mundo antigo eram protegidos apenas em algumas cidades-estado gregas. Na Antiguidade, direitos individuais, sustentados por um Judiciário independente, eram um conceito frágil, que floresceu brevemente na Grécia e na Roma republicana antes de desaparecer completamente no período do Império Romano e nos séculos sombrios que se seguiram a seu colapso.

Por volta de 1600, a poderosa combinação de direitos individuais e direitos de propriedade estava em pleno florescimento na Inglaterra, muito antes que John Locke descrevesse o sistema da lei natural. Os norte-americanos, por sua vez, atribuem crédito demais a Thomas Jefferson e sua proclamação quanto aos direitos evidentes à "vida, liberdade e busca da felicidade".

De fato, nos debates constitucionais norte-americanos de 1787, oponentes do texto constitucional o criticavam por não proteger suficientemente suas liberdades, geralmente citadas como "os direitos dos ingleses". Como concessão aos oponentes do federalismo, a Carta de Direitos – que abarca as dez primeiras emendas da constituição norte-americana – foi adicionada à Constituição. A quinta emenda garantia especificamente o direito à lisura nos processos judiciais e oferecia proteção contra confiscos injustos. Novas proteções contra processos injustos foram acrescentadas posteriormente, por meio da 14ª emenda.

As origens da moderna prosperidade econômica estão inextricavelmente ligadas ao desenvolvimento dos direitos de propriedade e dos direitos individuais na Inglaterra a partir do início do segundo milênio. Isso não significa que os direitos de propriedade não tenham evoluído de forma independente em outros locais, especialmente na Itália do Renascimento e na Holanda, posteriormente. Mas foi na Inglaterra que esses direitos adquiriram vigor, ímpeto e importância que viriam a alterar para sempre o rumo da História Mundial.

Podemos traçar os antecedentes das cláusulas relevantes da quinta e 14ª emendas e talvez até as origens da prosperidade ocidental no início do segundo milênio, começando pela aparente incapacidade de o rei João da Inglaterra se relacionar bem com seus súditos e com o papa Inocêncio III. No período medieval, a maioria dos soberanos ocidentais era teoricamente vassala do papa. Na prática, o rei transferia a posse de seu reino a Roma, que em seguida a transferia de volta a ele como vassalo da Igreja em troca do pagamento de um tributo – no caso de João, em valor de mil marcos de prata ao ano. O sistema constituía, por assim dizer, um esquema de extorsão digno de uma família mafiosa. Em troca do pagamento, o rei podia contar com o apoio do papa, o que incluía, por exemplo, ameaçar barões rebeldes de excomunhão. Como bônus, o Santo Padre também protegia o monarca contra o fogo do inferno.

Mas João não apreciava esse arranjo e, em 1209, Inocêncio III o excomungou. Três anos mais tarde, o Vaticano o depôs oficialmente. No ano seguinte, João rendeu-se às exigências papais.

Depois de sofrer severa derrota diante do rei francês Felipe Augusto em uma campanha para recuperar a Normandia, na metade de 1214, João precisava desesperadamente de verbas para bancar novas operações militares. Pressionou seus barões, violou suas terras, elevou o preço de arrendamento das terras reais e confiscou propriedades. O erro de João foi agir contra os barões de forma arbitrária, sem utilizar os procedimentos formais requeridos – sem respeitar aquilo que hoje definimos como código processual. Pior ainda, ele promulgou e aplicou leis e penalidades retroativamente e sem aviso. Também confiscou terras da Igreja, enforcou prisioneiros de guerra e tomou filhos de barões como reféns para garantir a lealdade de seus pais.

João já havia adquirido a reputação de ter comportamento reprovável com seus barões e seus súditos comuns e, no final de 1214, os ingleses acabaram se rebelando contra ele. Sob a liderança de Robert Fitzwalter, ocuparam Londres e forçaram o rei a negociar, em Runnymede. Em 15 de junho de 1215, os combatentes puseram fim às hostilidades ao assinar um longo acordo, que continha ao todo 63 capítulos, inicialmente conhecido como "Artigos dos Barões", depois, como Grande Carta e, na Idade Moderna, como Magna Carta. Os barões forçaram João a executar o acordo porque, ao apreender suas propriedades, ele havia violado flagrantemente o código implícito de conduta da Inglaterra – a lei comum.

O AFORTUNADO ACASO DA INGLATERRA

Quando João e seus barões se reuniram para negociar em Runnymede, os juristas ingleses já haviam estabelecido uma sólida base de precedentes judiciais dispondo sobre os direitos, deveres e punições aplicáveis a todos os ingleses – cidadãos comuns, aristocratas e, teoricamente, até o rei. O termo "lei comum" se refere a esses precedentes judiciais acumulados. A primazia que esse acúmulo de precedentes confere torna a lei comum única – até 1600, o Parlamento raramente legislava na ausência de precedentes contidos na lei comum. Naquela época, o estatuto parlamentar servia quase sempre para resumir os precedentes contidos na lei comum. O Parlamento raramente agia com relação a áreas sobre as quais a lei comum não se pronunciava e jamais aprovava leis que contradissessem a lei comum.

O renomado jurista Edward Coke, no século 17, costumava dizer que a lei comum era superior à lei estatutária. Na Idade Moderna, as origens inglesas da lei comum servem para contrastá-la com a "lei civil", que deriva dos estatutos romanos e predomina no restante da Europa e em boa parte do mundo. As diferenças entre a lei comum e a lei civil estão muito além do escopo deste livro. Mas uma generalização ampla permitiria afirmar que a lei comum enfatiza a primazia dos precedentes judiciais e da divisão de poderes entre o Judiciário e os demais poderes do governo, enquanto as instruções da lei civil são mais centralizadas e conferem primazia à ação legislativa. A diferença essencial entre os dois sistemas é a seguinte: quem desejar influenciar as instituições de um país que vive sob a lei civil só precisará capturar o legislador, enquanto em um país que vive sob a lei comum será preciso influenciar todos os três poderes do governo, uma tarefa realmente difícil.

Os soberanos precedentes, das dinastias Plantageneta e Normanda, haviam conferido cartas de direitos menos extensas a seus súditos nobres e comuns. A Magna Carta ganhou sua posição de destaque nas mentes dos ingleses, ao longo dos séculos seguintes, devido às circunstâncias dramáticas de seu surgimento.

A Magna Carta aplicou quatro soluções aos conflitos entre o rei João e os nobres. Primeiro, forçou o rei a devolver todos seus ganhos indevidos. Segundo, exigia que ele não repetisse seus roubos, sequestros e assassinatos. Terceiro, codificou os "direitos dos ingleses" e os estendeu explicitamente a todos os homens livres. Por último, e o mais importante, descreveu detalhadamente os procedimentos necessários para garantir esses direitos.

Muitos dos capítulos da Magna Carta pareceriam obscuros ou arbitrários para um leitor moderno. O primeiro e último capítulos prometiam que a Igreja ficaria livre de interferência monárquica. Os capítulos 10 e 11 dispunham como deveriam ser pagos os juros devidos aos agiotas judeus. O capítulo 54 determinava que ninguém poderia ser preso com base no testemunho de uma mulher, exceto se o caso envolvesse a morte do marido da acusadora.

Um trecho especialmente importante para o leitor norte-americano estava no capítulo 12, que vinculava tributação à representação parlamentar – ou seja, sem representação, nada de tributação. A Magna Carta explicitou que novos impostos não poderiam ser adotados sem o consentimento do "conselho geral da nação".

Não surpreende que a maior parte do texto – os capítulos 17 a 61 – tratasse da área na qual João praticou mais abusos: a administração da Justiça. O capítulo 20, por exemplo, proibia multas injustas, bem como o confisco de ferramentas necessárias para que um homem ganhasse a vida. O que determinava se uma multa era ou não injusta? "A lei do país" – ou seja, a lei comum inglesa. Os capítulos 28 a 31 proibiam que o rei confiscasse arbitrariamente diversas categorias de propriedade pessoal.

Pela primeira vez na História, o rei não estava acima da lei. A mais importante promessa estava contida no capítulo 39, que estipulava que nenhum homem livre podia ser

> [...] aprisionado, ou detido em prisão, ou privado de sua propriedade, ou banido, ou excluído, ou de qualquer outra forma

molestado; e não agiremos contra ele, ou faremos agir contra ele, a não ser em caso de julgamento justo por seus pares ou pela lei do país.

Além disso, essas proteções eram conferidas a todos os homens livres, e não apenas ao clero, aos condes e aos barões. Em outras palavras, o rei não tinha o direito de privar qualquer homem de sua vida, liberdade ou propriedade. Para fazê-lo, era necessário um justo processo, o que antecede Coke, Locke e Jefferson em seis séculos.

E havia mais notícias ruins para o rei. Os capítulos 52 e 53 o compeliam a restituir propriedades que houvessem sido confiscadas injustamente nos anos anteriores à assinatura da Magna Carta. Talvez o mais incômodo para o rei João tenha sido a cláusula do capítulo 61 que estabelecia uma comissão de 25 barões, com o poder de revisar e, se necessário, reverter as injustiças reais.

A Magna Carta chegava até a desferir um pequeno golpe em favor do livre comércio. Os capítulos 41 e 42 proibiam o rei de impedir as viagens de comerciantes, tanto ingleses quanto estrangeiros, exceto em épocas de guerra.

Pela primeira vez desde os dias dourados da democracia grega, tamanha liberdade era conferida a tanta gente. Com essa liberdade, vinha a oportunidade de prosperar. Não é uma conclusão exagerada considerar que a submissão do rei João em 15 de junho de 1215 serviu como o fuso que posteriormente deflagraria a explosão do crescimento econômico mundial.

Em contraste, o florescimento dos direitos individuais na Grécia ficou confinado a um período de quatro séculos e a um pequeno grupo de vales situados a alguns dias de caminhada da ágora ateniense. As leis do Império Romano não ofereciam esse tipo de proteção. Tentar limitar o poder do imperador não era causa que ajudasse a longevidade do proponente e, de qualquer forma, era improvável que esse tipo de esforço encontrasse sucesso. Tentar impor limites aos soberanos dos estados medievais sucessores do império na Europa era exercício igualmente fútil. Para todos os propósitos práticos, a Magna Carta foi o ponto focal da explosão dos direitos pessoais e de propriedade individual cujas ondas reverberam pelo mundo ainda hoje.

Oito séculos mais tarde, ainda restam vastos territórios que essa revolução não atingiu. Não há como, no entanto, desconsiderar seu incansável avanço. Michael Doyle, cientista político da Universidade de Princeton, estudou a história da "democracia liberal", nome que ele confere à combinação de democracia representativa, direitos judiciais e direitos de propriedade (ou seja, economia de mercado). Na tabela abaixo, pode ser visto o avanço no número de nações que desfrutam dessas vantagens. Em 1790, a lista ainda incluía apenas três nomes – Grã-Bretanha, Estados Unidos e Suíça. Como se pode ver, esse número aumentou dramaticamente nos dois séculos passados, com apenas uma breve interrupção que coincide com a ascensão do fascismo no período entre a primeira e a segunda guerras mundiais.*

Ano	Democracias liberais
1790	3
1848	5
1900	13
1919	25
1940	13
1960	36
1975	30
1990	61

Seria desnecessário dizer que a democracia inglesa não floresceu de imediato naquele dia de primavera em Runnymede, mas sua semente foi plantada em solo fértil. Quanto à importância duradoura da Magna Carta, David Hume afirmou que:

> [...] a bárbara licença dos reis, e talvez a dos nobres, se viu dessa forma mais cerceada: Os homens adquiriram mais segurança para

---

* Uma definição ainda melhor de "democracia liberal" é a que propõe Francis Fukuyama. "Liberal" quer dizer que os direitos individuais, especialmente os de propriedade, são protegidos pelo Estado. "Democracia" quer dizer que os líderes de uma nação são escolhidos pelo voto universal e secreto do eleitorado em eleições pluripartidárias. De acordo com esse paradigma, a Grã-Bretanha do século 19 era liberal, mas não democrática; a República Islâmica do Irã é democrática, mas não liberal. Ver Francis Fukuyama, O Fim da História e o Último Homem. (Nova York: Avon Books, 1992), 42- 44.

suas propriedades e liberdades. E o governo se aproximou um tanto mais de tal meta...

O traiçoeiro João, claro, não tinha intenção de honrar o acordo, e seu contra-ataque começou em poucos meses. Em 24 de agosto de 1215, ele recebeu um dividendo de seu investimento tardio no Vaticano: uma bula papal que revogava a carta. Felizmente para a Inglaterra, o velho vilão só sobreviveria por mais um ano. Seu filho e sucessor, Henrique III, era menor de idade, o que requeria uma regência. O menino rei e seu regente, que não dispunham de muitas forças, chegaram a um compromisso com os barões. Pressionado, o regente confirmou a carta duas vezes. Quando Henrique III assumiu formalmente o trono, ele voltou a promulgar a carta em uma cerimônia especial. Em 1225, fez que o documento fosse resumido em 39 capítulos.

A carta de Henrique III, de 1255, é considerada pela maioria dos estudiosos a versão definitiva. O rei e seu sucessor, Eduardo I, confirmaram o documento cerca de meia dúzia de vezes, e o Parlamento fez isso mais algumas dezenas de vezes nos séculos seguintes.

O capítulo 29 do documento de 1225 substituiu o capítulo 39 da versão de 1215. Vale citar sua tradução mais comumente aceita do latim:

> Nenhum homem livre será tomado, aprisionado ou desaparelhado* de sua propriedade alodial, ou liberdades, ou livres costumes, ou banido, ou exilado ou destruído de qualquer outra maneira e tampouco o puniremos, ou condenaremos, a não ser pelo julgamento legal de seus pares, ou pela lei do país. A nenhum homem será negada a justiça e os direitos, e a nenhum homem serão estes vendidos.

Trata-se de uma declaração de direitos muito mais abrangente e poderosa que a contida no capítulo 39 do texto original. A nova versão substitui as proteções estreitas do primeiro documento por uma garantia geral de "liberdades" e "costumes". A nenhum homem poderia ser negada "justiça ou direitos". Há pouca coisa na Carta de Direitos da Constituição Norte-Americana, de fato, que não possa ser inferida desse

---

* Ser "desaparelhado" é ser privado indevidamente de algo.

notável parágrafo. A nova carta proibia o rei de privar qualquer cidadão de seus direitos de modo arbitrário. Dali por diante, para restringir a liberdade ou o direito de propriedade de qualquer pessoa, era necessário um processo justo.

Tanto a versão de 1215 quanto a de 1225 para a carta garantiam a proteção de propriedades contra a cobiça da Coroa. Numerosos capítulos de ambas detalhavam procedimentos precisos e os pagamentos exigidos da parte do rei antes que ele pudesse requisitar propriedades particulares como milho e carroças, o que constitui a base para a cláusula de desapropriação da quinta emenda da Constituição dos Estados Unidos.

> Pela primeira vez desde a Grécia antiga, a lei tratava com igualdade todos os homens livres, do humilde agricultor ao rei.

Henry Bracton, jurista do século 13 e compilador do primeiro compêndio judicial britânico, *The Statute and Common Law of England* (em latim, claro), reconheceu bem cedo as implicações revolucionárias da Magna Carta. Pela primeira vez, o rei ficava explicitamente sujeito à lei comum. "O rei não deve se sujeitar a homem algum, mas sim a Deus e à lei, *pois a lei faz o rei*". (Ênfase acrescentada pelo autor.) E assim a igualdade perante a lei, aplicável tanto ao camponês livre quanto ao rei, surgiu na história humana. Como se aplicava ao rei, então, certamente se aplicava do mesmo modo aos juízes e aos parlamentares. Dessa forma, foi estabelecido mais um círculo de interesses em defesa dos direitos de propriedade: se a lei se aplica àqueles que fazem a lei, estes dificilmente sancionarão atos que injustificadamente resultem em morte, prisão ou confisco de propriedades de outra pessoa, por medo de que o mesmo lhes venha a acontecer – uma versão formalizada do preceito de não fazer aos outros o que não desejamos que nos seja feito.

Pela primeira vez desde a Grécia antiga, a lei tratava com igualdade todos os homens livres, do humilde agricultor ao rei. Isso diferia muito da situação vigente na Roma antiga ou no mundo medieval, cujas leis reconheciam diversas categorias de pessoas. Apenas na Inglaterra e em certas porções da Grécia antiga, esse nivelamento de classes sociais permitiu a emergência do Estado de direito e, com ele, dos direitos de propriedade. Para parafrasear Churchill, não foi o começo da tirania, nem mesmo o começo de seu fim. Em 1215, porém, o início da queda do despotismo foi vislumbrado pela primeira vez no mundo de língua inglesa, processo que prossegue ainda hoje, aos solavancos, no resto do mundo.

Durante os cinco séculos seguintes, sucessivos monarcas ingleses atacaram os direitos de propriedade e o Estado de direito com variados graus de intensidade e astúcia. Não fosse o fomento e a proteção conferidos por gerações de juristas, filósofos e parlamentares, os direitos de propriedade e as liberdades individuais poderiam ter sido extinguidos pelas dinastias Plantageneta, Lancaster, York, Tudor ou Stuart, e a prosperidade ocidental jamais teria nascido. Entre os heróis dessa história, dois se destacam: Edward Coke e John Locke.

O PEDREIRO DA PROPRIEDADE

Nos séculos que se seguiram ao acordo de Runnymede, os britânicos começaram a encarar a Magna Carta, bem como cartas subsequentes promulgadas por reis e pelo Parlamento, como baluartes de suas liberdades individuais – os direitos dos ingleses. Sir Edward Coke nasceu nessa tradição, em Mileham, Norfolk, no ano de 1552. Depois de se formar em Cambridge, ele se matriculou no Lincoln's Inn, em Londres, para estudar Direito. Sua ascensão foi meteórica e sua competência jurídica e conhecimento enciclopédico de jurisprudência o conduziram ainda jovem aos mais conhecidos casos judiciais de sua época. Coke não demorou a se tornar o maior advogado inglês e ocupou os mais altos postos legislativos e judiciais, inclusive a presidência da Câmara dos Comuns do Parlamento. Quando se tornou procurador-geral do reino e processou sir Walter Raleigh por traição, tratou o grande homem com desdém e declarou, memoravelmente: "tens um rosto inglês, mas um coração espanhol!"

Em 1606, foi indicado para o Tribunal Real de Apelação e posteriormente se tornou juiz da Alta Corte Real. Seu desempenho aterrorizante nos dois postos reforçou a independência judicial que ele sempre havia demonstrado e também o poder dos tribunais contra o rei e o Parlamento. Suas decisões e opiniões são uma das principais bases para a moderna separação tripla entre os poderes: Executivo, Legislativo e Judiciário.

Na era Tudor, o instrumento de processo preferencial era o Conselho Privado, que preferia a lei civil (romana) à lei comum observada nos tribunais ordinários do reino. A lei romana oferecia ao Conselho Privado e à Coroa outros agentes flexíveis o bastante para sustentar a teoria do direito divino do monarca, e o século 17 viu o clímax da grande batalha entre os tribunais, o Parlamento e a Coroa, ou seja, entre a Justiça pela lei comum e a Justiça pela lei romana.

O maior rival judicial de Coke era o famoso sir Francis Bacon, que serviu como procurador real no reinado de James I. Da rivalidade entre eles, surgiu a maior contestação feita por Coke à autoridade real. Em 1616, o bispo de Lichfield abriu um processo, alegando que James I lhe havia concedido um benefício (o salário e as despesas de um bispo). O rei negou que o tivesse feito e, por intermédio de Bacon, solicitou que o veredicto fosse postergado até que ele (o rei) pudesse discutir o caso pessoalmente com os juízes. Ainda que uma solicitação como essa provavelmente causasse choque a um tribunal moderno, não era assim tão incomum no século 17. Coke recusou a solicitação e convenceu os demais juízes a declarar, por escrito, que a demanda do rei era ilegal.

James, muito insatisfeito, convocou os juízes ao palácio e exigiu que revertessem tal decisão. Os colegas de Coke caíram de joelhos, trêmulos, e imploraram pelo perdão real. Mas Coke não se submeteu. Informou calmamente ao monarca que não podia atendê-lo. Quando o rei o pressionou, ele insistiu em que cumpriria seu dever como juiz.

James retaliou demitindo Coke. O pescoço do jurista só foi salvo devido à imensa popularidade que ele havia conquistado como protetor do homem comum. Ele voltou ao Parlamento, onde, fiel às suas convicções, continuou a defender os direitos parlamentares diante das prerrogativas reais. Anos mais tarde, no reinado de Carlos I, Coke sofreu a indignidade de ver muitas de suas decisões excluídas de um livro sobre seus casos.*

O episódio, embora não tenha sido único na época, foi emblemático. Os antigos gregos haviam sido os primeiros a perceber que a proteção

---

* Em 1631, passados 15 anos de seu confronto com a Coroa, Carlos I tentou impedir que Coke publicasse o livro, alegando "que ele é considerado como oráculo entre as pessoas comuns, que se deixam iludir por qualquer coisa que porte autoridade, como tudo que ele fala ou escreve". Ver William Holdsworth, Some Makers of English Law. (Cambridge: Cambridge University Press, 1966), 116-118.

aos direitos de propriedade requer um Judiciário independente. Agora, pela primeira vez na história da Europa, um juiz havia decidido encarar o poder real. Coke provavelmente tinha exatamente essa ideia em mente quando recusou submeter-se a James I. Ele havia calculado, corretamente, que por volta do século 17 esse tipo de poder monárquico há muito tempo se haveria de ter dissipado.

A mais duradoura obra de Coke, *Institutes of the Laws of England*, trabalho em quatro volumes escrito entre 1600 e 1615, abarca sua carreira judicial e governamental. A influência dele era especialmente forte nas colônias americanas. Os Institutes serviam como foco do treinamento jurídico colonial, e as ideias de Coke permearam o pensamento dos Pais Fundadores dos Estados Unidos. Um comentarista aponta, com admiração, que até mesmo os erros do jurista se tornaram parte da lei comum.

Os Institutes ressaltavam a função da Magna Carta como base da lei comum. Coke, que preferia a versão de 1225, escreveu que o documento era conhecido como "grande carta, ou Magna Carta, não por sua extensão ou tamanho... mas... em respeito ao peso e à grandeza daquilo que contém; em poucas palavras, por se tratar das leis fundamentais do reino".

A percepção especial de Coke estava em discernir que o homem comum precisava de proteção não apenas contra o rei, mas também contra o Parlamento. O sustentáculo dessa proteção era, claro, a lei comum, "o melhor e mais importante direito básico de que dispõe um súdito para salvaguarda e defesa, não apenas de seus bens, terras e rendas mas de sua mulher e filhos, de seu corpo, fama e também de sua vida".

Embora as diversas versões da Magna Carta sejam ocasionalmente ambíguas quanto aos direitos dos homens comuns, Coke sustentava firmemente que as cartas garantiam os direitos de todos os homens livres, e não apenas os dos barões, dos nobres e do clero. Considerava o capítulo 29 da Carta de 1225 como a peça central da lei comum e afirmava que ele continha não menos que nove "ramos". Estes garantiam que era preciso respeitar as normas processuais em qualquer caso que envolvesse as cinco ações seguintes: detenção, confisco de propriedade, negação de assistência judicial, exílio e execução. Além disso, ele acreditava que o capítulo 29 proibia o rei, em quaisquer circunstâncias, de fazer quatro coisas: impor sentença de punição direta, vender os direitos de qualquer homem, negar justiça ou conferir direitos especiais a qualquer homem.

Vale a pena mencionar que, ainda que a carta original assinada em 1215 em Runnymede contivesse uma cláusula – no capítulo 61– para a formação de uma comissão de barões para fiscalizar o rei, a versão de 1225 da Carta, promulgada por Henrique III, não fazia menção a isso. Quando Coke escreveu os *Institutes*, era o Judiciário que, há muito tempo, fiscalizava o rei. Em 1628, o jurista declarou no Parlamento que "a Magna Carta é uma pessoa de tamanha monta que não aceita soberano".

As decisões e opiniões de Coke são onipresentes nas leis inglesas e norte-americanas. Sua leitura não é fácil, mas diversas delas têm grande relevância para o mundo moderno.

O caso do dr. Bonham serve como exemplo típico da competência judicial de Coke. O médico Thomas Bonham praticava sua profissão em Londres. Henrique VIII havia autorizado, e o Parlamento confirmado, o direito do College of Physicians londrino de licenciar a atuação dos médicos na cidade. Ainda que Bonham fosse claramente competente para a prática da medicina, ele infelizmente havia estudado em Cambridge. O College londrino exerceu sua prerrogativa e o proibiu de praticar a medicina na capital. Depois, multou-o e aprisionou-o.

Em 1610, Bonham apresentou acusação contra o College por prisão indevida. Coke foi o juiz encarregado e decidiu em favor do médico. Embora concordasse em que o College tinha a obrigação de licenciar médicos para proteger o público contra profissionais incompetentes, ele determinou que a instituição havia privado Bonham – claramente um profissional competente – de uma liberdade essencial: a capacidade de ganhar a vida. Ao tomar essa decisão, Coke estava afirmando, quase 200 anos antes de Adam Smith e 300 anos antes da Lei Antitruste Sherman, nos Estados Unidos, que mercados livres, sem influência de poderes monopolistas, também constituíam um direito essencial. O juiz decidiu que "todos os monopólios constituem, em geral, violação da grande carta, porque são contrários à liberdade e à livre atuação do súdito e contrários à lei do país".

O College of Physicians havia tentado disfarçar suas práticas monopolistas alegando seu status como guilda. A face pública de uma guilda medieval era a de instituição de garantia de altos padrões profissionais. Na realidade, as guildas eram cartéis que restringiam a entrada em uma profissão ou ocupação e mantinham os preços elevados. A lei comum, em geral, dispunha que, embora um vendedor agindo dessa forma constituísse monopólio, as guildas eram formadas por muitos vendedores e, por isso, eram consideradas isentas da proibição legal a monopólios. A Coroa, muitas vezes, usava essa lacuna quanto às guildas existente na lei comum (e pelo estatuto parlamentar de 1624 que a havia codificado) para conferir monopólios, e essa ficção conveniente serviu para sufocar a concorrência e o desenvolvimento econômico ingleses até o século 19. Coke observou que o College também havia violado o princípio de julgamento isento da lei comum quando impusera ao médico uma multa de dez libras que reverteria a seus cofres. Nenhum órgão judicial, argumentou o jurista, deveria ser autorizado a decidir questão que envolva os próprios interesses.

> A SUPREMACIA DO JUDICIÁRIO SÓ FUNCIONA BEM QUANDO SUSTENTADA POR UMA CONSTITUIÇÃO ESCRITA EXPLÍCITA E RIGOROSA.

Como um jurista moderno poderia dizer, "o que importa é o processo, e não o resultado". Em boa parte das leis sustentadas por precedentes judiciais, importa mais o lado processual que o substantivo. Em sua decisão, Coke fez um disparo judicial que ainda reverbera. Ele afirmou que, ao conceder ao College o direito de multar e aprisionar médicos, o Parlamento havia violado as normas de justo processo prescritas pela lei comum. Sua contestação se sustentou por algum tempo, mas a Câmara dos Comuns acabou derrubando a supremacia do Judiciário, na ocasião de sua vitória na Revolução Gloriosa de 1688. Tendo superado os Stuart, o Parlamento não estava interessado em transferir aos tribunais o poder que acabara de adquirir. Até hoje, o Parlamento britânico retém sua superioridade com relação aos tribunais. Foi nas colônias americanas da Inglaterra, onde Coke era reverenciado, que a supremacia do Judiciário fincou raízes mais profundas.

Diz-se que a supremacia do Judiciário só funciona bem quando sustentada por uma Constituição escrita, explícita e rigorosa, algo de que a Inglaterra não dispõe, e os Estados Unidos, sim. Mas é fato que a supremacia do Judiciário não está declarada na Constituição norte-americana e que é resultado, em vez disso, do "acaso de John Marshall", o primeiro juiz a presidir a Suprema Corte do país. Não importa a origem exata, foi Coke quem legou aos Estados Unidos a fundação filosófica desse elemento essencial à sua separação constitucional de poderes.

No início do século 17, a conexão entre direitos individuais e direitos de propriedade que tanto reverenciamos hoje havia sido estabelecida na Inglaterra. De nossa perspectiva moderna, a insistência de Coke quanto a esses direitos, sustentada pelo vigor da lei comum, parece profundamente progressista. Mas muitos observadores do século 17 chegavam à conclusão oposta. Na época, os grandes Estados nacionais absolutistas, centralizados há pouco tempo e apoiados na lei romana redescoberta e reinterpretada, pareciam ser a face da Europa em modernização. A Inglaterra, ao contrário, era vista como um país pequeno e atrasado, e a embolorada lei comum de Coke, formada pelo acúmulo de séculos de precedentes em uma confusa malha de jurisdições feudais, parecia incrivelmente antiquada.*

O século 17 começou pela supressão das prerrogativas reais diante da lei comum, promovida por Coke, e terminou, depois de uma desastrosa guerra civil, com o estabelecimento da ascendência do Parlamento britânico. Ainda que a supremacia do Judiciário estabelecida por Coke tenha caído, vítima das vitórias parlamentares na guerra civil inglesa e na revolução de 1688, isso não diminuiu os benefícios resultantes da redução dos poderes da Coroa.

O século seguinte veria John Locke e os colonos norte-americanos difundindo os privilégios do Judiciário e do poder parlamentar pelo restante do mundo ocidental. Esse processo quase contínuo de divisão e limitação do poder do Estado entre seus três ramos – Executivo, Legislativo e Judiciário –, por sua vez, reforçava os direitos individuais de liberdade e de propriedade.

Quando a guerra civil inglesa chegou, por volta da metade do século 17, a propriedade de um inglês estava mais segura que em qualquer momento anterior da história humana. Mas, como os outros três fatores não estavam bem desenvolvidos, a Inglaterra não prosperou. Ao longo dos 200 anos seguintes, a Inglaterra adquiriria os outros três fatores, culminando com a invenção da propulsão a vapor e do telégrafo no século 19. Àquela

---

* Na época de Coke, os tribunais de lei comum disputavam a proeminência com o Conselho do Rei, a Chancelaria e o Almirantado. O Conselho do Rei era dirigido pela Coroa e a ela respondia diretamente; as duas outras instituições tratavam principalmente de disputas comerciais. O mais infame órgão do Conselho do Rei era a Star Chamber, que rivalizava com a Inquisição no uso da tortura. Depois de saírem vitoriosos diante desses três rivais, os tribunais de lei comum adotaram boa parte dos casos destes como precedentes. Ver Holdsworth, 111-3, 131-2.

altura, as vantagens da Inglaterra e das nações criadas por ela, na arena dos direitos de propriedade, deslanchavam para um nível de prosperidade inimaginável para as gerações anteriores.

JOHN LOCKE – "A LEI FUNDAMENTAL DE PROPRIEDADE"

Se Edward Coke foi o mestre de obras que assentou as fundações da liberdade civil e dos direitos de propriedade, John Locke foi o escultor ornamental que discorreu elegantemente sobre o equilíbrio que os justifica e exaltou sua beleza para um mundo mais amplo e mais distante dos corredores jurídicos.

Nascido em 1632, pouco depois da morte de Coke, Locke chegou à maioridade em meio ao turbilhão da guerra civil inglesa, uma luta de vida ou morte entre o Parlamento e a dinastia Stuart. Seu pai, que seguia a religião puritana, dispôs que o filho fosse educado em casa e treinado para o serviço militar com o partido parlamentar. Quando jovem, Locke escreveu: "desde o momento em que comecei a aprender, eu me vi em meio a uma tempestade, que persiste até hoje". Sua carreira está inextricavelmente conectada a Anthony Ashley Cooper, amigo dos dias na Universidade Oxford que mais tarde se tornaria o conde de Shaftesbury. O abastado conde se tornou patrono de Locke, que, por sua vez, se tornou conselheiro e homem de confiança do amigo.

Shaftesbury mais tarde se viu profundamente envolvido na guerra civil, combatendo ao lado dos parlamentaristas. Ele e Locke precisaram fugir para o exterior em diversos momentos do conflito. Depois que Shaftesbury perdeu a influência, em 1675, Locke passou algum tempo na França antes de retornar a Londres e Oxford. Foi em Oxford que escreveu a maior parte de seu original *Dois Tratados sobre o Governo*, no qual expunha sua teoria da lei natural e sobre os direitos de propriedade. Em 1681, Shaftesbury foi aprisionado por participar de uma "cabala" contra o rei Carlos II. Temendo por sua segurança e adoentado depois de ser libertado, o conde fugiu no começo de 1682 para a Holanda, onde morreria no ano seguinte.

Depois da morte de Shaftesbury, Locke continuou em Oxford, onde temia muito a vigilância do rei. E, de fato, pessoas que faziam leitura de lábios observavam de longe suas conversas pessoais nos corredores da universidade. Como Shaftesbury, Locke acabou fugindo para a Holanda.

Com a vitória final do Parlamento na Revolução Gloriosa de 1688, ele voltou à Inglaterra como herói, ainda que seu medo persistente do poder do rei o levasse a negar até a morte a autoria de *Dois Tratados*.

Em resposta a *Patriarcha*, de sir Robert Filmer, Locke começou a escrever os *Dois Tratados* por volta de 1680, que, em 1690, enfim, foi publicado. O ensaio de Filmer era uma defesa subserviente da monarquia absoluta, baseada na ideia de que tanto a lei comum quanto o direito de propriedade derivavam do poder real, garantido pelo direito divino. Em *Dois Tratados*, Locke aceita a afirmação de Hobbes quanto à vida em estado natural ser "solitária, pobre, cruel, bruta e curta". Por necessidade, os homens formavam governos com o intuito de se protegerem. Mas, enquanto Hobbes propunha como solução um Estado todo-poderoso, um "leviatã", Locke propunha um Estado benigno, cujo propósito primário seria a preservação da propriedade. É justo estipular que Hobbes contestava o direito divino dos reis e atribuía a legitimidade de um governo aos direitos das pessoas comuns. Além disso, de acordo com a interpretação de Locke para a lei natural, a legitimidade do Estado derivava apenas de sua capacidade para executar seus deveres. Caso fracassasse, poderia ser substituído: "Sempre que os legisladores se esforçarem por tirar e destruir a Propriedade do Povo... se colocarão em estado de Guerra contra o Povo, que por isso fica absolvido de quaisquer obrigações de Obediência".

Se os *Dois Tratados*, de Locke, refletiam os sentimentos na Inglaterra pós-1688, eram música para os ouvidos dos colonos americanos, que incorporaram os preceitos do livro avidamente como justificativa para sua insurreição. De fato, boa parte do Segundo Tratado foi incorporada quase sem alterações pela Declaração de Independência dos Estados Unidos, o que inclui o seguinte:

> Tendo o homem nascido, como provado, com direito à liberdade perfeita e ao desfrute irrestrito de todos os direitos e privilégios da Lei da Natureza, em igualdade diante de qualquer homem ou homens do mundo, ele tem por natureza o direito de preservar sua propriedade – *ou seja, sua vida, liberdade e posses... (Ênfase acrescentada pelo autor.)*

Compare o trecho anterior ao famoso terceiro parágrafo da Declaração:

"Consideramos que estas verdades sejam evidentes: que todos os homens foram criados iguais, dotados pelo seu Criador de certos Direitos inalienáveis, entre os quais Vida, Liberdade e a busca da Felicidade".

As mudanças na forma de uso do inglês tornam a redação de Jefferson mais agradável a nossos ouvidos, mas em função da estreita semelhança talvez tenha sido propício que a polícia do plágio moderna não estivesse em ação em 1776.

Perceba, também, que Jefferson substitui a palavra "posses" de Locke por "busca da felicidade"*, um termo muito mais vago. O historiador Charles Beard, da Universidade Colúmbia, criou sensação em 1913 com seu Economic Interpretation of the Constitution, que enfatizava os interesses econômicos dos autores do documento. Locke tinha fixação pelos direitos de propriedade e exerceu tamanha influência sobre os Pais Fundadores que é possível observar as origens da revolução americana na preocupação quanto à propriedade. Por exemplo, no Segundo Tratado, ele afirma que um Estado tem direito legítimo a tributar seus cidadãos, mas alerta que quem impuser tributos "sem o consentimento do Povo estará invadindo a Lei Fundamental de Propriedade".

Locke conduzia sua discussão sobre os direitos individuais à liberdade e à propriedade em termos de lei natural. Ao fazê-lo, aproximou-se muito de identificar o imenso potencial econômico da lei comum. As sociedades humanas, mesmo as menores e mais primitivas, naturalmente desenvolvem regras que governam costumes, comportamentos e, por fim, a propriedade em termos aceitáveis. Esses códigos da Antiguidade são a fonte primária e a força da lei comum inglesa. Como escreve Bruno Leoni, um estudioso da história das leis, "os romanos e os ingleses compartilhavam da ideia de que a lei era algo a ser descoberto, mais do que imposto, e que ninguém deve ser poderoso, em sua sociedade, a ponto de fazer de sua vontade individual a lei nacional". O economista peruano Hernando de Soto segue o

---

* Nem mesmo "busca da felicidade" foi cunhada originalmente por Jefferson. Em uma versão inicial da Declaração dos Direitos do Homem na colônia da Virgínia, George Mason, que claramente precisava de um revisor, escreveu sobre "o desfrute da vida e liberdade, com os meios de adquirir e possuir propriedade, e a busca e obtenção de felicidade e segurança". Ver GREENBERG,David. Debunking America's Enduring Myths",. In: "New York Times", 29/06/2003.

mesmo caminho, em seu magistral *The Mystery of Capital*, ao apontar que as pessoas não obedecem a leis decretadas arbitrariamente e que uma estrutura judicial bem-sucedida deve ter raízes na cultura e na história de uma sociedade. Em outras palavras, as leis de propriedade precisam ser facilmente reconhecíveis e aceitas pela população.

> AO RECOMPENSAR GENEROSAMENTE OS INVENTORES, A SOCIEDADE ESTÁ, NA VERDADE, RECOMPENSANDO-SE.

Nenhum sistema legal além da lei comum inglesa incorpora tão bem a sabedoria histórica de seu povo e, ao mesmo tempo, protege de tal forma a liberdade e a propriedade individual. Hoje, onde quer que ela floresça, a riqueza das nações a acompanha.

PROPRIEDADE DA MENTE

A propriedade pode não ser apenas tangível. Começando em cerca de 1730, o mundo viu surtos sem precedentes de inovação tecnológica. Eles continuaram até o presente e se devem, em larga medida, ao nascimento da lei de patentes. O economista Douglas North coloca que invenções produzem benefícios tanto privados quanto sociais – trazem lucro para a sociedade, e não só para o inventor. Se a lei não reserva uma porção suficientemente generosa dessas recompensas ao inventor, ele não inventará. Ao recompensar generosamente os inventores, a sociedade está, na verdade, recompensando-se. Nenhuma pessoa sã investiria o imenso capital, tempo e esforço envolvidos na criação e produção em massa de uma invenção se outros pudessem copiá-la impunemente. Na China imperial, por exemplo, a situação era ainda pior. Lá, o imperador podia se apoderar de uma nova invenção, como aconteceu com a impressão de tipos móveis, o papel e as cartas de câmbio.

Quando falamos sobre "propriedade intelectual", queremos dizer três coisas: invenções, ou seja, patentes; material escrito, isto é, direitos autorais; e marcas registradas. Nesta seção, vamos nos concentrar principalmente na lei de patentes, a mais importante em termos econômicos.

Os três tipos de propriedade intelectual oferecem a seus detentores um monopólio sobre o uso de suas invenções, escritos e marcas registradas. Como qualquer outra propriedade, o uso desse monopólio é alienável – pode ser vendido para terceiros assim que o detentor o desejar. Infelizmente, os monopólios carregam consigo uma história longa e sórdida. Governantes, muitas vezes, cederam a cupinchas, guildas e a comerciantes favorecidos, usualmente em troca de parte da receita propiciada.

Veremos no capítulo 8 que, na Idade Média e no começo da Idade Moderna, a concessão de monopólios era peça básica na arrecadação nacional, principalmente na Espanha e na França, onde a prática serviu para fazer definhar o crescimento e inibir a inovação. Além disso, é dispendioso fiscalizar monopólios conferidos por governos, pois isso requer uma grande burocracia.

Também descobriremos – no capítulo 7 – que uma importante razão para que o crescimento econômico disparasse primeiro na Holanda e na Inglaterra foi que os governos de ambas as nações abandonaram suas práticas monopolistas e, em lugar disso, passaram a depender mais da tributação de atividades econômicas como fonte de receita.

Isso nos conduz ao paradoxo central da lei de patentes: proteção de menos ao inventor mina o incentivo para criar e produzir, proteção demais sufoca a concorrência e estrangula o comércio. Esse fato foi apreciado inicialmente na Itália do Renascimento, quanto se tornou clara a importância de proteção de patentes para o comércio local e internacional. Florença concedeu a primeira patente da qual existem registros históricos, em 1421, a Filippo Brunelleschi, o famoso arquiteto que projetou o domo da catedral local. A patente se referia a um grande barco que seria usado no rio Arno para transportar mármore e outros bens para a cidade.* Não houve grandes avanços na proteção às patentes até 1474, quando o Senado veneziano aprovou a primeira lei sobre o tema, que declara:

> Temos entre nós homens de grande gênio, capazes de inventar e descobrir aparelhos engenhosos; e, tendo em vista a grandeza e virtude de nossa Cidade, muito mais homens como esses acorrem a ela, vindos de toda parte. Agora, se houvesse um dispositivo para proteger esses trabalhos e aparelhos, de modo a que outros que os

---

* O barco, chamado Badalone (monstro marinho) não foi um grande sucesso. Afundou no Arno enquanto transportava uma carga de mármore branco para a construção do domo. Ver Bruce W. Bugbee, Genesis of American Patent and Copyright Law (Washington, D.C. : Public Affairs Press, 1967), 17- 19.

vejam não possam reproduzi-los e subtrair a honra do inventor, mais homens aplicariam seu gênio ao trabalho, fazendo novas descobertas e construindo aparelhos de grande benefício e utilidade para nossa comunidade.

A lei instruía os inventores a solicitar patentes ao Conselho Geral da República. Caso o inventor provasse que o aparelho era original e funcionava da forma descrita ao conselho, este conferiria proteção à invenção por dez anos. Os imitadores teriam seus aparelhos destruídos e pagariam multa de cem ducados (US$ 4 mil em dinheiro atual). A lei, uma maravilha legislativa para sua época, reconhecia o valor social de um sistema de patentes, o incentivo que proporcionava à criação de riqueza e, acima de tudo, a importância de conferir monopólios apenas a aparelhos originais e por período limitado.

A experiência inicial da Inglaterra com monopólios e patentes não foi tão salutar quanto a italiana. A Coroa ocasionalmente conferia monopólios sobre empreendimentos importantes, como o conferido aos artesãos flamengos da lã e tecelagem para atraí-los para a Inglaterra nos séculos 14 e 15. No entanto, era mais frequente que monopólios fossem conferidos aos favoritos do monarca, que, por sua vez, transferiam à Coroa parte de seus lucros. Os éditos reais se tornaram conhecidos como "cartas-patente", e a palavra "patente" significava que as cartas não eram seladas, ou seja, seu conteúdo era público. Esses procedimentos iniciais ingleses eram bastante inferiores aos venezianos. Veneza contava com um órgão de avaliação e um procedimento bem definido de inscrição, enquanto a Coroa Inglesa concedia patentes por capricho. A rainha Elizabeth I, especialmente, abusava das cartas-patente para ganho pessoal. Sir Walter Raleigh, por muito tempo um dos favoritos da soberana, recebeu monopólio sobre bares que vendiam vinho.

Em 1571, no começo do reinado de Elizabeth, surgiu a primeira oposição parlamentar a essa prática. Mas a rainha não se deixou abater e continuou conferindo cartas-patente para um grande número de processos há muito tempo estabelecidos, entre os quais a produção de sal, de salitre e de óleo lubrificante. A depressão econômica de 1597, que forçou o público a pagar os altos preços dos produtos monopolizados com uma renda em queda, reforçou a indignação diante dessas práticas. Naquele ano, o tribunal da rainha determinou que os monopólios eram uma violação da lei comum. Em 1601, Elizabeth recuou e cancelou muitas das patentes conferidas até então. Não por coincidência, o desafio de Coke a seu sucessor, James I, discutido anteriormente neste capítulo, ocorreria apenas 15 anos mais tarde. O final do século 16 marca o ponto no qual o Estado de direito eclipsou completamente o governo real por direito divino na Inglaterra, colocando o país no caminho de uma guerra civil.

Novas contestações judiciais surgiram. A mais famosa ocorreu no caso Darcy vs. Allin, no qual a Justiça decidiu que a concessão de um monopólio sobre a venda de baralhos feita pela rainha a Darcy, o tratador de seus cavalos, constituía violação da lei comum.

Os tribunais sustentaram os monopólios sobre projetos de nova invenção, desde que não fossem contrários à lei ou prejudiciais ao Estado por elevarem os preços no país, prejudicarem seu comércio externo ou causarem outras inconveniências. Em 1615, no caso dos trabalhadores têxteis de Ipswich, o tribunal decidiu que esse monopólio, conferido por James I, era legal, considerada sua validade por tempo determinado e aplicação a uma nova invenção.

Esses dois requisitos para a proteção de patentes – novidade e duração limitada – continuam sendo aplicados até hoje e formam a base filosófica das leis de patentes de todos os países ocidentais. Em 1624, o Parlamento Britânico integrou todos os precedentes judiciais existentes ao Estatuto de Monopólios, que tornou ilegais todos os monopólios que não se enquadrassem nos dois critérios descritos.

Os precedentes e o estatuto não resolveram o problema fundamental no procedimento inglês de patentes. A Coroa continuava a concedê-las, e os monarcas continuavam a cometer abusos no processo. As patentes chegaram a se tornar uma questão colateral na guerra civil inglesa; os parlamentaristas exigiam que a prerrogativa monárquica de concessão de patentes fosse cerceada. Além disso, o processo era imensamente falho. Os inventores tinham que visitar dez instituições diferentes e pagar as taxas de quase cem libras, na época uma pequena fortuna. Apenas em 1852, o envolvimento da Coroa com a concessão de patentes seria eliminado na Inglaterra.

Desde o começo, os procedimentos norte-americanos de patentes superaram os de seu país-mãe. Antes da revolução americana, a maioria das colônias na América do Norte contava com procedimentos de patente sofisticados, em muitos casos mais enxutos e eficientes que os ingleses. Depois da derrota dos britânicos, em 1781, os Estados Unidos tomaram a liderança em termos de leis de patentes, deixando para trás seu país colonizador.

Os Artigos de Confederação limitavam o papel do governo dos Estados Unidos à conduta da guerra e a assuntos externos; a tributação e a regulamentação de atividades comerciais, o que inclui as patentes, seriam tarefas dos Estados individuais. Mas a ineficiência de um sistema descentralizado não demorou a se manifestar. Um inventor podia patentear um produto na Filadélfia, mas um imitador poderia copiá-lo em Nova York e, assim, solicitar patente local sobre a invenção. Isso resultaria em uma dispendiosa corrente de imitações e litígios que escaparia ao controle, em função do número de Estados.

Os Pais Fundadores compreendiam perfeitamente a importância da propriedade intelectual, especialmente o principal arquiteto da Constituição dos Estados Unidos, James Madison. Ele tinha longa experiência com esses tipos de questões no Legislativo da Virgínia e estava ciente dos problemas de um sistema de patentes fraturado em 13 jurisdições. Com forte apoio dos industriais do norte, Madison inseriu a seguinte cláusula no Artigo 1º da Constituição: "O Congresso terá o poder... de promover o Progresso da Ciência e das Artes Úteis, garantindo por Tempos limitados, a Autores e Inventores, o Direito exclusivo a seus respectivos Escritos e Descobertas..."

Jefferson, insatisfeito com a Constituição e, em termos mais amplos, com a ideia de um governo federal forte, opôs-se à cláusula. Em resposta a Jefferson, em outubro de 1788, Madison discorreu:

> Com respeito aos Monopólios, são classificados, e justamente, como um dos maiores incômodos para o Governo. Mas será que não está claro que, como encorajamentos às obras literárias e descobertas engenhosas, são valiosos demais para que renunciemos de todo a eles? Não bastaria, em todos os casos, reservar o direito do público de aboli-los por um preço especificado quando de sua concessão? Também não é fato que o perigo de abuso em nosso Governo é infinitamente menor do que na maioria dos outros? Monopólios são sacrifícios que a maioria faz em benefício de minorias. Onde o poder cabe às minorias, é natural para elas sacrificar as maiorias em benefício de suas parcialidades e corrupção. *Mas, quando o poder cabe às maiorias e não às minorias, não deve*

existir grande risco de que estas sejam favorecidas. Há motivo muito maior para temer que as minorias sejam sacrificadas em benefícios das maiorias. (Ênfase acrescentada pelo autor.)

Quando o primeiro Congresso a ser eleito nos termos da nova Constituição abriu sua sessão inicial, em 4 de março de 1789, as questões legislativas e fiscais que eram assunto de vida e de morte para a nova república ocupavam seu tempo, e a legislação que abrangia a propriedade intelectual não era prioridade. Mas não demorou a que escritores e inventores começassem a buscar a aprovação de "legislação privada" que conferisse proteção a seus livros e inventos. Apenas cinco semanas depois de o Congresso ser empossado, Thomas Tucker, da Carolina do Sul, apresentou o primeiro desses projetos de lei, em benefício de seu eleitor, o médico David Ramsay, quanto a um livro que narrava a história da revolução. Logo surgiu uma avalanche de pedidos particulares de direitos autorais e proteção de patentes semelhantes para a Câmara e para o Senado. O Congresso não demorou a reconhecer a necessidade de leis sobre patentes e direitos autorais e começou a redigi-las.

Depois de consideráveis disputas na Câmara e no Senado, George Washington assinou a primeira lei de patentes dos Estados Unidos em 10 de abril de 1790. Sua formulação parece fantástica para um leitor moderno – o ingresso no sistema começava pelo apelo ao secretário de Estado, quem, em companhia do secretário da Guerra e do secretário da Justiça, encaminhava o processo. O ponto essencial sobre a lei é que ela criava um sistema, um mecanismo imparcial operado por funcionários públicos isentos, embora de postos elevados, que avaliariam cada proposta levando em conta apenas os méritos desta. Os norte-americanos estavam anos-luz à frente do canhestro procedimento monárquico em vigor na Inglaterra.

É uma sublime ironia, aliás, que a administração da lei de patentes tenha sido delegada a Thomas Jefferson, o primeiro secretário de Estado. Ainda que oponente do governo central intrusivo e especialmente dos procedimentos centralizados para concessão de patentes, Jefferson era um inventor ativo e, por isso, perfeitamente qualificado para ser o primeiro avaliador nacional de patentes. Ele se dedicou à tarefa com gosto e competência.

O novo sistema era eficiente e barato. Em um único dia, em 1791, Jefferson conferiu 14 patentes, cada uma ao custo de apenas quatro a cinco dólares para o solicitante – um forte contraste com o custo elevado de uma solicitação de patente na Inglaterra.

Em 1802, Jefferson, como presidente, comandou o estabelecimento de um Serviço de Patentes especializado, como parte do Departamento de Estado, então a cargo de Madison. Nas décadas seguintes, o sistema se tornou talvez eficiente demais – em 1835, o Serviço de Patentes norte-americano conferiu mais de nove mil patentes. Fraudes e duplicações eram comuns. Em 1836, o Congresso criou o posto de comissário de patentes e deu a seu ocupante uma equipe de assistentes profissionais – um conceito revolucionário para a época. Um procedimento mais rigoroso de avaliação foi instituído e o novo sistema em breve ajudaria a fazer com que surgissem muitas das companhias industriais norte-americanas mais conhecidas, como os fabricantes dos revólveres Colt, das câmeras Eastman e dos elevadores Otis.

Os britânicos logo perceberam que estavam perdendo a corrida das patentes para os Estados Unidos e finalmente reformaram seu sistema criado três séculos antes, em 1852.

Gráfico 2-1
Patentes concedidas (por ano), 1800-1870

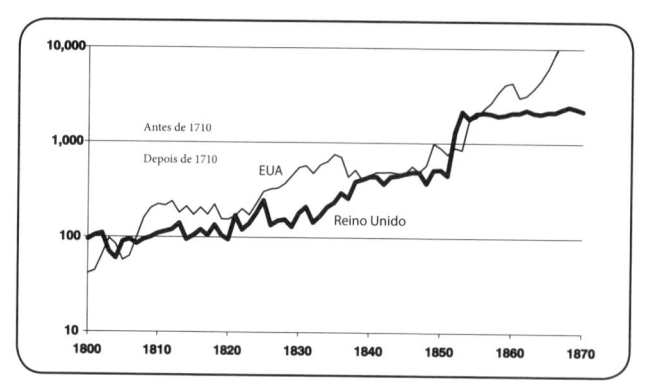

Fonte: Dados fornecidos em comunicação pessoal com James Hirabayashi, do Serviço de Patentes e Marcas Registradas dos E.U.A., e extraídos de Patents of Invention, de Allan Gomme.

A explosão no número de patentes concedidas nos Estados Unidos e no Reino Unido no século 19, representada pelo Gráfico 2-1, reflete o rápido crescimento na prosperidade de ambos os países. No retrospecto, o eclipse do país-mãe por seu descendente revolucionário fica visível na vantagem quanto à energia criativa que o gráfico revela em favor dos Estados Unidos.

As proteções conferidas pelos sistemas de patentes dos Estados Unidos e da Inglaterra propiciaram avanço dramático no conceito de propriedade privada e, como consequência, incentivos para que pessoas criassem riqueza. Não foi por acaso que as manifestações materiais da prosperidade surgida no século 19 – fábricas, ferrovias e telégrafos – tenham sido criadas por homens deslumbrados com a perspectiva de grandes lucros que o novo sistema legal permitia.

A TRAGÉDIA DAS TERRAS COMUNS

Em 1968, um especialista em ecologia humana da Universidade da Califórnia, Garrett Hardin, publicou um artigo na revista *Science* com o título desta seção – "A tragédia das terras comuns". Nesse artigo, ele descrevia as vantagens dos direitos de propriedade como imaginava que fossem na época dos boiadeiros primitivos.* Ele pedia que o leitor imaginasse um pasto comum no qual os boiadeiros alimentassem seu gado. A terra sustentava determinado número de cabeças de gado e, desde que a guerra, a fome e as doenças mantivessem o número de boiadeiros e os rebanhos abaixo desse limite, não haveria problema. Mas, à medida que a sociedade se tornasse mais saudável e mais estável, o número crescente de cabeças de gado a ser alimentado superaria a capacidade da pastagem comum, que em breve seria arruinada.

Hardin compreendeu que, enquanto a terra fosse propriedade comum, essa tragédia seria inevitável. Como cada boiadeiro se beneficiava de colocar mais animais na pastagem comum e sofria apenas uma proporção da degradação ambiental que esses animais causavam na terra, ele tentaria alimentar o maior número possível de animais na pastagem comum, apesar dos danos que essa prática pudesse causar a outros criadores. Hardin concluiu que a única solução para esse problema era criar "direitos de propriedade ou seu equivalente formal".

---

* HARDIN, Garrett. "The Tragedy of the Commons". In: Science. n° 162, 1968, p. 1242-1248. O artigo de Hardin tinha o objetivo de servir de alerta ambiental e apelo para o controle populacional e a gestão mundial de recursos; paradoxalmente, sua influência mais duradoura pode ser a de manifesto econômico libertário.

A relevância da conclusão de Hardin para a agricultura antiga e moderna é evidente. Nos anos que se seguiram ao artigo, "A tragédia das terras comuns" encontrou aplicações em diversos outros campos. Tem especial relevância para o ramo da saúde, por exemplo, no qual a "pastagem excessiva" dos recursos médicos comuns praticada por pacientes que não consideram custos conduz ao declínio da disponibilidade e da qualidade gerais dos serviços médicos oferecidos a todos.

O senso comum e a lógica das terras comuns ditam que tanto o pecuarista autônomo quanto o agricultor de terras privadas serão mais produtivos do que seriam se utilizarem terras alheias ou terras de propriedade comum. Não é automático que as sociedades se esforcem conscientemente, como é o caso das nações modernas, para promover regulamentação, leis e costumes que defendam os direitos de propriedade. A variação aleatória normal nos costumes e regras de diferentes comunidades garante que cada uma delas enfatizará de forma mais ou menos acentuada a propriedade individual.

Ao longo da história, portanto, e se outros fatores não tiverem variado, as sociedades agrícolas que enfatizavam mais os direitos de propriedade ganharam vantagem competitiva diante de nações vizinhas. Como o rendimento de suas safras era mais alto, suas populações cresceram mais rápido e elas puderam criar exércitos mais efetivos. Um aspecto mais sutil é que, quando essas sociedades mais prósperas iam à guerra, faziam-no para defender suas terras e plantações; consequentemente, o moral combatente de seus soldados era mais alto.

Foi exatamente o que aconteceu na Grécia antiga e em nossa era, durante a Guerra Fria, cujo resultado foi decidido no campo de batalha econômico, e não no militar. Mesmo o mais casual exame da prosperidade nacional no século 20 e, acima de tudo, da experiência histórica com o comunismo, decide a questão claramente: propriedade faz diferença.

Hoje, de fato, os direitos de propriedade importam ainda mais que no passado. Na maior parte do mundo moderno, os direitos de propriedade distinguem os ricos dos pobres e os vencedores dos derrotados na corrida pela prosperidade nacional. No mundo comunista, por exemplo, as outras três bases – racionalismo científico, capital abundante e transportes e comunicações modernos – estavam solidamente instaladas. Em uma cruel experiência econômica promovida pela natureza, os governos do período pós-guerra na Europa Oriental que privaram seus cidadãos dos direitos de propriedade e de suas liberdades individuais tiveram resultados devastadores.

É preciso ter em mente, além disso, que o significado de direitos de propriedade mudou nos últimos séculos. Antes de 1800, propriedade e terra eram sinônimos. Como vimos, o estoque de terra disponível é limitado. E foi isso que tornou instáveis sociedades agrícolas passadas como a das cidades-estado gregas e do Império Romano. À medida que a terra se tornava mais escassa e mais dispendiosa, uma proporção cada vez menor da população tinha condições de possuí-la. Isso reduzia o número de proprietários de terras interessados no bem-estar da sociedade como um todo. Para que uma nação prospere, uma parcela considerável de seus cidadãos precisa deter propriedades, para que tenham interesse pessoal no processo político: o efeito do interesse pessoal esclarecido. No mundo pré-moderno, quando não havia mais terra disponível, menos pessoas tinham interesse no processo e os dias de uma nação estavam contados.

A concentração da agricultura, por outro lado, não desestabiliza as sociedades industriais e pós-industriais. Não existe registros de que o número de fazendas individuais nos Estados Unidos caiu muito – e seu tamanho médio aumentou muito – da Grande Depressão até hoje. De 1870, quando o serviço de recenseamento começou a recolher dados, até 1935, a propriedade rural média tinha 62 hectares. Em 1987, tinha crescido para 185 hectares. Em 1900, 9% dos norte-americanos eram proprietários rurais; hoje, menos

> A PROPRIEDADE DE TERRAS É FINITA; A DE CAPITAL, NÃO.

de 1% dessa população tem esse tipo de propriedade. Mas pouca gente argumentaria que as instituições democráticas dos Estados Unidos são menos estáveis hoje do que eram há um século. O motivo é simples: economias pós-industriais não precisam mais que seus cidadãos detenham terras para que eles se interessem pelo processo político. A posse de propriedades não físicas e de capital, dois recursos ilimitados, serve perfeitamente a esse propósito. A posse moderna de capital satisfaz uma proporção muito maior da população do que seria possível mesmo na Ática do passado, onde existiam apenas 80 mil hectares de terras cultiváveis para uma população de 250 mil pessoas. A propriedade de terras é finita; a de capital, não.

Nosso moderno sistema ocidental deriva, em larga medida, da lei comum inglesa e se desenvolveu lenta e dolorosamente ao longo de milhares de anos até se espalhar pelo mundo, conduzido pelas espadas da colonização britânica e pelo idealismo da revolução americana. Com a queda do comunismo, pouca gente questiona, na atualidade, a primazia da propriedade e dos direitos individuais como fontes da prosperidade do mundo moderno.

CAPÍTULO 3
RAZÃO

A sabedoria, que derivamos principalmente dos gregos, é apenas a meninice do conhecimento e tem as características comuns aos meninos: pode falar, mas não pode gerar.

(Francis Bacon, O Novo Organon.)

A cada dia, milhares de pessoas de todo o mundo se conectam ao site da Administração Nacional da Aeronáutica e Espaço (NASA) norte-americana e baixam um software que calcula as posições em que a Estação Espacial Internacional estará visível nas próximas semanas. Algumas vezes por mês, em quase todos os locais do planeta entre as latitudes de 60° norte e 60° sul, os céus são enfeitados pelo espetacular brilho dos painéis da estação espacial que, em seu percurso pelo espaço, reflete a luz do Sol.

Alguns poucos visitantes do site sabem que, 300 anos atrás, qualquer cálculo celestial, hoje executado com grande facilidade em um computador pessoal, requeria centenas de horas de trabalho estafante realizado pelos maiores matemáticos do mundo. No final do século 17, essa ciência da computação astronáutica, ainda em seus primórdios, fascinava o público.

O desenvolvimento da mecânica celestial (o estudo do movimento nos céus), que culminou na publicação dos *Principia Mathematica*, de Newton, em 1687, e na confirmação incontestável das previsões desse físico, prenunciou uma virada crucial no pensamento do Ocidente. O surgimento da nova ciência também serviu como um dos acontecimentos geradores da gênese da moderna prosperidade.

Se há uma constante que define o moderno Ocidente, ela é a marcha incansável do progresso científico. É difícil imaginar que já houve épocas em que o estudo observacional, experimental e teórico do mundo natural era malvisto. No entanto, era essa a situação dos assuntos intelectuais antes do século 17.

Até 400 anos atrás, o mundo natural era um mestre aterrorizante e a humanidade, uma vítima indefesa de forças que não era capaz de compreender: doenças, secas, inundações, terremotos e incêndios. Até acontecimentos astronômicos benignos, como cometas e eclipses, eram ocorrências assustadoras, repletas de implicações religiosas e causadoras de superstições. De fato, muitos dos pioneiros da astronomia moderna, entre os quais Copérnico e Kepler, ganhavam a vida fazendo previsões astrológicas que eram usadas tanto por soberanos quanto por camponeses para tomar decisões cotidianas.

> A HUMANIDADE COMBATE A IGNORÂNCIA E O MEDO DESENVOLVENDO SISTEMAS DE CRENÇAS.

A humanidade combate a ignorância e o medo desenvolvendo sistemas de crenças, e as civilizações tomam esses sistemas de crenças e os expandem na forma de religiões organizadas. O judaísmo, o cristianismo e o islamismo obtiveram sucesso não só porque ofereciam explicações monoteístas satisfatórias para as calamidades que afetam a humanidade, mas também porque consolavam aqueles que sofriam as misérias da existência terrena com a promessa de um além mais agradável. É pena que, até recentemente, as religiões organizadas – especialmente as dotadas de um clero fortemente hierárquico – raramente tolerassem visões de mundo alternativas.

Em termos econômicos, até há alguns séculos, a maioria das religiões funcionava como monopólios e seu comportamento era o clássico comportamento monopolista – extraíam ouro e propriedades de seus seguidores em troca de aprovação neste mundo e salvação no próximo. Os economistas modernos definem esse comportamento como "rentismo".* No Ocidente e no Oriente Médio antigos e medievais, as religiões organizadas se fecharam em sistemas estáticos de crenças que sufocavam a pesquisa e a discordância.

---

* Para uma discussão fascinante sobre a correlação inversa entre a intensidade dos sentimentos espirituais em uma sociedade e o grau de comportamento monopolista das religiões organizadas, ver Gary S. Becker e G. N. Becker. The Economics of Life (Nova York: McGraw-Hill, 1997), 15-17.

Por mais que esses sistemas de crenças beneficiassem a vida espiritual na terra, simultaneamente, deixavam a desejar quanto aos aspectos materiais da existência.

O tema deste capítulo é a quebra do monopólio intelectual da Igreja Católica, que só pôde acontecer quando suas metodologias foram desacreditadas – metodologias da época de Aristóteles. Nos dois séculos posteriores a 1550, esse monopólio foi finalmente destruído pela ação de um grupo corajoso de filósofos naturais, e o improvável campo de batalha em que conquistaram sua vitória foi o da mecânica celestial.

Muitos leitores podem considerar que essa é uma ênfase estranha em um livro dedicado à história econômica. Mas, em termos básicos, a história da economia é a história da tecnologia – a prosperidade moderna, afinal, viaja nas asas da invenção. Crescimento econômico e produtividade ampliada são virtualmente sinônimos, e esta é quase integralmente resultado de avanços tecnológicos. O trabalhador que tem milhares de cavalos-vapor (CV) de potência sob seu comando ou se comunica com todo o planeta em frações de segundo por seu computador é imensamente mais produtivo que o trabalhador incapaz de fazer qualquer uma dessas duas coisas.

> A HISTÓRIA DA CIÊNCIA NOS ENSINA QUE A MAIORIA DOS MODELOS, SE NÃO TODOS, ACABA DEMONSTRANDO FALHAS.

Há cerca de três séculos, o ritmo de inovação tecnológica se acelerou dramaticamente. A lista de invenções mecânicas significativas anteriores a 1700 é curta: o moinho de vento, a roda-d'água, a impressora de tipos móveis e quase nada mais. Depois de 1700, em contraste, os inventos começaram a surgir em uma torrente quase incontrolável, a partir da qual fluiu também a riqueza da humanidade.

O que estimulou essa inovação foi uma revolução na forma como o homem do Ocidente observava o mundo natural e se esforçava para compreendê-lo. Não seria exagero dizer que o homem ocidental e a cultura do Ocidente são definidos pelo nascimento do racionalismo científico. Essa revolução requeria que a ciência ou, como era conhecida naquela época, filosofia natural, tivesse suas raízes eclesiásticas extirpadas. A humanidade não foi capaz de prosperar antes de separar o aspecto temporal do espiritual e de adotar a crença de Galileu que afirmava que "a intenção do Espírito

Santo é ensinar a cada um de nós como ir ao céu, e não nos dizer como os céus vão".

As estrelas do firmamento

O advento da iluminação artificial no século 20 causou o divórcio entre a humanidade e o céu noturno. Em uma sociedade sem iluminação externa apreciável, à noite, resta pouco a observar além do firmamento, e o movimento noturno das estrelas dominava a vida do mundo pré-moderno depois do crepúsculo. Embora alguns poucos estudiosos do começo da Idade Moderna tenham pesquisado os aspectos científicos da Física, Química e Medicina, uma parcela considerável da população tinha um interesse mais palpável pela previsão de eventos celestes.

Essa preocupação dos pré-modernos com o firmamento significava que a confirmação de muitas das previsões oferecidas pelas novas teorias astronômicas podiam ser demonstradas de forma imediata, pública e quase universal. E isso ficou provado da maneira mais espetacular com as previsões de Newton e Halley sobre cometas e eclipses que ocorreriam por volta de 1700. Repentinamente, a humanidade havia assumido o controle dos mistérios do céu, antes reservados a Deus e à natureza. O homem já não era completamente prisioneiro de forças além de sua compreensão. A nova ciência libertou o intelecto europeu da camisa de força imposta pelo cristianismo do Ocidente, já enfraquecida pela Reforma e por aspectos não científicos do Iluminismo.

O *Ancien Régime* (ou Antigo Regime)

No mundo moderno, muitas vezes definimos o quadro intelectual da Idade Média como "aristotélico", em referência a seu criador, Aristóteles, o mais famoso discípulo de Platão e tutor de Alexandre Magno. A produção de Aristóteles foi espantosa – um sistema de retórica e raciocínio silogístico que representa um dos pilares do pensamento ocidental, bem como numerosos ensaios sobre a estrutura política das cidades-estado gregas.

Desde a aurora da História, os seres humanos sentiam curiosidade sobre a estrutura do firmamento. Observando o céu noturno, percebiam que as estrelas se moviam no céu em torno da estrela polar. Mas suas posições umas com relação às outras pareciam fixas, criando as constelações conhecidas pela humanidade. Até mesmo as mais antigas civilizações tinham consciência desse fenômeno. Para os antigos, as estrelas individuais e suas constelações pareciam estar afixadas no interior de uma esfera perfeita que tinha a Terra como centro. Uma vez por dia, essa esfera girava em torno da Terra, cuja posição era fixa. O universo, de acordo com essa interpretação primitiva, era geocêntrico. Mais ou menos na mesma época de Aristóteles, outros filósofos gregos, como Apolônio e Aristarco, brincaram com a ideia de um sistema heliocêntrico, no qual o Sol seria o centro do sistema celestial.

Um problema com o universo geocêntrico estava no fato de que sete corpos celestes pareciam percorrer caminhos imprevisíveis nesse sistema fixo. A Lua se movia diante do pano de fundo inalterável das estrelas e constelações, uma vez por dia, e o Sol apresentava movimento semelhante. Isso estava claro. O que parecia complexo e incompreensível era o movimento dos outros cinco corpos celestes: Mercúrio, Vênus, Marte, Júpiter e Saturno, que percorriam a mesma rota que o Sol e a Lua – conhecida como eclíptica –, mas cujo movimento eclíptico entre as estrelas era irregular. Isso se aplicava de modo particularmente forte a Marte, que, no curso de seu movimento entre as constelações, fazia frequentes saltos para trás, como demonstra o gráfico 3-1, que traça a rota do planeta vermelho pelo firmamento no ano de 1982. Os astrônomos gregos rejeitaram o sistema heliocêntrico de Apolônio e Aristarco por motivos corretos, porque suas previsões quanto ao movimento planetário estavam erradas em mais de dez graus com relação aos resultados das observações. O motivo da imprecisão era simples: o modelo heliocêntrico presumia que os planetas se moviam em círculos perfeitos, quando na realidade eles percorrem rotas elípticas.

No século 2, Cláudio Ptolomeu, um astrônomo de Alexandria, desenvolveu um engenhoso sistema que corrigia a maior parte dessas imprecisões iniciais, ele está diagramado no gráfico 3-2. Cada um dos sete corpos girava em torno da Terra não com um, mas sim com dois movimentos circulares: um círculo primário maior, conhecido como deferente, em torno da Terra, e um epiciclo menor que girava em torno de um ponto focal no deferente.

Gráfico 3-1 O percurso de Marte ao longo da eclíptica em 1982

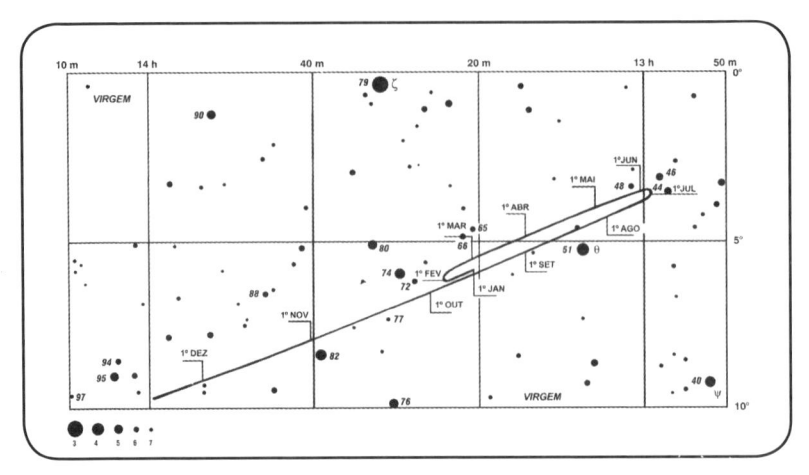

Fonte: Reproduzido e modificado com permissão da editora, a partir de Ivar Ekeland, Mathematics and the Unexpected (Chicago: University of Chicago Press, 1990), 5.

Gráfico 3-2 Diagrama simplificado do modelo ptolomaico

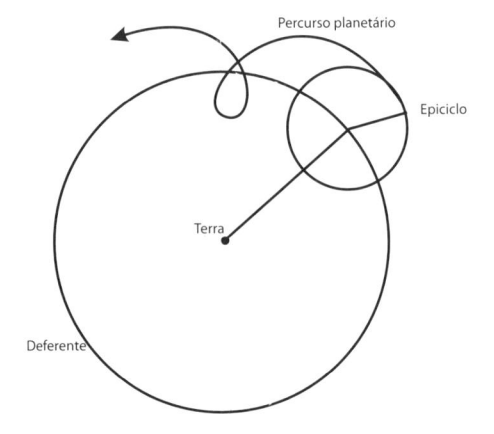

Os sistemas de Ptolomeu, Apolônio e Aristarco formavam o que os cientistas hoje definiriam como "modelos", ou seja, formas simplificadas e abstratas de explicar fenômenos naturais. Nesse caso, os modelos explicavam de que forma os sete corpos celestes se moviam entre as constelações. A história da ciência nos ensina que a maioria dos modelos, se não todos, acaba demonstrando falhas. Isso faz com que eles sejam substituídos por modelos melhores. A formulação, teste e confirmação ou rejeição desses modelos representa progresso científico.

Só é necessária uma observação ou experiência com resultado passível de reprodução para que a mais reverenciada teoria seja refutada. Essa confiança em modelos teóricos subsequentemente testados por meio de observação empírica se tornou uma das características que define o homem ocidental. Em certo sentido, é possível determinar em que medida uma sociedade é "ocidental" avaliando a proporção de seu sistema de crenças sujeita a esse tipo de rigor.

O modelo de Ptolomeu conquistou grande sucesso em comparação a outros modelos científicos. Nos limites da capacidade de observação e cálculo disponíveis em sua época, ele previa o movimento planetário de forma quase perfeita.* A "vantagem" incontestável do modelo ptolomaico era que os astrônomos podiam mexer interminavelmente no tamanho e momento dos ciclos para enquadrar novas observações ao modelo. O ponto-chave, porém, é que, observado a olho nu, o sistema funcionava melhor que um sistema heliocêntrico com órbitas circulares. Quase todos os observadores informados da época consideravam o modelo ptolomaico muito mais convincente que as outras alternativas.

> O OCIDENTE MODERNO É CAPAZ DE ANALISAR QUASE QUALQUER COISA E MUDAR A PRÓPRIA OPINIÃO SOBRE ELA.

O verdadeiro problema do modelo ptolomaico não estava em sua imperfeição – todos os modelos são imperfeitos –, mas sim no fato de que, nos milênios transcorridos desde sua criação, a Igreja o adotou e o investiu de autoridade divina. Propor um modelo alternativo não faria bem à saúde de quem o fizesse, neste mundo ou no próximo.

À medida que os astrônomos começaram a acumular mais dados com o passar dos séculos, recorreriam ao sistema aristotélico/ptolomaico para enquadrar uma massa de observações cada vez mais complexas. E o peso desses dados acabou abalando o modelo. Por volta de 1650, os dados obtidos no observatório de Tycho Brahe, na Dinamarca, e pelos telescópios de Galileu tornavam necessárias não menos que 55 esferas ptolomaicas

---

* A olho nu, o Sol e a Lua não parecem ter epiciclos, mas epiciclos muito pequenos seriam necessários para explicar a aceleração e a desaceleração sazonal em suas órbitas. No entanto, seriam epiciclos tão pequenos que não produziriam o movimento retrógrado visto nos planetas.

concêntricas, a da Terra como central. A esfera externa recebia o nome de *primum mobile*, ou "móvel primário". Seu movimento era transmitido sequencialmente às demais esferas e, finalmente, à Terra.* O crescente absurdo desse venerado sistema se tornou evidente, e ele por fim não conseguiu mais suportar o peso e desabou.

A TRAJETÓRIA DO RACIONALISMO CIENTÍFICO

Começando por volta de 1600, o modelo ptolomaico servia como alerta para os observadores astutos de que nem tudo ia bem cientificamente. Os filósofos naturais da Europa Ocidental se viram forçados a mudar de maneira dramática e irrevogável a forma como concebiam o mundo que os cercava. O gráfico 3-3 mostra os períodos de vida dos principais protagonistas dessa história e os insere no contexto histórico.

Copérnico, com sua teoria heliocêntrica de que a Terra girava em torno do Sol, foi o responsável por encerrar o impasse e iniciar a revolução. Ela foi continuada por três homens brilhantes da geração seguinte, Brahe, Kepler e Galileu, que produziram avanços científicos e observacionais espantosos. Sir Francis Bacon, contemporâneo de tais pesquisadores, embora medíocre como cientista experimental, advogado e economista, diagnosticou brilhantemente os defeitos da estrutura intelectual ocidental existente e articulou o novo método científico.

Gráfico 3-3

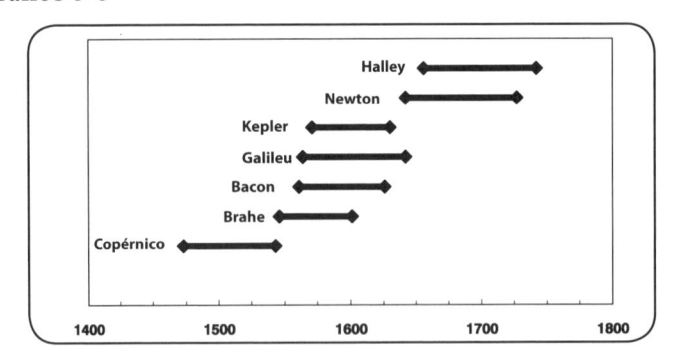

---

* Durante a Idade Média, a maioria das pessoas educadas sabiam que o mundo não era plano; o sistema aristotélico só fazia sentido se a Terra fosse esférica.

Um século depois do trabalho inicial realizado por esse notável quinteto, Isaac Newton e Edmond Halley causaram espanto no mundo ocidental ao decifrar os segredos do cosmos. De um só golpe, o papel da Igreja como guardiã de todo o conhecimento temporal lhe foi rude e publicamente subtraído. Dali em diante, o cidadão do Ocidente podia continuar dependendo da Igreja para revelar os segredos do outro mundo, mas não confiaria mais em suas explicações sobre a mecânica deste.

Um modelo novo, mas não melhor

Mikolaj Kopernik, hoje mais conhecido como Copérnico, nasceu em 1473, na região da Polônia controlada pela Prússia. Filho de pais ricos, foi educado tanto ao norte quanto ao sul dos Alpes – em Cracóvia, Polônia, e também em Roma e em Pádua. Já vimos que, ao contrário do que se supõe habitualmente, ele não inventou o sistema heliocêntrico, sugerido por Aristarco mais de dois mil anos antes, na Grécia. Os gregos também haviam postulado que a Terra era redonda. Os antigos não só foram os primeiros a chegarem a essa notável conclusão 1,7 mil anos antes de Colombo, como também fizeram uma estimativa quanto ao diâmetro do planeta que era muito mais precisa que a adotada pelo capitão naval genovês.

Por volta de 1500, muitos observadores inteligentes haviam começado a duvidar do sistema ptolomaico. Em Pádua, Copérnico conheceu um deles, Domenico Novata, que havia apontado diversos defeitos graves no modelo de Ptolomeu. Copérnico retornou à Polônia, praticou a medicina por muitos anos e, por fim, se estabeleceu na cidade de Frauenburg, a fim de observar os céus com as ferramentas primitivas que a época oferecia. Cada vez mais convencido da força de seu modelo heliocêntrico, ele esboçou os argumentos favoráveis a uma cosmologia heliocêntrica em *De Revolutionibus Orbium Caelestium*, concluído em 1530, mas só publicado pouco antes de sua morte, em 1547.

Ao contrário da crença moderna, o modelo de Copérnico tinha graves falhas e não atraiu grande atenção. Primeiro, foi publicado no ano da morte de seu autor e em latim, evidentemente. Como o latim só era compreendido pelas elites eclesiásticas e comerciais, o modelo não representava grande ameaça para a Igreja. Além disso, Copérnico morreu logo depois de publicar o trabalho, o que o colocava fora do alcance da Inquisição. Andreas

Osiander, um colega de Copérnico que temia por sua segurança, escreveu um prefácio anônimo no qual alegava que os preceitos do livro eram puramente hipotéticos. A Terra não girava, de fato, em torno do Sol, escreveu ele, mas essa suposição permitia cálculos astronômicos mais precisos.

O modelo de Copérnico explica os movimentos planetários melhor que o ptolomaico, especialmente o fato de que Mercúrio e Vênus jamais se afastam mais que 28 e 48 graus, respectivamente, do Sol, uma vez que ambos estão posicionados no interior da órbita da Terra.

Em última análise, o universo descrito pelo modelo de Copérnico era tão pouco elegante quanto o ptolomaico. O problema, como Kepler descobriu mais tarde, estava no fato de que as órbitas planetárias eram, na realidade, elípticas, enquanto as órbitas propostas por Ptolomeu e Copérnico eram perfeitamente circulares, o que requeria epiciclos. Na verdade, o modelo de Copérnico precisava de três conjuntos de órbitas e epiciclos. Pior ainda, Copérnico havia aceitado o conceito ptolomaico de que cada esfera se aninhava em íntimo contato com suas companheiras interior e exterior e que o universo inteiro consistia na soma das espessuras dessas esferas. Ele não foi capaz de compreender que podia haver grandes vazios no espaço, conceito que só foi sugerido mais de um século depois pelo inglês Thomas Digges.

Hoje, reverenciamos o sistema de Copérnico porque ele representou o abandono do universo aristotélico, centrado na Terra, porém é mais complexo e mais defeituoso que o modelo ptolomaico. O sistema de Copérnico era tão complexo, de fato, que a maioria das histórias da Astronomia não o descreve em detalhes. Os dois modelos sofriam, em última análise, da mesma falha: sua flexibilidade permitia acomodar quase quaisquer dados, o que tornava virtualmente impossível negá-los.

Para que tenha valor, um modelo científico precisa ser "falsificável". Ou seja, deve ser possível imaginar com facilidade provas inconsistentes com ele. Isso não pode ser dito sobre nenhum dos dois modelos, porque seus ciclos e epiciclos sempre podiam ser ajustados para acomodar novos dados.

Aceitar confortavelmente a ideia de que uma teoria está sujeita a ser falseada é um conceito central no Ocidente moderno. O que separa as sociedades ocidentais das não ocidentais tradicionais não é apenas o amor e o apreço pela cultura grega e renascentista alardeado por modernos estudiosos como Alan Bloom, mas sim a proporção do conhecimento que está sujeita a contestação. É verdade que, na maioria das sociedades ocidentais avançadas, muitas crenças religiosas ainda continuam a ser vistas como intocáveis, mesmo entre os cientistas. Mas, em termos gerais, o Ocidente moderno é capaz de analisar quase qualquer coisa e mudar a própria opinião sobre ela. Já as sociedades pré-modernas não são capazes de fazer isso com relação a praticamente nada. Essa perspectiva peculiarmente ocidental pode ser ilustrada por um comentário usualmente atribuído ao economista John Maynard Keynes. Quando um de seus colegas apontou o fato de que ele havia acabado de contradizer uma de suas opiniões passadas, lorde Keynes supostamente teria respondido: "Quando alguém me convence de que estou errado, mudo de opinião. Por que, o que você faz?"* Essa perspectiva não era aceitável para a maioria dos europeus medievais e, ainda hoje, continua inaceitável em muitas sociedades tradicionalistas.

Antes do século 17, nem o modelo de Copérnico nem o de Ptolomeu podiam ser provados como falsos. Quase um século se passaria antes que um instrumento revolucionário, o telescópio, finalmente pudesse ser usado para desacreditar os dois sistemas. Tão complexo quanto o sistema ptolomaico e intuitivamente menos atraente, o sistema de Copérnico não representou grande desafio ao domínio da Igreja sobre a pesquisa intelectual da época. O papa Leão X admirava Copérnico e recorria a seus conselhos sobre as questões astronômicas mais prementes daquele período, entre as quais os problemas cada vez mais evidentes com o velho calendário juliano.**

Martinho Lutero, que não compartilhava da admiração do papa pelo astrônomo polonês, tentou impedir a publicação da obra de Copérnico e apelou para que fosse executado. Ao sul dos Alpes, o astrônomo

---

* Ainda que o estilo da declaração lembre o de Keynes, ele jamais disse essas palavras.
Fonte: Comunicação pessoal com Donald Moggridge (Universidade de Toronto) e lorde Robert Skidelsky (Universidade de Warwick, Reino Unido.)

** O calendário juliano, que se originou durante o reinado de Júlio César, presumia que o ano durava 365,25 dias – ou seja, o sistema usual de um ano de 365 dias e, a cada quatro anos, um ano bissexto com um dia a mais. Infelizmente, o ano solar real é 10 minutos mais curto. Em 1500, o calendário já estava com 10 dias de discrepância com relação às estações do ano, o que ficou evidente até para os observadores medievais. Copérnico exercitou sua diplomacia e sugeriu ao Papa que as questões cosmológicas precisavam se resolvidas antes que o calendário fosse consertado. James E. McClellan III e Harold Dorn, Science and Technology in World History (Baltimore: John Hopkins University Press, 1999), 208.

italiano Giordano Bruno ignorou a ficção oferecida pelo prefácio de *De Revolutionibus* quanto à colocação de que o universo heliocêntrico era apenas uma hipótese e começou a divulgar a teoria como fato, e em italiano. Bruno, como vimos no capítulo 1, terminou queimado na fogueira por heresia, e sua associação com o trabalho de Copérnico fez com que este caísse no descrédito da Igreja Católica.

Bruno provavelmente também foi o primeiro astrônomo a sugerir que as estrelas fixas eram sóis como o nosso, visíveis apenas de modo indistinto por estarem a uma enorme distância da Terra.

Na época, *De Revolutionibus* não conseguiu ter grande influência, mas representou a primeira rachadura real no monopólio da Igreja sobre as pesquisas científicas e deu seus maiores frutos na Inglaterra, cuja adoção da religião protestante havia libertado os estudiosos das normas religiosas que os proibiam de aceitar a teoria heliocêntrica.

O PRIMEIRO HOMEM OCIDENTAL

Mesmo na notável história dos prodígios ingleses, Francis Bacon se destaca. Nascido nobre, ele era filho de sir Nicholas Bacon, lorde guardião do grande selo real (ou seja, consultor jurídico da rainha), e sobrinho de lorde Burghley, tesoureiro e conselheiro de maior confiança de Elizabeth I. Bacon entrou na Universidade de Cambridge em 1573, aos 12 anos de idade.

Os tutores de Bacon logo reconheceram seus talentos, mas ele não demorou a se cansar da atmosfera intelectual estéril da universidade. Como em boa parte do mundo medieval, pouco havia mudado em Cambridge nos séculos anteriores. O pilar central do ensino superior elisabetano continuava a ser Aristóteles. Imagine, se conseguir, todo um sistema de educação que consistisse apenas na instrução religiosa e na lógica retórica, dominado por antigos estudiosos como Plínio e Cícero. Antes do século 18, os melhores cérebros jovens eram forçados a encarar esse quadro. Conceitualmente, isso não difere muito do currículo oferecido hoje nas partes menos avançadas do mundo muçulmano.

Bacon passava a maior parte de seu tempo se preparando para "disputas", ou seja, batalhas lógicas sobre silogismos triplos contra outros alunos. Suas horas vagas eram devotadas ao estudo da complexa estrutura do universo aristotélico, que não demoraria a ser demolido por Copérnico, Galileu e Newton.

Na época de Bacon, os jovens estudiosos podiam se dedicar a apenas um campo de estudo – a Teologia. Um século mais tarde, quando John Locke estudou em Oxford, as 60 vagas oferecidas a cada ano a novos alunos eram divididas em uma para Filosofia Moral, duas para Direito, duas para Medicina e 55 para Teologia.

Bacon não apreciava o alimento intelectual ralo que estava recebendo. Três anos mais tarde, em 1576, ele seguiu os passos do pai e entrou para o Gray's Inn, a fim de estudar Direito. Pouco depois, o progenitor morreu, o que deixou Bacon empobrecido e dependente de parentes ricos (principalmente de seu famoso tio) e do patrocínio real.

Para compreender o currículo que Bacon encontrou em Cambridge, precisamos considerar o quadro estrutural do mundo intelectual grego. A invenção da Geometria, ao longo de dois mil anos, foi uma realização intelectual deslumbrante. O cálculo quase perfeito da forma e do diâmetro da Terra, antes do nascimento de Cristo, é uma das maiores realizações intelectuais da humanidade. O atraso da era que se seguiu – a Idade das Trevas – pode ser calculado pelo fato de que esses conhecimentos ficaram perdidos durante 15 séculos.

De muitas formas, porém, os antigos sofriam sérias desvantagens. O conceito de zero ainda não havia sido inventado – os gregos dependiam de um sistema de numeração capenga, baseado em letras, posteriormente herdado pelos romanos. Mas a verdadeira falha na vida intelectual grega e romana era o fato de que nenhuma delas dispunha de qualquer traço do que hoje conhecemos como método científico.

Os gregos e os romanos não descobriam como o mundo funcionava com base no que atualmente conhecemos como raciocínio indutivo – a coleta e a síntese de observações na forma de modelos e teorias. Em vez disso, os antigos descreviam o funcionamento do mundo natural por meio de técnicas dedutivas, que determinavam as leis naturais e o funcionamento do universo apoiados em princípios fundamentais – fatos que eram tomados como verdade, jamais questionados e, assim, eram usados como alicerce de todo o processo de raciocínio. Esses preceitos artificiais eram seguidos logicamente até a conclusão desejada, quase da mesma forma que fórmulas matemáticas podem ser derivadas de fatos presumidos ou axiomas.

Quais eram esses axiomas? O mesmo sistema ptolomaico/aristotélico que Copérnico havia encontrado um século antes. Em resumo, eles constituíam um sistema de crença tão falho que impedia a possibilidade de progresso científico. E ainda pior: o sistema presumia que tudo o que era possível conhecer sobre o universo já era conhecido, ao menos em teoria. Por mais de mil anos, a abordagem do homem ocidental quanto à compreensão do mundo natural podia ser resumida em duas palavras: nem tente. Esse sistema defeituoso, fechado e complacente com os próprios defeitos não admitia sérias divergências, como Bruno e Galileu viriam a descobrir. O cosmos aristotélico certamente não estimulava pesquisas. E tampouco permitia o pensamento criativo ou o avanço real em nosso conhecimento sobre o mundo e, assim, tampouco possibilitava melhoras reais na situação do ser humano comum. O grande historiador da Idade Média, Johan Huizinga, escreveu que "a ideia de reforma ou melhora propositada e contínua da sociedade não existia. As instituições em geral eram vistas como tão boas ou tão ruins quanto possível; tendo sido ordenadas por Deus, elas eram intrinsecamente boas; só os pecados do homem as pervertiam...".

> O CONHECIMENTO, DE FATO, QUERIA DIZER PODER.

O europeu médio do século 16 não se importava muito com a falta de avanços sociais, intelectuais ou científicos nos mil anos precedentes. A condição humana era vista por todos como estática. A espantosa genialidade de Bacon está em sua compreensão de três coisas: 1) que efetivamente havia um problema, e que o estado do homem medieval nada tinha de "natural"; 2) que a culpa era do sistema dedutivo; e 3) que o conhecimento do mundo natural podia ser continuamente melhorado, assim como o bem-estar da humanidade. Melhorar a situação das pessoas requereria substituir a velha estrutura aristotélica por um sistema "indutivo", no qual fatos primeiro seriam recolhidos, sem conceituação prévia, e depois, analisados.

Bacon demonstrou que havia outra maneira de melhorar a condição humana: por meio da aquisição de conhecimentos úteis. O conhecimento, de fato, queria dizer poder. Entre 1603 e 1620, o estudioso completou sucessivas versões do que viria a ser seu grande chamado intelectual às armas, *O Novo Organon*.

O *Livro Um* de *O Novo Organon* é uma acusação um tanto prolixa àqueles que "causaram grande mal às ciências. Pois, na mesma medida em que tiveram sucesso induzindo a crenças, foram efetivos em deter e impedir a investigação..." O problema, de acordo com Bacon, era simples: teorias estéreis, distanciadas de dados experimentais, não bastavam para descrever o mundo real, porque "a sutileza da natureza é muitas vezes maior que a sutileza dos argumentos".

Além disso, as ferramentas humanas de observação também apresentavam sérias deficiências e estavam sujeitas a diversos tipos de erros ou falsos "ídolos".

- Ídolos da tribo. Bacon definia a tribo como a humanidade em si. Esse ídolo era a maneira de observar o mundo comum a todos os homens – um "falso espelho" que distorce nossas percepções do mundo. Em resumo, a natureza humana.
- Ídolos da caverna. São as diferentes maneiras como os homens e mulheres individualmente percebem o mundo material. Nesse caso, ele se refere ao mito da caverna de Platão, diante da qual existe uma fogueira. Coisas passam entre a caverna e a fogueira, e o homem que está dentro da caverna só conhece a natureza delas pela sombra que projetam em uma parede. Ao ver uma grande sombra, um indígena norte-americano pode presumir que se trata de um búfalo; um aborígine australiano pode pensar que é um canguru. É uma versão do século 17 de "o que para um homem é uma vaca sagrada para outro é um Big Mac".
- Ídolos do mercado. São ideias "formadas pelo intercurso e associação mútuos entre as coisas". Bacon se referia às mudanças no significado de uma palavra ao longo do tempo. O impacto da palavra "bruxa" era diferente na Massachusetts no século 17 do que é hoje. Em resumo: moda.
- Ídolos do teatro. Esse, o mais fascinante dos ídolos, é resultado de "sistemas recebidos" que "não passam de peças de teatro representando mundos de sua própria criação, de maneira cênica e irreal". O sistema aristotélico talvez seja o principal alvo neste caso, mas é tentador sugerir que Bacon estava tentando dizer "religião" sem usar a palavra.
- Por fim, embora ele não tenha conferido o status de ídolo a essa falha da natureza humana, Bacon ilustrou de maneira brilhante, e por mais de três séculos, o moderno conceito da psicologia comportamental de que os seres humanos estão propensos a "supor a existência de

mais ordem e regularidade no mundo do que este de fato oferece". O homem é pouco mais que um primata que procura padrões, com a infalível capacidade de detectar conexões e enxergar conspirações onde não existem.

No *Livro Dois* de *O Novo Organon*, Bacon descreve seu método de raciocínio indutivo. Acima de tudo, escreveu ele, é necessário observar e medir a natureza utilizando o meio mais objetivo que esteja disponível – e de preferência evitando o uso direto dos sentidos humanos, que ele considerava propensos a erros individuais de interpretação. Em vez disso, os cientistas necessitariam de métodos e equipamentos que propiciassem resultados idênticos mesmo que usados por diferentes observadores.

O estudioso também estava certo de que homem algum seria capaz de conhecer toda a verdade – isso estava reservado ao Criador. Até Newton, como veremos, precisou de alguma ajuda para realizar a mais brilhante de suas descobertas. O restante do *Livro Dois* consiste em uma cansativa lista de áreas para possível pesquisa e em uma descrição igualmente tediosa de como o progresso científico deveria avançar da observação direta de fatos objetivos para axiomas menores, axiomas médios e, por fim, de grandes axiomas, que abarcariam tudo.

Na verdade, não é assim que o método científico funciona na prática. A comunidade científica, incapaz de decifrar quais métodos Bacon estava propondo exatamente no *Livro Dois*, não demorou a concluir que era mais econômico formular hipóteses primeiro, para axiomas menores ou maiores, e, a partir delas, realizar diretamente os testes empíricos.

Na maturidade, Bacon adquiriu patrimônio ao se casar com uma mulher rica. E seu posto de lorde chanceler não deixava de oferecer recompensas pecuniárias. Também foi acusado de suborno, algo que não o distinguia demais de seus companheiros, e se viu forçado a renunciar ao posto. Logo depois de sua morte, em 1626, seus discípulos institucionalizaram suas ideias com a fundação da Real Sociedade Londrina para a Promoção do Conhecimento Natural (hoje conhecida simplesmente como Royal Society), que, em 1662, foi formalmente reconhecida pelo rei Carlos II. Dedicada ao fomento da nova ciência – ou "filosofia", como era então definida –, a Royal Society aceitava homens de todas as formações e credos. Nas palavras de um de seus primeiros historiadores, sua preocupação deveria ser apenas "a Nova Filosofia... o que excluía assuntos de Teologia e de Estado". Isaac Newton declararia mais tarde que "é preciso preservar a distinção entre religião e filosofia. Não devemos introduzir revelações divinas na Filosofia nem opiniões filosóficas na religião". Embora essas normas possam parecer questões de princípio para um leitor moderno, suas origens são mais provavelmente práticas: os membros da sociedade não tinham interesse em sofrer com os ecos dos conflitos religiosos da época, especialmente os êxtases dos Quakers e as diatribes dos dissidentes ingleses (*dissenters*).

> O MICROSCÓPIO TORNOU VISÍVEL PARA A HUMANIDADE UM UNIVERSO ANTES NÃO IMAGINADO DE FORMAS DE VIDA.

Seria um erro, porém, supor que Bacon e os membros da Royal Society fossem inimigos da religião. Eram todos devotos e encontravam sinais da ação de Deus em toda a natureza. Os membros da Royal Society perceberam, com razão, que a descoberta das leis físicas do firmamento por Newton e Halley representava uma ilha solitária de conhecimento em meio a um mar de ignorância sobre quase todos os demais fenômenos naturais, especialmente sobre o funcionamento do corpo humano. Certamente era impossível que máquina tão maravilhosa tivesse sido projetada e construída pelo homem; apenas o Todo-Poderoso seria capaz de tamanha arte. Mesmo o olho composto de uma simples mosca, examinado em um microscópio, servia para maravilhar. Composto de aproximadamente 14 mil unidades, ou "pérolas", separadas, esse olho levou Robert Hooke a declarar que "pode haver tanta curiosidade na estrutura e na formação de cada uma dessas pérolas quanto na formação dos olhos de um elefante ou baleia, e a vontade do Todo-Poderoso os pode fazer existir com igual facilidade".

O microscópio tornou visível para a humanidade um universo antes não imaginado de formas de vida – protozoários e pequenas criaturas pluricelulares –, e isso só fez aumentar a admiração pelo Criador. Robert Boyle, cientista experimental que descobriu as leis que regem o comportamento dos gases, considerava a si mesmo e aos demais filósofos naturais "sacerdotes da natureza". Por isso, ele restringia suas experiências científicas ao dia semanal de repouso.

Ainda assim, o processo de separação entre a ciência e a religião havia começado, para benefício duradouro de ambas. A ciência trataria exclusivamente do "que" e do "como", a religião se limitaria ao "quem" e ao "por quê". Muito mais tarde, governos e religiões seriam igualmente dissociados, o que ajudaria a abrir caminho para uma explosão de prosperidade econômica.

O MESTRE OBSERVADOR

A ênfase dada por Bacon a observações e medições completas e metódicas, de fato, havia sido antecipada, uma geração antes, pelo renomado astrônomo dinamarquês Tyco Brahe. Nascido em 1546, em uma família nobre e muito rica do sudoeste da Suécia (então governada pelos dinamarqueses), Brahe observou o eclipse solar de 1560, quando jovem, e decidiu que dedicaria sua vida a desvendar os mistérios do céu. Quando estudante na universidade de Rostock, Alemanha, perdeu o nariz em um duelo. Pelo resto da vida, usou um nariz artificial feito de metal. Estudou Direito e Química, mas, na verdade, dedicava-se secretamente à Astronomia. Quando voltou a seu país em 1571, seu tio lhe construiu um pequeno observatório no castelo dos Brahe.

Esse pesquisador nasceu com sorte. Em 11 de novembro de 1572, observou uma "nova estrela" (o que hoje definimos como "supernova") surgir na constelação de Cassiopeia. Publicou suas observações no ano seguinte no panfleto "De Nova Stella" e, em 1574, começou a fazer palestras sancionadas pela realeza em Copenhagen. Brahe começou a viajar e expressou publicamente seu desejo de se radicar em Basileia, Suíça. É difícil determinar se isso foi ou não parte de um plano para extrair concessões do monarca dinamarquês, mas em 1576 o rei Frederico II, temeroso de perder esse tesouro nacional, concedeu a Brahe a ilha de Hvem, no estreito entre a Dinamarca e a Suécia, e fez que lá fosse construído o observatório de Uraniborg. Para consolidar a lealdade do astrônomo, Frederico também lhe conferiu outras propriedades no reino, além de um generoso ordenado.

A genialidade de Brahe estava em sua capacidade de observação. Enquanto a maioria dos astrônomos de sua época observava os planetas apenas de modo intermitente, ele registrava suas posições continuamente, a menos que estivessem obscurecidos pela luz do dia ou pela neblina. Seus instrumentos em Uraniborg, grandes quadrantes e sextantes, apontados com a ajuda de miras precisamente calibradas, eram da mais alta qualidade.

Ironicamente, sua grande realização teórica foi perceber que mensurações nunca são exatas, por mais cuidadosa que seja sua realização e por melhor que seja o equipamento. Toda experiência acarreta erro, e o erro em si precisa ser quantificado. Brahe media seus equívocos meticulosamente e, ao incorporá-los às suas observações, tornava-as ainda mais precisas.

Ele tentou formular uma teoria do movimento planetário, mas fracassou horrivelmente, e deu um passo para trás ao sugerir que, embora Mercúrio e Vênus girassem em torno do Sol, os demais planetas realmente giravam em torno da Terra. Brahe foi talvez o último dos grandes cientistas do Renascimento a se deixar agrilhoar pela superstição religiosa. Interpretando a Bíblia literalmente, assumiu como fato a imobilidade da Terra.* Quando Frederico II morreu, o pesquisador descobriu que o sucessor real não demonstrava igual interesse pelo trabalho astronômico e passou os anos finais de sua vida em Praga, onde o acaso uma vez mais lhe sorriu ao encaminhar-lhe um jovem e competente assistente chamado Kepler.

Brahe legou às futuras gerações de astrônomos um vasto tesouro de observações astronômicas da mais alta qualidade. Sem elas, o funcionamento do firmamento poderia ter ficado oculto da humanidade por séculos.

Modelos descartados, modelos mantidos

Ao contrário do que aconteceu com seu mentor Brahe, o destino não favoreceu o jovem Johannes Kepler. Nascido prematuramente em 1571, tanto seu pai quanto sua mãe parecem ter sofrido de severos distúrbios de personalidade. A mãe tinha pouca educação e era indisciplinada, o pai considerava a vida familiar tão desagradável que se alistou como voluntário na mortífera campanha do general espanhol duque de Alba contra os holandeses, pouco depois que Johannes nasceu. Aos 4 anos, o menino contraiu varíola, que prejudicou sua visão e paralisou suas mãos. Diante dessas deficiências, os pais o matricularam em um seminário, destinando-o a uma vida na religião.

Felizmente para Kepler e para a civilização ocidental, os professores do seminário reconheceram seu talento matemático. Ele conseguiu

---

* "Desde os céus fizeste ouvir o teu juízo; a terra tremeu e se aquietou," Salmos 76:8

um posto produzindo almanaques astrológicos muito populares na época. Kepler considerava o sistema ptolomaico profundamente insatisfatório para seus cálculos e concluiu que devia existir uma força que unificava o universo. Ciente da hipótese heliocêntrica de Copérnico, ele decidiu que desvendaria as complexidades do movimento planetário. O início de sua carreira acadêmica aconteceu em Tübingen, uma cidade universitária da Alemanha. Em ocasiões, viu-se sujeito aos abalos causados pelos conflitos religiosos endêmicos na região. Por fim, ele encontrou refúgio em Praga como assistente de Brahe, em 1600. A inesperada morte de seu mestre, poucos anos depois, tornou-o chefe de um dos maiores observatórios da Europa, o que ofereceu a Kepler não apenas os meios necessários para sua pesquisa como o acesso à coleção única de observações de Brahe.

Tenha em mente que os astrônomos gregos rejeitaram as órbitas circulares dos sistemas heliocêntricos propostos por Aristarco e Apolônio, cujas previsões mostravam erros superiores a dez graus – evidentes até nas mensurações dos antigos, realizadas a olho nu. O sistema ptolomaico ganhou maior aceitação, posteriormente, porque suas imprecisões eram da ordem de poucos graus. Embora ele tenha se sustentado por mais de mil anos, as medições de Brahe exibiam precisão da ordem de um décimo de grau. Os dados por ele obtidos expunham de maneira gritante as falhas do modelo ptolomaico, incapaz de acomodar observações dessa ordem de precisão. A genialidade especial de Kepler estava em compreender que, se alguém desejava uma explicação melhor sobre o funcionamento do céu, teria que rejeitar as órbitas circulares usadas por todos os modelos astronômicos precedentes.

Kepler sentia fascínio especial pela órbita de Marte, que é a mais excêntrica entre as dos planetas observáveis. O fato de que ela não era circular ficava claro com base nos dados de Brahe.* Kepler descartou os epiciclos sobrepostos à órbita circular que caracterizavam ambos os sistemas anteriores e os substituiu por órbitas elípticas. O desafio que isso acarretava era o de determinar os períodos orbitais de tal arranjo. Kepler suspeitava que a velocidade de um planeta em órbita elíptica devia variar de acordo com sua

---

* Ainda que a órbita de Marte seja a mais irregular entre as dos cinco planetas conhecidos dos antigos, ela é apenas ligeiramente elíptica. Seu eixo longo é menos de 1% mais longo que seu eixo curto. No entanto, como o Sol se posiciona em um dos focos da elipse, ela fica cerca de nove graus "fora de alinhamento", o que torna mais aparente a irregularidade de Marte.

distância do Sol e passou a examinar metodicamente diferentes modelos matemáticos sobre o movimento planetário.

Ainda que a solução do mistério da órbita de Marte não tenha sido fácil, a combinação entre o talento matemático de Kepler e as observações de Brahe saiu vitoriosa. Kepler tinha ainda outra vantagem sobre Brahe: sua crença no sistema baseado em observação proposto por Bacon. Embora Brahe tenha sido o mais talentoso observador de sua época, ele, como quase todos os seus demais contemporâneos, continuava a aceitar a autoridade moral da versão aristotélica/ptolomaica. Kepler não. Durante quase uma década, ele batalhou para compreender os números de Brahe sobre Marte, que não se enquadravam no modelo de Copérnico ou nos melhores esforços do mestre para modificá-lo.

> QUANDO UMA TEORIA COLIDE COM DADOS CONFIÁVEIS DE OBSERVAÇÃO, ELA DEVE SER ABANDONADA.

Portanto, afirmou, os dois modelos precisavam ser abandonados. Kepler, ao contrário de seu mentor, não considerava que existissem teorias incontestáveis. No Ocidente moderno, é automático supor que não existe modelo científico ou sistema de crença sagrado a ponto de sobreviver a dados que o contradigam. É isso, essencialmente, que separa as sociedades ocidentais da maioria das sociedades não ocidentais. Kepler foi um dos primeiros filósofos naturais a adotar esse modelo empírico, tão fundamental para o modo de vida moderno. Quando uma teoria colide com dados confiáveis de observação, ela deve ser abandonada.

Por ser um matemático competente, Kepler não tinha dificuldade para imaginar modelos alternativos. Tentou dezenas deles antes de optar por três leis de movimento planetário que se enquadravam com perfeição aos dados de Brahe. Essas leis descreviam a relação entre a forma, a distância e a velocidade das órbitas dos planetas em torno do Sol. Kepler provavelmente tinha ideias preconcebidas sobre quais modelos funcionariam melhor, mas não deixou que seus preconceitos sobre essas questões interferissem. No final, optou pelos modelos que mais se adequavam aos dados.

Kepler descobriu o como do movimento planetário, mas não conseguiu explicar o por quê. Por exemplo, sua terceira lei descreve de que maneira os planetas mais próximos do Sol se movimentam mais rápido e apresentam períodos mais curtos que os planetas mais distantes, mas ele não sabia por que isso acontecia. Tampouco conseguiu explicar por que a órbita da Lua em torno da Terra não se enquadrava às leis que regiam o movimento dos planetas em torno do Sol.

Como no caso de Copérnico, o trabalho de Kepler não conquistou influência enquanto ele ainda era vivo. Hoje, é simples apontar para as três leis do movimento planetário como a maior realização de sua vida, mas seus contemporâneos não tinham tanta facilidade em reconhecer sua genialidade. As três leis* estavam ocultas no meio de uma massa de especulações ocasionalmente místicas sobre a música das esferas e a atração e repulsão magnéticas alternadas entre os planetas e o Sol. Coube a Galileu fazer a astronomia observacional avançar ainda mais, com a ajuda do telescópio. A Newton e a Halley coube completar o quadro do conhecimento humano sobre o movimento dos corpos celestes. Suas imensas contribuições libertaram os cientistas do domínio sufocante do dogma religioso e, no processo, removeram mais um obstáculo na estrada para a prosperidade.

O eclipse da Igreja

Não foi acidente que o Renascimento tenha começado na Itália. A queda de Constantinopla diante dos turcos liderados por Muhammad II, em 1453, resultou em um verdadeiro dilúvio de tesouros e artefatos bizantinos. Os mais importantes entre eles foram as bibliotecas de manuscritos da Grécia antiga. A geografia bastava para ditar que estudiosos da Itália fossem os primeiros da Europa Ocidental a examinar esse acervo, que redespertou o interesse há muito dormente pela arte, literatura e arquitetura helênicas. Mas a proximidade entre a Itália e o Império Bizantino em dissolução foi tanto benção quanto maldição. O maior progresso ocorreu nas artes, especialmente na escultura e na pintura, disciplinas nas quais a Igreja conferia maior liberdade de ação à criatividade dos gênios. Na ciência, infelizmente,

---

* 1) Todos os planetas se movem em elipses. Uma elipse tem dois focos, e o Sol ocupa um deles. 2) A relação entre a distância de um planeta ao Sol e seu período orbital é como a da segunda para a terceira potência. Por exemplo, Plutão fica cerca de cem vezes mais longe do Sol que Mercúrio, o que torna seu ano mil vezes mais longo. (3) Um planeta ganha velocidade ao se aproximar do Sol; mas a área que ele cobre em seu percurso é a mesma em cada período determinado. A maneira mais fácil de visualizar o processo são os cometas. À grande distância, o percurso do cometa é longo e estreito e, quanto ele passa perto do Sol se torna mais curto, mas mais largo. Ao longo de qualquer período, a área coberta pelo cometa em seu percurso é a mesma.

a mão pesada do dogma bloqueava as pesquisas sérias. De todos os grandes personagens cujos nomes agraciam este capítulo, apenas um passou a maior parte de sua vida ao sul dos Alpes: Galileu Galilei, nascido em 1564 em Florença, o epicentro do conflito entre a Igreja e a ciência.

O pai de Galileu, Vincenzo Galilei, era um herdeiro empobrecido de uma família toscana nobre. Como é comum a muitos pais, Vincenzo decidiu que o caminho da família de volta à riqueza estava em uma carreira médica para o filho. Vincenzo Galilei, um matemático competente, observou o talento de seu filho com números e concluiu que, se o expusesse à beleza da Matemática, o menino rejeitaria a Medicina. Vincenzo estava certo. Na corte de um grão-duque local, o jovem Galileu assistiu por acaso a uma aula de Matemática destinada a outro jovem aluno e se deixou seduzir pela beleza intelectual da disciplina.

Acabou aceitando um posto mal pago como matemático em Pisa, onde começou a atrair a atenção ao derrubar objetos do alto da torre inclinada. Com isso, demonstrou a falsidade da lei aristotélica que dispunha que a velocidade de um objeto em queda era proporcional a seu peso. Galileu, que tinha pouca tolerância com os tolos, ofendeu o grão-duque, ao criticar uma máquina para limpeza de portos projetada por um filho ilegítimo de Cosimo de Medici, e logo voltou a Florença.

Pouco mais tarde, foi indicado para uma cátedra universitária de Matemática em Pádua, cidade que então vivia sob o domínio de Veneza. Lá, Galileu prosperou, lecionando para grandes públicos e inventando, entre outras coisas, o primeiro termômetro de cápsula selada.

Em 1608, um opticista holandês chamado Johannes Lippershey inventou um telescópio pouco refinado e solicitou patente sobre ele na Holanda. Informações a esse respeito chegaram à Itália no ano seguinte. Meditando durante algumas horas sobre os princípios da óptica, Galileu logo desenhou um telescópio, que aperfeiçoou até que obtivesse um poder de aumento de 32, muito superior ao do aparato holandês. Galileu produziu centenas de telescópios e os vendeu em toda a Europa. Mas o que viu pelas lentes de sua invenção quase lhe custou a vida.

O efeito do telescópio foi eletrizante. Os astrônomos passaram a distinguir as estrelas individuais da Via Láctea, localizaram montanhas na Lua e observaram que sua fosforescência era resultado da luz solar refletida pela Terra. O telescópio mostrava que os planetas tinham forma esférica, mas as estrelas continuavam a aparecer como pontos luminosos intermitentes, não importava o grau de ampliação obtido. O telescópio revelou grande número de "novas" estrelas, mais de 40 apenas no aglomerado estelar das Plêiades, em contraste com as sete anteriormente conhecidas. Foram observadas manchas no Sol e que Saturno tinha "forma tripla", o que mais tarde o brilhante astrônomo e matemático holandês Christian Huygens provou serem anéis.

A importância dessas observações empalidecia em comparação com a descoberta de Galileu de que Júpiter tinha luas próprias. Quem observasse esses novos objetos celestes pelas lentes de Galileu seria capaz de perceber que giravam em torno de outro corpo celeste, contradizendo diretamente o modelo ptolomaico do universo. Uma esperança que surgiu a partir da descoberta de que os planetas tinham movimentos regulares foi a de que eles pudessem, de alguma maneira, ser usados como um "relógio astronômico" de extrema precisão, para resolver o grande problema de navegação da época – o cômputo da longitude.

Ainda que a Universidade de Pádua tenha oferecido uma quantia generosa a Galileu para que ele permanecesse na cidade, os grandes patronos de Florença o atraíram de volta à sua cidade natal, e os satélites de Júpiter que ele havia descoberto recentemente tiveram seu nome mudado para "estrelas Mediceanas". No entanto, o retorno de Galileu a Florença foi um erro terrível.

Em 1605, durante a temporada de Galileu em Pádua, um grave conflito político surgiu entre o papa Paulo V e Veneza, há muito tempo independente da autoridade da Igreja. A causa do conflito foi insignificante: dois religiosos venezianos haviam sido acusados de tentativa de sedução e de causar distúrbios. Veneza queria julgá-los em um tribunal civil, mas o papa insistiu que apenas a Igreja tinha o direito de julgar o clero. Quando os réus não foram entregues a Roma, o papa promulgou um "interdito", o que, na prática, significava excomungar toda a república. Veneza se recusou a cumprir as exigências de Roma e, violando diretamente o interdito papal, seus padres continuaram a celebrar missas.

Veneza havia revelado o blefe do papa. A mão de Deus não abateu a Seríssima República e a audácia da cidade revelou a impotência teológica de Roma ao mundo. Por fim, foi o papa quem recuou. Como Pádua estava sob a proteção de Veneza, sua universidade oferecia um dos ambientes intelectuais mais livres do planeta. Em contraste, os Médici, que dominavam

Florença, estavam conscientes de que dependiam do papa para manter sua riqueza e seu poder. Eles ofereceriam muito menos proteção a Galileu do que ele teria em Pádua.

Copérnico disfarçou sua divergência quanto às Escrituras descrevendo sua teoria como um exercício hipotético, mas as descobertas de Galileu desafiavam seriamente a doutrina da Igreja. O conflito era inevitável. O estopim estava aceso e a natureza impetuosa de Galileu fez que ele queimasse ainda mais rápido.

> AS DESCOBERTAS DE GALILEU DESAFIAVAM SERIAMENTE A DOUTRINA DA IGREJA.

Ainda que tenha sido ele quem desafiou a Igreja, a disputa começou de modo bastante inocente. Em sua "Carta à Grã-Duquesa Cristina" (mãe de seu patrono, Cosimo II de Medici), Galileu argumentava, com seu característico brio intelectual, que o sistema de Copérnico, na verdade, enquadrava-se à Bíblia. A hierarquia da Igreja não encarava com simpatia o apoio de Galileu ao sistema heliocêntrico, mas o fato de que o estudioso laico viesse a ditar como as escrituras deviam ser interpretadas era uma ofensa ainda mais grave. No começo de 1615, o Vaticano convocou Galileu a Roma e submeteu seu caso à Inquisição.

Inicialmente, as coisas não correram mal para o astrônomo. O encarregado da acusação era o cardeal Roberto Bellarmine, o mais influente membro do Colégio Cardinalício e amigo pessoal de Galileu. A Inquisição não o puniu pessoalmente; simplesmente determinou que o *De Revolutionibus*, de Copérnico, deixasse de ser ensinado, uma vez que seu conteúdo era simplesmente "teórico". Os inquisidores ordenaram que Galileu não "sustentasse, ensinasse ou defendesse" a doutrina proibida. Ele acatou de bom grado a instrução. Em troca, Bellarmine lhe conferiu um certificado que atestava que a Inquisição não o havia censurado ou punido de nenhuma forma.

Acreditando ter escapado das punições severas, Galileu voltou a Florença, onde manteve silêncio por sete anos. Quando Maffeo Barberini, seu mais forte defensor no Colégio Cardinalício, foi eleito papa, em 1624, Galileu voltou a Roma triunfante. Foi recebido festivamente pelos maiores príncipes da Igreja e teve não menos que seis audiências privadas com o novo papa, que assumiu o nome Urbano VIII. Em todas essas audiências, Galileu solicitou que as proibições de 1615 fossem revogadas. Urbano negou todos os pedidos.

Inexplicavelmente, o astrônomo não pareceu ter entendido a indireta. Convenceu-se, nos anos seguintes à sua visita a Roma em 1624, que o papa na realidade favorecia o fim da proibição. A ilusão foi estimulada por amigos bem-intencionados. Em 1630, um monge chamado Tommaso Campanella escreveu a Galileu que o Santo Padre havia expressado insatisfação com a ordem de censura. Isso bastou para convencer Galileu de que estava certo. Ele começou a trabalhar em seu *Dialogo dei Due Massimi Sistemi del Mondo* – diálogo entre os dois grandes sistemas mundiais da época: o aristotélico e o copernicano.

O diálogo envolvia três personagens. O primeiro, um paciente e metódico professor chamado Salviati, representava Galileu; o segundo, um amigo inteligente e leal, chamava-se Sagredo; e o terceiro era um escolástico estúpido chamado Simplício. O nome de Simplício derivava, ostensivamente, de um comentarista tardio de Aristóteles, mas o trocadilho era evidente. Para maximizar sua influência, o texto foi escrito em italiano, e não em latim, e alardeava as provas que tornavam o modelo ptolomaico do universo insustentável: as fases de Vênus, agora visíveis com a ajuda dos novos telescópios. Pior, havia boatos generalizados de que o modelo utilizado por Galileu para a criação do personagem Simplício era o papa em pessoa.

Publicado em janeiro de 1632, o *Dialogo* criou furor imediato. A Igreja proibiu sua venda em agosto e, em outubro, Galileu voltou a ser convocado pela Inquisição. Alegando velhice e enfermidade, ele só chegou a Roma em fevereiro de 1633 e lá alternou períodos de residência nos "apartamentos" residenciais da Inquisição e nas casas de amigos. Durante esse período, os inquisidores mostraram ao astrônomo envelhecido os instrumentos de tortura. Quando, por fim, Galileu apareceu diante do tribunal, em junho, sustentou que jamais havia acreditado de fato no heliocentrismo. Retirou sua teoria publicamente, foi posteriormente condenado como "veementemente suspeito de heresia" (um degrau abaixo da heresia em si, cuja punição era a morte na fogueira) e teve de cumprir uma inócua penitência. Reza a lenda que, ao desembarcar de sua carruagem para seu período de confinamento em Siena, Galileu teria exclamado "Eppur si muove!" ("Mas ela se move!, ou seja, a Terra gira em torno do Sol.) No entanto, como essa história só surgiu 130 anos mais tarde, é provável que seja apócrifa.

A Igreja conquistou uma vitória vazia. Ainda que Galileu tenha perdido a batalha, ele venceu a guerra. Da mesma forma que Veneza havia exposto anteriormente a falta de poder teológico da Igreja, o julgamento expôs a falta de honestidade intelectual que ocupava posição central em seus ensinamentos. No prolongado conflito, a Igreja perdeu muita credibilidade e jamais foi capaz de voltar a obstruir o avanço da ciência. O julgamento de Galileu removeu um enorme obstáculo da estrada para o progresso da humanidade.

Embora cego na velhice, Galileu continuou trabalhando até o ano de sua morte, 1642, também o ano de nascimento de Newton. Sua produção foi espantosa, mas não deixava de ter erros. Ele descartou a ideia de Kepler quanto às órbitas elípticas em favor do conceito copernicano de órbitas perfeitamente circulares com epiciclos sobrepostos. Não foi capaz do salto intelectual necessário para imaginar a natureza da força gravitacional e só percebia vagamente que a imensa força que mantinha a Terra em sua órbita era a mesma que mantinha a Lua atrelada a nosso planeta e os satélites de Júpiter vinculados a ele. Como Brahe, a grande força de Galileu estava em sua capacidade de interpretação e de análise mecânica. Mas seria necessário o gênio incomparável de Isaac Newton, que se baseou no prodigioso talento prático e observacional do astrônomo italiano, para desvendar o segredo final do movimento celeste.

O MECANISMO REVELADO

As vidas e carreiras de Isaac Newton e Edmond Halley devem ser consideradas em conjunto. Ainda que Newton, nascido em 1642, fosse 16 anos mais velho, os dois chegaram à maturidade científica no mesmo meio intelectual e juntos resolveram o mais importante mistério do período: as leis que governam o movimento de todos os corpos celestes, não apenas dos planetas. Dos dois cientistas, Newton era dotado do gênio mais reconhecível – uma capacidade matemática tão devastadoramente grande que até os estudiosos modernos encontram dificuldade para compreender como ele havia conseguido realizar tanto em tão pouco tempo. Sua personalidade era complicada: hipocondríaco, desprovido de humor, dogmático e, ao mesmo tempo, tímido e rabugento. Halley, por outro lado, é descrito por pessoas de todas as origens como charmoso, generoso e aberto. Embora seu talento fosse menos profundo que o de Newton, era mais amplo e se estendia a áreas bem distantes da ciência básica.

As circunstâncias da infância de Newton foram humildes. Sua mãe enviuvou três meses antes do nascimento do menino, doente e prematuro, em Woolsthorpe, Lincolnshire. Forçada a se casar de novo com um homem mais velho em busca de segurança financeira, ela deixou Isaac aos cuidados da avó materna. Não se sabe quem foi a primeira pessoa a reconhecer a inteligência de Isaac Newton– talvez um tio ou o diretor da escola em que estudava perto de Grantham –, mas, miraculosamente, ele foi admitido pelo Trinity College, da Universidade de Cambridge, em 1661, como bolsista que supostamente precisava pagar pelos estudos com trabalhos braçais para a universidade.

Se sabemos pouco sobre os dias de Newton na escola primária, sabemos menos ainda sobre seus anos iniciais em Cambridge. Por volta de 1664, ele percebeu que já sabia tudo que lhe seria possível aprender sobre matemática com outra pessoa. Daquele momento em diante, precisaria desbravar novos territórios sozinho.

Para grande sorte de Newton, àquela altura haviam surgido as primeiras rachaduras no sistema aristotélico de ensino da Inglaterra. O Trinity foi o primeiro dos colégios universitários a abandonar a sufocante pedagogia do passado. Uma geração antes, René Descartes havia inventado a geometria analítica, a ferramenta essencial para a solução do problema da mecânica orbital. Quando Newton entrou no Trinity, o colégio era a única instituição inglesa que ensinava livremente a nova matemática cartesiana.

> E, SIM, ESSA DESCOBERTA [DA GRAVIDADE] FOI MESMO AJUDADA PELAS MAÇÃS QUE NEWTON VIA CAIR DA ÁRVORE NO JARDIM DE SUA MÃE.

Em junho de 1665, um surto de peste forçou o fechamento de Cambridge, e Newton voltou para casa, em Woolsthorpe, onde ficou até abril de 1667, exceto por um breve retorno a Cambridge em 1666. Nesses 18 meses de solidão rural, ele transformou completamente a Matemática, a Física e a Astronomia.

Para começar, decidiu enfrentar um problema que há muito tempo o intrigava: seria possível que a força que mantém a Lua em órbita também fosse a responsável por uma maçã cair da árvore? Ele concluiu que sim. Essa força era a gravidade. E, sim, essa descoberta foi mesmo ajudada pelas maçãs que Newton via cair da árvore no jardim de sua mãe. Mas nenhum relato confiável do episódio afirma que uma maçã tenha caído em sua cabeça.

Ele não demorou a descobrir que a geometria analítica não era suficiente para realizar os cálculos necessários e, por isso, inventou o cálculo analítico. Infelizmente, Newton costumava cometer erros causados por distração. Por não estar com seus livros por perto, usou o valor incorreto para o raio da Terra (a distância do centro do planeta até a maçã na árvore) e, por isso, estimou incorretamente a força da gravidade, com base em suas observações sobre o movimento da Lua. Como o erro impediu seu progresso, ele não conseguiu compreender o movimento celeste, guardou as contas incorretas no fundo de uma gaveta e optou por trabalhar em outras áreas: as três leis do movimento e, ao mesmo tempo, inovações fundamentais no uso de séries numéricas. E como se essas realizações todas não bastassem: inventou ainda a óptica moderna, ao deduzir a composição cromática da luz.

EDMOND HALLEY: A AJUDA DO GÊNIO

Filho de um comerciante rico, Edmond Halley, nascido em 1658, recebeu educação de primeira linha na Saint Paul's School, em Londres. O jovem Halley apresentou desempenho excelente em Astronomia e, quando chegou a Oxford, em 1673, já havia adquirido equipamento astronômico suficiente para equipar um observatório pessoal respeitável.

Por quase 20 anos depois da temporada da Newton em Woolsthorpe, os problemas do movimento planetário e da gravidade continuaram a resistir aos cientistas, entre os quais dois dos mais brilhantes contemporâneos de Newton e Halley – Robert Hooke (inventor do microscópio e, mais tarde, o mais amargo inimigo de Newton) e o renomado arquiteto Christopher Wren. Halley, Hooke e Wren intuíram a natureza da força gravitacional, mas a matemática envolvida na prova de sua existência era muito complicada até mesmo para esses grandes homens.

Na década de 80 do século 17, o gênio matemático de Newton já era bem conhecido, mas infelizmente a rivalidade entre ele e Hooke também já existia. Hooke alegava ter uma solução matemática para o problema, mas se recusava a mostrá-la a Newton ou a Halley. Halley, que não acreditava na alegação de Hooke, foi a Cambridge para solicitar o conselho de Newton.

Halley conhecia a teoria gravitacional de Newton – um planeta é atraído pelo Sol com força proporcional à sua massa e inversamente proporcional ao quadrado da distância entre eles. Halley perguntou a Newton que forma teria a órbita de um planeta sujeito a essa força. Newton respondeu, sem hesitar, que a órbita seria elíptica. Isso espantou Halley. Como todos os cientistas de seu tempo, ele aceitava a ideia aristotélica de que todas as órbitas deviam ser circulares. Halley questionou como Newton podia saber disso e este lhe disse que havia chegado perto de resolver o problema 20 anos antes, em Woolsthorpe. Reza a lenda que Newton remexeu em sua gaveta, depois de revelar o fato, e encontrou seus velhos cálculos incorretos, nos quais Halley rapidamente percebeu o erro quanto ao raio da Terra e calculou a equação correta. Na época, os estudiosos brincavam que, enquanto a Europa inteira estava tentando encontrar a solução do problema da mecânica celeste, Newton já a havia perdido.

Em um instante, a verdadeira natureza do movimento celeste foi revelada. Halley estimulou Newton a publicar seu trabalho, intitulado, com justiça, *Philosophiae Naturalis Principia Mathematica*, e até pagou a impressão. Isso agravou o desentendimento entre Newton e Hooke, que acusou o rival de plágio. O diplomático Halley tentou promover a reconciliação dos dois, sem sucesso. Os problemas de relacionamento entre eles só terminariam com a morte de Hooke, em 1703, quando Newton assumiu a presidência da Royal Society, até então ocupada pelo rival.

A Europa contemplava hipnotizada a realização daquilo que antes era inimaginável. Uma após a outra, previsões astronômicas precisas se provaram verdadeiras. Até o firmamento parecia estar cooperando. Para demonstrar o poder da nova ciência, nada melhor que fazê-lo usando um eclipse solar total, como o que atingiu Londres em 22 de abril de 1715. Halley publicou mapas sobre o percurso do eclipse, antes e depois de observá-lo. O primeiro mapa, impresso duas semanas antes do evento – e reproduzido na figura 1-1 –, exibia o percurso previsto do eclipse. O propósito da publicação era duplo: acima de tudo, Halley queria impedir que a população se alarmasse e garantir que o eclipse total iminente, o primeiro a acontecer na Inglaterra em séculos, não fosse interpretado como sinal de que Deus estava insatisfeito com os ingleses. O objetivo da previsão publicada era que

> [...] a súbita escuridão, que tornaria as Estrelas visíveis em torno do Sol, não surpreenda o Povo, o qual, se não informado, poderia considerar o acontecido como Ominoso e Interpretá-lo como prenúncio de males para o nosso Soberano, o Lorde Rei George, e seu

Governo, que Deus os preserve. E assim eles poderão perceber que tudo o que está por acontecer é Natural, e simplesmente o resultado necessário dos movimentos do Sol e Lua [...]

Além disso, Halley usou o eclipse para solicitar que observadores no sul da Inglaterra registrassem o percurso e a duração da totalidade – período em que o Sol fica completamente oculto pela Lua durante o fenômeno. O astrônomo recebeu dezenas de registros quanto a isso e, com eles, pôde determinar a precisão de suas observações.

Essas resultaram em um segundo mapa, mostrado na figura 1-2, quase idêntico ao primeiro. A previsão de Halley havia sido quase perfeita, com apenas pequenas imprecisões quanto à direção e à largura do percurso. Adicionalmente, esse mapa mostrava a rota prevista de um segundo eclipse, em 1724 – representada pela faixa que se estende do noroeste ao sudeste.

A previsão exata de Halley quanto ao percurso do eclipse deixou o público extasiado. Ela representou o golpe de misericórdia que sinalizou o triunfo do método científico indutivo proposto por Bacon: observar, formular hipóteses e testá-las. Por volta da metade do século 18, a nova ciência havia derrotado o sistema aristotélico de dedução e reduzido, com isso, a influência da Igreja sobre os assuntos científicos.

Ao menos mais um século se passaria antes que a religião e a ciência fossem totalmente separadas. Como todos os homens de sua época, Halley e Newton eram religiosos e acreditavam que o Todo-Poderoso tivesse criado as leis da mecânica celestial. Além disso, ambos acreditavam na verdade literal da Bíblia. Halley, por exemplo, considerava que o Dilúvio talvez tivesse sido causado pela passagem de um cometa próximo da Terra. Newton discordava, pois acreditava que outra forma de colisão planetária havia sido a causa do acontecimento. No século 18, William Whiston, sucessor de Newton na cátedra Lucasian de Matemática em Cambridge, palestrava para grandes plateias em Londres sobre a conexão entre ocorrências astronômicas e eventos bíblicos. Nem mesmo Newton conseguiu escapar completamente das garras da superstição medieval. A maior parte de sua vida profissional e de seus escritos foi dedicada à alquimia, e ele mantinha uma animada correspondência sobre segredos alquímicos com outros mestres do iluminismo científico, como John Locke, e, antes que rompessem relações, Robert Boyle.

Figura 1-1
Previsão de Halley sobre o percurso do eclipse de 1715

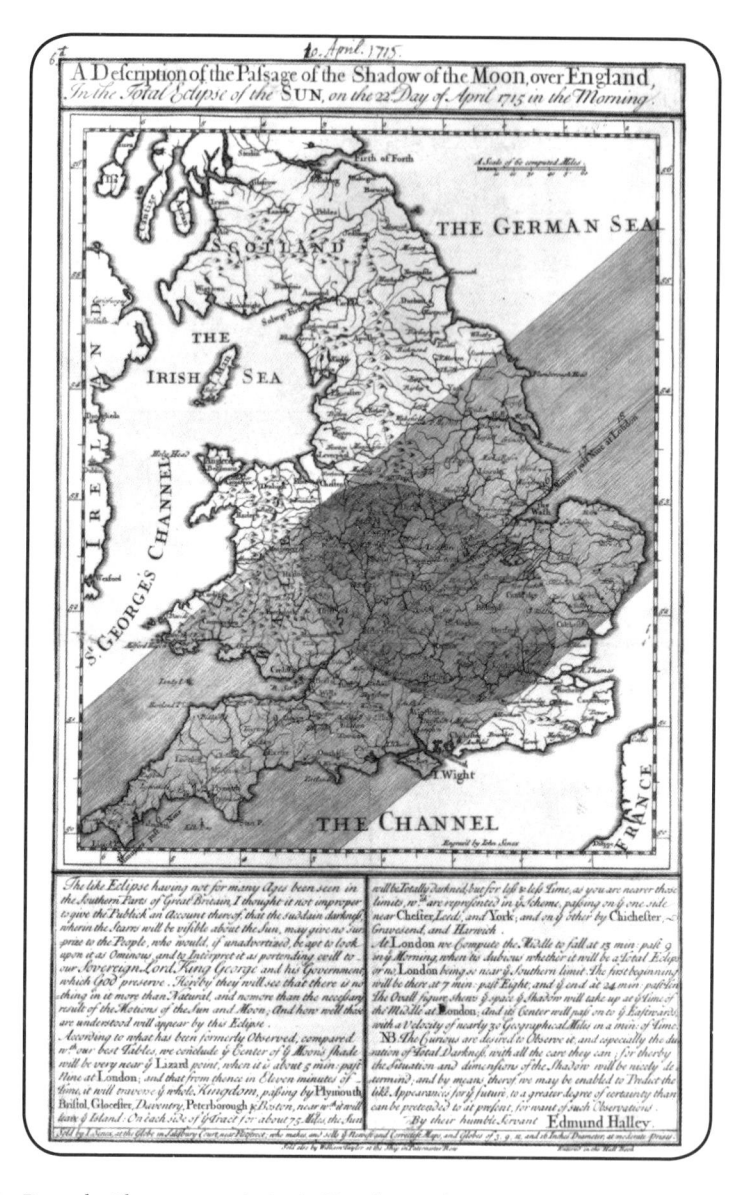

Fonte: Reproduzido com permissão da Houghton Library, Universidade de Harvard.

Figura 1-2
O percurso real do eclipse de 1715

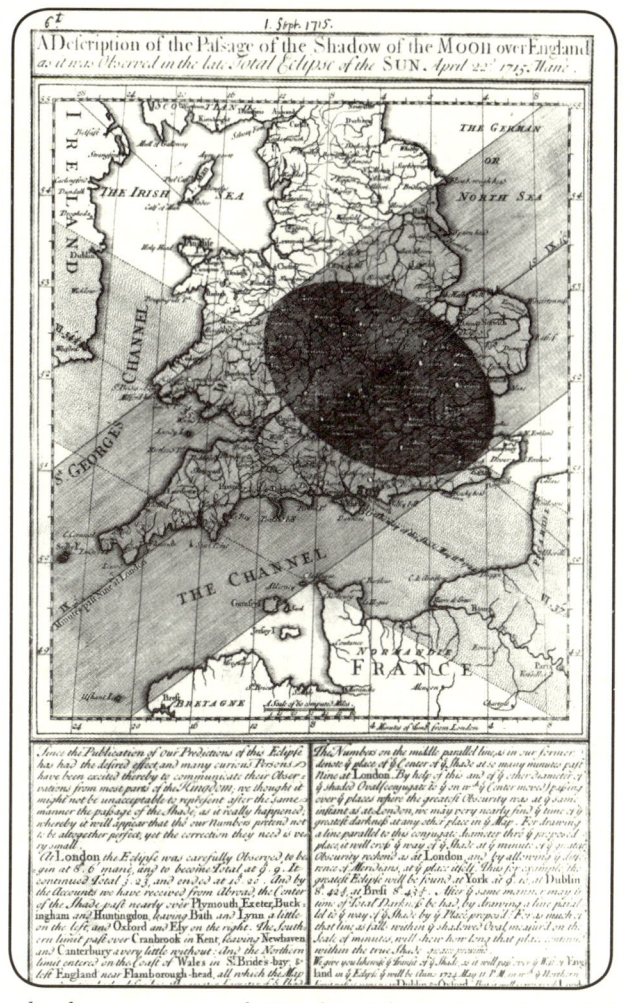

Fonte: Reproduzido com permissão da Houghton Library, Universidade de Harvard.

EDMOND HALLEY: O GRANDE FACILITADOR DA PROSPERIDADE

As realizações e as associações de Edmond Halley, independentemente de seu trabalho com Newton, são espantosas por si mesmas. Em 1682, ele descobriu o cometa que leva seu nome e calculou que sua órbita elíptica tinha duração de 76 anos. Portanto, tratava-se do mesmo cometa visto na Europa e na Ásia em 1531 e em 1607. Ele previu que o astro retornaria no Natal de 1758 e calculou até mesmo que sofreria um ligeiro atraso, causado pela atração gravitacional de Júpiter e de Saturno. Como estaria morto há muito tempo quando a data prevista chegasse, apelou aos astrônomos do futuro para que não de esquecessem de sua previsão.

Não precisaria ter se preocupado. Cometas eram vistos como eventos de grande influência religiosa e histórica desde o passado mais remoto. Por exemplo, o cometa Halley também apareceu sete meses antes da batalha de Hastings, em 1066. Acabou como bordado da Tapeçaria de Bayeux, a gloriosa descrição artística da conquista da Inglaterra pelos normandos. O retorno do cometa em 1758, exatamente como previsto pelo astrônomo que lhe havia dado o nome, acrescentou mais um tijolo ao edifício da fé popular no novo método científico.

Nas suas horas vagas, Halley estudava os registros de óbitos da cidade alemã de Breslau, para criar as primeiras tabelas atuariais, um elemento essencial do novo setor de seguros, que estava surgindo naquela época. Como astrônomo real, foi membro *ex officio* do Conselho de Longitude. Nessa função, encorajou, deu conselhos e ofereceu apoio monetário, o que era muito necessário a John Harrison em sua busca por um cronômetro marítimo confiável e preciso.

E, se isso tudo não fosse realização suficiente para uma vida toda, Halley ajudou a impulsionar a descoberta europeia de um continente. Sugeriu que uma expedição fosse enviada ao Oceano Pacífico para observar o trânsito de Vênus entre 1761 e 1769 (duas décadas depois de sua morte), a fim de medir mais acuradamente a distância entre a Terra e o Sol. O capitão James Cook realizou as viagens e, durante o processo, tornou-se o primeiro europeu a visitar muitos lugares do Pacífico, entre os quais a Austrália e o Havaí. Porque Edmond Halley desempenhou papel crucial no desenvolvimento de três das quatro fundações da prosperidade moderna – racionalismo científico, mercados de capital e transporte moderno –, não seria grande exagero identificá-lo como o personagem central de nossa história.

> ANTES DE 1850, POUCOS CIENTISTAS TRABALHAVAM NA INDÚSTRIA; A MAIORIA DAS INVENÇÕES ERA CRIADA POR TALENTOSOS ARTESÃOS E INVENTORES.

A DIFUSÃO DO RACIONALISMO: ALÉM DA MECÂNICA CELESTE

A despeito dos brilhantes avanços conquistados com o novo método científico, mais de dois séculos se passariam antes que a revolução começasse a expandir consideravelmente a riqueza do planeta. Antes de 1850, poucos cientistas trabalhavam na indústria; a maioria das invenções era criada por talentosos artesãos e inventores como Thomas Edison e John Smeaton, o redescobridor do concreto, que havia sido esquecido por ocasião da queda de Roma. O setor siderúrgico do século 19 foi o primeiro a utilizar rotineiramente os laboratórios científicos que caracterizam a indústria moderna, com pesquisadores que trabalhavam em tempo integral monitorando a relação entre a qualidade do minério e o produto final. O barão da siderurgia Andrew Carnegie celebrou a vantagem que seu laboratório lhe conferia com relação a seus concorrentes: "Anos depois que havíamos adotado a química como guia, [os concorrentes] diziam não poder arcar com o custo de um químico. Caso soubessem a verdade, teriam sabido que na verdade não poderiam arcar com o custo de não empregar um químico", disse. Apenas no século 20, grandes departamentos de pesquisa providos de verbas generosas se tornariam característica constante das grandes empresas do setor industrial.

A dimensão da mudança acontecida desde Copérnico pode ser resumida nas palavras de Martinho Lutero ao criticar o grande astrônomo polonês: "Esse tolo quer virar de cabeça para baixo toda a ciência da astronomia". No mundo de Lutero, subverter a sabedoria estabelecida era crime passível de pena de morte. Passados três séculos, fazê-lo provavelmente propiciaria honras e riqueza ao responsável. Em uma história possivelmente apócrifa, Napoleão pergunta a seu astrônomo, Joseph Lagrange, se um dia existiria um novo Newton. A suposta resposta de Lagrange resume o período: "Não, milorde, porque existe apenas um universo a ser descoberto".

Assim, a obsessão da humanidade pelas estrelas conduziu, aos trancos e barrancos, à nossa capacidade de calcular as rotas de satélites artificiais em órbita digitando algumas teclas de um computador. A maior e melhor parte desse progresso ocorreu no século 17 e basicamente revolucionou o relacionamento entre o homem e aquilo que o cerca. Cientistas e artesãos ingleses, com seus direitos intelectuais e de propriedade protegidos pela lei comum, passaram então a dispor também das ferramentas intelectuais necessárias para criar inovação.

Ao longo dos dois séculos seguintes, os mercados de capital em desenvolvimento financiariam seus esforços, e a chegada da energia, dos transportes e das comunicações modernos ajudaria a distribuir produtos por todo um país e pelo mundo, criando assim a primeira onda de riqueza moderna.

CAPÍTULO 4
CAPITAL

Em resumo sucinto, o capitalismo de mercado requer capital – meios financeiros para conduzir um empreendimento de negócios. Grandes e pequenas empresas precisam adquirir equipamento e suprimentos antes de poder produzir bens e serviços; da mesma forma que agricultores, desde a mais remota antiguidade, fazem empréstimos para adquirir sementes e implementos antes de colher e vender suas safras. Frequentemente, transcorre um longo período entre o investimento de capital por uma empresa e o retorno de receita para ela. Mesmo nas sociedades puramente agrícolas, o período que separa o plantio da colheita pode se estender por décadas, como acontece na indústria vinícola.

> NAS SOCIEDADES INDUSTRIAIS, É TÍPICO HAVER UMA GRANDE DEMORA ENTRE O DESEMBOLSO DE CAPITAL E A GERAÇÃO DE RECEITA.

Nas sociedades industriais, é típico haver uma grande demora entre o desembolso de capital e a geração de receita, e os montantes de dinheiro requeridos são imensamente maiores. Na moderna economia ocidental, grande parcela da renda provém de inventos que não existiam uma geração antes e quase toda ela provém de invenções que não existiam um século antes. Capital, em grandes somas, é necessário para levar esses produtos ao mercado. Considere o período entre 1900 e 1950. As indústrias automobilística, aeronáutica e de eletrodomésticos, que dominavam a economia em 1950, não existiam em 1900. O que existia em 1900 eram inventores e empresários que sonhavam em levar essas criações aos cidadãos comuns.

A verdade, e isso deveria despertar humildade em nós, é que, em cada momento, a maior parte da prosperidade ocidental se origina nas mentes de alguns poucos gênios, pessoas realmente únicas. Traduzir suas ideias em realidade econômica requer o imenso volume de capital que só pode ser fornecido por um sistema financeiro robusto e que conta com a confiança dos investidores.

A invenção da lâmpada incandescente por Thomas Edison, em 1879, serve como exemplo vívido de como funciona o moderno processo capitalista. Ao contrário do que se supõe, ele não inventou a iluminação elétrica em si; dois anos antes, um engenheiro russo chamado Paul Jablochkov havia iluminado um bulevar de Paris com lâmpadas de arcos voltaicos. Ainda que fosse rico, Edison só tinha condições de bancar a produção de um número relativamente pequeno de lâmpadas. Produzi-las em massa para o mercado requeria construir grandes fábricas, contratar milhares de operários treinados e adquirir grande volume de matérias-primas, algo que nem os mais ricos indivíduos de uma nação poderiam fazer sozinhos. E o pior: lâmpadas elétricas de nada valeriam sem um fornecimento confiável de eletricidade. Quem desejasse vender as primeiras lâmpadas precisaria construir estações de geração de energia elétrica e instalar uma rede de transmissão para distribuí-la. Subitamente, investidores dispostos a arriscar seu capital para concretizar a visão de Edison se tornaram artigo muito procurado.

Nos Estados Unidos, no final do século 19, a fonte mais óbvia para o capital de investimento necessário a qualquer empreitada em larga escala era J. P. Morgan. Mas nem a fortuna pessoal desse banqueiro bastaria para manter a Edison Electric Light Company, empresa estabelecida para comercializar a invenção de Edison. John Rockefeller, ao ser informado de que Morgan deixara um espólio de US$ 80 milhões ao morrer, em 1913, comentou: "E pensar que ele nem era rico!"

Mas o banco de Morgan era capaz de oferecer muito mais que seus ativos imediatos. Na virada do século 20, a liderança de Morgan no setor bancário norte-americano era tamanha que ele conseguia reunir exércitos de bancos em consórcios capazes de fornecer enormes montantes de capital. Os historiadores econômicos apontam frequentemente o fato de que os Estados Unidos não tiveram um Banco Central entre a expiração da carta-patente do Second Bank of the United States, em 1837, e a criação do Federal Reserve System em 1913 – coincidentemente, os anos de nascimento e de morte de Morgan. Durante boa parte desse período, o financista funcionou, na prática, como Banco Central norte-americano e, em certa ocasião, resgatou inclusive o Departamento do Tesouro dos Estados Unidos.

Morgan era o homem capaz de organizar com facilidade o movimento das centenas de milhões de dólares necessários para criar as ferrovias, empresas de infraestrutura e siderúrgicas que levaram os Estados Unidos à liderança entre os países industrializados. Também estava consciente de que financiar novas tecnologias, em muitos casos, era uma empreitada deficitária, como toda uma geração de investidores em internet e tecnologia voltaria a descobrir na primeira década do século 21. Na época de Morgan, esse fato era de conhecimento comum há muito tempo. A história do investimento em tecnologia na Inglaterra foi feita de fraudes, problemas e prejuízos, a começar pelas companhias de mergulho* do século 17, passando pela Companhias dos Mares do Sul do século 18 e culminando na espetacular bolha ferroviária na década de 40 do século 19. Consequentemente, Morgan só financiava tecnologias bem estabelecidas.

No caso de Edison, ele abriu uma exceção. Entusiasta da eletricidade, Morgan equipou sua mansão, no número 210 da Madison Avenue, em Manhattan, com algumas das primeiras lâmpadas incandescentes. Isso exigiu a instalação, atrás da casa, de um gerador barulhento e malcheiroso, cujos cabos elétricos frequentemente se incendiavam, o que, em certa ocasião, provocou a destruição da escrivaninha do banqueiro. Ele financiou a construção da primeira grande usina de energia em Manhattan, que fornecia eletricidade à sede do Morgan Bank, em Wall Street, nº 23. Ao exibir orgulhosamente as instalações à imprensa, Morgan ocultou cuidadosamente a informação de que o custo de seus geradores havia estourado o orçamento em 200%.

A saga de Morgan e Edison também destaca o papel construtivo desempenhado pelos mercados de capital. O banqueiro de investimento Henry Villard e J. P. ajudaram a capitalizar os primeiros empreendimentos de Edison, no início da década de 80 do século 19, e mais tarde

---

* O mercado inglês de ações da década de 90 do século 17 viu vendas entusiásticas de ações de companhias criadas para recuperar tesouros naufragados; foi a primeira mania registrada nas bolsas. Ver Edward Chancellor, Devil Take the Hindmost (New York: Penguim, 1999), p. 36-38.

consolidaram a Edison Electric Light Company original como a nova Edison General Electric.

No início da década de 90 do século 19, Morgan e seus colegas tinham chegado à conclusão de que Edison, embora um inventor brilhante, era um péssimo homem de negócios. Na época, geradores e aparelhos de corrente alternada (CA) e corrente contínua (CC) disputavam o acesso ao mercado de eletricidade. Como a CC operava com menor voltagem, Edison a considerava melhor que o sistema de CA. Infelizmente, a energia de corrente contínua não se enquadrava bem à transmissão em longa distância, o que limitava seu potencial de mercado. Uma companhia rival, a Thomson-Houston, operava usinas que geravam os dois tipos de eletricidade. Em 1883, um transformador que "reduzia" corrente alternada transmitida em longa distância para uso local foi patenteado na Inglaterra. Em poucos anos, George Westinghouse adquiriria uma licença para reproduzir o sistema nos Estados Unidos, e a Thomson-Houston empregou essa tecnologia para reduzir a fatia de mercado de Edison.

Morgan e seus colegas logo perceberam que a única maneira de evitar a falência da Edison General Electric era fundi-la com a Thomson-Houston, e a nova empresa assumiu o nome General Electric. A GE continuou a necessitar de injeções de capital ao longo da recessão dos anos 90 do século 19, mas, por fim, tornou-se um gigante que dominou o mercado norte-americano de eletricidade por mais de um século. Edison, sempre rabugento, vendeu suas ações na empresa combinada em um momento de irritação, logo depois da fusão, e investiu os proventos em futuras invenções. Quando foi informado, mais tarde, sobre o valor que suas ações na GE teriam adquirido caso as tivesse mantido, seu comentário foi: "Bem, esse dinheiro se foi, mas nos divertimos muito ao gastá-lo". A história ilustra que os banqueiros da Edison Electric, como gerações posteriores de profissionais de capital para empreendimentos, não ofereceram apenas recursos, mas também orientação vital à empresa em um momento crucial de seu desenvolvimento.

Como evidencia o papel de J. P. Morgan no episódio, investidores não se limitam a oferecer capital. Também o arriscam. Na verdade, na maior parte dos casos, eles estão simplesmente jogando dinheiro fora. Como ilustra dolorosamente a crise do setor de internet na primeira década do século 20, a maioria esmagadora das novas companhias e empreendimentos fracassa. Apenas como um retrospecto, quando nos concentramos em histórias de sucesso como as da Edison Electric/General Electric, General Motors e Microsoft, investir em novas empresas parece lucrativo. Nesse sentido, o mercado de capital para novas empresas se parece com uma loteria. Milhões de pessoas apostam, mas apenas algumas poucas sortudas ganham. Em nossa sociedade orientada pelo capital, a disponibilidade imediata de capital público e privado pode, em si, representar poderoso incentivo à invenção e à inovação.

> DINHEIRO BARATO ENCORAJA O INVESTIMENTO EM NEGÓCIOS, E DINHEIRO CARO O DESENCORAJA.

A dança financeira executada por Edison, Morgan e Villard marcou o auge dos mercados de capital do final do século 19. Este capítulo, a partir de agora, narrará como o sistema nasceu na Antiguidade e se desenvolveu no final da Idade Média e no começo da Idade Moderna. Em termos muito básicos, a história gira em torno de três fatores: custo, risco e informação.

O CUSTO DO CAPITAL

Todos os empreendimentos de negócios consomem dinheiro. Como qualquer outra commodity, o dinheiro tem um custo – a taxa de juros. O agricultor que precisa de sementes e arados na primavera deve pagar seu empréstimo com juros. Quando as taxas de juros são altas, diz-se que o dinheiro é caro; quando são baixas, ele é barato. Dinheiro barato encoraja o investimento em negócios, e dinheiro caro o desencoraja. Quando as taxas de juros sobem demais, o agricultor desiste de plantar e o empresário posterga suas atividades comerciais.

Muitos fatores ajudam a determinar o custo do dinheiro, o mais fundamental deles é o equilíbrio entre oferta e procura. Quando muita gente quer emprestar e pouca gente precisa de empréstimos, o dinheiro é barato e, quando muita gente quer empréstimos e pouca gente quer emprestar, ele é caro.

O gráfico 4-1 mostra a queda das taxas de juros na Inglaterra, Holanda, Itália e França entre 1200 e 1800. O declínio gradual dos juros aconteceu por diversos motivos. O mais importante foi o aumento na disponibilidade de capital de investimento, ou seja, de dinheiro disponível para empréstimo. Essa queda no custo de capital só poderia resultar em atividade empresarial aumentada e crescimento.

Os primeiros economistas compreendiam a importância das taxas de juros. Um dos primeiros observadores da economia inglesa, sir Josiah Child, apontou em 1668 que "todos os países são hoje mais ricos ou mais pobres em exata proporção ao que pagam, e um dia pagaram, em Juros".

Gráfico 4-1
Taxas de juros europeias, 1200-1800

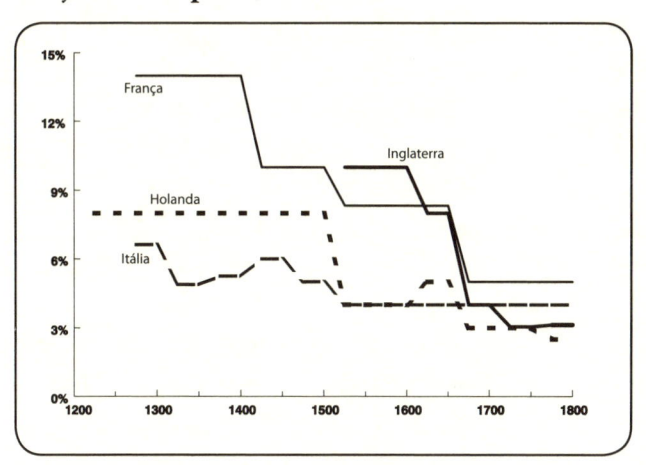

Fonte: Dados de Horner e Sylla, A History of Interest Rates, p. 137-138

Para Child, o relacionamento era matemático: se um empresário podia bancar determinado pagamento de juros, duas vezes mais capital estaria disponível para ele a 3% do que a 6% de juros. O historiador T. S. Ashton afirmou que:

> Se buscarmos – e seria errado fazê-lo – uma única razão para que o ritmo de desenvolvimento econômico se tenha acelerado a partir da metade do século 18, devemos contemplar as baixas taxas de juros. As minas profundas, fábricas sólidas, canais bem construídos e as casas da Revolução Industrial foram todos produtos de um capital relativamente barato.

O conceito do custo de capital nos empréstimos pessoais e nos títulos emitidos por governos e empresas é fácil de ser compreendido: o custo é simplesmente a taxa de juros dos empréstimos ou títulos em questão.

Muitos investidores enfrentam mais problemas para compreender como o custo de capital se aplica à propriedade de ações, mas ele de fato se aplica. Comece pelo conceito de que o preço de uma ação, ou seja, dos direitos a uma certa fração do rendimento de uma companhia, é expresso em "dólares por ação". A seguir, simplesmente inverta a expressão: "ações por dólar" – isto é, o volume de propriedade que uma empresa precisa conferir aos investidores em troca do capital necessário para adquirir instalações e equipamentos e contratar pessoal.

Quando os preços das ações são altos, o custo do capital acionário – dinheiro que a empresa obtém ao vender suas ações – é baixo, e as empresas emitem novas ações alegremente e as vendem a investidores em troca de capital para investimento. Foi exatamente o que aconteceu no boom da internet da década de 90 do século 20, quando empresas novas venderam ações ao público de forma irresponsável e por preços ridiculamente elevados.

Quando os preços das ações são baixos, por outro lado, o custo do capital é elevado. As empresas precisam transferir mais propriedade a pessoas de fora para obter financiamento, e o investimento diminui. Foi o que ocorreu na década de 80 do século 20, quando os preços das ações caíram a ponto de fazer que companhias emitissem títulos de alto risco a fim de obter empréstimos e recomprar ações do público.

Às vezes, como ocorreu no final da década de 90 do século 20, uma empresa pode obter capital a preço mais baixo por meio da venda de ações, em vez de recorrer a empréstimos ou emitir de títulos de dívida. Mas não importa sua origem, o capital sempre tem custo. Esse custo determina o volume de negócios realizado e a rapidez com que a riqueza cresce.

O RISCO DO CAPITAL

A simples relação de oferta e procura não conta toda a história: o risco de um empreendimento de negócios também desempenha um papel crucial na determinação do preço do capital. Um empréstimo a um credor confiável e com bom histórico tem juros muito mais baixos que um empréstimo a um devedor pouco confiável. Títulos do Tesouro dos Estados Unidos pagam juros muito mais baixos que, digamos, os da Trump Casinos. Durante períodos de inquietação interna ou ameaça militar externa, todos os títulos, incluindo os do governo, tornam-se mais arriscados, e os juros sobem. Como mencionado no capítulo 1, o gráfico da taxa de juros de um país pode ser interpretado como seu "termômetro", um indicador de sua saúde econômica, social e militar.

O risco pode ser concentrado ou diluído. Suponha que você esteja avaliando uma oportunidade de negócios cuja chance de sucesso seja de uma em cinco. A transação requer um empréstimo ou investimento de US$ 100 mil. Em caso de sucesso, você terminaria com US$ 1 milhão (ou seja, com lucro de US$ 900 mil). A perspectiva é tentadora, mas você percebe que existe uma chance de fracasso de 80%, o que lhe faria perder os US$ 100 mil. Como existe uma chance de 20% de lucro de US$ 900 mil e uma chance de 80% de perda de US$ 100 mil, a expectativa de retorno do investimento é de US$ 100 mil – ou seja, "em média" você dobraria seu capital.* Se desconsiderar, claro, o fato de que é impossível obter o retorno médio: você ganhará muito ou perderá tudo.

Mesmo com uma expectativa de retorno tão favorável, você poderia hesitar em aproveitar essa oportunidade. Se não pode gastar ou tomar emprestados US$ 100 mil, a dor de perder esse dinheiro ou de se tornar devedor da quantia pode ser maior que o prazer de um retorno de US$ 900 mil. Agora, imagine que vive na Europa pré-moderna, onde o não pagamento pode significar prisão por dívidas, ou na Grécia antiga, onde isso significaria ser vendido como escravo por seu credor.

É um risco muito alto e, antes da Idade Moderna, pouca gente se dispunha a corrê-lo. No século 19, os financistas ingleses se conscientizaram do entrave ao investimento que as leis severas sobre calotes causavam, e a Câmara dos Comuns criou uma lei de falências. O fato de que a prisão por dívidas havia se tornado uma ameaça menor resultou em uma explosão nas atividades de investimento.

Os empresários pré-modernos não eram os únicos sujeitos à ruína pessoal em caso de calote. Até recentemente, os acionistas de empresas corriam o mesmo risco. Obviamente, se a simples posse de ações de uma empresa o expõe à possibilidade de punição severa

> DISTRIBUIR O RISCO TORNA POSSÍVEL QUE MUITO MAIS INVESTIDORES SE DISPONHAM A APLICAR SEU CAPITAL.

---

* O cálculo é US$ 900.000,00 x 0,2 + (-) US$ 100.000,00 x 0,8 = US$ 100.000,00.

caso a empresa não cumpra todas as suas obrigações, você estará muito menos inclinado a oferecer capital à companhia por meio da aquisição de suas ações. A solução foi a moderna companhia de responsabilidade limitada, um avanço legislativo surgido no século 19, que protege os acionistas contra os credores de uma companhia. Esse desdobramento será explorado mais adiante neste capítulo.

Retornando a nosso exemplo, suponha que, em vez de arcar com todo o risco de perder US$ 100 mil, você pudesse consorciar o risco, ou seja, compartilhá-lo com muitos outros investidores. Se o consórcio tivesse mil cotas, cada uma teria risco de apenas US$ 1 mil em caso de fracasso e probabilidade de ganho de US$ 9 mil. Distribuir o risco torna possível que muito mais investidores se disponham a aplicar seu capital.

Considere, finalmente, que, como investidor individual, você pode diversificar seu risco fazendo diversas transações consorciadas diferentes. Suas chances de fracasso geral são muito menores, porque 90% desses investimentos teriam que fracassar para que você perdesse dinheiro. Quanto maior o número de empreendimentos, menor a chance de perder dinheiro. O Gráfico 4-2 mostra, nesse exemplo, como a probabilidade de sucesso, isto é, a possibilidade de obter lucros ou de recuperar o capital investido, cresce com o número de empreendimentos disponíveis.

Gráfico 4-2
Probabilidade de sucesso com diversificação crescente

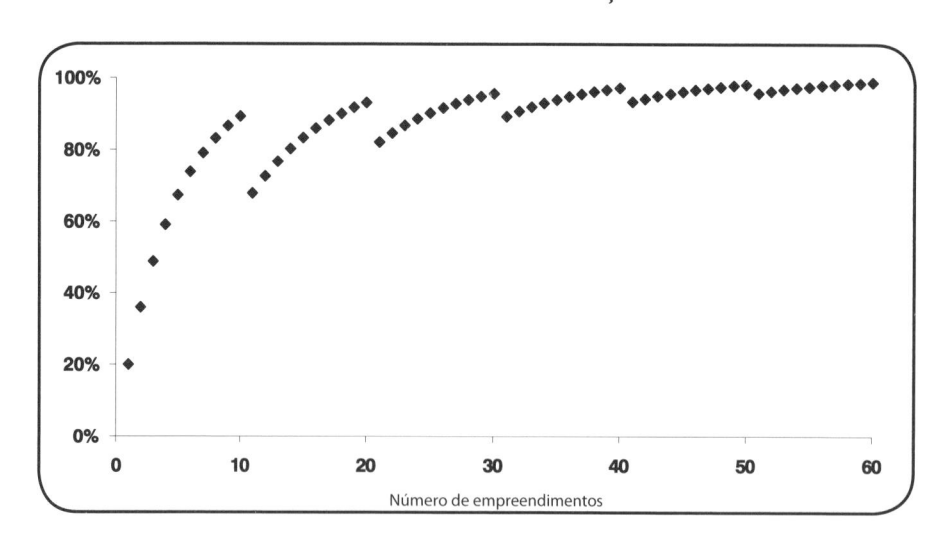

Ao investir em apenas quatro empreendimentos, sua chance de sucesso passa dos 50%. Caso invista em 18, ela é de 90%.*

Quando se pode adquirir cotas de diversos empreendimentos consorciados, as chances de sucesso são bem maiores e a probabilidade de que você ofereça capital aos negócios que dele necessitam crescerá. O advento da sociedade por ações, no século 18, foi uma resposta a essas duas necessidades: a de capitalização consorciada e a de diversificação de risco, o que eleva o capital de investimento disponível para novos negócios.

Informação e capital

Mesmo que o capital seja barato e abundante, os mercados ainda precisam aproximar aqueles que emprestam daqueles que desejam fazer empréstimos, da mesma forma que precisa conectar as companhias que vendem ações e títulos aos investidores dispostos a adquiri-los. Não se trata de uma tarefa trivial. O mercado de capitais se comporta como o de alimentos, carros usados ou diamantes, que estabelecem preços apropriados à medida que os compradores e vendedores negociam e trocam informações.

Os mercados realizam essas metas – aproximar compradores de vendedores e estabelecer preços – com graus variáveis de eficiência. Um mercado eficiente é aquele no qual os compradores e vendedores conduzem seus negócios de forma livre e aberta, com alto volume de transações a preços quase idênticos. Os postos de gasolina são um exemplo soberbo de mercado eficiente. Como o comprador médio vai de carro ao trabalho todo dia, tem uma ótima ideia de qual deveria ser o preço pago por litro de gasolina comum. Em um mercado ineficiente, as transações envolvem bens não idênticos, são realizadas com baixa frequência e conduzidas longe dos olhos do público – a venda de casas, por exemplo.

Na maior parte da Europa, antes do século 17, os mercados de capital eram extraordinariamente ineficientes, aproximavam compradores de vendedores apenas por informação transmitida de boca em boca ou por pura sorte – ainda que as duas partes, na maioria das vezes, vivessem na mesma

---

* A natureza curiosa desses percursos é específica do exemplo em questão – com dez empreendimentos, só seria necessário um sucesso para evitar a perda de dinheiro, mas com 11 seriam necessários dois, o que significa menor probabilidade.

cidade. Como consequência, tanto os usuários quanto os fornecedores de capital eram incapazes de averiguar com facilidade o verdadeiro custo do capital e, devido a essa incerteza, os dois lados relutavam em negociar. O resultado era que muito pouco capital fluía para novos negócios.

Pode-se dizer, e com justiça considerável, que na Europa medieval os mercados de praticamente todas as commodities, e não apenas o capital, eram muito mais que ineficientes – eles praticamente inexistiam. Hoje, o próprio preço de algo é aquele que tenha "passado pelo mercado", ou seja, induzido o maior número de compradores e vendedores a fazerem negócios. Antes de 1400 aproximadamente, não era o mercado que determinava o preço "correto". Em vez disso, prevalecia um sistema moral arbitrário. Os historiadores econômicos Nathan Rosenberg e L. E. Birdzell observaram que "a ideologia do sistema era exemplificada por expressões como 'preço justo' e 'salário justo'. Preços e salários representavam um julgamento moral de valor. Oferta e procura eram moralmente irrelevantes".

Rosenberg e Birdzell apontam, mais adiante, que apenas em épocas de fome, quando a oferta de alimentos caía vertiginosamente, os preços subiam. Isso servia principalmente para despertar a indignação do público quanto ao conceito que hoje definimos como "economia de livre mercado".

Os economistas sabem há muito que os mercados operam de maneira mais eficiente se podem unir o maior número possível de compradores com o de vendedores ao mesmo tempo e no mesmo local. As famosas feiras livres medievais, algumas das quais sobrevivem até hoje, tinham essa função. Você talvez tenha percebido que, em muitos países (e até mesmo em algumas cidades norte-americanas, como prova a sucessão de pequenas lojas de diamantes na rua 47 em Nova York), todas os açougues ou as joalherias tendem a se concentrar na mesma rua de uma cidade. Em um mundo sem telefones ou jornais, essa proximidade maximizava o fluxo de informação sobre preços, tanto para os compradores quanto para os vendedores, e elevava o nível geral de comércio. No século 17, os holandeses fizeram um uso espetacular dessa estratégia ao instalar em Amsterdã diversas bolsas financeiras a poucos quarteirões de distância umas das outras.

Infelizmente para os holandeses, proximidade geográfica não é tudo. Forçar compradores e vendedores a se deslocarem para diferentes ruas ou cidades para comprar e vender a infinidade de bens e itens financeiros comercializados em uma economia moderna é altamente ineficiente.

A invenção do telégrafo e a instalação dos cabos telegráficos submarinos transatlânticos, na metade do século 19, resolveram esse problema e transformaram totalmente os mercados de capitais. Os consumidores e os fornecedores de capital, bem como os de outros bens, não precisavam mais se encontrar pessoalmente ou residir no mesmo continente. Os participantes passaram a perceber cada vez mais os preços como justos, e os fluxos de capital subiram exponencialmente, com transações realizadas de modo quase instantâneo.

As raízes dos mercados de capital na Antiguidade

Mercados de capital são parte intrínseca do repertório humano desde o começo da História do Crescente Fértil, e possivelmente desde milênios antes disso. O Código de Hamurábi dispunha de regras para transações no mercado de capitais, estabelecendo, como vimos no capítulo 2, limites de juros de 20% para os empréstimos de prata e 33% para os empréstimos de grãos, que representavam os principais instrumentos de comércio. Assim, encontramos pela primeira vez o nexo entre risco e retorno. Empréstimos de grãos, cujo pagamento ficava em risco em caso de falha de safra, eram mais arriscados para quem os fizesse do que empréstimos de prata. O risco adicional tornava necessários juros mais altos.

Antes que os lídios da Ásia Menor inventassem as moedas estampadas no século 7 a.C., os antigos usavam bolinhas ou barras de prata para depósitos simbólicos em seus templos, que exerciam as funções de bancos centrais naquela época. O investidor moderno está acostumado a mercados de capitais que envolvem tanto dívidas – ou seja, empréstimos e títulos, que pagam o valor principal e mais juros fixos – quanto capital acionário, isto é, uma sociedade por cotas na qual o investidor recebe uma parcela do lucro de uma empresa. Essa espécie de arranjo – a sociedade por ações – surgiu inicialmente em Roma e na França medieval, mas só se generalizou quando os holandeses do século 17 a popularizaram. Na Antiguidade, uma simples parceria, na qual uma das partes oferecia capital ao operador de uma empresa em troca de uma parcela nos lucros, servia basicamente ao mesmo propósito.

Do começo da História registrada até muito recentemente, o financiamento por ações, de qualquer tipo, raramente foi utilizado. Dívida, e não capital acionário, era o método preferencial de financiamento. O problema com o capital acionário é simples de compreender – os economistas o definem como "assimetria de informações". A pessoa que dirige o negócio – o sócio operacional – pode facilmente ocultar lucros (e prejuízos) do investidor, que, por sua vez, encontra dificuldades e precisa arcar com custos elevados para monitorar o negócio e confirmar que não está sendo privado do quinhão que lhe é devido. Como demonstram escândalos recentes na contabilidade de grandes companhias, o mesmo problema, embora em escala muito maior, continua a ser uma grande preocupação para o investidor moderno.

O financiamento por dívida, ou seja, um simples empréstimo pago com juros e garantido pela pessoa e pelas posses do devedor, é muito menos complexo, muito mais direto e muito mais fácil de fiscalizar para um investidor. Quem oferece e quem aceita o empréstimo espera que pagamentos fixos sejam realizados em datas fixas. Os empréstimos hipotecários são especialmente atraentes, porque o credor pode confiscar a propriedade real do devedor em caso de inadimplência.

No mundo antigo, os custos de informação e fiscalização associados ao financiamento acionário eram absurdamente elevados. Por isso, a dívida – empréstimos e títulos – era usada de maneira muito mais comum que as ações para financiar as atividades empresariais antes do século 20.*

O Código de Hamurábi fez do financiamento por dívida o método preferencial para a obtenção de capital, ao menos do ponto de vista do investidor, porque permitia que o credor oferecesse sua terra, casas, escravos, concubinas e até seus filhos como caução. Mas a provisão de caução assim efetiva tinha suas desvantagens. A perspectiva de perder as coisas mais preciosas de que uma pessoa dispõe não encoraja ninguém a assumir riscos, e essa é a mola propulsora de uma economia vibrante.

A ASCENSÃO DO DINHEIRO

Dinheiro confiável se tornou comum na Idade Moderna, e é difícil compreender como o mundo funcionava antes que os lídios estampassem

---

* Há outras explicações para a preferência pré-moderna por dívida, em vez de por capital acionário. A incerteza quanto à expectativa de vida, na era pré-moderna, tornava desvantajoso o pagamento mais demorado oriundo do capital acionário; o mesmo acontece quanto ao risco mais elevado do investimento acionário.

as primeiras esferas de *electrum* (uma liga metálica de prata e ouro) para produzir moedas.

Imagine uma economia primitiva na qual apenas dez mercadorias diferentes são comercializadas. Na ausência de moeda, os comerciantes precisavam trocar essas mercadorias duas a duas – seis fardos de algodão em troca de uma vaca, dois fardos de grãos em troca de uma carga de lenha, por exemplo; isso forma um total possível de 45 pares diferentes, cada qual com seu preço.* Pior, uma pessoa que, por exemplo, desejasse comprar algodão precisava ter algo que o vendedor desse produto desejasse. O dinheiro em forma de moeda simplifica o processo de troca. Com a moeda, existem apenas dez preços, e o comprador não precisa mais se preocupar em equiparar aquilo de que precisa com aquilo de que o vendedor precisa. No nada emotivo vocabulário da economia, ouro e prata se tornam "meios de troca". É notável que a humanidade tenha funcionado por tanto tempo sem dinheiro.

Os seguros, outra técnica de administração de riscos, foram inventados pelos gregos na forma de "empréstimos de navegação" usados para financiar viagens comerciais. Esses empréstimos eram cancelados caso o navio naufragasse. Funcionavam como uma espécie de apólice de seguro integrada a um empréstimo. Devido ao seguro oferecido, eram uma forma cara de capital. Em tempos de paz, os juros eram de 22,5%; em tempos de guerra, de 30%. A estrutura peculiar desses empréstimos era ditada pela escassez de informação no mundo pré-moderno. Sem esse seguro, quem fizesse o empréstimo teria que se ressarcir do prejuízo, em caso de naufrágio, recorrendo aos demais bens do devedor. Isso, por sua vez, envolveria a impossível tarefa de avaliar a situação financeira de cada armador naval. Era mais simples incluir uma "sobretaxa de seguro" única como parte intrínseca do empréstimo de navegação.

> O DINHEIRO EM FORMA DE MOEDA SIMPLIFICA O PROCESSO DE TROCA.

Em estágio muito primitivo da história humana, portanto, já encontramos a moeda fundamental dos mercados de capital: a informação. Quando há informação facilmente disponível sobre a força financeira de

---

* A fórmula para o número de pares possíveis de N diferentes mercadorias é $N(N-1)/2$.

um devedor, a honestidade de um sócio, o rendimento de uma safra, as taxas de juros vigentes e diversas outras coisas, quem empresta se dispõe a fazê-lo, e quem toma empréstimos também. Se tudo funcionar como se espera, a economia prospera. No mundo pré-moderno, porém, a informação ou custava caro demais ou não estava disponível. Isso impunha financiamento por dívida com juros elevados, o que sufocava o crescimento econômico.

OS MERCADOS DE CAPITAL DE ROMA

Em Roma, nem tudo funcionava como se esperava. A relativa estabilidade social do império permitiu que os juros caíssem para perto de 4% no século 1. Infelizmente, a grande fonte de receita do império era o espólio de guerra. Depois que suas conquistas escassearam, no século 2, Roma passou a viver uma crise fiscal quase permanente. Os romanos, então, passaram a recorrer a impostos sobre a agricultura e terceirizaram o trabalho de coleta de impostos. Ironicamente, empresários romanos criaram as primeiras sociedades por ações conhecidas exatamente para esse fim, com ações negociadas no templo de Castor.

Alíquotas tributárias excessivas mantinham os agricultores romanos sob pressão permanente. Perdas nas safras e depressões econômicas que poderiam ter sido facilmente suportadas em épocas anteriores forçavam muitos a abandonar suas terras. Isso despovoou o campo e devastou a atividade agrícola, fonte primária de renda em todas as sociedades pré-modernas. A queda de Roma foi um processo essencialmente fiscal. As baixas taxas de juros da Pax Romana não bastavam para compensar os efeitos pouco saudáveis de uma economia baseada em conquista, e não comércio.

ITÁLIA RENASCENTISTA

As economias do início da Idade Média e seus mercados de capitais, agrilhoados pelas proibições eclesiásticas contra a usura, eram ainda menos eficientes que os de Roma. Os fluxos de capital praticamente cessaram, mas ainda assim houve alguns desdobramentos positivos. O avanço mais dramático desse período foram as feiras livres, que rapidamente se tornaram o ponto alto do calendário comercial de cada ano. Os governantes locais conferiam proteção a mercadores estrangeiros que participavam das feiras, o que representava considerável privilégio em uma época em que as regiões rurais viviam quase completamente fora do domínio da lei.

As feiras também resolveram um dos grandes problemas do comércio medieval: a escassez de moedas de ouro e prata, porque com elas evoluíram formas de compensação de transações. Cada mercador mantinha um registro de compras e vendas que posteriormente submetia a uma autoridade encarregada de computar como nulas aquelas transações que fossem equivalentes. Se, por exemplo, um mercador adquirisse bens no valor de 1,5 mil florins e vendesse bens no valor de 1,4 mil florins, suas transações eram liquidadas pelo pagamento da diferença em valor de cem florins.

O crédito lubrifica as engrenagens do comércio. Onde ele não existe, as engrenagens mal se movem; onde é abundante, elas funcionam livremente. O mecanismo de compensação das feiras comerciais criou uma forma de crédito que estimulava o comércio. Posteriormente, os europeus transformariam os mecanismos de crédito dessas primeiras feiras comerciais em ferramentas financeiras muito mais poderosas.

Gradualmente, com a retomada da atividade comercial na Europa, a Igreja começou a abrir exceções quanto à sua proibição do pagamento de juros. Se o dinheiro emprestado pudesse ser usado de forma lucrativa, a lei da Igreja permitia pagamento de juros sobre os empréstimos. Se a pessoa que fazia o empréstimo, por exemplo, tivesse precisado vender propriedades para isso, estava autorizada a cobrar juros, porque a terra vendida teria propiciado rendimento a ela. Empréstimos compulsórios decretados pelo Estado também estavam autorizados a receber juros. À medida que se difundia a prática desses empréstimos a governos, a Igreja enfrentava dificuldade cada vez mais séria para manter sua proibição quanto à usura.

No século 5, com a invasão e a devastação causada por tribos germânicas na península itálica, um número cada vez maior de refugiados começou a encontrar abrigo em um pequeno grupo de ilhas ocultas nas lagunas desertas que delimitam o Mar Adriático a noroeste. Átila, o líder huno que, em 452, conquistou a antiga fortaleza romana de Aquileia, na costa noroeste do Adriático, transformou em torrente esse pequeno fluxo de fugitivos. No caos do século que se seguiu à queda de Roma, o controle da área ora pertencia aos godos e ora ao Império Romano do Oriente, governado de Constantinopla.

As comunidades da laguna, que precisaram se organizar sem ajuda em meio aos caos que as cercava, tornaram-se ferozmente independentes. Inicialmente, o maior dos assentamentos ficava em Grado, logo ao sul de Aquileia, onde os refugiados criaram uma rede de comunidades frouxamente unificadas. Gradualmente, a liderança foi se transferindo para o sudoeste, para as ilhas Rialto, nas quais a cidade de Veneza foi fundada. Inicialmente controlada por Constantinopla, Veneza se rebelou em 726, depois que o imperador bizantino Léo III ordenou a destruição de todos os ícones e imagens religiosas. A jovem cidade escolheu um homem chamado Orso para liderá-la, e ele foi coroado *dux*. O título mais tarde foi mudado para "doge", e Orso foi o primeiro em uma linha ininterrupta de 117 governantes de uma cidade-estado que se tornou a mais prolífica fonte de inovações financeiras da Europa e, em muitas ocasiões, seu mais forte baluarte de resistência ideológica à Igreja.

Empréstimos ao Estado para bancar as guerras quase constantes que caracterizaram a turbulenta história de Veneza eram um elemento importante de seus mercados de capital. Por volta do século 13, a república estava levantando grandes somas ao exigir empréstimos de seus mais prósperos cidadãos. Os empréstimos, conhecidos como *prestiti*, não tinham vencimento estipulado e cobravam pagamento permanente de juros. Os *prestiti* podiam ser vendidos por seus detentores (usualmente a preço muito inferior ao do valor originalmente pago ao Tesouro veneziano) nos mercados de capitais venezianos e estrangeiros. Os registros dessas vendas abarcaram três séculos e ofereceram aos historiadores econômicos um retrato quase perfeito das taxas de juros em um dos mais importantes mercados de capital europeus.

Veneza rapidamente se tornou uma potência militar e um gigante do comércio e da navegação que dominaria o leste do Mediterrâneo por cinco séculos. Com o tempo, outras cidades italianas, como Florença, Milão, Pisa e Gênova, seguiriam seu exemplo. Todas herdaram o falho sistema romano de lei comercial, que desencorajava os empreendimentos comerciais em larga escala. A lei romana dispunha que todos os sócios de uma companhia, ou *societas*, respondessem pessoalmente por seus passivos. E, como a falência poderia resultar no confisco da propriedade de um sócio e, em casos extremos, em sua escravização e na de sua família, as companhias em geral estavam restritas a ter membros de famílias como sócios; os laços de parentesco funcionavam como uma medida de confiança.

Mas, mesmo quando o comércio estava restrito a membros confiáveis de uma família, as penalidades extremas em caso de fracasso desencorajavam o risco, ainda que prudente, e isso representava a base de todo o comércio e progresso econômico. Não foi por acidente, portanto, que as primeiras grandes empreitadas comerciais tenham surgido em forma de bancos mercantis dirigidos por famílias, cuja representante mais conhecida foram os Médici, de Florença. A estrutura familiar tornava menos provável que as atividades de uma pessoa mal-intencionada que agisse sozinha arruinassem o negócio. Além disso, os bancos eram uma forma de atividade propiciada pela disponibilidade de capital fácil oferecido por depositantes.

A LETRA DE CÂMBIO

No começo do século 16, as letras de câmbio se tornaram peças fundamentais no comércio europeu. Elas eram basicamente promissórias que um devedor, em determinado local, oferecia a um credor de outro local, usualmente de outro país. Ainda que sua origem seja desconhecida, no começo da história registrada já havia letras de câmbio em uso comum no Crescente Fértil. Os mercadores babilônios, que usavam prata e cevada como moeda, adquiriam letras registradas na moeda da Assíria – chumbo –, antes de partirem em viagens de negócios para lá.

Os gregos também utilizavam bastante as letras de câmbio, mas foram os grandes bancos italianos do Renascimento que as fizeram florescer plenamente. A fim de compreender como uma letra de câmbio funcionava, comecemos com o exemplo de um comerciante de seda florentino que quisesse pagar por um embarque de material no valor de 500 ducados que acabava de chegar ao armazém de um importador em Veneza.

Por não ter 500 ducados à mão de imediato, o florentino precisaria tomar dinheiro emprestado e, por isso, escreveria uma letra – na prática, um vale – para o importador veneziano.

Mas por que o importador veneziano se disporia a aceitar um vale de um florentino desconhecido? Por volta de 1500, mercadores de Antuérpia introduziram uma deslumbrante inovação no conceito: tornaram essas letras negociáveis. Ou seja, elas passaram a ser transferíveis a outra pessoa que não o credor original. Esse avanço logo conquistou popularidade na Itália. A letra de câmbio negociável escrita pelo mercador florentino passava a valer como dinheiro vivo nas mãos do atacadista veneziano.

O importador veneziano, na verdade um atacadista, poderia então levar a letra a um banco local e trocá-la por dinheiro. É claro que não receberia integralmente os 500 ducados – o banco lhe pagaria um pouco menos. Determinar quanto menos dependia de três coisas: o histórico de crédito do mercador florentino de seda, a data de vencimento da letra e a localização da transação. Quanto mais próximo fosse o vencimento e o local de resgate, maior valor a letra apresentava.

Ao liquidar a transação com o importador, o banco veneziano estava "descontando" a letra, no jargão financeiro. Nosso exemplo representa um caso relativamente simples. O mais frequente era que uma letra de câmbio envolvesse duas moedas diferentes e prazos de vencimento de pelo menos alguns meses. Nesses casos, a letra teria que envolver a taxa de câmbio entre as duas moedas e o componente de juros que levava em conta o período transcorrido entre a emissão e o pagamento final.[15] No século 17, uma das rotas comerciais mais movimentadas do mundo ligava Amsterdã a Londres. O gráfico 4-3 ilustra como o fluxo de letras de câmbio se correlacionava com o fluxo de produtos, dívida e dinheiro entre as duas cidades.

A ASCENSÃO DAS FINANÇAS HOLANDESAS

No final do século 15, os fluxos de capital foram aos poucos se deslocando para o norte, primeiro para as cidades da Liga Hanseática – a área em torno de Bremen e Hamburgo, na Alemanha. Lá, a família Fugger fez imensa fortuna com a mineração e, ainda mais, com empréstimos.

Gráfico 4-3

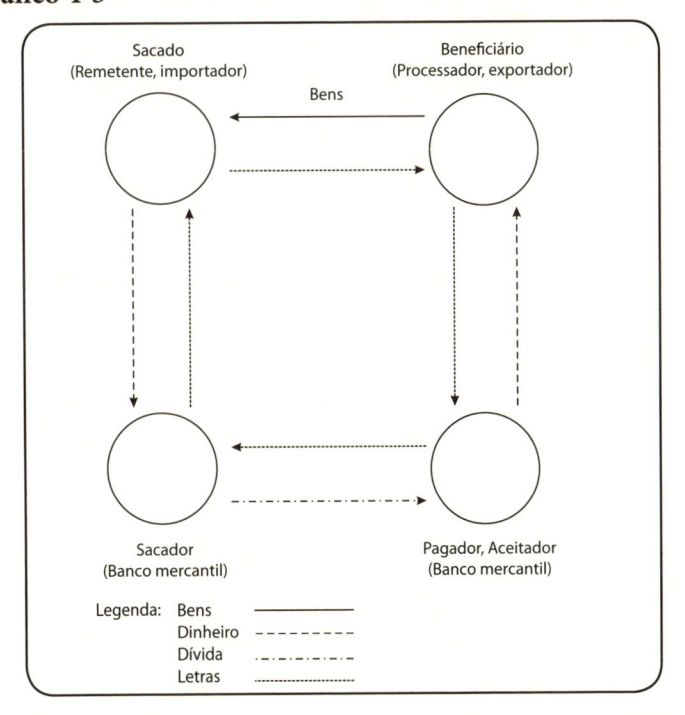

```
Sacado                    Bens              Beneficiário
(Remetente, importador) ←————————         (Processador, exportador)
         ○                                         ○
         ↕                                         ↕
         ○                                         ○
    Sacador                                  Pagador, Aceitador
 (Banco mercantil)                           (Banco mercantil)

Legenda:  Bens      ───────
          Dinheiro  ─ ─ ─ ─
          Dívida    ─·─·─·─
          Letras    ·········
```

Fonte: NEAL, Larry. The Rise of Financial Capitalism, 6 (com permissão do professor Neal e da Cambridge University Press).

Eles financiaram inúmeras guerras e expedições ultramarinas, especialmente a viagem de Fernão de Magalhães ao redor do mundo. A lista de soberanos que não deviam dinheiro aos Fugger nos séculos 15 e 16 era bem curta. O Vaticano era um dos Estados mais agressivos da Europa no plano militar. E os Fugger naturalmente se tornaram seus maiores credores. Com isso, a Igreja já não podia manter sua proibição à usura e, em 1517, o Quinto Concílio Laterano aboliu a maior parte das restrições aos empréstimos com juros.

Nos séculos 15 e 16, o centro financeiro da Europa se transferiu gradualmente das cidades hanseáticas para a Antuérpia. Quando tropas espanholas saquearam a Antuérpia, em 1576, Amsterdã, o centro da nova confederação holandesa, assumiu o papel principal nas finanças. O mais voraz consumidor de capital da Holanda eram as forças armadas do país, que nos séculos 16 e 17 combateram a Espanha em uma brutal guerra de independência.

A genialidade singular das finanças holandesas estava em admitir todo mundo no mercado. Qualquer pessoa que tivesse alguns florins guardados comprava títulos do governo de forma tão fácil quanto um investidor moderno aplica sua poupança no mercado monetário ou em um fundo mútuo de ações. As províncias e cidades holandesas emitiam três tipos de títulos. Os *obligatien* – notas de curto prazo – eram títulos ao portador que os detentores poderiam vender prontamente a qualquer banco ou corretor. Os *losrenten* eram títulos com rendimento perpétuo semelhantes aos *prestiti* venezianos. Ao contrário do que acontecia com os títulos ao portador, o detentor desses títulos precisava ter seu nome registrado pelas autoridades e seus títulos eram transmissíveis a seus herdeiros em caso de morte. Por fim, havia os *lijfrenten*, semelhantes aos *losrenten*, mas com pagamentos que cessavam quando o titular morria.

Os holandeses não encaram com leviandade o termo "perpétuo". Em 1624, uma mulher chamada Elsken Jorisdochter investiu 1,2 mil florins em um título com juros de 6,25%, cuja arrecadação seria destinada à manutenção de diques. Ela legou o título, que era isento de impostos como os títulos municipais modernos, a seus descendentes. Cerca de um século mais tarde, com a queda generalizada das taxas de juros, o governo holandês negociou uma redução da taxa para 2,5%. O título chegou às mãos da Bolsa de Valores de Nova York em 1938 e, em 1957, a entidade ainda o apresentava em Utrecht, solicitando o pagamento dos juros

Os *lijfrenten* requeriam rendimento mais alto – inicialmente, 16,67% – porque os juros pagos cessavam com a morte do detentor. A diferença entre os 16,67% da taxa paga pelos *lijfrenten* e os 8,33% dos *losrenten* é uma indicação expressiva quanto à expectativa de vida europeia no período. Ainda que os mercados financeiros holandeses fossem avançados, não eram sofisticados o bastante para variar os juros sobre os *lijfrenten* de acordo com a idade do comprador. Em 1609, as taxas haviam caído para 12,5% e 6,25%, respectivamente. O fim das hostilidades com a Espanha, em 1647, e o reconhecimento espanhol da independência holandesa, um ano mais tarde, tiveram efeito salutar sobre os juros. Não apenas a sobrevivência da república estava assegurada como a demanda nacional por capital caiu severamente. Em 1655, o governo conseguia captar recursos, pagando 4% de juros, o que não se via na Europa desde o Império Romano. O último dos grandes avanços financeiros holandeses ocorreu em 1671, quando Johan de Witt, que era tanto o Grande Pensionário (magistrado-chefe) da república quanto um excelente matemático, aplicou às finanças as novas teorias de Pascal sobre as probabilidades. De Witt chegou a uma fórmula que usava a idade do comprador para determinar os juros pagos sobre os *lijfrenten*. A ascensão dele ao poder ilustra que os holandeses estavam cientes da necessidade de promover as pessoas mais brilhantes aos postos de governo mais altos.*

As baixas taxas de juros energizaram o comércio holandês, já vigoroso, e com ele o do norte da Europa. Relatos contemporâneos sugerem que cidadãos holandeses de boa reputação obtinham empréstimos a juros tão baixos quanto os pagos pelos governos provinciais e municipais. As tecnologias mais avançadas da época – projetos de drenagem e de recuperação de terra, construção de canais, mineração de turfa e construção naval – beneficiavam-se amplamente do capital barato. E o mesmo pode ser dito sobre os cidadãos comuns que desejavam comprar casas, imóveis e fazendas. O mais importante era que a disponibilidade de crédito fácil a juros baixos significava que os comerciantes podiam manter grandes estoques de bens. Amsterdã e outras cidades comerciais holandesas se tornaram lugares da Europa onde era possível comprar qualquer coisa, a qualquer momento.

> A DISPONIBILIDADE DE CRÉDITO FÁCIL A JUROS BAIXOS SIGNIFICAVA QUE OS COMERCIANTES PODIAM MANTER GRANDES ESTOQUES DE BENS.

A eficiência dos holandeses na condução de transações monetárias fez de Amsterdã o centro financeiro da Europa. Em 1613, o jornal Prijs Courant – que era o equivalente ao Wall Street Journal no século 17 – publicava taxas de câmbio duas vezes por semana. Em 1700, o periódico divulgava regularmente cotações de 10 moedas e ocasionalmente dava informações sobre outras 15. Por exemplo, quando a Inglaterra financiou a participação de alguns Estados alemães na Guerra dos Sete Anos (1756-1763), as letras de crédito usadas para isso foram compensadas em Amsterdã. Do lado oposto do Mar do Norte, o inglês John Castaing começou a publicar o Course

---

* Infelizmente, a ascensão de De Witt ao poder não teve um final feliz. Em represália por suas supostas falhas durante a invasão francesa da Holanda, em 1672, ele foi linchado, e seu corpo foi mutilado por uma multidão furiosa. Ver Poitras, p. 190.

of the Exchange, em 1697, listando, duas vezes por semana, os preços das diferentes ações, letras e títulos do governo, bem como as taxas de câmbio.

O Prijs Courant e o jornal de Castaing ofereciam o mais efetivo dos lubrificantes financeiros: informação. Sem esse ingrediente vital, os investidores não oferecem capital, e o capitalismo para. Nunca antes havia surgido uma concentração de serviços financeiros como a vista em Amsterdã. A poucos quarteirões da sede do governo da cidade, ficavam o Wisselbank, a Beurs (bolsa de valores) e a Korenbeurs (bolsa de mercadorias), além dos escritórios de todas as grandes seguradoras, corretoras e tradings. No mundo lento de antes da invenção do telégrafo, a proximidade física entre as instituições financeiras holandesas oferecia uma vantagem quase insuperável diante da concorrência estrangeira.* Mesmo na Idade Moderna, esse domínio geográfico começa a se perpetuar autonomamente, de certo modo, porque mais e mais especialistas de determinado campo gravitam para o mesmo local. Vai demorar muito para que Hollywood, o Vale do Silício e Manhattan percam sua posição de destaque nos setores de cinema, eletrônica e finanças modernos.

Não foi por acaso, portanto, que diversas inovações financeiras surgiram na Holanda do século 17 e 18, entre as quais os seguros de navegação, as pensões e anuidades para aposentadoria, futuros e opções, a cotação transnacional de ações e os fundos mútuos. O mais importante avanço foi o surgimento dos modernos bancos de investimento. Pela primeira vez na História, o risco dos empréstimos podia ser consorciado entre milhares de investidores, que podiam reduzir seus riscos individuais ao diversificar ativos recorrendo aos muitos títulos diferentes vendidos pelos bancos de investimento. O risco reduzido do investimento conduziu a uma maior disposição para investir, o que, por sua vez, causou queda ainda maior nos juros.

O apetite dos holandeses por investimentos estrangeiros era voraz. O historiador econômico Jan de Vries estima que os investimentos estrangeiros na Holanda em 1800 eram de aproximadamente 1,5 bilhão

---

* Tanto em Londres quanto em Amsterdã, os cafés localizados perto dos cais serviam como bolsas de valores informais e permitiam que os corretores, estimulados pela cafeína, agissem com relação às informações assim que as recebiam. Para um relato semificcional muito divertido quanto à interação entre o café e os mercados de capital, ver o delicioso The Coffee Trader (Nova York: Random House, 2003), de David Liss.

de florins, o dobro do Produto Interno Bruto (PIB) anual do país. Como comparação, o atual investimento internacional dos Estados Unidos é inferior à metade do PIB do país. Em cada época, o capital flui de nações com economias maduras e riqueza excedente para outras que precisam dele para se desenvolver. Quando a Inglaterra deixou de ser um país isolado e se transformou em uma potência mundial, no século 17, o grande rio do capital passou a fluir de Amsterdã para Londres. No século 19, a economia inglesa altamente desenvolvida forneceu capital para o desenvolvimento dos Estados Unidos, que, por sua vez, se tornaram a principal fonte de capital para as nações em desenvolvimento no século 20. E assim o processo segue.

A QUEDA DAS FINANÇAS HOLANDESAS

A experiência do setor financeiro holandês depois de 1770 não teve nada de agradável. Os motivos para o declínio do domínio financeiro da Holanda, depois dessa data, são complexos, mas dois deles se destacam. Para começar, Amsterdã jamais teve um banco central vigoroso ou órgãos regulatórios encarregados de proteger o público investidor, ao contrário do que viria a acontecer na Grã-Bretanha e nos Estados Unidos. E segundo, e mais nefasto, os holandeses foram sobrepujados pelo colosso financeiro e militar surgido na costa oposta do Mar do Norte – um gigante que ajudaram a criar com seu capital.

Os holandeses infelizmente serviram como vanguarda de outra tendência das finanças modernas: a exploração de investidores pelos bancos de investimento. Os títulos nacionais de guerra do final do século 18, muitos dos quais não seriam pagos independente de quem saísse vitorioso do conflito, ofereciam rendimento um pouco mais alto que os papéis nacionais seguros com seus juros de 4% – o que era lucrativo para os bancos que subscreviam as emissões, mas péssimo para os pequenos investidores crédulos, devido ao risco de inadimplência que a guerra causava. Os esforços de banqueiros de investimento inescrupulosos para vender ações de companhias de internet supervalorizadas a um público crédulo, no final dos anos 90 do século 20, não teriam surpreendido o investidor holandês médio de 1800.

A DÍVIDA NA INGLATERRA E NA AMÉRICA

Embora o século 17 tenha feito da Holanda o colosso do comércio e das finanças mundiais, ele foi menos gentil com a Inglaterra. Na primeira metade do século, o Parlamento e os tribunais travaram disputas com os reis Stuart – James I e Carlos I. Esses conflitos culminaram na derrota do exército do rei em Naseby, diante das forças parlamentares, em 1645, na decapitação de Carlos I, em 1649, e também devastaram a economia inglesa.

Mesmo antes que os conflitos fossem interrompidos, as finanças estatais britânicas estavam abaladas. Por incrível que possa parecer ao leitor moderno, a Coroa Inglesa, como quase todas as demais monarquias europeias, não tinha fonte confiável de financiamento. Como vimos, uma fonte primária de receita para a Coroa era a venda de monopólios e a venda ou arrendamento de terras do Estado e tarifas sobre as exportações – ações que serviam para sufocar o espírito empreendedor e o comércio externo. Os monarcas ingleses, como os das demais nações, tomavam empréstimos para bancar suas dispendiosas aventuras militares. Calotes nos pagamentos desses empréstimos eram comuns e, como é muito difícil executar uma ação de confisco contra um rei, os juros sobre esses empréstimos se mantinham altos. Depois da restauração da monarquia Stuart, na década de 60 do século 17, a dívida inglesa cresceu tanto que mantê-la em dia foi se tornando cada vez mais difícil. Isso resultou no mais terrível calote da história do país, em 1672, com o qual o rei Carlos II provocou a falência da maioria dos bancos que lhe vinham concedendo crédito.

A Revolução Gloriosa de 1688 pôs fim a quase um século de inquietação civil e os ingleses "convidaram" o stadholder holandês Willem III para assumir o trono britânico, como William de Orange. O posto de stadholder era uma instituição holandesa muito peculiar – ele servia como líder eletivo, mas ocasionalmente hereditário do país. Willem/William não foi sozinho para a Inglaterra. Sentindo que os dias de Amsterdã como capital financeira do planeta estavam contados, a elite financeira da Holanda, na qual se incluíam as famílias Barings e Hope, seguiu-o para o outro lado do Mar do Norte. Os judeus portugueses de Amsterdã, expulsos de Portugal e da Espanha para a Holanda pela Inquisição, também se transferiram em massa para Londres. Abraham Ricardo, pai do economista David Ricardo, talvez seja o mais conhecido entre os imigrantes judeus portugueses.

As ideias holandesas também fizeram essa viagem. Os ingleses copiaram entusiasticamente as "finanças holandesas" e, poucas décadas depois do final da devastadora guerra civil do século 17, seus mercados de capitais já haviam eclipsado os da Holanda. Naturalmente, surgiram atritos entre os financistas ingleses estabelecidos e os novatos. O escritor Daniel Defoe se queixou, em versos:

> Culpamos o rei por depender demais
> De forasteiros, alemães e holandeses
> E de raramente tratar dos assuntos nacionais
> Com os seus conselheiros ingleses

Depois da Revolução Gloriosa, a situação financeira da Inglaterra logo melhorou. Primeiro, a antiga dependência do rei de empréstimos de curto prazo foi substituída por títulos de longo prazo ao estilo holandês, cujo principal diferencial eram juros garantidos por impostos estabelecidos. Além disso, o Tesouro Inglês começou a cooperar com a comunidade bancária, experimentando diferentes formas de dívida para determinar quais delas o público investidor preferia. A supremacia parlamentar restaurou a confiança. Empresários de sucesso se tornaram membros do Parlamento; e é improvável que parlamentares que fossem sofrer perdas com gastos excessivos do governo permitissem que isso acontecesse. Por fim, em 1749, Henry Pelham, o chanceler do Erário [secretário das Finanças], consolidou os confusos títulos de dívida então existentes na forma de uma série única de títulos, os famosos *consols*, que, como os *prestiti* venezianos e os *losrenten* holandeses, não tinham vencimento determinado e pagavam juros perpétuos. Os *consols* continuam a ser negociados em Londres até hoje.

Ainda que a captação pelo Estado possa, à primeira vista, parecer irrelevante para os empréstimos comerciais, um mercado saudável para os títulos públicos, na verdade, é essencial para financiar negócios. Os motivos são dois:

- a situação de crédito do governo é amplamente conhecida e o volume de dívida negociado é muito alto. Essa forma de dívida oferece a formação de preço mais fácil, e o mecanismo para determinar preços e vender capital comercial é o mesmo usado para papéis do governo.

Um mercado bem-sucedido de títulos de dívida pública precisa existir antes que o mercado de títulos privados possa funcionar. Na economia em desenvolvimento da era pré-moderna, os títulos de dívida do governo serviam de muleta ao suprimento de capital para empresários;

- os títulos de dúvida pública oferecem um referencial importante, o de um investimento com "risco zero". Títulos públicos, ativamente negociados, oferecem aos empresários e homens de negócios um indicador permanente sobre o índice de retorno requerido por empreitadas completamente seguras. Isso estabelece um referencial ao qual pode ser acrescentado um "ágio por risco", ou seja, juros adicionais requeridos em função do risco de um empréstimo. Por exemplo, quando Pelham consolidou os instrumentos de dívida, o rendimento dos *consols* foi estipulado em 3%. Isso representava o menor juro possível para o mais confiável dos devedores após 1688, a Coroa Inglesa. Assim, um empreendimento comercial moderadamente arriscado poderia exigir juros de 6%, e um empreendimento especulativo de mais de 10%. A presença de uma taxa de juros facilmente observável para empréstimos de risco zero (a paga pelos títulos do governo) torna mais fácil definir os preços dos empréstimos para os empresários.

A importância de estabelecer, antes de mais nada, um mercado saudável de títulos do governo foi vividamente demonstrada nos Estados Unidos durante os anos da guerra civil. Em 1862, ao fracassar na promoção da concessão de um empréstimo de guerra no valor de US$ 500 milhões, Salmon P. Chase, o secretário do Tesouro do presidente Abraham Lincoln, pediu ajuda ao financista Jay Cooke. O banqueiro de investimentos da Filadélfia, muito conhecido, usou o telégrafo para comandar um exército de 2,5 mil corretores que venderam os títulos diretamente ao público. Cooke colocou um montante ainda maior de títulos no mercado em 1865 e, começando em 1870, usou a mesma técnica para financiar a Pennsylvania Railroad. Seu método envolvia dividir a tarefa entre dois grupos: o primeiro era o de subscritores, que adquiriam títulos de dívida de uma empresa com desconto, correndo o risco de ficar com grande montante de títulos não vendáveis caso a emissão fracassasse; o segundo, mais numeroso, era formado por corretores que vendiam os títulos diretamente ao público. Dessa forma, foi possível atender à vasta necessidade de capital da nova nação.

A ASCENSÃO DA SOCIEDADE POR AÇÕES

De todos os mecanismos financeiros exportados da Holanda para Londres no século 17, a sociedade por ações teve o maior impacto sobre o desenvolvimento econômico subsequente, em longo prazo. A imensa influência de empresas multinacionais de capital aberto define nossa forma de vida moderna. De fato, uma característica que distingue a vida em um país desenvolvido da vida nos países subdesenvolvidos é o volume de interação diária entre os cidadãos e essas grandes companhias. Deixando de lado as poderosas emoções políticas que grandes empresas multinacionais evocam, é indiscutível que as economias dominadas por elas são mais estáveis e prósperas que as demais. (Mais adiante, trataremos de determinar se as pessoas vivem mais ou menos felizes no moderno Estado empresarial.)

> A IMENSA INFLUÊNCIA DE EMPRESAS MULTINACIONAIS DE CAPITAL ABERTO DEFINE NOSSA FORMA DE VIDA MODERNA.

Por que essas imensas organizações estão tão presentes no comércio moderno? Os motivos estão relacionados com as transações consorciadas e com a diversificação de risco mencionadas anteriormente neste capítulo. Dividir o risco dos negócios em milhares de pequenas porções faz com que os investidores fiquem mais dispostos a arcar com ele; reduzir o valor da cota individual amplia o espectro de possíveis investidores. Além disso, poder comprar ações de diversas empresas diferentes diminui o nível de risco dos investidores individuais, tornando-os ainda mais propensos a oferecer capital.

Além disso, a companhia de capital aberto moderna é uma sociedade de responsabilidade limitada, ou seja, o acionista não é considerado pessoalmente responsável pelas obrigações da empresa, ele só pode perder o que investiu, e os credores da companhia não podem tentar confiscar suas propriedades pessoais. Em um mundo sem esse mecanismo de responsabilidade limitada, no qual todos os sócios e acionistas ordinários respondessem plenamente pelas ações uns dos outros e onde a quebra de uma empresa pudesse resultar em prisão ou mesmo em escravidão, as grandes e impessoais companhias modernas seriam impossíveis. Nessa situação, a única estrutura viável para empresas, mesmo que de tamanho modesto, é o ambiente de confiança de uma unidade familiar.

Mas, fora o aspecto da confiança, uma família não se enquadra bem, em longo prazo, ao desenvolvimento de negócios muito grandes. O sucesso no comércio requer liderança, inteligência e visão. É difícil encontrar, na população geral, executivos que tenham as três coisoraas; garantir um suprimento firme desse tipo de talento ao longo de gerações e em uma mesma família é virtualmente impossível.

A capacidade de gerir qualquer empresa grande é uma competência procurada, mas a ascensão das fábricas, nos séculos 18 e 19, passou a requerer mercadoria ainda mais rara: a capacidade de moldar uma força de trabalho de centenas ou milhares de empregados – cada qual executando uma tarefa altamente especializada – em um organismo com funcionamento eficiente. Antes do advento da fábrica, essa capacidade só era encontrada nos mais competentes líderes militares. O desafio de identificar um grande número de pessoas com esses talentos e encaminhá-las aos escalões médios de uma companhia gigantesca seria intransponível se todas essas pessoas precisassem vir da mesma família. E o motivo para isso é que o sucesso financeiro tende a reduzir a ambição e a frugalidade nas gerações sucessivas de uma família – "dos trapos à seda e de volta aos trapos", como se costuma dizer.

A responsabilidade limitada é um requisito quase absoluto para que haja participação saudável do público no capital de uma companhia. Sem ela, o público não oferecerá capital às companhias em crescimento. A "Lei da Bolha" britânica de 1720 estipulava que qualquer empresa sem autorização parlamentar não poderia ter mais de seis sócios, todos "responsáveis até seu último tostão e acre" pelas obrigações de toda a empresa. Companhias grandes e vigorosas não prosperam nesse tipo de ambiente.

A sociedade por ações e de responsabilidade limitada não deixa de ter seus defeitos. Os interesses dos executivos da empresa, que detêm poucas ações ou nenhuma, podem ser muito diferentes dos interesses dos acionistas, que só querem ver a alta nos preços de suas ações e dividendos. Os economistas modernos definem essa ineficiência como "custo de agência". Em sua forma mais extrema, os executivos podem saquear uma companhia de maneira descarada, como aconteceu no começo dos dez primeiros anos do século 21 com a WorldCom, a Enron e a Adelphia. De modo mais sutil, os executivos podem exagerar em despesas ou investir o capital de suas companhias mais com o intuito de construir um império pessoal do que de maximizar os lucros. A fusão entre a Time Warner e a America Online serve como grande exemplo desse fenômeno. Em resposta a atos tão flagrantes de mau comportamento empresarial, os acionistas teoricamente podem limitar os custos de agência votando pela derrubada dos executivos incompetentes ou interesseiros. No entanto, isso não acontece com a frequência ideal.

Assim, a moderna sociedade por ações e de responsabilidade limitada faz mais que reduzir drasticamente o risco de investimento, por meio do mecanismo detalhado acima. Além disso, excluídas as considerações mencionadas no parágrafo anterior, isso também cria produtividade mais elevada ao selecionar lideranças mais novas, mais enxutas e mais ávidas por avanço, em vez dos herdeiros, muitas vezes, mimados e indolentes, das famílias fundadoras, que podem ter ações, mas que não detêm um controle substancial.

Esse sistema não surgiu completo depois da Revolução Gloriosa de 1688. Ao contrário da ortodoxia defendida pelos modernos aiatolás do fundamentalismo de mercado, uma cultura vigorosa de investimento em ações requer fortes instituições governamentais que garantam que os acionistas não saiam prejudicados pela "assimetria de informação" – ou seja, que não sejam passados para trás pelos executivos das empresas. Os escândalos contábeis dos últimos dez anos demonstram que, mesmo depois de quatro séculos de operações ativas de sociedades por ações, ainda estamos longe da perfeição. Tanto os acionistas quanto os governos devem controlar vigorosamente as empresas.

As origens da sociedade por ações não são conhecidas com clareza. Companhias romanas organizadas para coletar impostos e fornecer provisões ao império negociavam ações de modo intermitente. Por volta de 1150, um moinho existente há 300 anos em Bazacle, no sul da França, também estava sob o controle de uma sociedade por ações. Há registros quase contínuos sobre o preço das ações da companhia que o operava a partir de 1400. As ações foram negociadas na Bolsa de Paris até 1946, quando o governo francês, desprovido tanto de apreço pelos mercados de capital quanto de senso histórico, estatizou o moinho.

As primeiras sociedades por ações eram empreendimentos tímidos, protegidos pelo poder de monopólio. A Coroa Inglesa estabeleceu um dos exemplos iniciais, a Staple of London, em 1248, a fim de controlar o comércio nacional de lã. Em 1357, Eduardo III concedeu à Staple, em troca do financiamento da companhia de suas aventuras militares na França, o direito de recolher tarifas de exportação de outros produtores de lã. Em seguida, a Staple concedeu novos empréstimos ao rei. As operações da empresa tinham como base a cidade de Calais, e a troca de empréstimos com o rei por direitos de monopólio continuou por dois séculos – até que Calais caísse diante dos franceses em 1558.

> AS PRIMEIRAS SOCIEDADES POR AÇÕES MODERNAS FORAM AS COMPANHIAS HOLANDESA E INGLESA DAS ÍNDIAS ORIENTAIS.

Talvez seja possível afirmar que as primeiras sociedades por ações modernas foram as companhias holandesa e inglesa das Índias Orientais. Em 1609, a companhia holandesa, conhecida como VOC, Vereenigde ost-Indische Compagnie, nos Países Baixos e entre os historiadores econômicos, foi a primeira a levantar grandes montantes de capital por meio da emissão de ações que pagavam dividendos. No começo do século 18, estudiosos estimaram o valor da companhia em cerca de 6,5 milhões de florins, dividido em pouco mais de duas mil ações, cada qual avaliada em mais de três mil florins.*
O retorno para os acionistas era prodigioso – por mais de um século, as ações pagaram dividendos superiores a 22% ao ano. A recompensa desproporcional oferecida pelas ações da VOC refletia dois riscos diferentes: primeiro, o risco intrínseco de conduzir uma operação comercial nova e extremamente perigosa, a longa distância; e, segundo, as incertezas que cercavam o conceito da sociedade por ações. Como sempre, retornos elevados também acarretavam desvantagens. Podiam recompensar bem os investidores, mas um custo tão elevado para o capital foi desastroso para as companhias que dele necessitavam. Um empreendimento precisaria ser realmente muito bem-sucedido para sustentar pagamentos anuais de 22% aos acionistas.

Os mercados de capitais na Inglaterra do século 17 eram muito menos desenvolvidos que os holandeses, e a história da Companhia das Índias Orientais (EIC) britânica serve como ilustração perfeita dos problemas encontrados pelas primeiras sociedades por ações. A EIC conduzia uma

---

* Cerca de US$ 140 milhões em dinheiro atual. Ver Neal, p. 17.

operação de negócios extremamente arriscada – o comércio triangular de especiarias e de tecidos entre a Inglaterra, a Índia e o arquipélago indonésio. Tipicamente, a prata espanhola era usada na compra de algodão indiano, que, em seguida, era trocado na Indonésia por pimenta, cravo e noz-moscada. Estes eram transportados à Inglaterra e vendidos em transações pagas com moedas de prata. O comércio de açúcar, café, chá, índigo e seda com a China e com outros portos do sudeste asiático suplementava a rota triangular básica de comércio da companhia.30

A imensa lucratividade desse comércio era tão grande quanto os imensos riscos enfrentados. Além das vicissitudes normais do comércio – uma queda no preço do algodão em Java, somada a uma escassez de especiarias, podia causar desastre –, a jornada estava repleta de perigos. Índices horrendos de mortalidade prevaleciam entre as tripulações em função das doenças, e os naufrágios eram frequentes, para não mencionar os saques de piratas locais e a belicosidade de forças holandesas, portuguesas e indianas. Não era incomum que navios desaparecessem sem deixar rastro.

Cada viagem era uma operação de 16 meses de duração coreografada em torno dos ventos sazonais. A operação de capital associada era relativamente simples. Equipar a dúzia de navios envolvidos e conseguir em prata o capital utilizado em cada viagem requeria muito dinheiro. Se tudo corresse bem, 16 meses mais tarde, os mesmos navios, carregados de especiarias e de outros bens do Oriente, subiriam de novo o Tâmisa. A grande procura e a oferta reduzida garantiam que os bens obteriam preços altos e propiciariam imensos lucros.

A VOC e a EIC rapidamente descobriram que seu comércio era tão arriscado que o melhor seria confinar a maior proporção possível dele à Ásia e transferir apenas o produto final – moedas de ouro e prata – à Europa. Isso tinha duas vantagens. A primeira era que, ao limitar a maior parte do comércio ao Oceano Índico, os custos proibitivos, em dinheiro e vidas, das viagens frequentes pela rota do Cabo da Boa Esperança eram reduzidos. Isso respeitava o espírito mercantilista da época, que avaliava a saúde de uma nação com base em suas reservas de ouro e prata.

As viagens iniciais da companhia inglesa aconteceram em 1601. Embora houvesse capital facilmente disponível para as companhias holandesas no sofisticado mercado de capitais de seu país, os mercados ingleses do período eram rudimentares. Em 1601, os ingleses tinham pouco acesso a capital holandês e era pouco provável que os holandeses financiassem uma companhia rival da VOC. Constatando que não havia capital de longo prazo disponível, a EIC precisou vender cotas para suas viagens individuais. Normalmente, uma viagem requeria 50 mil libras em capital, divididas em 500 cotas de cem libras. Quando os bens chegavam a Londres 16 meses mais tarde, a empresa os armazenava e leiloava gradualmente, para evitar inundar o mercado e deprimir os preços. Com isso, os proventos eram distribuídos entre os acionistas ao longo dos 12 meses seguintes. Os leilões periódicos se tornaram parte regular do calendário comercial londrino. Mais tarde, passaram a servir a outro propósito, talvez mais importante. Como atraíam um grande número de acionistas, tornaram-se um mercado razoavelmente eficiente para negociar ações da companhia.

Quase todas essas viagens capitalizadas individualmente apresentaram altos retornos para os acionistas. De fato, apenas uma delas resultou em prejuízo. Por exemplo, a décima viagem, em 1611, apresentou retorno de 248 libras por ação (com custo original de cem libras). Isso destaca o aspecto central dos mercados de capital da época: os altos retornos pagos aos investidores implicavam custo de capital elevado para a companhia. A EIC teria preferido financiar suas viagens com empréstimos baratos e de juros baixos, conservando para si os imensos lucros. Infelizmente, capital barato estava disponível na Londres do começo do século 17, principalmente para empreendimentos altamente especulativos. Quando a EIC começou a demonstrar capacidade de produzir resultados de maneira confiável, seu custo de capital caiu e ela começou a emitir com sucesso títulos de empréstimo com juros razoáveis.

As sociedades por ações originais, além de serem monopólios, estavam atreladas aos governos de outra maneira: por meio do mercado de dívidas. O Banco da Inglaterra oferece um excelente exemplo disso. Ao contrário do que seu nome representa, o banco era uma sociedade por ações privada, até que um governo trabalhista o estatizou, em 1946 (o mesmo ano, cabe recordar, em que os franceses estatizaram o moinho de Bazacle).

Nos anos que se seguiram à Revolução Gloriosa, o Banco da Inglaterra foi uma organização jovem e frágil. Em 1697, foi pioneiro de uma técnica conhecida como "engraftment" [literalmente, enxerto]. O banco começou a adquirir títulos do governo. Na prática, isso significava que os detentores privados de notas e de títulos do governo os trocavam por ações do Banco da Inglaterra. Os papéis do governo serviam como fonte de renda constante para os acionistas, ofereciam caução para futuros empréstimos e mantinham o banco informado sobre as futuras necessidades de empréstimo dos governos – informação claramente valiosa.

A EIC executava operação semelhante de *engraftment*. A Companhia dos Mares do Sul, que recebeu o monopólio, em 1711, sobre o comércio com a América do Sul, em troca de assumir dívidas substanciais do governo, também usava o método. O monopólio por fim se provou inútil diante do domínio da Espanha e de Portugal sobre o continente.

Em 1719, uma operação de *engraftment* em escala muito maior pela Companhia dos Mares do Sul resultou na terrível bolha dos Mares do Sul. Investidores ingênuos, impressionados com o monopólio detido pela companhia sobre o comércio com os Mares do Sul, trocaram títulos do governo pelas ações em disparada da empresa. Quando a bolha inevitavelmente estourou, milhares de acionistas se viram espoliados. Um deles foi sir Isaac Newton, então mestre da Casa da Moeda Britânica, que declarou: "sou capaz de calcular os movimentos dos corpos celestes, mas não a loucura das pessoas".*

O governo inglês também protegia os acionistas das companhias de comércio externo, entre as quais a dos Mares do Sul e a EIC. Em 1662, pela primeira vez, foi conferido o status de responsabilidade limitada às companhias, uma decisão que favorecia os acionistas e prejudicava os credores. Embora sensível aos direitos tanto de acionistas quanto de credores, o Parlamento argumentou que a dívida governamental que as companhias de comércio haviam acumulado por *engraftment* oferecia aos credores proteção mais que suficiente em caso de falência. Como a maioria das demais empresas não detinha títulos de dívida do governo, o Parlamento não conferiu responsabilidade limitada a outras companhias que não as de comércio internacional antes de 1856, quando a Lei das Companhias, por fim, estendeu a responsabilidade limitada aos acionistas da maior parte das companhias. Nos Estados Unidos, a proteção da responsabilidade limitada veio mais cedo. Foi conferida a muitas companhias pouco

---

* Cada ação da Companhia dos Mares do Sul rendia cinco libras em juros referentes a um título do governo que ela incorporava. À taxa de juros de 3% que prevalecia, o valor implícito da ação seria de 150 libras, quase o preço exato a que as ações caíram depois de atingirem picos de mil libras durante a bolha. Ver Chancellor, p. 69 e 93.

depois da independência. Por volta da década de 30 do século 19, a responsabilidade limitada protegia praticamente todas as companhias norte-americanas de capital aberto.

Em sua notável contemplação sobre a natureza do dinheiro, *Frozen Desire*, o escritor inglês James Buchan documenta de modo comovente a devastação que podia ser sofrida por acionistas que não contassem com a proteção da responsabilidade limitada. Buchan descende de uma longa linhagem de escritores, entre os quais seu tataravô John Buchan, cujo infortúnio foi ser acionista do City of Glasgow Bank. Quando o banco faliu, em 1878, em função de inúmeras fraudes de seus dirigentes, devia mais de 6 milhões de libras aos depositantes. John Buchan, nos termos da lei, era responsável por 2,7 mil libras desse total – valor aproximadamente igual ao de seu patrimônio líquido e muito superior ao valor de suas ações. O tribunal decidiu que a Lei das Companhias não se aplicava a esse caso, e o banqueiro morreu falido, amargurado e empobrecido alguns anos mais tarde.

Essa curta história das sociedades por ações, uma vez mais, demonstra claramente a importância dos governos para estabelecer e manter mercados de capitais eficientes. Na Inglaterra do século 17, poucos investidores teriam oferecido capital para investimentos de risco como os do período sem proteção monopolista, *engraftment* de dívidas governamentais e, no caso das companhias de comércio internacional, responsabilidade limitada para os acionistas. As duas primeiras medidas foram eliminadas, mas a terceira continua a existir. A história recente dos mercados reforça dois conceitos: 1) em um estado de natureza econômica, os administradores irão enganar os acionistas; e 2) sem fiscalização regulatória rigorosa do setor de valores mobiliários pelo governo, os investidores hesitarão em fornecer capital acionário.

> O CAPITAL INGLÊS PAGOU NÃO APENAS AS FERROVIAS, FÁBRICAS E CANAIS DA INGLATERRA, MAS TAMBÉM DO RESTANTE DA EUROPA E DAS ANTIGAS COLÔNIAS.

O desenvolvimento dos mercados de capital ingleses, que começou no século 17 e ganhou força no século 18, consolidou-se inteiramente no século 19, quando o capital britânico serviu como fonte de financiamento à grande expansão industrial ocorrida depois do Congresso de Viena. Os motores a vapor de Watt e Boulton acionariam a transformação da indústria e do transporte, e os milagres do período – canais, ferrovias e fábricas acionadas por motores a vapor – abocanhavam um volume imenso de capital. O número de teares a vapor nas fábricas inglesas de produtos têxteis cresceu cem vezes entre 1813 e 1850, e a produção de ferro cresceu 30 vezes entre 1806 e 1873. O capital inglês pagou não apenas as ferrovias, fábricas e canais da Inglaterra, mas também do restante da Europa e das antigas colônias, em rápido desenvolvimento, porém desprovidas de caixa.

Os mercados ingleses de capital desabrocham

Depois dos abusos da crise dos Mares do Sul (1719-1721), apenas o Parlamento tinha direito de autorizar uma companhia com mais de seis sócios. O Legislativo também proibiu vendas a descoberto e de opções, operações que aumentam a liquidez e a eficiência do mercado. Em uma série de leis promulgadas a partir de 1820, o Parlamento britânico suspendeu gradualmente as restrições impostas pela Lei da Bolha de 1720, simplificou a formação de sociedades por ações e expandiu a proteção conferida pela responsabilidade limitada. Outras leis também ajudaram o comércio interno e externo da Inglaterra. Em 1846, o Parlamento aboliu as Leis do Milho, que, durante quatro séculos, haviam protegido os agricultores do país e prejudicado os consumidores ao regulamentar e tributar as importações e exportações de grãos.

Por fim, o século 19 também viu o fim quase universal da prisão por dívidas, um aspecto que os historiadores econômicos em geral ignoram. Na Inglaterra, a Lei de Devedores de 1869 concluiu essa tarefa. A lei ainda permitia prisão caso houvesse prova judicial de que o devedor tinha capacidade de pagar, mas que se recusava a fazê-lo. Quase simultaneamente, praticamente todos os Estados norte-americanos e muitas nações da Europa Ocidental aprovaram estatutos semelhantes. O fim da prisão por dívidas encorajou o espírito empreendedor, que envolve a aceitação de riscos.

No final do século 19, a Inglaterra havia se tornado a maior fonte mundial de capital para investimento. Os mais talentosos empresários e inventores recorriam a Londres para obter financiamento, e a economia inglesa se tornou a usina do crescimento mundial. A mais atraente descrição dos mercados monetários ingleses da época está em Lombard Street, do jornalista e economista Walter Bagehot, publicado em 1873:

> A forma mais breve e mais verdadeira de descrever Lombard Street* é afirmar que se trata da maior combinação de poder econômico e delicadeza econômica que o mundo já viu, por larga margem... Todos admitem que a disponibilidade imediata de dinheiro que ela oferece supera a de qualquer outro país. Mas poucas pessoas estão conscientes de quanto o balanço disponível – o fundo para empréstimos correntes a qualquer pessoa, para qualquer propósito – é maior na Inglaterra que em qualquer outra parte do mundo.

Bagehot menciona os montantes em depósitos conhecidos disponíveis nos grandes centros financeiros no começo de 1873:

Londres	120 milhões de libras
Paris	13 milhões de libras
Nova York	40 milhões de libras
Império Alemão	8 milhões de libras

Quem quiser descobrir o motivo do domínio econômico e militar britânico no século 19 não precisa procurar outro dado. O empresário inglês estava livre para implementar qualquer ideia comercial que lhe agradasse. Se dispusesse de crédito satisfatório, os mercados lhe forneceriam capital mais que suficiente para realizar seus planos. Na prosa inimitável de Bagehot, tratava-se de capital "que pode ser emprestado a qualquer pessoa, para qualquer propósito".

O aspecto mais notável dos números acima é a diferença de 900% no tamanho entre os mercados monetários de Londres e de Paris, tendo em vista que a economia inglesa era apenas 28% maior que a francesa no período. Na verdade, os números minimizam a diferença. Os ingleses tinham mercados monetários ativos fora de Londres, enquanto a atividade de capital no interior da França era mínima. Por que os franceses (e os alemães)

---

* O nome da rua faz referência aos primeiros banqueiros italianos, na Lombardia.

tinham mercados de capital tão pequenos? De acordo com Bagehot, o motivo era cultural e histórico.

> É claro que os depósitos dos bancos não são medida acurada dos recursos de um Mercado Monetário. Pelo contrário: existe muito mais dinheiro fora dos bancos da França e Alemanha, e dos demais países não bancários, do que seria possível encontrar na Inglaterra e Escócia, onde os bancos são desenvolvidos. Mas esse dinheiro não é, por assim dizer, "dinheiro de mercado". Não se pode obtê-lo. *Nada exceto grandes infortúnios, nada exceto um grande empréstimo em forma de títulos nacionais, poderia ter extraído essa reserva de riqueza da França das mãos do povo francês.* (Ênfase acrescentada pelo autor.)

Em outras palavras, franceses e alemães não confiavam em suas instituições financeiras. Os marcos e os francos que guardavam ficavam embaixo do colchão, em vez de financiarem atividade empresarial. O empresário francês ou alemão não era menos inteligente ou esforçado que sua contraparte na Inglaterra, simplesmente tinha menos acesso ao capital. Bagehot aponta que essa concentração de capital nas mãos dos grandes bancos do país era uma vantagem inglesa única, pois:

> [...] um milhão nas mãos de um único banqueiro representa grande poder; ele pode emprestar a quantia como quiser, e aqueles que desejam empréstimos podem procurá-lo porque sabem ou acreditam que disponha do dinheiro. Mas a mesma soma espalhada em forma de notas de 10 e 50 libras por todo o país não tem poder algum; ninguém sabe onde encontrar o dinheiro ou a quem pedi-lo.

O autor exultava com essa situação, "um luxo de que nenhum outro país já desfrutou com igualdade comparável". Afirmava que a disponibilidade de capital fácil oferecia oportunidades à "suja multidão de homenzinhos" que durante o século 19 substituiu os aristocratas endinheirados (cujos ancestrais, em muitos casos, também haviam sido homenzinhos sujos uma ou duas gerações antes).

Dizia ainda que a estrutura bruta e vulgar do comércio inglês era o segredo de sua vida, pois estava "propensa à variação" que, tanto na vida social como no reino animal, é o princípio do progresso. Os novos "homenzinhos sujos" não apenas inovam como oferecem o resultado de seu trabalho a preços mais baixos, levando os frutos da inovação às massas. Em resumo, a abundância produzida pela disponibilidade de capital alimentava um fluxo constante de inovações tecnológicas e comerciais, ou seja, o crescimento econômico em si. O capital, para todos os fins práticos, havia se tornado "cego". Antes do século 19, credor e devedor em uma transação de empréstimo precisavam se conhecer pessoalmente. O novo sistema descrito por Bagehot era anônimo. Pela primeira vez, um sistema cada vez mais complexo e eficiente de intermediários separava o consumidor de capital de seu fornecedor, da mesma forma que a industrialização separou progressivamente os produtores e os consumidores de bens.

Mas por que os holandeses, os ingleses e os norte-americanos optaram por poupar seu dinheiro em bancos enquanto os franceses, os alemães, os indianos e os turcos agiam de outra forma? Bagehot não se pronuncia sobre o assunto. Para responder a essa pergunta, temos de examinar a história dos governos nacionais na era pré-moderna.

Você se lembra de que a falta de mercados de capitais e de direitos de propriedade no Império Otomano forçava Müezzinzade Ali Pasha a carregar sua fortuna consigo o tempo todo? O problema do Império Otomano, do período pré-Renascimento e, aliás, de muitas nações não ocidentais atuais torna-se mais visível. Onde não havia ou não há proteção à propriedade pessoal, não existe motivo para inovar. E, mesmo que em algum lugar de uma terra assim infortunada bata o coração de um inventor, não haverá capital para desenvolver e levar ao mercado suas criações. Todo o capital de um país ficaria guardado embaixo de colchões, seria empregado na compra de ornamentos ou joias e, acima de tudo, estaria seguramente trancafiado em cofres privados – especialmente os do imperador.

A proibição islâmica aos juros também causava outra desvantagem para os turcos. Sem juros, não existem empréstimos, e sem empréstimos não existem investimentos. Na época da batalha de Lepanto, quando Ali Pasha caiu, essas restrições já haviam desaparecido no Ocidente. Mas o mesmo não se aplicava ao mundo muçulmano, onde o mau desempenho econômico, se comparado ao do Ocidente, era uma consequência do estado rudimentar dos direitos de propriedade e mercados de capital. Propriedade privada, mercados financeiros e bancos, nas formas como os conhecemos, não existiam no Império Otomano antes de 1856, quando foram abertos os primeiros bancos da Turquia – por europeus.

O veredicto da História com relação aos turcos talvez encontre seu melhor resumo nas palavras do mais famoso (embora não muito importante) participante da batalha de Lepanto, Miguel de Cervantes: "O mundo todo descobriu que era um erro acreditar que os turcos são invencíveis". Os turcos não foram nem a primeira nem a última nação a sofrer esse destino. A observação de Cervantes ecoaria ao longo do tempo à medida que Estados antes considerados inabaláveis – a União Soviética, por exemplo – acabavam definhando por não contarem com cidadãos livres e mercados funcionais.

capítulo 5
Energia, velocidade e luz

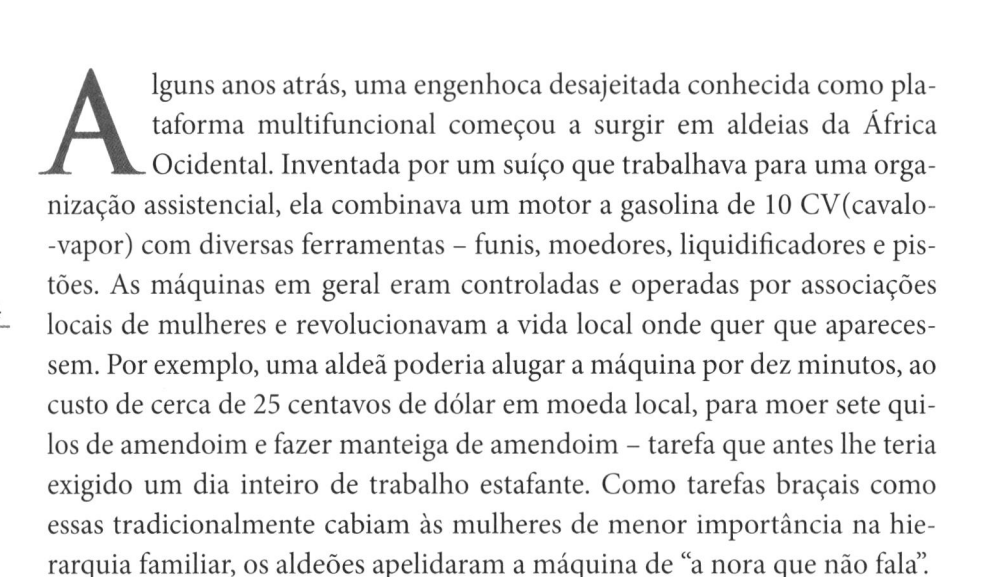

Alguns anos atrás, uma engenhoca desajeitada conhecida como plataforma multifuncional começou a surgir em aldeias da África Ocidental. Inventada por um suíço que trabalhava para uma organização assistencial, ela combinava um motor a gasolina de 10 CV(cavalo-vapor) com diversas ferramentas – funis, moedores, liquidificadores e pistões. As máquinas em geral eram controladas e operadas por associações locais de mulheres e revolucionavam a vida local onde quer que aparecessem. Por exemplo, uma aldeã poderia alugar a máquina por dez minutos, ao custo de cerca de 25 centavos de dólar em moeda local, para moer sete quilos de amendoim e fazer manteiga de amendoim – tarefa que antes lhe teria exigido um dia inteiro de trabalho estafante. Como tarefas braçais como essas tradicionalmente cabiam às mulheres de menor importância na hierarquia familiar, os aldeões apelidaram a máquina de "a nora que não fala".

Os benefícios dessas máquinas são incalculáveis. Famílias que mantinham plantações produtivas de amendoins puderam ampliar imensamente o volume de manteiga de amendoim vendido nos mercados abertos. Mulheres mais jovens, libertadas do trabalho mais tedioso, conseguiram tempo e dinheiro para estudar. Mulheres mais velhas obtiveram tempo para expandir seus negócios e para plantar novas safras.

As máquinas acionavam geradores e, com isso, sistemas de iluminação, que permitiam que as lojas funcionassem à noite e que bebês nascessem com mais segurança depois que escurecesse. Até os homens, que em geral não se envolviam com as máquinas, ficaram satisfeitos. Um dos maridos disse: "Nossas mulheres já não ficam tão cansadas, e suas mãos ficam mais macias. Gostamos disso".

Aparelhos como esse permitem que o leitor moderno compreenda as imensas mudanças que atingiram todas as áreas da vida cotidiana no Ocidente do século 19. Também ajudam a deixar clara a razão essencial para que o crescimento econômico tenha disparado naquele período, mas não antes. As três outras bases da prosperidade moderna – direitos de propriedade, racionalismo científico e mercados de capitais eficientes – já haviam sido garantidas nos países de fala inglesa e em boa parte do continente europeu. Tudo o que faltava aos empresários eram transporte, comunicações eficientes e uma fonte de energia confiável para as atividades industriais. A chegada do motor a vapor e do telégrafo forneceu o ingrediente final para o moderno crescimento econômico ocidental e alterou de forma instantânea e irreversível o modo como as pessoas viveram durante séculos.

> A CHEGADA DO MOTOR A VAPOR E DO TELÉGRAFO FORNECEU O INGREDIENTE FINAL PARA O MODERNO CRESCIMENTO ECONÔMICO OCIDENTAL.

ENERGIA

Quer você esteja plantando soja, produzindo aço ou montando sofisticados circuitos eletrônicos, precisa de energia que lhe permita produzir. Quanto mais, melhor. O agricultor que não dispõe de um boi para arrastar seu arado fica em desvantagem diante do vizinho que conta com isso; o agricultor dotado de um trator soterra a concorrência com a ajuda de sua produção assistida por máquinas.

Até por volta do ano 1000, os músculos humanos executavam quase todo o trabalho agrícola, industrial, de engenharia e militar. E que energia o ser humano é capaz de produzir? Lastimavelmente pouca. O ergômetro acionado por pedais, usualmente empregado para acender uma lâmpada fraca, é presença comum nos museus de ciência. Se você estiver em excelente forma física, conseguirá gerar confortavelmente um décimo de CV por um período prolongado. Por um período bem curto, seria possível geral 0,5 CV, mas, depois de alguns segundos, suas pernas doeriam muito e seus pulmões pareceriam estar a ponto de estourar.

Os antigos, particularmente os gregos, inventaram diversos aparelhos inteligentes com o uso de roldanas, polias e alavancas, a fim de empregar com a máxima vantagem a pouca energia que os humanos produzem. No entanto, o método primário de concluir tarefas que envolviam grandes volumes e pesos, na era pré-moderna, era o que os historiadores designam, eufemisticamente, como "aparato social": recrutamento compulsório e uso integrado de grande número de trabalhadores para construir templos, pirâmides, canais e aquedutos.

Mas os aparatos inteligentes e o trabalho de massas humanas tinham limites claros. Enquanto a única fonte de energia fosse a musculatura humana, qualquer crescimento sustentado na agricultura e na produção não seria possível. Os governos europeus não abandonaram a infame prática da corveia – trabalho compulsório usado para construção de estradas – até a metade do século 19.

Para suplementar a força bruta do ser humano, os antigos usavam animais de trabalho. A tabela a seguir resume o volume de poder contínuo disponível, considerando a força de seres humanos e de diversos animais de carga modernos, como medido por um dinamômetro.

	CV sustentados
Homem e bomba mecânica	0,06
Homem e guincho	0,08
Asno	0,20
Mula	0,39
Boi	0,52
Cavalo de carga	0,79

Ainda que o mundo antigo recorresse à energia animal, ela era ineficiente e cara. Nos mundos clássico e medieval, os seres humanos e os animais domesticados eram menores do que são hoje. Milhares de anos atrás, os animais de tração provavelmente produziam apenas um terço da energia atual. Os gregos e romanos reservavam os cavalos, muito caros, a tarefas mais leves, que requeriam velocidade. Além disso, a má qualidade dos arreios e a falta de proteção para os cascos impedia que os antigos usassem plenamente o poder dos animais, e a canga tradicional sufocava os bois de tração. Apenas no século 12 os agricultores começaram a empregar arreios eficientes para seus cavalos.

A RODA DA FORTUNA

E os próprios seres humanos empregavam sua energia de maneira ineficiente. As pessoas eram menores e menos saudáveis no mundo antigo e também não tinham grande motivação. Escravos ou camponeses desprovidos de direitos de propriedade executavam a maior parte do trabalho. Os historiadores econômicos estimam que os escravos produzissem o equivalente à metade do que faziam homens livres encarregados da mesma tarefa.

A roda-d'água ofereceu o primeiro avanço real na produção de energia. O tipo mais antigo e ineficiente – conhecido como noria – apareceu no período tardio da Grécia helênica, por volta de 150 a.C. (figura 2-1). Ao longo da História, a principal tarefa dos moinhos foi a de moer grãos. Ecos da moderna "nora que não fala" do oeste-africano são evidentes em uma alegre descrição antiga de uma roda-d'água: "Abandonem a labuta, mulheres que se esforçam nas moendas; podem continuar a dormir, mesmo que os galos cantem a alvorada". A despeito do entusiasmo revelado pelo cronista anônimo, os novos aparelhos encontraram uso relativamente esparso na Grécia e em Roma, porque o projeto deles era primitivo e a produção de energia, baixa.

Na Europa Ocidental, ao longo dos dois milênios seguintes, o desenho da roda-d'água passou por diversas versões e, por fim, emergiu em 1500 em sua forma dominante, a roda-d'água dotada de engrenagens e acionada por uma tubulação superior, mostrada na figura 2-2. Apenas as correntezas mais rápidas eram capazes de mover as precursoras rodas sem engrenagens, mas a introdução da engrenagem de câmbio tornou praticável o uso de rodas d'água em rios e riachos mais lentos.

Figura 2-1 Noria

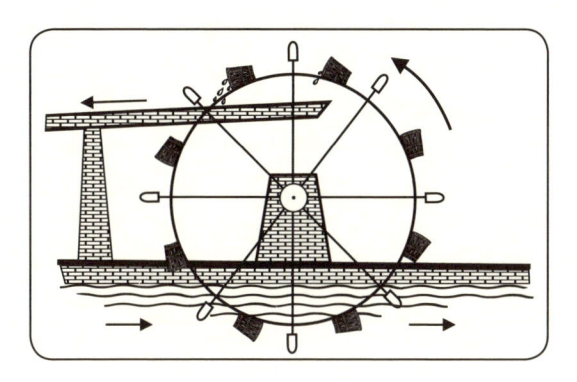

Figura 2-2
Roda-d'água com tubulação superior

O construtor montava uma barragem e direcionava o fluxo da água para o topo do aparelho, permitindo o uso mais eficiente do poder da correnteza.

Até mesmo um pequeno moinho que gerasse apenas alguns CV de energia era capaz de substituir o trabalho de dezenas de homens. Um moinho primitivo, acionado por água na base (sob a qual a água passava pelas lâminas ou baldes da roda) era capaz de moer 180 quilos de milho por hora – o equivalente a 3 CV – contra os cinco quilos por hora com um moinho mecânico manual acionado por dois trabalhadores. Na Idade Média, os moinhos passaram não apenas a moer milho e trigo, mas também eram usados para acionar fundições e serras e esmagar minério de ferro.

No ano de 1086, o Domesday Book registrava 5.624 moinhos no sul da Inglaterra, para atender a uma população de cerca de 1,5 milhão de pessoas. Cada moinho produzia 5 CV ou o equivalente a 0,02 CV por habitante. A fuga da humanidade de suas limitações físicas estava se tornando cada vez mais viável. A roda-d'água continuou a ser uma característica comum da vida ocidental até a metade do século 19. Uma delas, instalada sob a Ponte de Londres, serviu para bombear água pelos encanamentos londrinos até 1822.

Colhendo o vento

Ainda que o homem já aproveitasse a força do vento para acionar navios a vela desde a mais remota antiguidade, ela não foi empregada para realizar trabalho mecânico até um tempo relativamente recente. No século 10, os persas começaram a usá-la para fins industriais. Os moinhos de vento sofriam de duas desvantagens inerentes. A primeira, e mais óbvia, é que não eram capazes de oferecer energia confiável de forma contínua. Segundo, precisavam ser alinhados constantemente com relação ao vento. Os primeiros moinhos de vento utilizavam um rudimentar projeto em peça única, que forçava os operadores a girar todo o pesado aparato para alinhá-lo. Mais tarde, o moinho de torre, que tinha apenas o topo giratório, começou a ser usado amplamente na Holanda. Por fim, em 1745, Edmund Lee inventou a cauda de leque, uma grande barbatana vertical que alinhava automaticamente as lâminas do moinho, equipamento que continua presente nas fazendas norte-americanas ainda hoje.

Ainda que o moinho de vento tenha aumentado a produtividade, não suplantou a energia humana na maioria das tarefas. Sua potência média era de apenas 10 CV, por isso não representava grande avanço com relação às rodas-d'água. Na Holanda do século 17, cerca de oito mil desses aparatos, usados principalmente para bombear água do mar, atendiam a uma população muito superior a um milhão de pessoas – cerca de 0,1 CV por habitante, cinco vezes mais energia por pessoa do que a registrada na Inglaterra do Domesday Book.

Os caprichos da natureza limitavam o local e o tempo de uso dos moinhos de vento e das rodas-d'água. A mais poderosa roda-d'água do período pré-moderno era a Máquina de Marly, construída durante o reinado de Luís XIV para acionar as fontes de Versalhes, que alguns afirmam que gerava até 75 CV. A decolagem econômica do Ocidente precisou esperar o desenvolvimento de uma tecnologia capaz de oferecer mais energia, independente do clima ou da localização.

> A HUMANIDADE NÃO FEZ GRANDE USO DO VAPOR ATÉ O FINAL DO SÉCULO 17.

Vapor para aquecer a economia moderna

Os antigos sabiam que o vapor de água tem a capacidade de realizar trabalhos físicos. Por volta de 100 a.C., Heron de Alexandria descreveu dois aparelhos acionados por vapor. O primeiro, mostrado na figura 2-3, era um recipiente esférico montado sobre um eixo horizontal, o conhecido motor de Heron. Quando aquecido, canaletas orientadas tangencialmente dirigiam o vapor produzido para fazer que o recipiente rolasse.

Figura 2-3
O motor de Heron

O segundo motor a vapor do passado era uma engenhoca sem grande propósito prático usada para abrir e fechar as portas dos templos de Alexandria. O vapor conduzia a água de um grande recipiente para um balde menor, que, por sua vez, caía pela força da gravidade e acionava o movimento das portas por meio de um complicado sistema de polias e roldanas.

Os dois aparelhos, descritos em *Pneumatica*, um dos livros de Heron, podem ou não ter existido. Se existiram, eram peças de demonstração – simples brinquedos, na melhor das hipóteses, sem funções práticas. A humanidade não fez grande uso do vapor até o final do século 17. O mais urgente problema de engenharia do período era a remoção de água das minas de carvão. Os mineiros haviam enfrentado por séculos a impossibilidade de bombear água de profundidades superiores a 10 metros. A limitação tornava inviável explorar com eficiência os veios profundos de carvão. Quando os engenheiros de Cosimo de Medici fracassaram em seus esforços para desenvolver um método de drenagem profunda, pediram a ajuda de Galileu. Ele transferiu o problema a seu brilhante assistente, Evangelista Torricelli. Ainda que Torricelli não tenha conseguido criar uma bomba efetiva, descobriu algo ainda mais valioso ao tentar: o limite de 10 metros era resultado da pressão atmosférica. Essa pressão, que exerce imensa força opositora de cerca de um quilo por centímetro quadrado, equivale à pressão exercida por uma coluna de água de exatos 10 metros de altura.

Em 1654, o cientista alemão Otto von Guericke demonstrou o potencial da energia atmosférica por meio de uma engenhosa experiência. Uniu dois hemisférios metálicos de 50 centímetros de diâmetro e expulsou o ar contido no receptáculo assim formado. O vácuo criado era tão poderoso que duas parelhas de cavalos, puxando em direções opostas, não foram capazes de separar os hemisférios.

Os cientistas rapidamente compreenderam que domar a força do vácuo poderia gerar imensa energia. Christian Huygens fez as primeiras tentativas, criando um vácuo parcial ao detonar pólvora dentro de um cilindro. O gás quente escapava por uma válvula, acompanhado do ar contido no cilindro. Quando a temperatura caía, a válvula se fechava, gerando um vácuo parcial. Embora útil para demonstração, o método não era muito mais eficiente que a produção de um vácuo por bombeamento mecânico. Tal aparato pode ser visto como o primeiro motor a explosão.

Denis Papin, assistente de Huygens, teorizou que o vapor poderia ser um método muito mais eficiente de produzir vácuo:

> Já que é uma propriedade da água que uma pequena quantidade dela, transformada em vapor pelo calor, tenha força elástica semelhante à do ar, mas com o retorno do frio volte à forma de água de modo que traço algum da força elástica permaneça, concluí que seria possível construir máquinas nas quais a água, com a ajuda de um calor não muito intenso, e a baixo custo, poderia produzir

o vácuo perfeito, de uma maneira impossível de obter com a pólvora.

Pouco depois de escrever essas palavras decisivas, Papin criou um modelo funcional do primeiro motor a vapor equipado com pistão. Nele, um pequeno volume de água era aquecido no cilindro e, quando fervia, fazia com que o pistão subisse. No topo do percurso, o calor era removido e um mecanismo retinha o pistão na posição. O aparelho então se resfriava e o vapor se condensava, gerando um vácuo. Quando estivesse completamente resfriado, o mecanismo de retenção era liberado e o pistão descia com força. O aparelho não era, rigorosamente, um motor a vapor, mas sim um motor a vácuo. O pistão a vapor de Papin não era acionado pela força do vapor sob pressão, mas pelo vácuo quase perfeito criado quando o vapor se condensava em forma de água, uma vez que a relação de densidade entre água e vapor é de 1.200:1.

O VAPOR CHEGA AO MERCADO

Como os motores de Heron e de Huygens, o de Papin era complicado e lento demais para uso prático. Mas não demorou para que outros inventores refinassem o aparelho e criassem dispositivos capazes de produzir trabalho útil de maneira econômica. No século 17, tanto o marquês de Worcester quanto Thomas Savery criaram bombas a vapor, ainda que não esteja claro se o marquês construiu ou não seu aparelho. Savery produziu modelos funcionais, mas eles não se tornaram um sucesso comercial. Mesmo assim, alguns historiadores atribuem a Savery a primeira máquina a vapor funcional. Mais relevante que suas realizações técnicas ou comerciais é o fato de que tanto o marquês quanto Savery obtiveram patentes de seus inventos. A de Savery foi concedida depois que ele demonstrou a máquina diante de membros da realeza, em Hampton Court.

No final do século 17, os inventores viviam fascinados pela perspectiva de um lucrativo monopólio comercial, o que promovia um ritmo acelerado de avanço tecnológico. Ainda que os mestres da revolução científica tivessem educação sofisticada e que muitos proviessem de famílias ricas e aristocráticas, os grandes engenheiros e inventores da Revolução Industrial foram quase todos artesãos sem educação formal, cuja principal motivação era a perspectiva de ganho comercial. Thomas Newcomen, como seu contemporâneo Savery, representa um caso típico. Sua baixa posição social não o impediu de manter correspondência com Robert Hooke, um dos grandes cientistas da época, sobre o trabalho de Papin e do marquês de Worcester. Newcomen compreendeu que os primeiros projetos apresentavam problemas devido ao resfriamento lento dos cilindros, que era realizado externamente. Ele projetou um motor que seria resfriado pela injeção interna de água fria. Como a patente de Savery tinha termos muito amplos e cobria quase qualquer projeto que Newcomen pudesse ter concebido, este se viu forçado a unir forças com o competidor.

Quase não existem registros históricos sobre seu primeiro aparelho, mas, em algum momento de 1712, no paiol de carvão do castelo Dudley, em Worcestershire, o primeiro motor a vapor atmosférico começou a funcionar, bombeando água das profundezas da mina de carvão subterrânea. A palavra-chave é "atmosférico". O motor de Newcomen, mostrado na figura 2-4, operava apenas por meio da pressão atmosférica ambiente, como o de Papin. Em repouso, o pistão se posicionava no topo do cilindro frio.

Figura 2-4
O motor de Newcomen

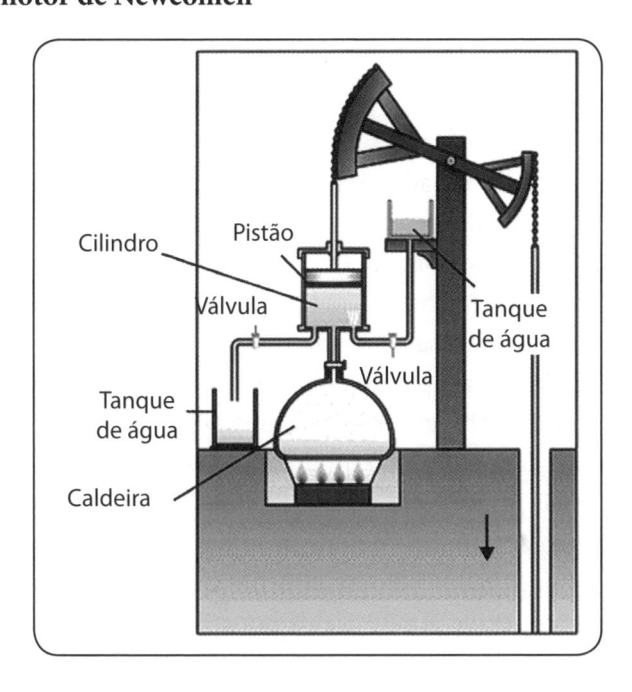

Figura 2-5
O motor de Watt

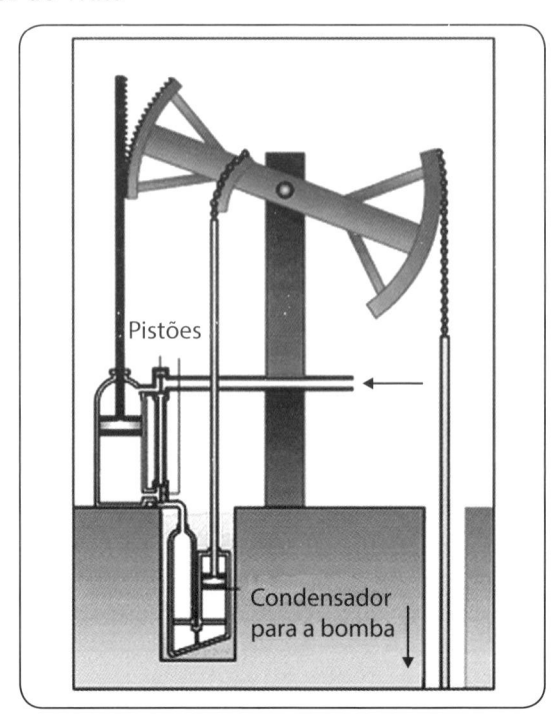

Fonte: Reproduzido com permissão da Newcomen Society.

O vapor quente da caldeira era injetado no cilindro, pela válvula esquerda mostrada na figura 2-4, substituindo o ar frio. O cilindro, cheio de vapor e com o pistão posicionado no topo do percurso, recebia, em seguida uma injeção de água fria, pela válvula direita da ilustração, o que condensava o vapor e criava um quase vácuo. Esse quase vácuo lançava o pistão para baixo com grande força e essa força era transmitida ao mecanismo de bombeamento. O vapor voltava a ser injetado no cilindro e o pistão subia lentamente. O ciclo seguinte era iniciado com nova injeção de água fria. Assim, o motor operava puramente por pressão atmosférica – o pistão não era propelido pelo vapor, e sim pelo vácuo produzido quando este se condensava.

O aspecto mais importante do trabalho de Newcomen foi a incorporação de um sistema automático de operação das válvulas, cuja abertura e fechamento eram controlados pelo movimento da principal haste de transmissão. A máquina operava em 12 ciclos por minuto e produzia cerca de

5,5 CV.11 Ainda que sua potência não fosse maior que a de um moinho de vento ou de uma roda-d'água, podia trabalhar a qualquer momento, em qualquer lugar. A humanidade passou a poder usar energia como preferisse, sem depender dos caprichos da natureza. As novas leis de patentes, que recompensavam a inovação e o aperfeiçoamento, levaram os inventores a melhorar rapidamente o projeto original. Em questão de décadas, os motores Newcomen passaram a produzir até 75 CV.

O motor de Newcomen foi o epicentro de uma revolução na indústria e nos transportes que alteraria para sempre os rumos do crescimento econômico mundial. Mas ele não era economicamente viável. O projeto, que requeria que todo o cilindro fosse aquecido e resfriado alternadamente, apresentava ineficiências inerentes e, como o motor era atmosférico, sua força estava limitada a apenas um quilo por centímetro quadrado de face do pistão. O motor consumia uma quantidade prodigiosa de carvão e, por isso, só podia ser usado para bombear minas, onde seu combustível era abundante. Pior, ele só produzia potência no curso descendente do pistão, o que não permitia que fosse usado para propelir rodas ou pás. Nas palavras de um historiador, o motor era "uma monstruosidade esperançosa".

Por mais limitado que fosse, o motor de Newcomen se manteve como referência, ainda que com pouca utilização prática, durante mais de duas gerações. Uma compilação de motores a vapor realizada em 1769 listava apenas 67 deles em operação. Embora apresentasse deficiências técnicas, o conceito fundamental era sólido, e gerações posteriores de artesãos gradualmente melhoraram a potência gerada e a eficiência no uso de combustível.

Um desses artesãos era James Watt. Nascido na Escócia em 1736, em uma família de mercadores pobres, as difíceis circunstâncias financeiras o forçaram a buscar uma profissão humilde. Aos 19 anos, Watt viajou para Londres, onde aprendeu a fabricar "instrumentos filosóficos" – o que hoje chamamos de aparelhos científicos. Ao voltar para Glasgow para instalar uma empresa, teve seu pedido de licença recusado pelas guildas locais. Felizmente, seu talento mecânico inato era evidente, e a Universidade de Glasgow o empregou para cuidar dos reparos e fabricação de seus instrumentos.

A nova posição que veio a ocupar deu a Watt acesso aos maiores cientistas escoceses e permitiu que se familiarizasse com a física do vapor. Em

1764, o destino fez com que ele fosse encarregado de reparar um dos motores de Newcomen, que a universidade utilizava como modelo. Watt percebeu imediatamente que a ineficiência do aparelho era resultado da alternância entre o aquecimento e o resfriamento do cilindro – se o motor pudesse funcionar em alta temperatura continuamente, consumiria muito menos carvão. Pouco tempo depois, durante uma caminhada, hoje famosa, pelo Glasgow Green, ocorreu-lhe uma ideia súbita: se o vapor pudesse ser condensado fora do cilindro, este poderia manter-se quente durante todo o ciclo, o que permitiria economizar muito combustível. No dia seguinte, ele retornou a seu laboratório e, usando uma pequena seringa médica de bronze, demonstrou que um condensador externo era praticável. O condensador externo, importante para o sucesso do projeto de Watt, é mostrado na figura 2-5.

Quando Watt tentou fazer que sua máquina fosse produzida, encontrou o mesmo problema que viria a prejudicar Thomas Edison mais de um século depois. Inventar já era difícil, mas, para Watt, ainda mais difícil era encontrar os trabalhadores capacitados para produzir seu motor em larga escala. E a mais difícil de todas as tarefas era conseguir dinheiro suficiente para construir uma grande quantidade de motores. Inicialmente, ele formou uma sociedade com o também inventor John Roebuck, mas as imensas necessidades de capital da máquina de pistão e cilindros, especialmente na moldagem das peças de precisão, levaram a sociedade à falência.

Endividado e com a obrigação de sustentar a família, Watt se empregou como engenheiro civil. Mas a sorte sorriu para ele uma segunda vez e, uma década mais tarde, sua situação virou. Em uma visita de rotina a Londres, ele conheceu Matthew Boulton, um industrial de Birmingham que se interessou por seu trabalho. No mesmo ano, John Wilkinson, fabricante de armas, aperfeiçoou um método para perfurar canos de canhão que oferecia a precisão requerida para o motor de pistão e cilindros. Em poucos meses, Watt e Boulton estavam produzindo motores em escala industrial equipados com os componentes de precisão produzidos por Wilkinson. O primeiro deles foi usado para ventilar as fornalhas de Wilkinson e serviu como pagamento pelos cilindros fornecidos por ele.

Em nenhum outro campo, o conceito de "sinergia" se aplica com mais propriedade do que no da interação entre as tecnologias do aço e do vapor. O vapor aumentou a qualidade e a quantidade de aço disponível. O aço de melhor qualidade permitia um trabalho metalúrgico de maior precisão, bem como maior tolerância à tensão nos pistões e cilindros, o que, por sua vez, resultava em energia a vapor ainda mais eficiente.

Até a Câmara dos Comuns britânica cooperou. Em 1774, só restavam oito anos de validade à patente original de Watt, o que não bastaria para tornar lucrativos os motores Boulton-Watt. O Parlamento lhes conferiu 25 anos adicionais de proteção por patente. Quando o novo prazo se esgotou, havia 496 de seus motores em funcionamento na Inglaterra, acionando bombas de mineração, fornalhas e fábricas.

> AS OPORTUNIDADES INDUSTRIAIS CRIADAS PELO MOTOR BOULTON-WATT PERMITIRAM UMA CASCATA DE INOVAÇÕES.

As oportunidades industriais criadas pelo motor Boulton-Watt permitiram uma cascata de inovações. Watt projetou motores capazes de gerar rotação – o que é crítico para aplicações fabris e de transporte – e que trabalhavam sob pressão positiva do vapor e não apenas sob pressão atmosférica (negativa). No entanto, Watt hesitava em usar vapor a pressões muito superiores a uma atmosfera. O mesmo não se aplicava ao engenheiro de mineração Richard Trevithick. Em 1802, dois anos depois que a patente estendida de Boulton e Watt expirou, ele patenteou um motor que operava a dez quilos por centímetro quadrado, ou seja, dez vezes a pressão atmosférica.

Na virada do século 19, a humanidade havia escapado claramente dos limites imemoriais impostos pelos músculos, água e vento. A produção de uma pessoa que operasse uma máquina industrial ou um martelo pneumático era dezenas ou até centenas de vezes superior à de seus predecessores. Os navios não estavam mais sujeitos às vicissitudes da natureza. O mais importante é que a capacidade nascente de produzir energia mecânica abundante inspiraria invenções antes inconcebíveis. Duas dessas invenções – a locomotiva ferroviária e o gerador elétrico – em breve transformariam a substância da vida cotidiana e, neste processo, ofereceriam a peça final para completar o quebra-cabeça da prosperidade mundial.

VELOCIDADE

Uma abundância de bens de consumo tem pouco valor se não puder ser transportada de um lugar para outro eficazmente. Roupas, comida e equipamentos elétricos, por mais que sua produção seja eficiente, continuarão proibitivamente dispendiosos se não puderem ser transportados de maneira rápida e barata até os usuários.

Foi isso que aconteceu na primeira metade da Revolução Industrial. No final de 1821, quando o escritor inglês Leigh Hunt e sua família partiram para a Itália, o clima estava tão tempestuoso que dois meses depois eles ainda não haviam conseguido se afastar da costa inglesa, e só chegaram a Livorno em julho do ano seguinte.

No mesmo período, as viagens terrestres, ainda que provavelmente mais seguras e confortáveis que as marítimas, não eram comuns. Ainda em 1820, assaltos eram uma ocorrência rotineira nas estradas inglesas. No continente europeu, a situação era ainda pior. Os embarques franceses de mercadorias continuavam a requerer guarda frequentemente, e homicídios não eram incomuns nas estradas italianas. Até o advento da locomotiva a vapor, era habitual que viajantes carregassem armas de fogo no continente europeu.

Para agravar o sofrimento, as estradas estavam sempre em péssimas condições. A maior parte delas era pouco mais que trilhas de terra demarcadas pelos sulcos das rodas de carroças. Além de limitarem a velocidade de deslocamento e causarem desconforto, suas superfícies irregulares as tornavam inseguras. A capotagem de um coche, mesmo em baixa velocidade, podia facilmente ser fatal para os passageiros. Somente em 1820, John L. McAdam transformaria a ciência da construção de estradas, ao descobrir que vias revestidas por pedras pulverizadas (macadamizadas) resistiam ao desgaste e eliminavam os desníveis.

As viagens marítimas talvez fossem mais arriscadas que as terrestres, mas, antes da invenção dos motores a vapor, eram consideravelmente mais baratas, mesmo quando rotas terrestres diretas existiam entre a origem e o destino. Décadas depois do surgimento das ferrovias, ainda era mais barato viajar de Edimburgo a Londres por mar do que por terra.

Situação semelhante ocorria no Novo Mundo, onde os Montes Apalaches eram uma barreira formidável às viagens por terra. Isso é claramente demonstrado pelos tempos de percurso que a figura 2-6 revela. Uma jornada costeira de 800 quilômetros demorava uma semana por mar, enquanto percorrer uma distância semelhante em direção ao interior requeria três semanas de viagem.

Lento mas seguro, garantido e barato

O século 18, porém, não havia deixado de apresentar alguns progressos quanto aos transportes. Desde a Antiguidade, os soberanos vinham construindo canais que ofereciam viagens baratas, embora lentas, pelo interior de um território. A tecnologia do vapor elevou fortemente a demanda por combustível. Transportar vastas quantidades de carvão de minas distantes e inacessíveis representava um desafio considerável. Em 1767, o duque de Bridgewater propôs a ideia de construir um canal ligando suas minas em Worsley às fábricas de tecidos localizadas em Runcorn, a 50 quilômetros de distância daquelas. O canal obteve sucesso fabuloso e continua em operação até hoje. Em questão de duas décadas, os ingleses já haviam construído mais de 1,6 mil quilômetros de canais.

Mas isso nem se compara ao período de construção de canais ocorrido nos Estados Unidos do final do século 19. Como o capital era cronicamente escasso no período pré-revolucionário, os norte-americanos da época colonial não mostravam grande propensão para construir canais, cujo custo inicial era extremamente elevado. Por volta da década de 20 do século 19, porém, a economia norte-americana em lenta expansão passou a gerar um fluxo crescente de capital, e os empresários começaram a imaginar um vasto sistema de canais para transporte de cargas a granel. A construção do canal Erie, concluída em 1825, foi o primeiro passo em direção à realização desse sonho.

> O canal Erie fez de Nova York o terminal comercial da vasta produção agrícola do centro-oeste dos Estados Unidos.

Um dos maiores projetos de construção de seu tempo, o canal Erie foi definido como "um ato de fé" pelo historiador George Taylor. E de que outra forma definir uma via navegável artificial de 550 quilômetros de extensão que ligava Albany às terras bravias do interior?

Figura 2-6
Tempos de viagem, partindo de Nova York, em 1800

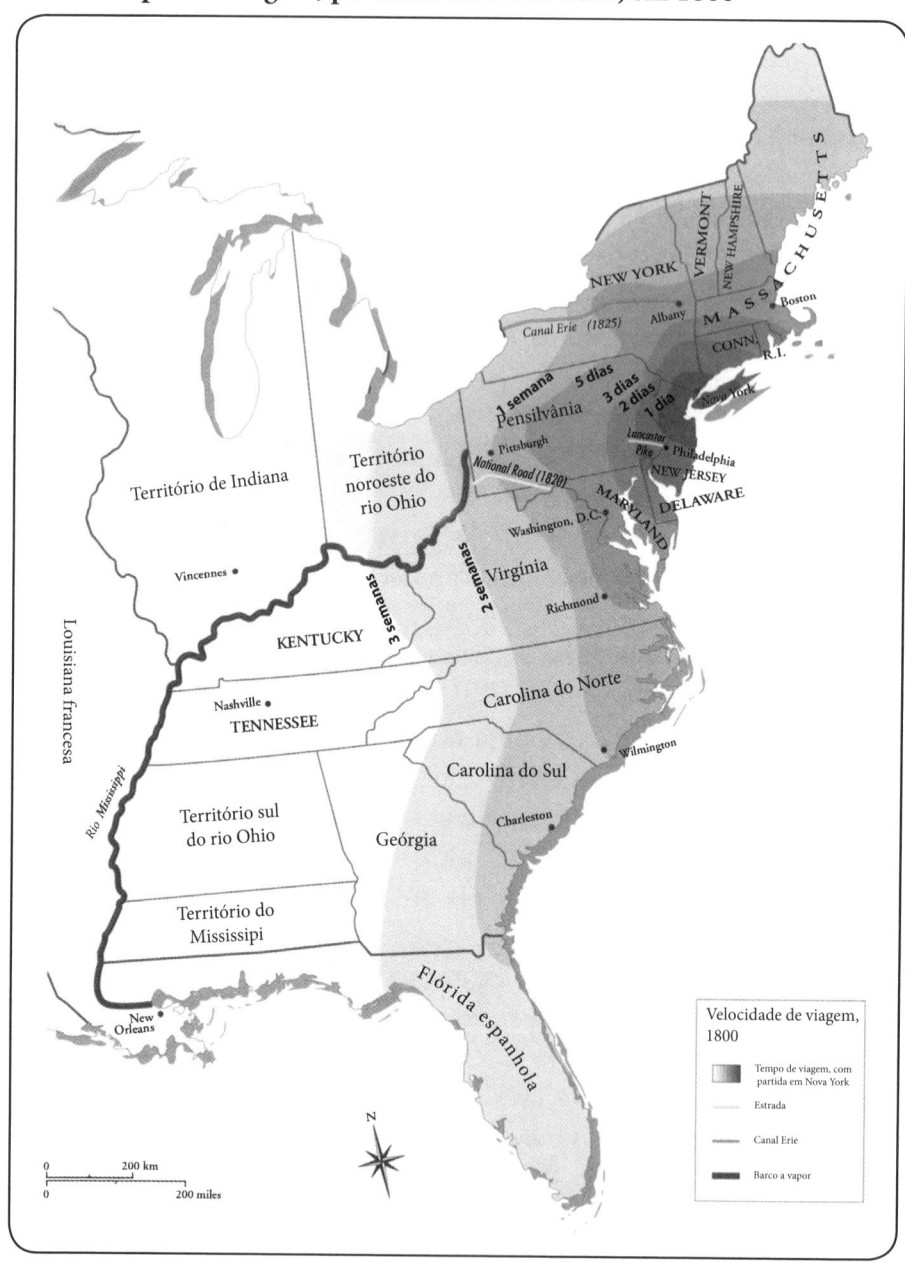

Fonte: Reproduzido com permissão da editora, de John Stover, *The Routledge Historical Atlas of the American Railroads* (Londres: Routledge, 1999), p. 11.

A história do canal foi épica. O governo federal considerou a proposta insensata e recusou seu apoio. Isso deixou a um político local, o governador De Witt Clinton, a responsabilidade de bancar, com fundos do Tesouro do Estado de Nova York, as grandes emissões de títulos que foram necessárias para financiar o canal. Os libertários atuais se esquecem de que, nos países subdesenvolvidos (descrição que se aplicava aos Estados Unidos no século 19), poucos se dispõem a emprestar dinheiro para empreendimentos privados. O Estado, muitas vezes, é o único agente capaz de atrair dinheiro a juros razoáveis.

Mesmo antes que sua construção estivesse concluída, o canal Erie já havia provado ser um imenso sucesso financeiro. A despeito da competição posterior das ferrovias, ele só atingiu seu pico de tonelagem em 1880. O legado mais visível do canal é a vasta metrópole de Nova York. Antes do canal, ela ficava abaixo de Boston e da Filadélfia e, posteriormente, superou até mesmo Washington. O canal Erie fez de Nova York o terminal comercial da vasta produção agrícola do centro-oeste dos Estados Unidos, que fluía para a cidade pelo canal e pelo rio Hudson e de lá embarcava em navios para seus destinos finais, em geral outras cidades da costa oeste ou a Europa.

Por mais sucesso que os canais tenham alcançado, porém, não representavam um desdobramento revolucionário. Para começar, só eram úteis em terrenos relativamente planos – a elevação máxima no percurso do canal de Erie era 200 metros. E tampouco ofereciam grande velocidade. A verdadeira mudança nos transportes estava à espera da aplicação do vapor ao transporte marítimo e ao terrestre.

O VAPOR EM ALTO-MAR

Nos oceanos do planeta, os navios a vela não se renderam facilmente diante do motor a vapor. Por mais de um século depois de o marquês Jouffroy d'Abbans construir o primeiro vapor acionado por roda de pás, em 1787, navios a vela continuaram a enfrentar os novos rivais com êxito. De fato, a pressão competitiva encorajou melhorias na tecnologia da navegação a vela quase tão dramáticas quanto as que eram oferecidas pela propulsão a vapor. O clíper, um modelo de navio surgido na metade do século 19, era capaz de transportar milhares de toneladas de carga e de atingir a velocidade de 20 nós. Só no final do século 19, os navios a vapor passariam a transportar a maior parte da tonelagem mundial de carga marítima.

O casamento entre o motor a vapor e o casco naval foi consideravelmente difícil. Os primeiros motores eram pesados e tornavam os navios instáveis, além de consumirem imensas quantidades de carvão. Embora o reabastecimento frequente não fosse um problema para a navegação fluvial ou costeira, o transporte oceânico era outra coisa. Um dos primeiros vapores em serviço transatlântico, o British Queen, carregava 500 toneladas de carga e 750 toneladas de carvão. As marinhas de guerra, que podiam ser convocadas a agir em águas distantes a qualquer momento, inicialmente rejeitaram a nova tecnologia. O maior navio da época foi o imenso Great Eastern, de casco de ferro. Lançado em 1858, contava com propulsão por rodas de pás, hélice e velas, tinha 210 metros de comprimento e deslocamento de 22,5 mil toneladas. Mas as paradas regulares e dispendiosas para embarcar carvão o condenaram ao fracasso comercial.

Os motores a vapor finalmente se tornariam práticos com a invenção do motor marítimo de alta pressão e da propulsão a hélice. O projeto original de motor a vapor de alta pressão concebido por Trevithick havia demonstrado ser caro e inseguro demais para uso prático, mas, por volta de 1870, pressões de até 11 quilos por centímetro quadrado estavam sendo utilizadas de forma rotineira. No final do século, pouco antes do advento da turbina a óleo, o tubo de vapor padronizado da Real Marinha Britânica, produzido pela Babcock & Wilson, era capaz de gerar pressão da ordem de 17 quilos por centímetro quadrado.

Um preço, um salário

O aumento que o vapor propiciou ao volume embarcado bastou para equilibrar os mercados de três insumos econômicos fundamentais – terra, mão de obra e capital – entre a Inglaterra e os Estados Unidos. Em um mundo no qual os trabalhadores e as mercadorias não se movimentavam com facilidade, surgiam grandes diferenças entre os países e até mesmo entre cidades vizinhas com relação aos preços das mercadorias e aos salários. Isso resulta em desequilíbrio nos preços da terra e, se não houver comunicação eficiente disponível, até mesmo ampla variação no retorno sobre o investimento de lugar para lugar.

Com a falta de transporte oceânico adequado, essa desproporção nos preços era a situação dominante na economia mundial antes de 1870. Como a terra era escassa na Inglaterra e abundante nos Estados Unidos, seus preços, e com eles os dos alimentos, eram muito mais altos entre os britânicos. Por outro lado, como a mão de obra era abundante na Inglaterra e escassa nos Estados Unidos, os salários de um trabalhador britânico eram muito inferiores aos de um norte-americano. Assim, os ganhos de um trabalhador tinham poder de compra muito menor na Inglaterra, devido aos salários baixos e preços altos, do que nos Estados Unidos. O mesmo se aplicava ao capital. Como ele era muito mais abundante na Inglaterra que nos Estados Unidos, o retorno era inferior no mercado britânico.

O advento do transporte a vapor nivelou as diferenças de preços e de salários entre os Estados Unidos e a Inglaterra. Em 1870, o preço da carne bovina era 93% mais alto em Londres do que em Cincinatti; em 1913, a desigualdade havia sido reduzida para 18%. Entre essas duas datas, o custo do arrendamento de terras subiu 171% nos Estados Unidos e caiu 50% na Inglaterra, e essa queda foi acompanhada por redução igualmente dramática no preço de venda das terras inglesas.

Não apenas os preços das mercadorias, terra e aluguéis atingiram o equilíbrio entre os dois países como os salários reais fizeram o mesmo. Isso não foi resultado simplesmente dos alimentos norte-americanos baratos, também foi consequência da ampliação da capacidade dos trabalhadores ingleses para emigrar, o que criou um mercado de trabalho mais estreito no Reino Unido. Por fim, o retorno sobre o capital inglês melhorou quando a disponibilidade de informações e de transporte melhores passou a oferecer oportunidades de investimento externo mais lucrativas.* Quando falamos de uma "economia globalizada", hoje, estamos nos referindo a um mundo no qual os salários e os preços das mercadorias tendem a convergir entre os países. Os primeiros e gigantescos passos nessa direção foram dados na segunda metade do século 19, quando a energia a vapor passou a mover massas de bens e pessoas por meio dos oceanos do planeta.

O ADVENTO DA FERROVIA

A conquista do transporte terrestre pelo vapor foi mais rápida e abrangente. Inventores tentaram adaptar a nova tecnologia imediatamente ao uso em transporte rodoviário. Era uma tarefa árdua, porque um veículo terrestre oferece menos espaço que um navio para o motor. Em 1801, Richard Trevithick, afinal, obteve sucesso ao acionar uma carruagem com um de seus primeiros motores de alta pressão. O veículo era capaz de transportar dez toneladas de ferro e 70 homens a velocidades de 8 km/h, entre a fundição de Penydarran, no País de Gales, e um canal próximo. Em 1808, ele passou a oferecer passeios motorizados ao público londrino, perto de Euston Square, ao preço de 5 xelins.

O Michelangelo da locomotiva ferroviária foi George Stephenson. Nascido pobre em uma região carvoeira, filho de um operador de máquina, ele foi criado nas minas ou perto delas. Atraído pela sinfonia do vapor, também encontrou emprego como operador de uma bomba a vapor. Posteriormente, foi apresentado ao inventor do aparelho, Robert Hawthorne, a quem pediu conselhos.

O talento do futuro inventor logo atraiu a atenção do governo britânico. A produção de carvão era parte essencial do esforço de guerra contra Napoleão e, ao chegar aos 30 anos, Stephenson era o encarregado de administrar todas as bombas do High Pit, um grande polo carvoeiro em Newcastle. Ele era analfabeto, mas seu sucesso permitiu que Robert, seu filho, estudasse, e este logo ensinou o pai a ler e a escrever e também lhe apresentou a Matemática e a Ciência.

As minas de carvão eram o ambiente perfeito para o desenvolvimento da primeira locomotiva ferroviária. Os carros de carvão já corriam sobre trilhos de madeira há séculos na Alemanha e na Inglaterra. No século 18, os trilhos de madeira foram lentamente convertidos em trilhos de ferro, e era inevitável que motores a vapor substituíssem os dispendiosos cavalos de tração. Boa parte desse trabalho de conversão foi responsabilidade de Stephenson.

---

* A teoria de que a convergência entre os preços das mercadorias também produz convergência nos preços dos três insumos econômicos fundamentais – terra, mão de obra e capital – é conhecida como Modelo Heckscher-Ohlin. Postulado inicialmente pelos dois economistas suecos que lhe dão o nome, depois da Primeira Guerra Mundial, o modelo foi confirmado por economistas posteriores. Essa obscura teoria tem considerável importância para uma economia mundial integrada. Ver: Kevin H. O'Rourke; Jeffrey G. Williamson. "Late Nineteenth Century Anglo-American Factor-Price Convergence: Were Heckscher and Ohlin Right?". In: Journal of Political Economy, n. 54, dezembro de 1994, p. 892-916.

O catalisador imediato para o desenvolvimento de um motor ferroviário prático surgiu como resultado das guerras napoleônicas e da alta no preço do carvão que elas causaram. O projeto inicial de Stephenson tinha potência tão baixa que, em muitos casos, era preciso empurrar as locomotivas para que andassem. Foi o caso da Blücher, que ofereceu os primeiros passeios ferroviários ao público em 1814. Stephenson e seu filho Robert não pararam de aperfeiçoar os motores, que adquiriam mais potência a cada versão. Sua criação mais conhecida, a Rocket, atingiu velocidade superior a 50 km/h e conquistou a imaginação do público britânico. A reação da atriz Fanny Kemble foi típica. Descrevendo seu primeiro passeio na Rocket, ela a definiu como:

> [...] um pequeno animal que rosna e me senti inclinada a acariciar. Partiu em alta velocidade, 55 km/h, mais rápido que um pássaro voa. Não é possível conceber a sensação de cortar o ar desse modo, com o movimento mais fluido possível. Seria possível ler ou escrever a bordo; durante o passeio, me levantei, tirei o chapéu e desfrutei da brisa. Quando fechava os olhos, a sensação de voo era deliciosa, estranha e indescritível. Mas por mais estranha que fosse, eu tinha uma perfeita sensação de segurança e nem uma ponta de medo.

Em 1821, o Parlamento conferiu permissão a um consórcio de empresários para operar uma ferrovia de Darlington a Stockton-on-Tees. As reservas de carvão disponíveis em Darlington não haviam sido exploradas devido à sua localização remota, problema que as ferrovias e o motor a vapor logo resolveriam. Terminada três anos mais tarde, a ferrovia começou a propiciar lucros quase imediatamente. Um projeto muito mais amplo, que conectava Manchester e Liverpool, não demorou a surgir. Esta segunda ferrovia, ligando o maior centro industrial do país ao grande porto mais próximo, era extraordinariamente ambiciosa. Os engenheiros teriam que realizar tarefas consideráveis de terraplenagem e construir grandes viadutos. Stephenson venceu a concorrência para as locomotivas com a Rocket, que se provou capaz de puxar uma carga pesada por um trajeto de cem quilômetros e a uma velocidade superior a 23 km/h.

A ferrovia foi inaugurada em 15 de setembro de 1830 e, ainda que a cerimônia tenha sido maculada pela primeira morte em acidente ferroviário – o parlamentar William Huskisson, entusiasta das ferrovias, foi atropelado pela Rocket e não resistiu –, logo se tornou aparente que a ferrovia havia revolucionado a vida moderna. Passada uma década, já havia 3,2 mil quilômetros de ferrovias em operação na Inglaterra. Ao contrário do navio a vapor, que pouco aumentou a velocidade ou o conforto do transporte naval, as ferrovias mudaram a natureza das viagens. Os tempos de percurso que antes eram contados em semanas e dias se reduziram a horas, e o próprio tempo ganhou um novo conceito – o de "tempo ferroviário", que indicava a súbita aceleração da vida cotidiana (semelhante ao "tempo de internet", mais recentemente). As viagens de longa distância, antes privilégio dos ricos, tornaram-se disponíveis para todos. Os ingleses realizaram 10 milhões de viagens de carruagem em 1835. Em 1845, fizeram 30 milhões de viagens em ferrovias; em 1870, esse número havia subido para 330 milhões.

> AO CONTRÁRIO DO NAVIO A VAPOR, AS FERROVIAS MUDARAM A NATUREZA DAS VIAGENS.

Em 1830, o motor a vapor reduziu o tempo de viagem de Glasgow a Londres de alguns dias para 24 horas. O jornal Railway Times exultou, perguntando "o que mais pode um homem razoável desejar?"

Luz

Há uma lenda persistente que conta que, pouco depois da meia-noite de 18 de junho de 1815, um pombo-correio solitário atravessou o Canal da Mancha em voo baixo, para informar a Inglaterra sobre a derrota de Napoleão em Waterloo. A importante notícia supostamente se destinava não à imprensa ou ao público ansioso, tampouco aos ministérios civis e militares, mas sim a um único homem: o financista Nathan Rothschild.

Naquela manhã, os membros da bolsa adivinharam que Rothschild provavelmente estaria informado sobre o resultado da batalha. Ao perceber que o mercado sabia que ele estava informado, Rothschild intencionalmente precipitou o pânico, vendendo *consols*. O astuto operador os recomprou em seguida, de modo discreto e metódico, quando a notícia sobre a vitória chegou aos mercados financeiros, um dia depois.*

Era esse o estado das comunicações no começo da Idade Moderna. O fato de que até mesmo a mais vital notícia demorava dias a se deslocar entre nações adjacentes significava que informação era dinheiro no banco para quem a tivesse, e sua falta, uma calamidade para quem não a detinha.

Os alertas se tornam elétricos

Desde a descoberta da eletricidade, cientistas sonhavam usá-la para transmitir informações e, a partir da metade do século 18, numerosas tentativas foram feitas nesse sentido. Em 1746, o abade francês Jean-Antoine Nollet formou uma fila com 200 monges, conectados por barras metálicas de oito metros. Ele os estendeu em uma linha de mais de 1,5 quilômetro e aplicou choques elétricos ao primeiro monge da fila. Para seu espanto, o último monge sentiu o choque no mesmo momento em que o primeiro. A transmissão de eletricidade parecia ser instantânea.

Mas desconsiderados os monges sujeitos a choques, no ano 1800, a comunicação eletrônica ainda estava fora de alcance. Havia três grandes obstáculos:

- não existiam fontes confiáveis de energia elétrica;
- os cientistas encontravam grande dificuldade para moldar a corrente elétrica em forma de sinais utilizáveis;

---

* A realidade é bem mais complexa. Os Rothschild usavam pombos-correio, mas apenas para informações de preço rotineiras, não para comunicações essenciais entre os sócios. A notícia sobre Waterloo, de fato, foi transmitida de jornais belgas aos escritórios dos Rothschild pelos mensageiros particulares dos financistas dois dias antes que o governo e o público britânicos a recebessem. Ainda que Nathan Rothschild tenha conseguido um lucro modesto com a compra de consols, utilizando-se dessa informação antecipada, a derrota inesperadamente rápida de Napoleão foi quase desastrosa para os Rothschild, que antecipavam uma campanha longa e, por isso, haviam adquirido grandes volumes de ouro, cujo valor despencou com o fim das hostilidades. A lenda da suposta vantagem extraída pelos Rothschild da vitória em Waterloo, embora sugira notável competência financeira aos ouvidos modernos, originou-se dos escritos antissemitas da época, especialmente das obras de Honoré de Balzac. A sensibilidade dos leitores do século 19 se ofendia profundamente com o suposto oportunismo de tais empresários. Esse foi o motivo para que a rainha Vitória recusasse um título de nobreza a Lionel de Rothschild. Comunicação pessoal com Niall Ferguson. Ver também: Niall Ferguson. The House of Rothschild (New York: Penguin, 1999), p. 14-15 e 98-101.

- como demonstrou a experiência de Nollet, a capacidade para detectar e interpretar esses sinais era extremamente limitada.

O problema da geração de eletricidade foi o primeiro a ser resolvido. Antes de 1800, eletricidade estática fraca só podia ser produzida erraticamente, pela fricção de materiais um contra o outro. Mas naquele ano Alessandro Volta deduziu, corretamente, que os tremores das pernas de rã usadas na experiência de Luigi Galvani haviam sido causados pelo contato de dois metais diferentes em uma solução salina. Volta começou a testar metodicamente diferentes pares de metais e constatou que duas combinações –zinco/cobre e zinco/prata – ofereciam a corrente mais forte e confiável. Ao estender camadas alternadas desses metais entre folhas de flanela ou de papel umedecidas com água salgada, ele conseguiu gerar um suprimento contínuo de eletricidade. Na prática, tinha produzido a primeira bateria.

A barreira seguinte era a da interpretação da corrente elétrica na ponta recebedora. Não era uma tarefa trivial. Lembre-se de que o abade Nollet dependia de informações verbais dos monges sobre o choque elétrico que haviam recebido. No começo do século 19, a técnica do dedo no cabo continuava a ser a melhor entre as disponíveis para os telegrafistas.

Em 1820, o cientista dinamarquês Hans Christian Örsted descobriu que a corrente que percorria um cabo era capaz de desviar a agulha de uma bússola. O fluxo de eletricidade, portanto, podia ser medido. Tudo o que faltava era modular a corrente para que fornecesse às agulhas de Örsted uma mensagem compreensível. Por volta de 1825, um russo chamado Pavel Lvovitch Schilling conseguiu fazer que um aparato do modelo Örsted movesse sua agulha para a direita ou para a esquerda. Combinações entre esses impulsos eram usadas para indicar cada letra ou número. Schilling até conseguiu convencer o czar da Rússia a apoiar seu projeto, mas morreu antes de construir o aparelho.

Por isso, coube a duas equipes separadas de inventores – a de William Fothergill Cooke e Charles Wheatstone, na Inglaterra, e outra comandada por Samuel Morse nos Estados Unidos – criar um telégrafo que, enfim, funcionasse fora do laboratório.

Morse, nascido em Charlestown, Massachusetts, em 1791, era artista, por treinamento e por profissão. Aos 34 anos, já tinha recebido diversas encomendas importantes, entre as quais um retrato de Lafayette. Mas batia em seu peito um coração de inventor. Ele já havia criado um novo modelo de bomba hidráulica e uma máquina que reproduzia estátuas em mármore. Quando voltava da Europa, em 1832, uma pessoa que conheceu no navio lhe falou sobre as experiências de Nollet e Örsted. Morse compreendeu que um simples código de ligado/desligado, lido pelas agulhas de Örsted, poderia ser usado para transmitir letras e números.

Quando concluiu sua viagem marítima de seis semanas de duração, já havia desenvolvido o conceito do famoso código que leva seu nome. O amador Morse não fazia ideia de que muita gente já havia tentado a telegrafia elétrica sem sucesso. E não tinha conhecimento tecnológico suficiente para construir o aparelho sozinho. O que não lhe faltava eram energia, entusiasmo e a obsessão de tornar a telegrafia elétrica uma realidade.

> EM TERMOS MODERNOS, MORSE HAVIA INVENTADO O SOFTWARE E COOKE DESENVOLVIDO O HARDWARE.

William Cooke era a alma gêmea britânica de Morse. Enquanto a grande ideia de Morse foi um sistema de código que funcionaria com um cabo único, Cooke teve a sorte de assistir em pessoa a uma demonstração do aparelho de Schilling, em 1836. Imediatamente identificou suas aplicações práticas. Em poucas semanas, tinha um modelo em funcionamento, que consistia em três agulhas alimentadas por três cabos. Uma vez que cada agulha podia apontar para a direita, para a esquerda ou para cima, havia 27 diferentes combinações possíveis, o que permitia codificar todas as letras do alfabeto. Em termos modernos, Morse havia inventado o software e Cooke desenvolvido o hardware.

Àquela altura, Morse também estava envolvido no desenvolvimento de hardware, mas tanto ele quanto Cooke esbarraram no mesmo problema: o alcance do sinal era de apenas algumas centenas de metros. Nenhum dos dois inventores tinha treinamento técnico – Cooke era anatomista, e o desenhista Morse não tinha qualquer formação científica –, portanto, não perceberam que suas baterias produziam voltagem insuficiente.

Como qualquer estudante de segundo grau hoje sabe, a solução era conectar diversas baterias em série. Nem Morse nem Cooke sabiam que, por volta de 1830, cientistas haviam conseguido conduzir corrente a distâncias de quilômetros usando baterias de alta voltagem. Um deles era Charles

Wheatstone, renomado professor de "filosofia experimental" (mais ou menos o equivalente à Física) no King's College, de Londres. Quando Cooke procurou Wheatstone, os dois imediatamente perceberam que o espírito empreendedor do primeiro e o conhecimento técnico do segundo representavam uma combinação ideal. Os dois também desenvolveram uma antipatia mútua imediata que se estenderia pelo resto de suas vidas: Wheatstone considerava Cooke um homem de negócios ignorante, e este via aquele como um acadêmico pomposo e esnobe. Em poucos meses, porém, haviam criado um projeto envolvendo cinco cabos e agulhas que era capaz de transmitir mensagens rapidamente e a longa distância.

Ainda que Morse tivesse quatro anos de vantagem com relação a Cooke e Wheatstone, desperdiçou esse tempo projetando um dispositivo de envio excessivamente complicado. Também não conseguiu resolver a questão da voltagem/distância. Quase na mesma época em que Wheatstone e Cooke construíram seu primeiro modelo funcional, Morse, reduzido a ganhar a vida ensinando Literatura e Arte na Universidade de Nova York, conheceu Albert Gale, professor de química da instituição, e Alfred Vail, um jovem rico que sabia reconhecer uma boa oportunidade. Os três se associaram, melhoraram o projeto da bateria, enxugaram o código Morse, deram-lhe o formato que se tornou conhecido e simplificaram o aparelho de digitação para permitir uma operação rápida e com apenas um dedo.

Um cabo, um mundo

Patentes foram solicitadas de ambos os lados do Atlântico e surgiu uma concorrência intensa entre as duas equipes. A essa altura, os norte-americanos conceberam uma melhora essencial: o retransmissor ou relé. Essencialmente uma segunda chave telegráfica acionada por bateria própria, ele reproduzia e enviava com precisão todos os sinais recebidos. Uma cadeia de relés cuidadosamente conectados era capaz de transmitir sinais a distâncias de centenas ou até milhares de quilômetros.

Por fim, o sistema de Morse, com um cabo e cadeias de relés, provou-se o mais funcional. Manter intacta uma conexão já era difícil o bastante; mas manter as cinco conexões simultâneas que o aparelho de Cooke-Wheatstone requeria, por longas distâncias e longos períodos, era quase impossível. Cooke e Wheatstone aos poucos descobriram que podiam operar com menos linhas. Por fim, adotaram a tecnologia do cabo único.

Dos dois lados do Atlântico, o telégrafo elétrico foi recebido com imenso ceticismo. Ao contrário do que ocorreu com o motor a vapor, era difícil demonstrar convincentemente a telegrafia elétrica. Em uma exibição pública típica, o "telegrafista" enviava mensagens de uma sala para outra por meio de cabos, e o equipamento receptor só exibia o movimento de algumas agulhas. Em mais de uma ocasião, jornais e políticos acusaram Morse e Cooke de fraude. Ainda que o Congresso dos Estados Unidos ao final tenha concedido US$ 30 mil a Morse para que ele criasse uma linha de demonstração entre Washington e Baltimore, as equipes britânica e norte-americana acabaram criando as primeiras redes telegráficas com capital próprio.

Cooke voltou sua atenção ao cliente mais óbvio: as ferrovias. Em troca do uso de seus direitos de passagem para a instalação de cabos, uma companhia ferroviária recebia serviços telegráficos gratuitos. No começo da década de 40 do século 19, ele já havia instalado linhas telegráficas curtas ao longo das rotas ferroviárias de Londres. A mais extensa era o trecho de 20 quilômetros entre Paddington e West Drayton.

Enquanto isso, Morse, Gale e Vail começaram a instalar uma linha de 65 quilômetros ao longo de uma ferrovia de Baltimore a Washington. O Congresso suspeitou que o grupo de Morse estivesse cobrando demais pelo trabalho, e acusações não demoraram a surgir. O governo apontou um observador chamado John Kirk, que propôs um teste do novo sistema durante uma convenção do partido Whig que aconteceria em Baltimore em 1º de maio de 1844. De seu posto no terminal leste da linha ainda não concluída, a 20 quilômetros de Baltimore, Vail devia telegrafar os nomes dos candidatos selecionados para Morse e Kirk, em Washington. Quando Morse anunciou os resultados da convenção mais de uma hora antes que a mesma notícia chegasse à capital norte-americana de trem, todas as dúvidas sobre a telegrafia elétrica desapareceram.

Uma sequência semelhante de eventos aconteceu na Inglaterra. Três meses depois da convenção dos whigs norte-americanos, telegrafistas transmitiram a notícia do nascimento do segundo filho da rainha Vitória de Windsor a Londres, bem antes que o mensageiro despachado de trem pudesse fazê-lo. Não demorou para que o novo aparelho começasse a deslumbrar o público com diversos milagres: criminosos que se haviam acostumado a recorrer às ferrovias como meio de fuga passaram a ser capturados;

parentes que haviam recebido informação falsa sobre a morte de um ente querido descobriam instantaneamente que a pessoa estava viva e bem; canhões posicionados a 30 quilômetros de distância podiam ser disparados por ordem telegráfica.

No mesmo ano, Cooke conseguiu convencer o Almirantado britânico a construir uma linha de 145 quilômetros entre Londres e Portsmouth. Quase imediatamente depois, John Lewis Ricardo, financista e parente distante do economista David Ricardo, adquiriu a patente de Cooke e Wheatstone por 144 mil libras (em vez de simplesmente licenciá-la) e criou a Electrical Telegraph Company. A empresa construiu uma rede telegráfica conectando todas as grandes cidades inglesas.

> A REALIZAÇÃO MAIS RELEVANTE DA ÉPOCA FOI A INSTALAÇÃO DO PRIMEIRO CABO TRANSATLÂNTICO, EM 1858.

O novo meio de comunicação explodiu e, nas palavras do jornalista e escritor Tom Standage, tornou-se "a internet vitoriana". A quilometragem de linhas telegráficas disparou. No começo de 1846, a única linha em operação nos Estados Unidos era o trecho de 75 quilômetros entre Baltimore e Washington. Em 1848, já havia 3,2 mil quilômetros de cabos e, em 1850, o total chegara a 19 mil quilômetros. Em 1861, surgiu a primeira linha telegráfica que atravessava os Estados Unidos da costa atlântica à do Pacífico. Poucos dias depois disso, o serviço de mensagens Pony Express fechou as portas.

A realização mais relevante da época foi a instalação do primeiro cabo transatlântico, em 1858. Como ele unia as redes norte-americana e europeia, praticamente todo o mundo civilizado, do rio Mississipi aos montes Urais, pôde compartilhar o espanto causado pela primeira conexão entre os continentes, em 5 de agosto daquele ano. George Templeton Strong, de Nova York, escreveu em seu diário:

> Ontem, o [New York] Herald publicou que o cabo sem dúvida representa o anjo que, no Livro das Revelações, tem um pé postado sobre a terra e outro no mar, e proclama que o tempo já não existe. Pessoas mais moderadas se limitam a dizer que essa é a maior realização da história humana.

A realidade do primeiro cabo transatlântico era bem menos impressionante. A linha, na verdade, só foi conectada ao sistema norte-americano, em seu ponto de ingresso na Terra Nova, muitos dias depois da inauguração oficial. O tráfego de cabo era dolorosamente lento. Foi só em 16 de agosto que a rainha Vitória transmitiu uma mensagem de 29 palavras ao presidente James Buchanan, e o mundo só descobriria muito mais tarde que a transmissão havia demorado 16 horas. Pouco depois do início da conexão, a qualidade de transmissão se deteriorou ainda mais. No final de agosto, dias inteiros se passavam sem tráfego inteligível no cabo. E, em 1º de setembro, o sinal por fim oscilou pela última vez e se extinguiu.

Os engenheiros determinaram que seria necessário um cabo mais pesado e durável e, em 1865, o único navio capaz de transportar os milhares de quilômetros do novo e volumoso cabo – o Great Eastern – iniciou o trabalho. A expedição de 1865 também fracassou, perdendo o cabo em uma área na qual o mar tinha três quilômetros de profundidade. Todas as tentativas de recuperá-lo foram inúteis. No ano seguinte, porém, o imenso navio não só conseguiu deitar uma nova linha como recuperar a primeira, estabelecendo duas conexões. Em 1870, o Great Eastern já havia estendido as conexões telegráficas à Índia e, no ano seguinte, a Austrália foi adicionada à web do século 19.

Da perspectiva da comunicação humana, os países encolheram a um tamanho praticamente insignificante na década de 40 do século 19, e, por volta de 1871, o planeta inteiro já estava integrado. Imensas infraestruturas locais surgiram quase imediatamente. Dezenas de milhares de mensageiros e centenas de quilômetros de tubos pneumáticos operados a vapor conectavam uma complexa rede de estações telegráficas.

Consequentemente, o primeiro serviço telegráfico era proibitivamente caro. Uma mensagem transatlântica custava US$ 100 – o que equivalia a meses de salário de um trabalhador comum. Como no caso dos pombos-correio de Rothschild, a tecnologia de comunicação de vanguarda só transmitia as informações mais valiosas, quase sempre financeiras. No começo da década de 50 do século 19, a linha mais movimentada do planeta unia a Bolsa de Valores ao Escritório Telegráfico Central de Londres. Mais de 90% do tráfego transatlântico inicial estava relacionado a negócios, quase todo reduzido a um código compacto, para diminuir custos. Em 1867, o operador telegráfico A. E. Callahan inventou uma máquina especializada que oferecia registro contínuo dos preços de ações. O ruído característico da máquina lhe valeu um nome que ainda sobrevive: *stock ticker*.

Com sublime ironia, da mesma forma como os visionários atuais da web imaginam que estão unindo a humanidade no estreito e sorridente abraço da Grande Paz da internet, os jornalistas do século 19 despejavam considerações extasiadas sobre o potencial do telégrafo para acabar com qualquer forma de conflito humano. Infelizmente, o telégrafo não pôs fim aos conflitos humanos, da mesma forma que os eventos do 11 de setembro de 2001 deixaram dolorosamente claro que o contato forçado entre culturas diferentes, no mundo conectado, oferece uma receita nada segura para a harmonia universal.

A BARRAGEM SE ROMPE

Os 50 anos de 1825 a 1875 viram mais mudanças radicais na maneira como as pessoas viviam do que qualquer outro período histórico. Hoje, pensamos em nossa época como um tempo de mudança tecnológica singularmente rápida. Mas nada poderia estar mais distante da realidade. O cidadão médio de duas gerações atrás enfrentaria pouca dificuldade para compreender o computador, os jatos de passageiros e até mesmo a internet. Por outro lado, uma pessoa de 1820 transportada ao mundo de 1875 ficaria atônita diante da velocidade das viagens ferroviárias e da comunicação mundial instantânea, criadas no intervalo de tempo de apenas meio século. A humanidade jamais havia sido arrastada ao futuro com tamanha força e velocidade quanto nas décadas posteriores a 1825. E é improvável que um salto equivalente volte a acontecer.

> A HUMANIDADE JAMAIS HAVIA SIDO ARRASTADA AO FUTURO COM TAMANHA FORÇA E VELOCIDADE QUANTO NAS DÉCADAS POSTERIORES A 1825.

O que deflagrou essas mudanças revolucionárias do começo do século 19 e o firme crescimento na riqueza que se seguiu a elas, e que continua a ocorrer, sem sinal de abatimento, passados dois séculos? Apesar do risco de exagerar na metáfora, creio que, por volta de 1800, a economia ocidental se assemelhava a uma barragem por trás da qual um reservatório de potencial cada vez maior vinha se acumulando. Esse "dique" continha séculos de avanço na lei comum inglesa, iniciados pela Magna Carta, expandidos pelo brilho de Edward Coke e de seus sucessores e coroados pelos precedentes judiciais e estatutos que regiam monopólios governamentais e patentes. A represa continha igualmente os deslumbrantes avanços intelectuais do iluminismo científico e os avanços sequenciais nos mercados financeiros propiciados pelos italianos, holandeses e ingleses.

Essas realizações melhoraram o bem-estar individual, mas em ritmo glacial. Entre 1500 e 1820, a renda per capita média do europeu ocidental cresceu em torno de 0,15% ao ano. Sim, a proteção firme à propriedade levou artesãos a inovar, o racionalismo científico lhes forneceu ferramentas com que trabalhar e os mercados de capitais lhes ofereceram os fundos necessários para desenvolver e produzir suas maravilhosas invenções. O que faltava era a força física bruta essencial para acionar suas fábricas e transportar seus bens e a velocidade de comunicação indispensável para coordenar todo esse processo.

A invenção do motor a vapor e do telégrafo rompeu a barragem, se me permitem a imagem, liberando uma torrente de crescimento econômico que jamais havia sido vista no passado. A barragem nunca poderá ser reconstruída, e a torrente do crescimento ocidental não será detida tão cedo.

CAPÍTULO 6
A SÍNTESE DO CRESCIMENTO

São as instituições – direitos de propriedade, liberdades individuais, Estado de direito, a tolerância intelectual implícita no racionalismo científico e a estrutura do mercado de capital – que importam. O foco do capítulo anterior nas dramáticas mudanças tecnológicas do início da Idade Moderna não minimiza de modo algum essa ênfase. Sem a liberdade intelectual de que as pesquisas de Huygens e Papin desfrutaram, sem as recompensas que a proteção a patentes e direitos de propriedade conferiu a Watt e a Morse ou sem o financiamento via mercado de capital obtido por Cooke e Wheatstone, as grandes redes de ferrovias, telégrafos e eletricidade jamais teriam sido construídas.

A história da ferrovia entre Manchester e Liverpool destaca a dependência das inovações tecnológicas quanto aos mercados de capital. Em 1825, um pânico financeiro irrompeu em meio à construção da linha, e as obras poderiam ter sido abandonadas se o governo não concedesse um empréstimo emergencial de 100 mil libras.

Os usos dos direitos de propriedade intelectual são diversos. Como vimos no capítulo 5, o inventor original, muitas vezes, não é a pessoa certa para explorar a invenção. O telégrafo, por exemplo, só conquistou mercados depois que sua patente mudou de mãos. Os empresários que assumiram o controle da nova tecnologia telegráfica – John Lewis Ricardo, na Inglaterra, e Amos Kendall, um jovem e próspero empresário norte-americano – comercializaram o telégrafo muito melhor do que Cooke, Wheatstone e Morse haviam feito. Kendall e Ricardo também permitiram que esses três nomes ganhassem mais dinheiro do que teriam conseguido por conta própria.

Até mesmo as sutilezas dessas instituições importam. No começo da era do vapor, a maioria dos observadores imaginava que as carruagens rodoviárias a vapor tinham perspectivas superiores às dos vagões ferroviários puxados por locomotivas. Os primeiros carros rodoviários a vapor funcionavam tão bem quanto as primeiras locomotivas, e, no começo do século 19, McAdam e o engenheiro e projetista de estradas e pontes Thomas Telford já haviam construído, na Inglaterra, uma impressionante rede de estradas lisas e operacionais sob todos os climas, com dinheiro fornecido pelo sistema inglês de pedágios. Telford, que preferia o transporte rodoviário, convenceu Goldsworthy Gurney, um engenheiro que trabalhava com motores a vapor, a produzir um motor leve com "apenas" 1,3 tonelada, para impulsionar os novos veículos.

Uma rede ferroviária, por outro lado, precisaria ser construída do zero. Além disso, uma ferrovia é por natureza um empreendimento monopolista que necessariamente exclui locomotivas de outras companhias; os interesses ferroviários teriam que superar a antipatia da lei comum pelos monopólios. Em contraste, os veículos rodoviários, com múltiplos operadores e operando em estradas gratuitas ou com pedágios, respeitavam mais o espírito da lei comum.

Porém manobras parlamentares escusas e interesses particulares acabaram saindo vitoriosos. Os lobbies das ferrovias e das carruagens rodoviárias, que argumentava que os carros rodoviários a vapor seriam um risco para a segurança devido à sua alta velocidade, forçaram a aprovação de leis que impunham pedágios proibitivos para os novos veículos e impediram seu desenvolvimento. Contudo, mesmo assim, foi uma vitória por uma pequena margem. Alguns anos mais tarde, o Parlamento revogou a proibição aos carros rodoviários a vapor, mas a morte de Telford, em 1834, selou o destino das viagens rodoviárias na Inglaterra. Se o equilíbrio dos fatores institucionais tivesse sido um pouco diferente, o país poderia ter desenvolvido um sistema de rodovias para transporte pesado, em vez de uma rede ferroviária.

Dos quatro grandes fatores que deflagraram o crescimento econômico sustentado do Ocidente – direitos de propriedade, racionalismo científico, mercados de capitais e a tecnologia do vapor e do telégrafo –, quais foram, e quais são, hoje, os mais importantes? Os historiadores econômicos há muito tempo debatem a questão. Rosenberg e Birdzell, em *How The West*

Grew Rich, favorecem os fatores tecnológicos, pois seu avanço ocorreu paralelamente com o da economia mais ampla, enquanto os direitos de propriedade podem ter até se deteriorado no século 20. O historiador econômico Jack Goldstone enfatiza os motores a vapor e de combustão interna como fator primário da explosão de crescimento do século 19. Mas outros, como o escritor Tom Bethell e o economista Hernando de Soto, não têm dúvidas de que o crescimento econômico teria sido impossível sem os direitos de propriedade.

Basta refletir por um momento para perceber que todos eles estão certos e, também, errados. O crescimento econômico moderno pode ser comparado à estrutura metálica de um moderno arranha-céu. Cada elemento sustenta todos os demais, e nenhum se manterá estável se todos não estiverem firmes.

O desenvolvimento da ferrovia, dos motores a vapor e do telégrafo elétrico demonstram claramente o conceito. Essas invenções cruciais não teriam sido possíveis sem o incentivo oferecido pelos direitos de propriedade, pelo racionalismo científico e pelo financiamento via mercados de capital. E, uma vez mais, até mesmo as sutilezas de cada instituição importam. Bridgewater, por exemplo, só completou seu canal em 1767, quando a queda das taxas de juros depois da Guerra dos Sete Anos permitiu que obtivesse financiamento para terminar a construção. Os mercados de capitais se beneficiaram igualmente dos direitos de propriedade garantidos. As instituições financeiras britânicas modernas nasceram pouco depois da Revolução Gloriosa de 1688 e reduziram a capacidade de roubo da monarquia. Uma estrutura científica e matemática intelectualmente rigorosa (ou seja, a Economia como ciência) também deu sustentação aos mercados de capitais. As tabelas atuariais de Halley, por exemplo, tornaram possível o rápido crescimento do setor de seguros no século 18. Sem os seguros, as empresas não seriam capazes de administrar riscos e, sem essa capacidade, não haveria capital para novos empreendimentos.

Por fim, mas não menos importante, a corrente sanguínea das finanças flui com a informação, tornada possível pela comunicação moderna. Hoje, tomamos por certo o conhecimento instantâneo quanto à oferta e procura de quase todos os bens disponíveis no planeta – os locais onde as coisas são escassas, os locais em que são abundantes. Na era pré-moderna, consumidores e mercados recebiam informações vitais com meses de atraso, e, por isso, arcavam com grandes ineficiências. No século 20, algo semelhante acontecia nos países socialistas. Como seus dirigentes determinavam por decreto a produção de bens, ficavam privados das valiosas informações oferecidas pelos preços de mercado. O transporte eficiente, assim como o custo, também reduz a necessidade de capital. Um intervalo mais curto entre a produção e a venda permite que empresários tomem menos dinheiro emprestado e que façam isso por prazos mais curtos. Onde a informação financeira não flui livre e instantaneamente, os investidores não arriscam seu capital. A começar do final do século 19, as grandes sociedades por ações de capital aberto se tornaram as molas propulsoras do capitalismo. Antes disso, essas empresas – inicialmente, dedicadas apenas ao comércio – requeriam a condição de monopólio para poderem sustentar operações e atrair capital. Apenas a capacidade de comunicação e transporte em massa oferecida pelo telégrafo e pelo motor a vapor tornou possível a sobrevivência de grandes organizações de negócios capazes de operar em todo o mundo e obter financiamento adequado sem proteção do governo.

> ONDE A INFORMAÇÃO FINANCEIRA NÃO FLUI LIVRE E INSTANTANEAMENTE, OS INVESTIDORES NÃO ARRISCAM SEU CAPITAL.

O relacionamento entre o racionalismo científico e os três demais fatores é menos evidente. Pesquisas científicas podem ser subversivas, pois desafiam o *status quo*. Isso se aplicava especialmente à Europa Ocidental no início da Idade Moderna, quando uma nova teoria ou mesmo um avanço nos equipamentos científicos, como o telescópio de Galileu, poderia submeter seu criador às atenções da Inquisição. Mesmo na Idade Moderna, continuam a existir nações onde as pesquisas intelectuais isentas podem ser fatais. A mentalidade científica floresce melhor nas sociedades que movimentam informação de forma mais rápida e acalentam a dissensão e a liberdade individual, companheiras inseparáveis dos direitos de propriedade. A conexão entre liberdade individual e pesquisa científica explica, em parte, o paradoxo da liderança continuada dos Estados Unidos na inovação científica, apesar de seu culto narcisista do indivíduo e da deterioração de seu sistema educacional.

Por fim, os argumentos em favor dos direitos de propriedade são em si, no geral, indutivos e empíricos, ou seja, baseados no racionalismo científico. Mesmo a mais casual observação do mundo demonstra que as nações que melhor protegem os direitos de propriedade prosperam mais. A maneira mais efetiva de sufocar a riqueza das nações é interromper o tráfego livre e aberto de bens e de informações. A ideologia marxista, que, pela própria natureza, requer um imenso salto de fé dedutiva, desaba diante da mais breve consideração das informações empíricas.

Hoje, os direitos de propriedade parecem ser o ingrediente crucial para o crescimento econômico. Mas trata-se de um fenômeno moderno. No mundo atual, os três outros fatores são muito mais fáceis de se obter do que os direitos de propriedade. Como veremos no capítulo 9, fatores culturais profundamente enraizados tornam difícil garantir a liberdade individual e os direitos de propriedade em muitas nações. Inversamente, tanto os gregos antigos quanto os ingleses medievais obtiveram direitos de propriedade no estágio inicial de seu desenvolvimento econômico e político, mas, devido à falta dos três demais fatores, suas nações não cresceram.

Em última análise, é tão insensato avaliar a importância relativa dos quatro fatores para o desenvolvimento de um país quanto perguntar qual, dentre farinha, açúcar, fermento ou ovos, é o ingrediente mais importante de um bolo. Todos são essenciais, todos se complementam. Sem os quatro ingredientes, não há sobremesa.

PARTE 2

Nações

Ao longo dos dois séculos passados, o mundo se tornou muito mais próspero. O processo foi irregular: alguns países começaram a crescer rapidamente no começo do século 18, outros apenas bem mais tarde, e alguns nem começaram. Isso tudo resultou em uma enorme disparidade entre os países prósperos do planeta e os demais. Em 1500, a Itália era o país mais rico do mundo, com uma renda per capita menos de três vezes superior à das nações mais pobres. Em 1998, a renda per capita norte-americana era mais de 50 vezes superior à dos países mais pobres.

A onipresença da mídia na vida contemporânea faz com que muitas das pessoas mais pobres do planeta possam contemplar diretamente a vitrine da prosperidade ocidental. Colocar em contato direto os mais ricos e os mais pobres intensifica os danos que esse desequilíbrio causa e agrava os muitos conflitos culturais, políticos e religiosos do planeta.

Esta seção examina as origens dessa disparidade cada vez mais ampla entre os ricos e os pobres – por que alguns países cresceram rapidamente, outros demoraram mais e outros ainda não conseguiram fazê-lo. O capítulo 7 explora como a riqueza moderna nasceu inicialmente em dois países: Holanda e Inglaterra. O capítulo 8 se concentra em três países que os acompanharam com atraso: França, Espanha e Japão. Nele, identificaremos os obstáculos que bloquearam o crescimento econômico e demonstraremos como foram, por fim, superados. O capítulo 9 traça a anatomia do fracasso do mundo muçulmano e da América Latina e discute as interações cruciais entre religião, cultura, política, herança colonial e economia.

Não existe espaço para muitas histórias importantes, como a do desenvolvimento inicial e persistência da Alemanha, ou sobre a profundidade da pobreza que aflige a maior parte da África ao sul do Saara. A estrutura deste livro, porém, ao menos oferece um quadro analítico que pode ser aplicado a qualquer nação e orienta o leitor interessado quanto a que caminho seguir.

CAPÍTULO 7
OS VENCEDORES – HOLANDA E INGLATERRA

HOLANDA

O crescimento sustentado da economia holandesa começou no século 16. Mais de dois séculos antes que Malthus elaborasse sua sombria armadilha populacional, a Holanda já havia escapado dela. Ainda que o crescimento holandês tenha sido muito mais contido que o explosivo crescimento ocorrido na Inglaterra três séculos mais tarde, Adam Smith, o fundador da Economia, como a maioria dos ingleses de sua época, tinha bons motivos para invejar a riqueza da Holanda:

> A província da Holanda... em proporção à extensão de seu território e ao número de seus habitantes, é um país mais rico que a Inglaterra. O governo lá toma empréstimos a 2% e os cidadãos privados dotados de bom crédito a 3%. Os salários dos trabalhadores, ao que se diz, são mais altos na Holanda que na Inglaterra.

No final do século 17, a Inglaterra ainda não se havia recuperado de uma guerra civil brutal e da restauração dos Stuart. A Holanda, diferentemente, vinha desfrutando há mais de um século do governo republicano oligárquico, e sua renda per capita era mais de duas vezes superior à do vizinho no lado oposto do Mar do Norte. Ainda que os holandeses jamais tenham conseguido reconquistar o domínio militar e econômico que detiveram no século 17, continuam a ser, até hoje, um dos povos mais ricos do mundo. A prosperidade holandesa era tão grande que, mesmo em 1815, depois de décadas de embargo pela Inglaterra e da subsequente conquista e exploração pela França, o padrão de vida do país continuava igual ao da Inglaterra.

Os números de Angus Maddison, vistos nesta tabela, resumem o triunfo da economia holandesa melhor que qualquer narrativa o faria.

Crescimento do PIB per capita nos séculos 16 e 17[2]

	1500	1700	Taxa de crescimento, 1500-1700
Holanda	US$ 754	US$ 2.110	0,52%
Inglaterra	US$ 714	US$ 1.250	0,28%
França	US$ 727	US$ 986	0,15%
Itália	US$ 1.100	US$ 1.100	0
China	US$ 600	US$ 600	0

Embora anêmico diante dos padrões posteriores, o crescimento médio de 0,52% sustentado pelos holandeses entre 1500 e 1700 representava uma melhora espetacular com relação à estagnação econômica que sufocou a Europa por mil anos depois da queda de Roma.

Muitos humanistas, sem dúvida, lamentarão a pouca importância conferida à Itália nesta narrativa. As cidades-estado italianas não eram as mais avançadas da Europa por suas realizações comerciais, intelectuais e artísticas? A Itália não foi o berço do Renascimento? Sim, mas resta o triste fato de que, excetuada a República Veneziana (e Florença antes que os Médici tomassem o controle), a Itália era governada pela espada, e não como Estado de direito. Condottieri controlavam as regiões rurais e, ainda na Idade Moderna, os viajantes que transitavam pelo país costumavam contratar guardas armados. Consequentemente, instituições políticas, judiciais e financeiras nacionais jamais se desenvolveram na Itália e, como essa falta de crescimento demonstra, depois de 1500, o país se tornou cada vez mais um retardatário na economia.

Uma república muito peculiar

Como exatamente o centro do poderio econômico se transferiu para o norte dos Alpes? Como a Holanda conseguiu assumir a liderança da corrida já na largada? Que lições a ascensão e a queda do domínio comercial holandês oferecem ao mundo moderno? A fim de responder essas questões, devemos primeiro examinar os fatos concretos da Holanda no início do século 16.

No final do período medieval, os duques da Borgonha conquistaram o controle sobre as terras baixas holandesas e, em 1506, Carlos I da Espanha herdou esses territórios. Passados 13 anos, ele se tornou imperador do Sacro Império Romano Germânico, como Carlos V. No começo do século 16, em um dos grandes momentos de inflexão da História, cinco importantes protagonistas ganharam destaque: Carlos V, Francisco I da França, Henrique VIII da Inglaterra, o papa Leão X e Martinho Lutero. Os três primeiros disputavam ferozmente o cerimonial posto de imperador romano, em eleições organizadas pelo papa. Ao mesmo tempo, a titânica disputa entre Leão X e Martinho Lutero mudaria para sempre a cristandade e, com ela, a história política, militar e econômica do planeta. A épica luta holandesa pela liberdade contra os herdeiros de Carlos V na dinastia Habsburgo e a heresia de Lutero serviriam como pano de fundo histórico e cultural para a ascensão da Holanda à condição de potência econômica.

A posição geográfica única da Holanda tem papel central para o início de sua expansão econômica. A Holanda é um país baixo, definido por sua localização como saída do imenso sistema fluvial do Reno/Waal/Mosa/Ijssel para o Mar do Norte. A topografia holandesa se divide em três zonas:

- à beira-mar, um grupo de dunas de areia que serve como barreira, com altitude de cerca de 6 metros acima do nível do mar;
- por trás das dunas, cerca de metade da atual massa terrestre holandesa, os chamados "pôlderes", que ficam em geral abaixo do nível do mar;
- além dos pôlderes, planícies arenosas que ficam pouco acima do nível do mar e são compostas de terra fina e pouco produtiva, depositada ao longo dos séculos pelos grandes rios.

Antes de cerca de 1300, os pôlderes atuais jaziam sob a água. Ao longo dos três séculos seguintes, aldeões utilizaram a tecnologia das bombas hidráulicas acionadas por moinhos de vento, inventada naquele período, para construir os famosos *bedijkingen*, ou diques, a fim transformarem os pôlderes em terras aráveis. Depois de construídos os diques, os holandeses removiam a turfa da terra recuperada e a queimavam. Esse processo resultou no desenvolvimento de algumas das terras agrícolas mais produtivas do Ocidente.

Esse desenvolvimento trouxe consigo as sementes de uma revolução econômica e social. Criou uma rede de comunidades prósperas e independentes sem uma estrutura feudal preexistente. Nem Carlos V nem seu filho, Felipe II da Espanha, tentaram impor o feudalismo à Holanda. A invasão de Felipe, em 1568, cujo objetivo era impedir a difusão da Reforma Protestante de Lutero na Borgonha, deflagrou uma rebelião nas províncias setentrionais que durou 80 anos – até 1648, quando a Espanha concedeu independência formal à Holanda.

Tecnicamente, o nome "Holanda" se refere à maior das sete províncias do norte dos Países Baixos. Antes da guerra de independência, a Antuérpia era o polo comercial da região e o centro da rebelião. Depois da queda de Antuérpia diante dos espanhóis, em 1585, Amsterdã, a capital da província holandesa, logo assumiu um papel de liderança. As seis outras províncias importantes – Zeeland, Utrecht, Friesland, Groningen, Gelderland e Overijssel – tinham população total pouco superior à da Holanda propriamente dita. Mas, mesmo que a Holanda abrigasse menos da metade da população da República Holandesa, dominava as demais províncias devido à sua riqueza desproporcional. Ela respondia por cerca de 60% da arrecadação tributária da república e por aproximadamente 75% dos empréstimos que foram necessários para sustentar a revolução.

> ANTES DA GUERRA DE INDEPENDÊNCIA, A ANTUÉRPIA ERA O POLO COMERCIAL DA REGIÃO E O CENTRO DA REBELIÃO.

Como era comum nas guerras religiosas da época, a revolta holandesa contra a Espanha foi um conflito indizivelmente bárbaro. Os rebeldes originalmente tinham esperança de unir todas as 17 províncias da Borgonha, mas racionalmente observaram que seria melhor dividir as províncias espanholas em duas nações: uma protestante nortista e uma católica sulista. A porção sul, onde estava a Antuérpia, foi arruinada economicamente pelo domínio espanhol e por sua separação das prósperas províncias setentrionais vizinhas. O controle sobre as províncias do sul seria transferido da Espanha para a Áustria depois da Guerra de Sucessão Espanhola, em 1713; para a França em 1794, depois da Revolução Francesa; e de volta para a Holanda depois da derrota de Napoleão em Waterloo, em 1815. Passados

15 anos, o sul se rebelou contra o domínio holandês e enfim conquistou sua independência, adotando o nome Bélgica.

O Estado setentrional surgiu quando as províncias rebeladas formaram a União de Utrecht, uma frouxa confederação, em 1579. Ela propunha um novo e surpreendente conceito: tolerar todas as religiões (ou ao menos as ocidentais): protestantismo, catolicismo e, notavelmente, judaísmo. A liberdade religiosa removeu os grilhões da mentalidade aristotélica e permitiu que estudiosos e mercadores se aventurassem em jornadas intelectuais e comerciais que haviam passado séculos bloqueadas.

Ainda mais notável, a ascensão econômica holandesa começou muito antes do início da luta pela independência, em 1568. O pico da prosperidade da Holanda, de fato, surgiu pouco antes de sua emancipação pela Espanha, em 1648. Além disso, as províncias holandesas combateram o gigantesco Império de Habsburgo e o espanhol como Estados independentes, sem governo central prático. O historiador Johan Huizinga expressa assim sua admiração: "Onde mais uma civilização atingiu seu pico tão pouco tempo depois que uma nação foi criada?"

Além disso, essa nação em evolução, por conta da interação entre mares, rios, diques e operações militares, apresentava um panorama geográfico e político em constante mutação. Havia momentos em que pouco se assemelhava àquilo que hoje conhecemos como Holanda. A história política da Holanda não encontraria espaço neste livro, mas basta dizer que, antes do século 19, as autoridades provinciais e municipais eram as que detinham o poder. Os holandeses jamais tiveram um governo nacional forte. As autoridades locais eram, em muitos casos, membros das elites comerciais locais, que haviam ascendido por seus esforços. A transferência de poder era hereditária em muitos casos.

TERRA NOVA, HOMENS NOVOS

A criação da nova terra foi singular. A criação dos novos homens foi revolucionária. Quando os holandeses começaram a construir seus diques, tiveram de cavar valas de drenagem para escoar a água. Essas valas passaram a servir como delimitação para as fazendas criadas na terra recuperada. Os diques, quando completados, deixaram uma estrutura densa de camponeses livres que controlavam suas propriedades, sem obrigações para com senhorios. A força do velho sistema feudal se dissipava, assim, das províncias do sul para as do norte e do interior para a costa. Na fase inicial da recuperação de terras, a exploração e queima da turfa propiciou combustível muito bem-vindo para consumo doméstico e exportação.

Os projetos de recuperação de terras também rebaixaram o nível da terra e causavam ocasionais perdas para o mar. A manutenção dos diques era uma tarefa árdua. Conselhos regionais e locais, quase todos autônomos, orientavam a manutenção dos diques, cuja característica mais reconhecível era a presença dos moinhos em estilo holandês.

> PELA PRIMEIRA VEZ DESDE A QUEDA DE ROMA, OS FRUTOS DO TRABALHO BENEFICIAVAM PRIMORDIALMENTE OS CIDADÃOS LIVRES DA REPÚBLICA.

Os conselhos de drenagem serviam para reforçar uma estrutura política já independente na Holanda. Isso traz à memória as origens dos agricultores gregos livres – os *georgoi* –, que trabalhavam as terras menos produtivas em torno das grandes propriedades feudais, por volta do século 9 a.C. Na Grécia antiga, o agricultor altamente motivado, em sua pequena propriedade, superou a baixa qualidade da terra. Em situação diferente, o agricultor holandês trabalhava terra recuperada de alta qualidade.

A nova nação se beneficiava não só de terra rica, mas também de camponeses que haviam escapado do peso do sistema feudal e dos sufocantes dogmas da Igreja. Pela primeira vez desde a queda de Roma, os frutos do trabalho beneficiavam primordialmente os cidadãos livres da república. O agricultor que inovasse com sucesso tinha direito a ficar com as recompensas. Os camponeses da Holanda podiam pensar e dizer o que quisessem.

A batalha contra o mar foi longa, árdua e sujeita a revezes frequentes. Em 1421, uma inundação varreu 34 aldeias e quase 500 quilômetros quadrados de terra, boa parte da qual jamais foi recuperada. Em 1730, houve uma infestação dos diques por *Teredo limmoria*, uma espécie de minhoca, e foi preciso revestir suas estruturas com pedras, uma empreitada caríssima.

Mas a Holanda era, em termos gerais, uma terra afortunada. Depois de 1500, a chamada "Pequena Era Glacial" reduziu a temperatura mundial e causou uma baixa no nível do mar, porque a expansão da camada de gelo polar absorveu maior volume de água. Com o tempo, isso reduziu bastante o esforço necessário à manutenção dos diques. No século 16, houve 14 inundações na Holanda; no 17, apenas sete; no 18, quatro; e nos 19 e 20, uma em cada século.

Preços altos, canais largos, tempos de fartura

Os holandeses foram afortunados também de outra maneira importante. Por volta de 1450, os preços começaram a subir na Europa. Quando os economistas descrevem o preço de determinada commodity, frequentemente mencionam sua "elasticidade". Digamos que, por qualquer motivo, sua renda tenha acabado de cair. Ainda que seja provável que você viaje menos e compre menos aparelhos eletrônicos, não é provável que coma menos. Um economista diria que sua curva de procura de alimentos é "inelástica", pois ela não é muito afetada pelos preços. Por outro lado, as viagens de lazer e os bens eletrônicos de consumo são commodities de alta elasticidade. Caso sua renda caia ou o preço dos bens eletrônicos de consumo suba, você comprará menos aparelhos.

Quando os preços começaram a subir na metade do século 15, o custo dos cereais registrou o aumento mais dramático. Tratava-se da mais essencial e, portanto, mais inelástica das commodities humanas no período medieval. Em ordem de elasticidade, estão o gado, as safras industriais como a linhaça e a madeira e, por fim, os produtos industrializados, com o maior grau de elasticidade. Em outras palavras, os produtos industrializados sofrem os menores aumentos de preços quando se tornam escassos, e os grãos, os maiores.

No final do século 15, a disparada nos preços dos grãos aumentou o preço das terras aráveis. Isso resultou em avanços na engenharia civil e tecnologia em escala não vista desde o Império Romano. O agricultor holandês, dotado de liberdades recém-descobertas, começou a usar um novo tipo de moinho de vento, o bovenkruier, que necessitava que apenas o topo da estrutura fosse alinhada com o vento, em vez de o moinho inteiro. Os engenheiros holandeses desenvolveram avanços semelhantes na construção de diques. As primeiras bombas hidráulicas acionadas por moinhos conseguiam bombear campos em profundidade máxima de 30 centímetros. Por volta de 1624, sistemas de moinhos avançados, operando em série, eram capazes de bombear a cinco metros de profundidade.

Os diques e os moinhos de vento eram caros e demoravam décadas a cobrir seus custos de construção. Eram necessários grandes volumes de capital que, para que esses projetos se tornassem viáveis, precisavam estar disponíveis a juros baixos. Como vimos no capítulo 4, na metade do século 16, os financistas holandeses eram capazes de bancar grandes projetos de construção com empréstimos a juros de 4% e 5% anuais, e os agricultores podiam obter hipotecas a juros apenas ligeiramente mais altos. A afirmação de Adam Smith quanto a juros comerciais de 3% e captação governamental a 2% se refere a uma época posterior, e ainda assim envolve algum exagero de sua parte. Entre 1610 e 1640, os investidores holandeses aplicaram espantosos dez milhões de coroas – boa parcela da riqueza nacional e um montante muito superior ao investido na Companhia das Índias Orientais (VOC) holandesa – em projetos de drenagem.

A Holanda era afortunada em outra área crucial, o transporte. O transporte aquático em geral era (e continua sendo) mais barato que o transporte terrestre, principalmente antes do advento dos motores a vapor. Nenhuma nação transportava seus bens tão rapidamente e por um preço tão baixo quanto a Holanda. O país, pequeno e plano, abrigava numerosos rios e canais, muitos dos quais eram resultado das atividades de drenagem. A esse sistema quase natural de transporte aquático, os holandeses adicionaram um sistema de canais pagos, ou *trekvaart*, que conectava quase todas as grandes cidades da costa holandesa.

Inicialmente, o transporte via canais na Holanda foi prejudicado pela tentativa de impor pedágios locais, como descrito no capítulo 1. Nesse caso, os culpados eram municípios que não seriam servidos pelos canais propostos, mas que abrigariam parte deles em seus territórios. Em 1631, porém, as grandes cidades holandesas chegaram a uma espécie de acordo de livre comércio e o boom dos canais começou. O transporte via canal estava diretamente relacionado com a mineração de turfa, produto que, devido a seu volume, só podia ser transportado a baixo custo de barco. Quando a demanda por turfa era elevada e o comércio lucrativo, a construção de canais disparava; quando os preços caíam, os empresários dos canais abandonavam projetos, muitas vezes, com resultados desastrosos para os investidores. Em 1665, os holandeses construíram quase 650 quilômetros de *trekvaart*, o que conferia à Holanda um dos melhores sistemas mundiais de transporte interno.[8]

Por volta de 1700, os holandeses eram de longe o povo mais rico do planeta, com renda per capita quase duas vezes maior que a da concorrente mais próxima, a Inglaterra. Além disso, os holandeses contavam com um sistema de financiamento, transporte e infraestrutura urbana incomparáveis. Os cenários urbanos holandeses eram os mais adoráveis da Europa, a despeito do fato de que, por boa parte de seus dois séculos de rápido crescimento, os holandeses estavam lutando pela sobrevivência, primeiro contra o Império Espanhol e mais tarde em conflitos com a França e a Inglaterra.

No capítulo 1, vimos que uma das melhores maneiras de medir a prosperidade em tempos historicamente remotos é calcular a porcentagem da população que vive em cidades, ou seja, o índice de urbanização. Quanto mais alto ele for, mais próspera será a sociedade. Na metade do século 17, a região costeira da Holanda – Amsterdã, Haarlem, Leiden, Haia, Delft, Roterdã, Gouda, Utrecht – era conhecida como Randstad, ou "faixa urbana". Ela formava um protótipo do chamado Corredor Nordeste norte-americano e abrigava cerca de um terço da população da república. Em 1700, 34% dos holandeses viviam em cidades com população superior a dez mil pessoas. Isso excedia de longe os 13% de ingleses, 9% de franceses e 15% de italianos.

> O PREÇO DE COMMODITY MAIS IMPORTANTE EM QUALQUER SOCIEDADE É O DO DINHEIRO.

FLORINS BARATOS

O preço de commodity mais importante em qualquer sociedade é o do dinheiro – ou seja, a taxa de juros que prevalece sobre os títulos e empréstimos. Quando o dinheiro se torna caro (juros altos), os consumidores relutam em gastar e os empresários relutam em tomar empréstimos para expandir seus negócios já existentes ou criar novos empreendimentos. Quando o dinheiro se torna barato (juros baixos), é provável que consumidores e empresários tomem empréstimos, e a economia se expande.

O que determina as taxas de juros? Muitas coisas. A principal é a situação de crédito do devedor. Um banco fará empréstimos a uma pessoa confiável e que ofereça excelente caução com uma taxa muito inferior à que exigiria de uma pessoa suspeita e sem ativos visíveis. Nos últimos 700 anos, os maiores devedores do mundo ocidental vêm sendo governos com necessidades militares prementes. Um governo com poucas dívidas e fontes seguras de receita tributária e imobiliária consegue captar recursos a baixo custo.

Se a captação já acumulada for alta, os juros que o devedor precisa pagar sobem. Temerosas de que o devedor não seja capaz de pagar sua dívida elevada, as instituições de empréstimo exigem juros mais altos para compensar o risco. Um governo que se endivide muito e muito rápido logo se vê em uma espiral fiscal destrutiva, forçado a pagar muito por empréstimos passados, o que eleva os juros que ele precisa pagar sobre novos empréstimos, que, por sua vez, resulta em juros ainda mais elevados e em futuro calote.

As guerras de independência da Holanda se estenderam por quase 80 anos, e o enorme custo envolvido na empreitada pressionou os cofres das províncias. A Holanda quase sempre estava posicionada na ponta correta da equação da dívida. Ainda que a situação holandesa fosse muito tênue – Estados pequenos, fracos e quase independentes enfrentando um dos maiores impérios do mundo –, a união tinha duas grandes vantagens fiscais. A primeira era a base tributária formada por impostos sobre as vendas de bens de uso cotidiano. A segunda era o Gabinete de Propriedades Eclesiásticas, um departamento de título adorável que cuidava da venda das terras confiscadas à Igreja Católica, em geral vendidas por preços bastante elevados. Os investidores holandeses e, posteriormente, estrangeiros consideravam que as duas coisas serviam como excelente caução. Praticamente desde o início, as taxas de juros holandesas eram as mais baixas da Europa.

O NASCIMENTO E A "MORTE" DA PROSPERIDADE HOLANDESA

As fontes da espantosa prosperidade holandesa depois de 1500 se tornaram evidentes:

- uma população que desfrutava de direitos de propriedade só igualados pelos da Inglaterra;
- a Reforma, que libertou os holandeses dos dogmas da Igreja. A tolerância religiosa holandesa poupou os holandeses dos piores excessos do cisma que macularam muitos dos principais Estados protestantes iniciais, especialmente na Alemanha;
- os fundos abundantes para investimento disponíveis nos mercados de capital holandeses, estimulados pelos baixos juros e pela forte proteção aos investidores;
- uma topografia plana que permitia transporte aquático fácil e barato.

Como mencionado anteriormente, ao longo de todo o período de 1500 a 1700, o crescimento anual no PIB per capita holandês, 0,52%, foi de apenas um quarto da média registrada no Ocidente moderno. Embora representasse grande melhora com relação à estagnação precedente, era uma alta que nem se aproximava da atual média de crescimento sustentado anual de 2% no PIB.

Além disso, boa parte do crescimento foi alimentada por terras recuperadas e pela alta no preço das commodities. Quando a recuperação de terras parou e os preços se equilibraram, o crescimento estagnou. O ritmo relativamente lento do crescimento holandês se devia à ausência de tecnologias que surgiriam só dois séculos mais tarde: o poder industrial acionado a vapor, o transporte terrestre rápido e as comunicações eletrônicas. Sem isso, a variedade moderna do crescimento acelerado estava fora do alcance da Holanda.

O crescimento econômico holandês, firme, mas modesto durante os 80 anos de guerra contra a Espanha, cessou pouco tempo depois que o país conquistou sua independência, em 1648. Os holandeses do século 18 tinham aguçada consciência de que seus melhores dias haviam ficado para trás e contemplavam 1648, nostalgicamente, como o apogeu da Era Dourada da Holanda. Os indícios sugerem que, embora os ricos oligarcas tenham continuado a enriquecer, a situação do cidadão médio não melhorou muito nas gerações posteriores à independência. Além disso, por volta de 1750, ainda que os holandeses continuassem a estar entre os povos mais ricos do planeta, já não eram protagonistas no cenário econômico e militar mundial.

Os motivos do declínio da Holanda são tão controversos quanto complexos. Primeiro, como já vimos, mesmo que os holandeses fossem muito ricos em termos de renda per capita, os países concorrentes tinham populações maiores. Pior, o ritmo de crescimento populacional da Holanda era muito inferior ao de seus maiores rivais. Em 1700, a população da Holanda era de 1,9 milhão de pessoas, contra os 21,5 milhões da França e os 8,6 milhões da Inglaterra. Devido à pequena população, o PIB total da Holanda jamais ultrapassou 40% do PIB inglês ou 20% do PIB francês.

Segundo, qualquer discussão do comércio interno e externo da Holanda precisa incluir a palavra "monopólio". Os holandeses protegiam zelosamente o comércio de especiarias com as Índias Orientais. Um dos mais notórios desentendimentos diplomáticos da época surgiu devido à destruição de um assentamento inglês na ilha de Ambon (parte da moderna

Indonésia) em 1623. Os holandeses torturaram os colonos ingleses, o que prejudicou o relacionamento entre Inglaterra e Holanda durante décadas. Na própria Holanda, os monopólios sufocavam a atividade comercial. O governo holandês autorizava, por exemplo, apenas uma empresa a produzir cartas marítimas – arranjo que perdurou até 1880.

Terceiro, a prosperidade holandesa não se baseava em avanços tecnológicos, o grande propulsor da moderna riqueza ocidental. As províncias contavam com um sistema de patentes, mas ele se provou notavelmente inútil. Os construtores navais realizaram avanços tecnológicos reais durante o período, como o navio *fluit*. Mas as inovações tecnológicas na Holanda eram, em geral, esporádicas. No auge da era dourada, na metade do século 17, o governo concedia cerca de uma dúzia de patentes ao ano, depois de 1700 o número caiu para apenas algumas por ano. A prosperidade holandesa derivava do comércio, especialmente com a região do Báltico, que oferecia grãos para revenda e madeira a ser cortada pelos novos moinhos de vento. O comércio altamente lucrativo com as Índias Orientais completava o fluxo de caixa holandês.

Quarto, o setor financeiro holandês talvez tenha obtido sucesso excessivo. O governo conseguia captar recursos com tanta facilidade e a juros tão baixos que, quando o século 18 chegou, o país estava soterrado em dívidas. Como o governo usava sua receita tributária como caução para os títulos, precisou aumentar as alíquotas tributárias, o que conduziu a aumentos de preços e de salários e reduziu a competitividade dos bens e serviços holandeses.

Por fim, as instituições políticas holandesas se fragmentavam em sete Estados semiautônomos, uma confederação política frouxa situada no limiar de um continente perigoso. A falta de um banco central forte e de um sistema nacional de patentes vigoroso trazia desvantagens econômicas evidentes. Foi uma lição que os Pais Fundadores dos Estados Unidos aprenderam. O aparelho descentralizado e o destino político lastimável que dele resultou na Holanda do século 18 serviram de exemplo para a ala federalista no debate constitucional dos Estados Unidos, que percebia a Holanda como prejudicada pela "imbecilidade do governo; discórdia entre as províncias; influência e indignidades estrangeiras; uma existência precária na paz; e calamidades peculiares na guerra".

A economia holandesa do século 18 era desequilibrada. O setor comercial, vigoroso e altamente lucrativo, produzia muito mais capital que a economia interna conseguia absorver, em função de sua falta relativa de avanços tecnológicos e das restrições dos monopólios. O resultado foi um imenso superávit de dinheiro para investimento, que forçou uma redução firme nos juros internos e elevou os salários e preços nacionais a tal ponto que o setor industrial holandês se tornou incapaz de concorrer fora do país.

> A HOLANDA SE TORNOU UMA SOCIEDADE DOMINADA PELOS PRIVILÉGIOS.

A Holanda se tornou uma sociedade dominada pelos privilégios. Uma parcela cada vez mais reduzida da população subsistia, principalmente, da receita de investimento e produzia pouco. Boa parte do capital excedente era investida fora do país, principalmente nos Estados Unidos, onde entre 10% e 20% dos títulos de dívida da guerra de independência eram de holandeses. Era notável que um país tão pequeno e chegando ao final de seu período de importância mundial fosse capaz de fornecer tanto capital ao resto do mundo.

A dependência da Holanda do final do século 18 com relação aos títulos de dívida estrangeiros foi uma espécie de maldição. O pagamento da dívida norte-americana só ocorreu devido à vigorosa intervenção de Alexander Hamilton. No caso de outros países devedores, os holandeses se saíram muito pior. Os prejuízos da Holanda dispararam com os calotes sucessivos de diversos países, entre os quais França e Espanha.

VIZINHOS CIUMENTOS

Antes que o Congresso de Viena estabilizasse a Europa, em 1815, o comércio era um método pouco ideal para o crescimento econômico. Não apenas a produtividade do setor crescia de modo mais lento e menos confiável do que na indústria como ele também era mais vulnerável à interferência do protecionismo e dos embargos militares.

Um comércio externo próspero gerava ciúme, inveja, desconfiança e, por fim, ataques, por parte dos vizinhos mais pobres. Para a Holanda, a nação mais rica do século 17, eles não demoraram a começar. Na metade do século, quando o poderio holandês estava em seu auge, os britânicos mal haviam emergido do caos da guerra civil. A inveja dos ingleses da prosperidade holandesa era palpável, e eles aproveitavam os menores pretextos para interromper o comércio holandês. Como disse um general inglês: "Que importa a razão? O que queremos é mais do comércio que os holandeses têm".

A tensão comercial e militar resultante entre a Holanda e a Grã-Bretanha foi desastrosa para os holandeses. Houve quatro guerras entre os dois países em um período de 150 anos. Os conflitos começaram apenas sete meses depois que a Inglaterra aprovou sua Lei de Navegação de 1651, que proibia terceiros de comerciar com o reino, e se estendeu até o final da revolução americana, com uma batalha naval no Dogger Bank, ao largo da costa inglesa.

Quando não estava guerreando contra a Inglaterra, a Holanda funcionava como aliada dos ingleses em guerras contra a França, que se havia tornado particularmente agressiva durante o longo reinado de Luís XIV. Em 1668, Inglaterra, Holanda e Suécia formaram a Tríplice Aliança contra o rei francês, mas, em 1670, Carlos II, o instável rei inglês, abandonou a aliança e deixou os holandeses sozinhos para enfrentar a ira francesa. Dois anos mais tarde, Inglaterra e França atacaram a Holanda juntas.

A guerra contra a Holanda era imensamente impopular na Inglaterra, assim como Carlos II. Em um momento crucial do conflito, em 1672, o jovem príncipe William de Orange abriu os diques da Holanda, inundou os pôlderes e impediu o avanço de um exército francês. Não muito depois, ele se tornou *stadholder* como William III da Holanda. A Inglaterra mudou de aliança uma vez mais, e William gradualmente tomou o comando da aliança na guerra contra os franceses.

Antes de ascender ao posto de *stadholder*, William havia se casado com Mary, a filha do duque de York, irmão muito mais novo de Carlos II. Quando Carlos enfim morreu, em 1685, e o duque subiu ao trono como James II, William se tornou não só o líder da Holanda e marechal comandante da aliança contra a França como também o genro do rei da Inglaterra.

A PASSAGEM DO BASTÃO

James era fervorosamente católico, mas os religiosos dissidentes e os parlamentares que se opunham a ele não se deixaram alarmar por sua religião. James tinha mais de 50 anos ao assumir o trono e seria sucedido pela filha Mary, protestante. Ou assim todos imaginavam até que o rei, em junho de 1688, teve um filho que se tornou o herdeiro do trono. Súbita e inesperadamente, o espectro de uma longa linhagem de monarcas católicos surgiu para assustar os ingleses.

Os anglicanos e os religiosos dissidentes convidaram William para visitar a Inglaterra e "negociar" com James. Então, ele elaborou um plano audacioso: invadiria a Inglaterra e deporia James, para aproveitar o poderio das forças armadas inglesas na guerra contra a França. Obteve sucesso muito superior ao esperado. Depois que William desembarcou em Torbay (acompanhado por 15 mil de seus melhores soldados), o comportamento de James se tornou cada vez mais errático, e suas forças começaram a desertar. Depois do episódio – a Revolução Gloriosa de 1688 –, William e Mary assumiram o trono conjuntamente. Isso garantiu não apenas a adesão britânica continuada à causa antifrancesa como também a transformação da Grã-Bretanha em monarquia democrática e constitucional.

A união marital entre Holanda e Inglaterra não aliviou por muito tempo a situação dos holandeses. A república se envolveu em uma série de guerras continentais, principalmente contra a França. No inverno de 1794, a sorte holandesa por fim se esgotou quando os rios do país se congelaram totalmente, o que impediu uma abertura dos diques como no episódio que havia salvado seu território de invasão em 1672. O gelo bloqueou boa parte da frota holandesa nos portos e ofereceu ao exército da França revolucionária uma estrada fácil para Amsterdã. Além disso, uma facção "patriótica" populista, insatisfeita com a estrutura política oligárquica da Holanda, não se opôs fortemente à conquista pelas forças da revolução. A derrota diante de Napoleão pôs fim a séculos de independência. Em uma década, os franceses devastaram a economia da Holanda com impostos severos e encerraram séculos de liderança comercial holandesa.

Mas, no momento em que o farol econômico e político da Holanda começava a enfraquecer, algumas de suas mais brilhantes mentes já estavam cruzando o Mar do Norte a fim de ajudar a deflagrar uma explosão de riqueza ainda maior.

INGLATERRA

Quando William assumiu o trono inglês, isso não foi apenas um importante marco na jornada holandesa para a insignificância mundial, mas também um ponto de inflexão na fortuna econômica da Inglaterra. Com a deposição de James II, o centro do desenvolvimento econômico mundial se transferiu abruptamente para o oeste, para a Inglaterra. Um século depois da Revolução Gloriosa, Adam Smith identificou sistematicamente as fontes do crescimento econômico em seu livro *Uma Investigação Sobre a Natureza e as Causas da Riqueza das Nações* (1776). Pela primeira vez, as chaves para a prosperidade foram expostas a todos os interessados. Em um piscar de olhos histórico, a Inglaterra as apanharia e as utilizaria de modo espetacular.

Os leitores modernos em geral se surpreendem com o fato de que a maioria dos monarcas europeus não contava com fontes regulares de recursos antes do século 18, e a dinastia Stuart (por ordem de sucessão, James I, Carlos I, Carlos II e James II) não era uma exceção. A monarquia atendia à maior parte de suas necessidades com a renda de suas terras, a imposição de tarifas alfandegárias e, cada vez mais, a venda de monopólios. A Coroa ocasionalmente conseguia induzir o Parlamento a impor tributos, mas apenas sob circunstâncias extraordinárias, principalmente em tempos de guerra. No período anterior à guerra civil, de fato, o limitado poder do Parlamento derivava primariamente de sua capacidade de oferecer receita à Coroa de modo intermitente.

Nos últimos anos da era Tudor, as exigências da guerra moderna tornaram necessário utilizar métodos extremos. Depois da derrota da invencível Armada Espanhola em 1588, Elizabeth I vendeu um quarto das propriedades da Coroa para levantar dinheiro, e James I leiloou uma porção ainda maior da riqueza real para pagar seus exércitos.

O restante foi vendido no reinado de seu filho Carlos I, que em seguida precisou procurar dinheiro de todas as fontes possíveis: venda de monopólios, impostos de legalidade questionável, dispensas tributárias e judiciais, venda de títulos hereditários, empréstimos compulsórios que, muitas vezes, não eram pagos e, por fim, roubo puro e simples. O Parlamento resistiu a essas demandas, o que causou uma sangrenta guerra civil que custou a cabeça de Carlos.

O Parlamento de Cromwell foi igualmente incapaz de restaurar a estabilidade política e financeira, e os Stuart foram chamados de volta ao trono. Uma vez mais, a Coroa provou sua falta de aptidão fiscal, o que levou ao "convite" do Parlamento para que William emigrasse da Holanda. Essa transferência de poder resultou em uma das mais afortunadas barganhas da História, o Acordo Revolucionário. O Parlamento concedeu uma base tributária estável a William para financiar sua guerra contra a França. Em troca, William concedeu ao Parlamento a supremacia legal. A Coroa perdeu o direito de dissolver o Parlamento e as notórias Star Chambers – cortes reais cujas decisões bárbaras muitas vezes se sobrepunham às da lei comum – foram abolidas.

A Coroa perdeu o direito de demitir juízes – que passou a ser reservado ao Parlamento e apenas em casos de incompetência ou corrupção. O Parlamento, por sua vez, foi colocado sob o controle do eleitorado, ainda que a base eleitoral fosse restrita por questões de patrimônio e sexo. Um novo sistema político evoluiu: "A Coroa solicita, os Comuns concedem e os Lordes assentem à concessão".

De um só golpe, William e o Parlamento haviam resolvido os grandes problemas políticos e fiscais que afligiam o país. O efeito sobre os mercados financeiros ingleses foi notável. O orçamento real quadruplicou e, em duas gerações, a Coroa se tornou capaz de emitir títulos em montantes antes inimagináveis e com taxas de juros quase tão baixas quanto as da Holanda. O fluxo de capital para o Estado abriu caminho para a criação de um canal semelhante para os empresários privados. Os britânicos comuns, já não temerosos de calotes e confiscos reais, começaram gradualmente a confiar nos mercados de capitais, como os holandeses antes deles. Nas palavras do historiador econômico T. S. Ashton, "a probabilidade de que mantivessem grandes quantidades de moedas, metais e prataria armazenados em cofres ou enterrados em seus pomares e jardins diminuiu".

> UMA NAÇÃO NA QUAL 100% DA FORÇA DE TRABALHO ESTÁ EMPREGADA NA AGRICULTURA E QUE NÃO EXPORTA ALIMENTOS VIVE, POR DEFINIÇÃO, EM NÍVEL DE SUBSISTÊNCIA.

FAZENDAS E FÁBRICAS

Considere uma estatística simples, a porcentagem da mão de obra inglesa empregada na agricultura (ver gráfico 7-1). Essa porcentagem oferece um indicador aproximado quanto à prosperidade de qualquer sociedade. Uma nação na qual 100% da força de trabalho está empregada na agricultura e que não exporta alimentos vive, por definição, em nível de subsistência.

Repare que a queda na proporção da força de trabalho agrícola aconteceu gradualmente ao longo de diversos séculos. A redução mais rápida ocorreu na metade do século 19, mais de um século depois do início ostensivo da Revolução Industrial.

Considere esse pequeno experimento mental: parta de uma nação hipotética que esteja avançando de uma economia quase completamente agrícola para uma na qual metade da força de trabalho esteja empregada na indústria. Para evitar importações de alimentos, a metade dos trabalhadores que ainda resta nos campos precisa dobrar sua produtividade.

Na verdade, esse processo só ocorre de forma parcial – o déficit no número de trabalhadores agrícolas é coberto por uma combinação entre importações de alimentos e avanços na produtividade agrícola. Mesmo assim, se um país deseja prosperar, uma revolução agrícola é tão importante quanto a revolução industrial. De fato, a produtividade crescente da agricultura significa que menos trabalhadores são necessários no campo, o que os obriga a procurar emprego em outras áreas.

Gráfico 7-1
Porcentagem da força de trabalho britânica empregada na agricultura

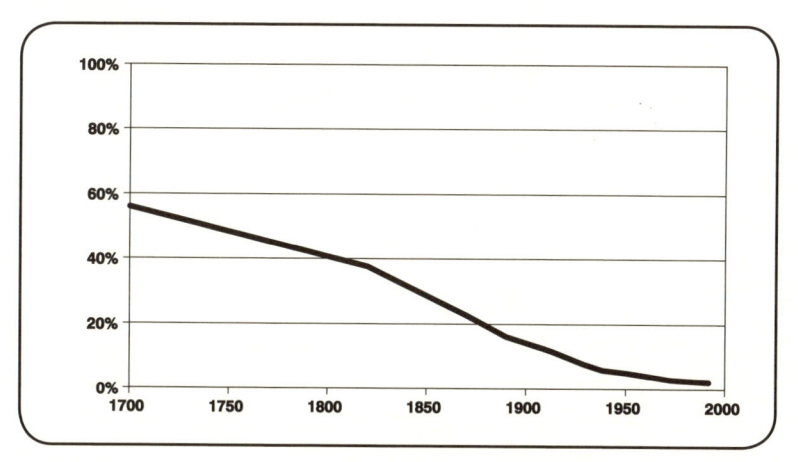

Fonte: Dados de Maddison, The World Economy: A Milennial Perspective, p. 95; e Maddison, Monitoring the World Economy, 1820-1992, p. 39.

Mais importante: é preciso sobrar dinheiro aos trabalhadores agrícolas e industriais, além do necessário para pagar comida e abrigo, para que eles adquiram os novos bens que a indústria começa a oferecer. A história econômica dos Estados Unidos ilustra esse aspecto claramente. Nos 200 anos entre 1800 e 2000, o PIB per capita real nos Estados Unidos subiu 3.000%, uma notável realização que reflete um período de eficiência empresarial e de inovação tecnológica sem precedentes. Menos apreciado é o fato de que o tamanho relativo da força de trabalho agrícola – a parcela da população nacional necessária para manter o país e boa parte do mundo alimentados – caiu de 70% para menos de 2% no mesmo período. Ou seja, a produtividade da agricultura cresceu 3.500%, superando os avanços espantosos na indústria e tecnologia. Na segunda metade do século 20, a produtividade industrial norte-americana cresceu 2,6% ao ano, e a da agricultura, 2,1% anuais.*

Na época da independência dos Estados Unidos, a Inglaterra era autossuficiente na agricultura, com equivalência entre a importação e a exportação de alimentos. Devido à ausência de uma fonte confiável para importação de comida a preços razoáveis na turbulenta França, a produtividade agrícola inglesa tinha que subir, para que o país pudesse se industrializar.

Os aspectos mecânicos da revolução na agricultura são simples: melhora na rotação de safras, esquemas de colheita e coisas semelhantes. Os maiores ganhos vieram com a evolução dos implementos comuns de trabalho manual – semeadores e ferramentas de colheita. O avanço mais dramático talvez tenha sido a invenção do arado triangular Rotherham em 1830. Descrito por T. A. Ashton como "o maior avanço no projeto de arados desde o final da era do ferro", esse modelo requeria apenas dois cavalos, conduzidos por um homem. Substituía o tradicional arado retangular puxado por uma junta de seis a oito bois e requeria um condutor e um assistente, sua adoção bastou para que a produtividade do processo de aragem dobrasse.

A Inglaterra se tornou o primeiro país a aplicar o método científico de forma sistemática e agressiva à agricultura, e isso trouxe retornos quase imediatos com relação às técnicas agrícolas, especialmente as que envolviam suplementação de nitrogênio. A agricultura intensiva rapidamente esgotava

---

* Do serviço de assuntos econômicos do Departamento do Trabalho norte-americano. "Produtividade", nesse caso, é definida como produção por hora trabalhada. Como é quase impossível estimar a quantidade de horas trabalhadas antes do século 19, "produtividade", no contexto deste livro, é um termo usado como sinônimo de avanço no PIB per capita.

os nitratos do solo, necessários à alimentação das plantas, e eles eram substituídos apenas lentamente pela conversão ("fixação") de nitrogênio atmosférico em nitrato por bactérias de ação lenta. A Estação de Rothamstead rapidamente estabeleceu que o cravo e os legumes atraíam bactérias que promoviam a fixação de nitratos e concluiu que os agricultores poderiam dobrar seu rendimento se simplesmente semeassem cravo em suas terras entre as safras.

Os resultados da suplementação de nitrato por meio de fertilizantes animais eram ainda mais espetaculares. O fertilizante de fontes tradicionais – animais agrícolas – era caro, por isso não demorou para que alternativas fossem descobertas, primeiro com os depósitos de guano em ilhas do Novo Mundo e mais tarde com nitratos sintéticos.

A PRIVATIZAÇÃO DO CAMPO

Esses avanços tecnológicos respondem por apenas parte da história da explosão na produtividade agrícola britânica. Avanços institucionais foram igualmente críticos. O primeiro deles foi o movimento de *enclosure*, que começou na Idade Média e atingiu seu clímax depois de 1650. Antes dessa data, a Inglaterra, bem como o resto da Europa medieval, empregava em larga medida o sistema de "campo aberto", uma relíquia do período feudal sob a qual porções de terra eram consideradas propriedade comum dos agricultores locais e dos lordes.

Como tão bem descreve Garrett Hardin em *The Tragedy of the Commons*, cultivar a terra na ausência de direitos claros de propriedade produz consideráveis ineficiências econômicas, pois os agricultores não aram, fertilizam ou melhoram agressivamente as terras comuns. Um paralelo moderno para isso pode ser encontrado em uma máxima atribuída a Lawrence Summers, antigo reitor da Universidade Harvard e secretário do Tesouro dos Estados Unidos: "Ninguém na história do mundo jamais lavou um carro alugado".

Depois de Runnymede, os lordes e aldeões começaram lentamente a cercar as terras comuns e a colocá-las sob controle privado. Por volta de 1700, aproximadamente metade da terra comum inglesa havia sido privatizada dessa forma. Cada processo de *enclosure* (cercamento) requeria que os responsáveis por quatro quintos das terras em uma determinada paróquia assinassem uma petição para ser encaminhada ao Parlamento. A Câmara dos Comuns aprovou milhares dessas petições particulares nos séculos 17 e 18.

Em 1801, o Parlamento aprovou a Lei Geral de Enclosure, que agilizava o processo. Depois de 1700, os cercamentos se aceleraram rapidamente e, em 1830, não restava praticamente nenhuma terra comum na Inglaterra. A maior parte da terra foi cercada no período entre a independência dos Estados Unidos e as guerras napoleônicas, à medida que a alta dramática nos preços dos grãos tornava cada vez mais preciosa a terra arável cultivada de forma privada. Aproximadamente na metade do século 19, as terras comuns haviam praticamente desaparecido.

O processo de *enclosure* foi acompanhado por ruidosos protestos históricos e literários, mas, ainda que uma minoria de agricultores tenha sido expulsa injustamente de suas terras, hoje, quase todos os historiadores concordam que a preocupação inglesa quanto aos direitos de propriedade e respeito ao código de processo judicial resultou majoritariamente em processos justos. O número de pequenos proprietários rurais aumentou significativamente quando os processos de enclosure passaram a conferir a posse da terra àqueles que cuidavam de pequenas áreas há gerações. Pela primeira vez, esses pequenos agricultores passaram a desfrutar do direito de escolha entre vender suas terras ou cultivá-las.

Isso não equivale a dizer que as *enclosures* não foram traumáticas. Mas o caos rural e urbano que surgiu em função do processo não era resultado de uma exploração deliberada dos agricultores. Em vez disso, a crise surgiu em razão de necessidades econômicas: terra privatizada produz muito mais comida que a terra comum e requer menos trabalhadores rurais por hectare, o que causa grande desemprego rural.

O efeito de economia de mão de obra que o processo de *enclosure* propicia não era visto como problema nos anos anteriores às guerras napoleônicas, porque os altos preços dos grãos e do milho levaram ao uso agrícola de vastas porções de terra marginal e manteve elevado o índice de emprego na agricultura. Depois do Congresso de Viena, concluído em 1815, a história mudou: os preços caíram quase imediatamente e se mantiveram baixos até que surgisse a próxima grande guerra, um século mais tarde. As terras marginais foram abandonadas, e os trabalhadores rurais desempregados foram em grande número para as cidades e fábricas.

A abordagem científica moderna quanto à agricultura e a extensão de direitos de propriedade bem definidos a um novo grupo de pequenos proprietários rurais se combinaram para produzir uma nova classe de produtor: o "agricultor de melhoria", que buscava rendimento cada vez maior para suas safras empregando técnicas agrícolas inovadoras.

DIVISÃO DO TRABALHO

Em certo sentido, não houve uma Revolução Industrial ou uma Revolução Agrícola. Em vez disso, houve uma revolução de produtividade e especialização à medida que a evolução glacial dos direitos de propriedade, racionalismo científico, mercados de capital e transporte e comunicações modernos passou a dar aos agricultores, inventores e industriais incentivos para inovar. Esses capitalistas e seus poderes cada vez maiores passaram a produzir maior quantidade e variedade de quase tudo e, no processo, melhoraram o padrão de vida de quase todos os ingleses.

> É O GRAU DE ESPECIALIZAÇÃO QUE DISTINGUE A IDADE MODERNA DA IDADE MÉDIA.

Mais que qualquer outro fenômeno, é o grau de especialização que distingue a Idade Moderna da Idade Média. No mundo medieval, existia basicamente o mesmo emprego para quase todos: trabalhar a terra. Nos períodos de pouco trabalho, os lavradores construíam e mantinham suas moradas, auxiliavam na construção de estradas no feudo, produziam seus tecidos e costuravam suas roupas. No começo da Revolução Industrial, a maior parte da tecelagem comercial não era realizada em fábricas, era trabalho realizado em casa por famílias de agricultores ociosas em função das estações de plantio. No mundo pré-moderno, as pequenas comunidades, e até mesmo a maioria das famílias, eram autossuficientes.

Em contraste, hoje seria inconcebível que qualquer comunidade, muito menos uma família, fosse capaz de produzir sequer uma pequena fração dos bens e serviços que consome. A cada década, o Departamento do Trabalho norte-americano atualiza seu Dicionário de Ocupações Profissionais. A mais recente edição menciona 12.740 tipos diferentes de emprego.

A prosperidade moderna pode ser imaginada como o conjunto propulsor de um carro. Os quatro fatores básicos – direitos de propriedade, racionalismo científico, mercados de capital, e transporte e comunicações modernos – representam o motor e a produtividade faz o papel das rodas. A "transmissão" que conduz potência do motor (os quatro fatores) às rodas (renda per capita) é o grau de especialização no trabalho. Uma economia com baixo índice de especialização só consegue avançar em primeira marcha, enquanto uma economia altamente especializada é capaz de se deslocar em alta velocidade.

Quando a Revolução Industrial começou, esse processo de especialização já estava bem adiantado. Adam Smith o imortalizou como "divisão do trabalho". Sua exposição do princípio, aplicada à fabricação do humilde alfinete, até hoje não foi superada:

> Um trabalhador que não tenha sito treinado para essa função (que a divisão do trabalho tornou profissão distinta) e não conheça a maquinaria empregada nela (cuja invenção a divisão do trabalho provavelmente também estimulou) mal poderia produzir, com seu maior esforço, talvez um alfinete por dia e certamente não seria capaz de fazer 20. Mas, da maneira como esse negócio é hoje conduzido, não só todo o trabalho constitui uma profissão específica como ele é dividido em diversos ramos, os quais são também profissões peculiares. Um homem estende o cabo, um segundo o endireita, um terceiro o corta, um quarto cria a ponta, um quinto lixa o topo para a instalação da cabeça; a produção desta requer duas ou três operações distintas; instalá-la é também uma função peculiar, clarear os alfinetes, outra; até mesmo colocá-los no papel é função específica; e o importante negócio de produção de alfinetes é, dessa maneira dividido em cerca de 18 operações distintas, todas as quais, em algumas manufaturas, são executadas por mãos distintas, ainda que em outras o mesmo homem possa executar duas ou três delas.

Smith descreveu de que modo até mesmo a mais simples oficina, empregando dez trabalhadores para realizar as 18 distintas atividades da produção de alfinetes, era capaz de produzir 48 mil alfinetes por dia – 240 vezes mais do que poderia ser produzido por dez trabalhadores não especializados trabalhando individualmente.

Como isso acontece? A divisão do trabalho é a maquinaria que traduz a mudança tecnológica em riqueza. Eis como funciona: a simplificação de tarefas aumenta a mão de obra disponível. Cada trabalhador é atraído pelo emprego no qual será inerentemente mais produtivo e com a experiência ganha ainda mais competência nele.

A divisão da manufatura em muitas tarefas separadas encoraja a inovação tecnológica, porque é relativamente fácil inventar máquinas para um trabalho específico. À medida que a inovação melhora essas máquinas, a habilidade necessária para operá-las, em geral cai, o que uma vez mais amplia a força de trabalho potencial e reduz ainda mais os salários que precisam ser pagos.

Um exemplo moderno ilustra o princípio claramente. Em 2001, a Southwest Airlines transportou 71,6 bilhões de passageiros-quilômetros, utilizando 31,6 mil funcionários. Presumindo que cada funcionário tenha trabalhado duas mil horas no ano, isso significa 704 passageiros-quilômetros por hora de trabalho de um funcionário – mais de dez vezes a distância que uma pessoa poderia viajar durante uma hora em um carro moderno e mais de 200 vezes a distância que alguém poderia caminhar a pé.

A peça mais importante da força de trabalho da Southwest são os pilotos, e a tecnologia mais usada pela empresa é o Boeing 737. Se não fosse a complexa divisão do trabalho, que utiliza centenas de diferentes tipos de funcionários e uma gama espantosa de ferramentas mecânicas e eletrônicas, o piloto e o avião não estariam disponíveis para conduzir os passageiros de Los Angeles a Baltimore por algumas centenas de dólares apenas.

Os seres humanos são inerentemente inventivos. Embora indivíduos inteligentes e inovadores tenham existido em todo lugar do planeta desde a aurora da História, suas percepções podem se traduzir em prosperidade mais ampla e crescimento apenas onde há divisão do trabalho.

O TECIDO DA RIQUEZA

O berço da transformação econômica inglesa estava centrado em um aglomerado de fábricas de produtos têxteis em Manchester e em seus arredores. Nas palavras do historiador econômico Eric Hobsbawn, "quem diz Revolução Industrial está dizendo algodão". Agricultores e suas famílias sempre fiaram e teceram linho. O linho era cultivado em toda a Europa, em pequenos lotes, para o uso do agricultor e para possível escambo ou venda. A outra grande fonte para a produção de roupas era a lã, e por séculos as ovelhas foram a maior fonte de comércio internacional da Inglaterra.

A Inglaterra também produzia um pequeno volume de algodão em seu território, mas a qualidade era modesta. A rota terrestre de comércio oferecia pequenas quantidades de seda muito dispendiosa, para uso da realeza e dos mercadores mais ricos, bem como algodão de melhor qualidade, principalmente o algodão fino do subcontinente indiano. Esses tecidos também eram caros – não por conta da escassez ou do alto custo de produção, mas devido às altas tarifas de importação. A abertura do comércio marítimo com a Índia por meio do Cabo da Boa Esperança pelos portugueses, holandeses e ingleses (pela Companhia das Índias Orientais) elevou a oferta, mas não o suficiente para produzir uma queda drástica nos preços.

A produção de bens de linho, lã e algodão era uma "indústria caseira". Crianças limpavam a matéria-prima, mulheres fiavam a linha, homens teciam o pano. Ainda que artesãos habilitados produzissem os tecidos de lã de qualidade mais alta, a produção continuava a ser realizada em pequena escala. Havia pouca especialização do trabalho em qualquer nível de produção, por isso os custos permaneciam altos e a produção baixa. É útil visualizar a sequência de passos que vão do algodão cru a uma roupa pronta.

Algodão cru —[Cardagem]→ Algodão limpo —[Fiação]→ Linha —[Tecelagem]→ Roupa

O principal aspecto desse esquema é que qualquer melhora na produção de roupas requeria melhoras mais ou menos iguais em todos os três passos do processo: a cardagem das sementes e outros detritos no algodão cru, a fiação do algodão limpo em forma de linha, a tecelagem da linha como tecido. Uma melhora em apenas um desses passos só serviria para criar gargalos nos outros dois.

Foi exatamente o que ocorreu com o primeiro avanço moderno na tecnologia têxtil, a invenção de maquinaria eficiente de tecelagem (a lançadeira volante) pelo relojoeiro John Kay em 1733. Ainda que representasse melhora dramática com relação ao tear de moldura tradicional, o aparelho exacerbava uma escassez já aguda de fiandeiras. A manufatura de tecido parava na época da colheita, porque as mulheres das famílias de agricultores saíam para os campos para ajudar na colheita. Em 1748, Lewis Paul criou duas máquinas para a cardagem de fibras brutas, o que anteriormente era realizado pelo laborioso método de arrastar a fibra por tábuas repletas de pregos. A invenção de Paul, infelizmente, serviu apenas para elevar a demanda já excessiva por fiandeiras.

O problema de fiação provou ser o mais difícil de ser resolvido, porque a maquinaria da época não era capaz de reproduzir o delicado movimento combinado do polegar e do indicador de uma fiandeira. A roda de fiar, derivada da roca do passado, passou a ser amplamente usada no final do período medieval, mas somente para enrolar a linha depois de pronta e inserida na ranhura. Apenas as mãos delicadas de uma mulher eram capazes de formar a meada inicial.

No final do século 18, uma série de invenções, enfim, permitiram que o processo fosse completamente mecanizado. Lewis Paul teve a ideia de imitar os dedos das fiandeiras com pares de cilindros, mas isso não funcionou bem. Richard Arkwright acrescentou o uso de pares duplos de cilindros a essa "water frame" em 1769 e criou a primeira máquina de fiar prática. James Hargreaves percebeu que uma roda de fiar continuava girando mesmo depois de cair de lado e usou essa observação para "retorcer" ainda mais a linha. Em 1779, Samuel Crompton combinou a roda rotativa de Hargreaves e os cilindros de Arkwright em sua "mula mecânica".

Crompton montou a complicada máquina sobre uma estrutura móvel que se deslocava enquanto produzia o fio. Um dos princípios básicos da inovação tecnológica é que dispositivos complexos que propiciam ganho de produtividade requerem menos habilidade de seus operadores que os dispositivos precedentes. A máquina de costura, por exemplo, faz bainhas mais retas e fortes e com mais velocidade do que a mais habilidosa costureira conseguiria fazer usando agulha e linha. O computador pessoal moderno permite que até mesmo um escritor desajeitado de meia-idade produza documentos mais bonitos do que aqueles que as melhores gráficas do mundo seriam capazes de produzir um século atrás. A complexidade do projeto muitas vezes resulta em facilidade de operação.

> A COMPLEXIDADE DO PROJETO MUITAS VEZES RESULTA EM FACILIDADE DE OPERAÇÃO.

A "mula" de Crompton demonstrou esse princípio bem no começo da Revolução Industrial. Com relativamente pouco treinamento, um operário podia produzir linhas lisas e com ampla variedade de diâmetros, o que seria impossível para seus antecessores. Poucos anos depois, os proprietários de fábricas já estavam combinando os motores a vapor Watt-Boulton com a máquina de fiação, e a transformação mecânica dessa operação crucial estava completa.

A tecelagem não foi mecanizada com a mesma rapidez pelos industriais. No começo, a imensa metragem de linha produzida industrialmente representou uma bonança para os tecelões. Ainda em 1813, apenas 1% dos 250 mil teares ingleses tinha acionamento mecânico; a resistência dos tecelões à mecanização e à industrialização lhes causaria sofrimento mais tarde, no século 19.

A produção de algodão limpo exigia a laboriosa remoção das sementes, um processo dispendioso e desagradável. A invenção do descaroçador de algodão por Eli Whitney, em 1793, derrubou essa barreira. Entre 1790 e 1810, a produção norte-americana de algodão subiu de 680 mil quilos para 38,5 milhões de quilos por ano. A invenção de Whitney realinhou a paisagem da economia mundial com uma intensidade encontrada em poucas outras invenções. Infelizmente, também transformou o cenário político dos Estados Unidos. A indústria do algodão e a escravidão que a acompanhava tornaram-se uma proposição viável. Entre 1790 e 1850, o número de escravos nos Estados Unidos aumentou de 700 mil para 3,2 milhões.

O algodão inundou o mercado mundial. Linho e lã, os velhos produtos têxteis básicos da Inglaterra, quase desapareceram. Pela primeira vez, as massas trabalhadoras rurais e urbanas podiam adquirir roupas de algodão baratas. O preço do tecido de algodão caiu de 83 xelins por quilo em 1786 para menos de 22 xelins, em 1800.

Tecidos são commodities fortemente "elásticas"; pequenas quedas de preço resultam em grande aumento na demanda. Da mesma forma que a queda nos preços de computadores pessoais provou ser benéfica para suas vendas, o consumo de tecidos disparou no início do século 19. A indústria do algodão foi a primeira a registrar crescimento industrial explosivo. No mesmo período de 14 anos citado acima, as importações de algodão inglesas haviam subido 1.000%, e até 1840 a alta chegaria a 5.000%. Um vasto comércio triangular surgiu, com base em Liverpool, o porto que servia a

Manchester: algodão cru vindo da América para a Inglaterra, tecidos industrializados embarcados da Inglaterra para a África e, até que o tráfico de escravos fosse proibido em 1808, grande número de escravos embarcados da África para os Estados Unidos. Se desconsiderarmos a abominação da escravatura, a disponibilidade de roupas baratas tinha benefícios que apenas hoje começamos lentamente a compreender. É provável, por exemplo, que as roupas de algodão de baixa qualidade, baratas e abundantes tenham causado a dramática queda nas doenças infecciosas registradas depois de 1850. As doenças mais mortíferas do período – cólera e febre tifoide – eram gastrointestinais e, portanto, disseminadas por contaminação fecal-oral. E elas não respeitavam as barreiras de classe. Em 1861, o príncipe Alberto, amado marido da rainha Vitória, morreu de febre tifoide. Os simples produtos de algodão que começaram a ser vendidos eliminaram a inflamação e a irritação causadas pela baixa frequência de troca de trajes usados sem roupas de baixo, reduziram a transmissão de doenças e salvaram milhões de vidas.

A NOVA ERA DO FERRO

A outra grande área de avanço da indústria foi o ferro. Na era pré-moderna, para produzir ferro era necessário utilizar carvão vegetal nas fundições, e no final do século 18 as fundições inglesas haviam quase eliminado as florestas próximas. Depois disso, árvores tinham que ser cortadas na Escócia para abastecer as usinas nos Midlands, e os engenheiros britânicos descobriram que era mais barato importar ferro da Suécia. As fundições britânicas chegaram à conclusão que importar madeira da Suécia também era mais vantajoso, no período pré-moderno, porque o transporte marítimo era muito mais barato que o terrestre – trazer madeira do Báltico custava tanto quanto transportá-la a uma distância de 30 quilômetros na Inglaterra.

A Inglaterra dispunha de abundantes reservas de coque, carvão mineral, mas usá-lo nas fornalhas no lugar do carvão vegetal requereria um sistema de ventilação muito mais potente. Em 1775, Watt e Boulton adaptaram seus motores a vapor para acionar os foles do produtor de ferro John Wilkinson com essa finalidade. Uma década depois, Henry Cort introduziu o método conhecido como "escorrimento", que tornou possível a produção contínua de ferro forjado de alta qualidade. Wilkinson logo inventou um martelo a vapor para o acabamento do produto final do processo de Cort, com capacidade de 150 golpes por minuto.

A inovação de Cort libertou a Inglaterra de sua dependência quanto à madeira cada vez mais escassa no país e privou a Suécia e seus imensos recursos florestais de uma vantagem histórica. Antes, o aço escandinavo importado era tão superior ao inglês que os produtores nacionais e estrangeiros precisaram de alguns anos para se acostumar à ideia de um produto britânico superior. Como no caso do algodão, a produção disparou. Entre 1770 e 1805, os custos despencaram e a produção cresceu quase dez vezes. Imensas quantidades de ferro e de aço destinados a novas ferrovias, pontes e edifícios começaram a emergir das fundições expandidas.

O progresso descrito na produção de aço e de algodão não terminou com a "mula" de Crompton ou o processo de Cort. As décadas seguintes veriam a evolução de um processo de melhora quase contínuo. As fundições cresceram, a quantidade de carvão por tonelada de aço produzida caiu e a qualidade do produto passava por constante aperfeiçoamento. A historiadora Phyllis Dean resumiu muito bem esse processo de inovação contínua:

> As máquinas e as máquinas que fazem máquinas se provaram capazes de uma sequência infinita de melhora, e é esse processo de mudança técnica contínua e autopropelida que serve como causa primária do crescimento econômico sustentado que hoje consideramos como automático.

O dr. Johnson, menos otimista, expressou a questão de outro modo: "A era sofre de uma loucura de inovação. Todos os negócios do mundo devem ser feitos de maneira nova; até os enforcamentos devem ser realizados de maneira nova". Para o bem ou para o mal, o mundo havia tomado um caminho de constante mudança e deslocamento, mas também de prosperidade cada vez maior. Não havia, ou não há, caminho de volta.

A "REVOLUÇÃO INDUSTRIOSA"

A especialização do trabalho e a elevação na produtividade significavam pouco, a não ser que viessem acompanhadas por uma especialização no consumo. O agricultor que cultivava a própria comida e construía a casa onde morava e a carroça que transportava seus produtos não ampliava o mercado para os produtos das novas fábricas. E o mesmo se aplicava à esposa desse agricultor, que fiava e tecia o pano com que costurava as roupas da família. Com o avanço do século 19, os consumidores substituíram a autossuficiência caseira, pouco eficiente, por um sistema baseado no comércio em dinheiro, no qual se especializavam em um trabalho de alta produtividade e pagavam todas as suas necessidades materiais com o salário recebido. Jan de Vries definiu esse processo como "revolução industriosa".

Nenhum governo, e certamente nenhum diretor-geral de desenvolvimento com poderes amplos, decretou que trabalhador e consumidor se especializariam, aumentariam sua produtividade e permitiriam "decolagens" na indústria e na agricultura. Em vez disso, juízes e parlamentares, a maioria proprietários rurais e empresários, aprovaram leis que encorajavam o comércio e a indústria. Cientistas, até então agrilhoados pela mentalidade aristotélica, começaram a usar as ferramentas científicas defendidas por Bacon para desvendar e aplicar os segredos do universo ao comércio. Por fim, os mercados financeiros conquistaram a confiança dos investidores e passaram a oferecer capital abundante para empreendimentos. Um afortunado acidente inglês.

A Revolução Industrial: tão ruim como dizem?

As glórias da Revolução Industrial tiveram um preço: exploração da mão de obra infantil, condições atrozes de trabalho e salários ínfimos – os "escuros e satânicos moinhos" – e alienação. O que exatamente aconteceu quanto aos padrões de vida na Inglaterra entre 1760 e 1830? Ao longo dos anos, essa foi uma questão capaz de produzir nos historiadores, economistas e ideólogos guinchos semelhantes aos de porcos presos por uma cerca, e as respostas propostas dão indicações claras quanto às simpatias políticas do observador. As respostas dos esquerdistas são sonoramente negativas. De acordo com um brincalhão anônimo, a vida durante a Revolução Industrial era cruel, britânica e curta.

Friedrich Engels foi um grande beneficiário da nova maquinaria industrial. Filho de um fabricante prussiano de algodão, ele se deixou levar pelo fervor revolucionário que varreu a Europa na década de 40 do século 19 e logo se aproximou de outro futuro emigrado, Karl Marx. Depois dos levantes de 1848, os dois fugiram para a Inglaterra, onde Engels se tornou administrador de uma das fábricas de seu pai. A riqueza e talento de gestão que herdou sustentariam ele e Marx nas décadas vindouras.

Engels escreveu uma descrição chocante sobre a vida no degrau mais baixo da escala social do século 19: *A Condição da Classe Trabalhadora na Inglaterra*. O jovem Engels – então com 24 anos – primeiro pintava um retrato idílico da vida na Inglaterra rural e pré-industrial:

> E assim os trabalhadores vegetavam ao longo de uma existência passavelmente confortável, levando uma vida pacífica e ordeira, de piedade e probidade, e sua situação material era muito melhor que a de seus sucessores. Não precisavam trabalhar demais; faziam apenas o que quisessem e ainda assim ganhavam o dinheiro de que precisavam. Tinham tempo livre para o saudável trabalho dos jardins e campos, que era, em si, uma recreação para eles, e além disso podiam tomar parte das recreações e jogos de seus vizinhos – boliche, críquete, futebol etc. –, o que contribuía para sua saúde e vigor físico.
> Eram, em sua maioria, pessoas fortes e bem constituídas, em cujo físico não se percebia grande diferença ante o de seus vizinhos camponeses. Seus filhos cresciam ao ar fresco dos campos.

No final do século 18, o idílio rural descrito por Engels foi destruído e substituído pela desolação, desespero e esqualidez dos cortiços da Inglaterra industrial. Um trecho curto e relativamente inócuo de *A Condição da Classe Trabalhadora*, em uma citação direta de um relatório do governo, basta para destacar os efeitos escabrosos da industrialização:

> É notório que há ruas inteiras na cidade de Huddersfield, e muitos pátios e becos, que não são pavimentados ou asfaltados e não contam com esgotos; neles, lixo e sujeira de toda ordem ficam expostos na superfície até apodrecer; poças de água estagnada são quase constantes; as moradias que os ladeiam, assim, são de ordem necessariamente inferior e imunda; e dessa forma surgem doenças e a saúde de toda cidade fica em risco.

Uma visão mais equilibrada, embora ainda sombria, é a de Joyce Marlow, observadora posterior que escreve: "As casas das quais as pessoas vinham anteriormente nada tinham de luxuosas, mas tampouco haviam sido construídas sobre fossas de esgotos em centenas de fileiras, sem jardins, sem uma árvore à vista, sem o aroma do ar fresco..."

Típico de esforços subsequentes da esquerda é um artigo ideologicamente maculado de Eric Hobsbawn, que tenta demonstrar que o consumo per capita de alimentos caiu na Londres do século 18. O argumento que ele apresenta contém uma ligeira falha: afirma que uma queda no suprimento de comida é incompatível com a aceleração no crescimento populacional que caracterizou o período. Não só a população estava crescendo como o ritmo de crescimento estava acelerando. Hobsbawn racionaliza essa contradição sugerindo que, embora a sociedade pré-industrial fosse alimentada de maneira mais generosa, também era alimentada de modo mais irregular e assim estava sujeita a fomes em massa periódicas. Para o esquerdista Hobsbawn, essa situação parecia preferível.

> A ASCENSÃO DO CAPITALISMO INDUSTRIAL REPRESENTOU UM DESASTRE PARA MUITOS POVOS NATIVOS.

Não resta dúvida de que a ascensão do capitalismo industrial, quaisquer que tenham sido seus efeitos sobre o bem-estar do inglês médio, representou um desastre para muitos povos nativos. Nas palavras de Karl Marx:

> A descoberta de ouro e prata na América, a extirpação, escravização e aprisionamento em minas da população aborígine, o início da conquista e saque das Índias Orientais, a transformação da África em reserva para a caça aos negros sinalizaram a rósea aurora da era de produção capitalista.

Da perspectiva do moderno Ocidente, o fervor ideológico de Marx, Engels e de seguidores britânicos posteriores – Hobsbawn, Beatrice, Sydney Webb e George Bernard Shaw, acompanhados por gerações inteiras de alunos das universidades de Cambridge e Oxford – é um tanto difícil de ser compreendido. O mesmo poderia ser dito sobre os contínuos atrativos do socialismo para muitos países em desenvolvimento. A descrição de Engels – vista de modo geral como precisa, ainda que um tanto floreada – sobre a degradação e a pobreza abjetas que persistiam em meio à abundância torna mais fácil compreender a raiva e a falta de objetividade dos primeiros socialistas.

A superlotação e a esqualidez características da época, sem dúvida, respondiam pelo alto índice de mortalidade na classe trabalhadora. A produtividade das novas máquinas também gerava excedente de mão de obra. O número de criados domésticos subiu constantemente ao longo do século 19, e empregadas e mordomos logo se tornaram presença permanente até nos lares de classe média. No início da Primeira Guerra Mundial, os "empregados domésticos" respondiam por 15% da força de trabalho britânica. E as pessoas que conseguiam esse tipo de emprego eram consideradas afortunadas. A condição muitas vezes desesperada do trabalhador resultava em ocupações baixas cujos nomes continuam a embelezar o idioma inglês ainda hoje.

Do outro lado da barreira ideológica, a direita pintava uma imagem muito mais otimista sobre a vida da família-padrão da classe trabalhadora. Em 1948, T. S. Ashton respondeu aos críticos com uma comparação entre a vida na Inglaterra da Revolução Industrial e a no Oriente não industrializado:

> Hoje, nas planícies da Índia e China, existem homens e mulheres, adoentados e famintos, levando vidas pouco melhores, à primeira vista, que as do gado com o qual trabalham de dia e dividem seus aposentos à noite. Esses padrões asiáticos, esses horrores da vida não mecanizada, são o destino dos povos cujos números crescem sem que passem por uma Revolução Industrial.

Os sentimentos de Ashton (embora sua formulação talvez não) envelheceram bem, mas, como historiadores econômicos posteriores, a exemplo de Walt Rostow, Phyllis Deane e o lendário Alexander Gerschenkron, de Harvard, ele confundiu a causa com o efeito.

As massas sofredoras do Terceiro Mundo não sofrem porque lhes faltam fábricas e máquinas, mas porque lhes faltam instituições – direitos de propriedade, uma perspectiva científica e mercados de capital – e esses países, ao mesmo tempo, registram índices de natalidade explosivos em função dos avanços propiciados pela moderna medicina, ainda que não desfrutem destes plenamente.

Nos últimos anos, os estudiosos reduziram a temperatura do debate ideológico sobre os padrões de vida durante a Revolução Industrial e passaram a se concentrar em indicadores biológicos mais objetivos quanto ao bem-estar. Estudos sobre expectativas de vida descobriram melhora significativa na longevidade entre 1760 e 1820 e, depois, uma estagnação desses indicadores que se estendeu até 1860. O mesmo padrão prevalece para os índices de mortalidade infantil, que caíram no final do século 18, mas voltaram a crescer nas primeiras décadas do século 19. Um indicador respeitado entre os adeptos do método cliométrico são as estatísticas sobre a estatura humana.* E estas também mostram um padrão de melhora no final do século 18 e deterioração nas primeiras décadas do século 19.

O cômputo final é que Engels e Hobsbawn estavam parcialmente corretos: a preponderância das indicações modernas aponta para uma ligeira deterioração nos padrões de vida em estágios mais avançados da Revolução Industrial, ao menos para as pessoas na base da escala econômica. A Revolução Industrial representou um processo bárbaro, para muitas, se não para a maioria. A Inglaterra chegou mais perto de distúrbios civis e de uma revolução, como consequência das mudanças econômicas posteriores às guerras napoleônicas, do que a maior parte dos observadores contemporâneos parecia disposta a admitir. Felizmente, os líderes políticos britânicos, exemplificados por brilhantes visionários como Robert Peel – ele mesmo filho de um magnata do algodão –, provaram-se flexíveis o bastante para responder com reformas apropriadas.

O que Engels esqueceu, ou talvez jamais tenha aprendido, é como a vida era difícil antes que a Grã-Bretanha escapasse da armadilha malthusiana. Por pior que fosse a existência cotidiana nos cortiços do começo da era industrial, é indiscutível que a população inglesa cresceu rapidamente no período. As condições de vida, quase por definição, devem ter sido muito piores dois séculos antes, quando cada expansão da população acarretava queda no padrão de vida em grau severo o bastante para impedir o crescimento populacional. Entre 1740 e 1820, o índice de mortalidade caiu de 35,8 por mil para 21,1 por mil. A idílica visão de Engels sobre a vida antes

---

* O estudo de restos mortais também foi inestimável na pesquisa de tendências econômicas no mundo antigo. Ian Morris, em Early Iron Age Greece, rascunho preliminar, citado com a permissão do autor.

da Revolução Industrial foi produto de uma imaginação fervilhante e da cegueira quanto às leis implacáveis da demografia pré-industrial.

O rápido crescimento da população britânica depois de 1650 apresenta, de fato, certo mistério. A falta de dados precisos complica a questão. Na maior parte dos casos, os estudiosos se restringem a computar as diferenças entre os registros de batismos e os de funerais. Um importante mecanismo de controle populacional era a regulamentação da idade de casamento. Em momentos de prosperidade, as pessoas se casavam mais cedo e tinham mais filhos. Nos momentos difíceis, demoravam mais a se casar e tinham menos filhos. Mas, ao avançarmos para além dessa afirmação, a ideologia política volta a se misturar com a questão. Os demógrafos de esquerda atribuem a rápida ascensão populacional à demanda por mão de obra infantil barata, enquanto estudiosos de direita atribuem a tendência ao Sistema Speenhamland de assistência aos pobres, que recompensava as famílias pobres por terem filhos. A mais convincente explicação para não crescimento da população no final do período medieval inclui melhorias de saneamento e de higiene, o que permite presumir uma melhora gradual nas condições de vida.

Mas o problema continua sem solução. Ao longo do período, a produção per capita aumentou junto com a população. Simon Kuznets, historiador econômico de Harvard, explica esse paradoxo com sua "hipótese da curva": a desigualdade de renda e de riqueza cresce temporariamente durante períodos de rápida industrialização, quando as pessoas que estão na vanguarda prosperam à custa do restante da sociedade. Essa sequência de eventos prevaleceu no boom tecnológico do final dos anos 90 do século 20, que conferiu fortunas inimagináveis a um pequeno número de jovens especialistas em tecnologia (mesmo que apenas por um breve período) e gerou fortes disparidades de renda.

Devido às incertezas quanto a índices de inflação e padrões de vida, provavelmente jamais conheceremos os contornos precisos do bem-estar e do crescimento econômico na Inglaterra do início do período moderno. Exatamente em que momento a decolagem econômica da Inglaterra moderna começou, conduzindo os padrões de vida a uma melhora clara, é motivo de grande controvérsia. Os primeiros historiadores da Revolução Industrial – Phyllis Deane e William Cole – argumentavam que o rápido crescimento econômico começou já no final do século 18, enquanto trabalhos mais recentes sugerem que ele só veio no começo do século 20. É um debate que vai além do escopo deste livro. No entanto, está claro que o caótico século 18 foi ocupado por conflitos quase constantes entre as grandes potências. A carnificina do período atingiu seu apogeu entre 1793 e 1815, com o advento de uma nova forma de guerra em massa e de alcance mundial. O espectro da fome rondou até mesmo a Inglaterra ao longo desse terrível período, por isso não é surpreendente que o crescimento tenha sido discreto nos anos imediatamente anteriores e posteriores a 1800. Miraculosamente, a Inglaterra dobrou sua população e ao menos impediu que os padrões de vida caíssem durante um período que abarcou a Guerra dos Sete Anos, a guerra da independência dos Estados Unidos, a Revolução Francesa e as guerras napoleônicas. Só quando a Europa se estabilizou, depois do Congresso de Viena, e o telégrafo e motor a vapor foram acrescentados ao caldo econômico, a variedade moderna de crescimento econômico intensivo surgiu.

De qualquer forma, o modelo de quatro fatores adotado neste livro nos ajuda a compreender por que o crescimento sustentado não ocorreu antes do início do século 19, quando o transporte a vapor e a comunicação eletrônica, enfim, entraram em uso. Não importa quanto o setor industrial fosse produtivo, sem o telégrafo e as ferrovias era impossível para os empresários transportar ou comercializar com eficiência seus novos produtos.

A REVOLUÇÃO NÃO INDUSTRIAL

O nascimento da prosperidade moderna costuma ser associado à Revolução Industrial. Ainda que o termo tenha sido usado inicialmente por comentaristas estrangeiros na década de 30 do século 19, foi o historiador Arnold Toynbee que o popularizou, durante sua série de palestras em Manchester em 1884. Tradicionalmente, o termo Revolução Industrial identifica o período entre 1760 e 1830. A ideia de que um modo cada vez mais ordenado e mecanizado de vida e de produção tenha sido a fonte da prosperidade ocidental parecia evidente para historiadores e economistas do começo e metade do século 20, como Phyllis Deane, que escreveu:

> É hoje quase um axioma da teoria de desenvolvimento econômico que o caminho para a afluência passa por uma revolução industrial. Um processo contínuo – e haverá quem diga

"autossustentado" – de crescimento econômico sob o qual cada geração pode esperar com confiança padrões de produção e consumo superiores aos das predecessoras está aberto apenas às nações que se industrializem.
A notável disparidade entre os padrões de vida dos países ditos desenvolvidos ou avançados, na metade do século 20, e os padrões que hoje prevalecem nos países subdesenvolvidos ou atrasados se deve essencialmente ao fato de que os primeiros se industrializaram e os segundos não." (Ênfase acrescentada pelo autor).

Por volta dos anos 60 do século 20, as autoridades econômicas haviam identificado a industrialização como condição *sine qua non* para a prosperidade mundial e viam a industrialização forçada como única esperança para o Terceiro Mundo. O economista Walt Rostow, do Instituto de Tecnologia de Massachusetts (MIT), popularizou o termo "decolagem": o ponto, na história econômica de um país, em que "os bloqueios e resistências a um crescimento firme são por fim superados" e ele se industrializa. O teórico calculou que a decolagem industrial britânica aconteceu pouco depois de 1800; a dos Estados Unidos, em 1860; a do Japão, por volta de 1900; e – seu cálculo mais impreciso – a da Austrália, em 1950.

Rostow sentia que o requisito básico para uma decolagem econômica era a existência de uma elite política que "considerasse a modernização da economia como questão política séria e de primeira ordem" – transformação industrial de cima para baixo. As palavras "propriedade privada" e "liberdades civis" estão ausentes no esquema de coisas proposto por Rostow, embora seja justo apontar que ele reconhecia a importância do racionalismo científico e da tolerância religiosa. Quem lê Rostow divisa mentalmente dezenas de nações minúsculas posicionadas na cabeceira da pista de decolagem, todas esperando a autorização para a decolagem rumo ao céu azul da indústria. Se o nome desse economista traz à memória a história presidencial norte-americana, é porque de fato trata-se do mesmo W. W. Rostow que foi o assessor mais belicoso de Lyndon Johnson e acreditou até o fim que a guerra no Vietnã estivesse indo bem, porque as estatísticas e tabelas eram muito positivas.

> AS CAUSAS DA PROSPERIDADE MODERNA REMONTAM AO INÍCIO DA CIVILIZAÇÃO.

Até mesmo Alexander Gerschenkron, talvez o mais ilustre historiador econômico dos últimos 50 anos, via a industrialização como o aspecto essencial para o desenvolvimento econômico: era impossível que um país fosse próspero e "avançado" sem um grande setor fabril.

As causas da prosperidade moderna remontam ao início da civilização e houve crescimento sustentável na Holanda muito antes que ele surgisse na Inglaterra. Outros exemplos modernos contradizem a hipótese da industrialização. No modelo proposto por Deane, Rostow e Gerschenkron, a Austrália seria um país agrícola "atrasado", com um setor industrial modesto. De que forma, então, esse país conseguiu manter um dos mais altos padrões de vida do mundo em um momento no qual outras nações agrícolas estavam atoladas na pobreza?

Outra precondição essencial de Rostow para a "decolagem" era uma elevação no índice de investimento a mais de 10% do PIB. Quanto a isso, o professor do MIT, uma vez mais, confundiu a causa com o efeito. Exceto nas sociedades totalitárias, são os indivíduos que escolhem que proporção da renda nacional deve ser investida, e não os governos. A moderna pesquisa econométrica demonstra claramente que as economias modernas fortes têm índices elevados de investimento porque oferecem ampla variedade de oportunidades lucrativas, e não o contrário. De qualquer forma, o índice de investimentos britânico durante a Revolução Industrial era bem inferior ao mínimo de 10% proposto por Rostow.

Como esses formidáveis estudiosos erraram tanto? Primeiro, subestimaram, como muitos faziam antes de 1980, a importância de fatores institucionais, especialmente os direitos de propriedade e o Estado de direito. Segundo, simplesmente não tinham acesso a dados históricos precisos. Apenas nas últimas décadas, os economistas começaram a tentar reconstituir os contornos do crescimento econômico em séculos e milênios anteriores. As informações mais recentes sugerem que, no final do século 19, os Estados Unidos ainda eram um país essencialmente agrícola, mas com renda per capita quase igual à da Inglaterra. Ao mesmo tempo, como já vimos, a Austrália, que pelo cálculo de Rostow só teria "decolado" meio século mais tarde, por um breve período desfrutou da renda per capita mais alta do mundo.

Poderíamos, da mesma forma, atribuir a alta na riqueza nacional aos automóveis (Rostow, na verdade, o fez), aos telefones, aos relógios Rolex ou às cadeiras Luís XV. Como a industrialização, esses itens, luxuosos ou não, são produtos da prosperidade, e não sua causa. Hoje, até as pessoas comuns compreendem que a industrialização não basta para que o desenvolvimento econômico aconteça. O colapso da experiência soviética, baseada na industrialização forçada, e o fracasso abjeto da maioria dos projetos de infraestrutura bancados por estrangeiros no Terceiro Mundo demonstram que a prosperidade envolve mais que construir fábricas e represas. A notável riqueza "pós-industrial" da maioria dos países avançados no final do século 20, com o florescimento dos setores de informação e de serviços e o recuo e a migração da indústria rumo a países com custos mais baixos de mão de obra, confirma que a industrialização não é a causa da prosperidade.

Outra teoria desacreditada de desenvolvimento, mais recente, é a da "substituição de importações", que sugere que os países em desenvolvimento devem proteger sua indústria nascente com tarifas e outras barreiras com relação ao comércio internacional. Dados recentes sugerem que essas políticas servem apenas para reduzir a competitividade em longo prazo desses setores nascentes e para retardar o crescimento econômico mais amplo.

A Inglaterra foi o primeiro país a sustentar um ritmo acelerado de crescimento econômico, tanto em termos de PIB agregado quanto de renda per capita, devido à sua vantagem quase insuperável no desenvolvimento dos quatro fatores institucionais aqui mencionados. Por fim, porém, a longa história econômica inglesa, por mais gloriosa que tenha sido, tornou-se um fardo. No final do século 18, os códigos judiciais do país carregavam o peso de séculos de regulamentações medievais. Um exemplo era o Estatuto dos Aprendizes, que surgiu na Inglaterra elisabetana, mas só foi revogado em 1814. Avaliando o estatuto, Adam Smith comentou:

> Foi determinado, por exemplo, que um fabricante de coches não pode produzir as rodas de seus coches ou empregar trabalhadores que o façam; deve comprar as rodas de um mestre fabricante de rodas... Mas um fabricante de rodas, embora jamais tenha servido como aprendiz de um fabricante de coches, pode produzir coches ou empregar trabalhadores que o façam, porque a profissão do fabricante de coches não está sob a proteção do estatuto, já que (não era praticada) na Inglaterra da época em que o estatuto foi criado.

O comércio da lã estava repleto de regras como essa. E um dos motivos para o crescimento explosivo do algodão foi o fato de que, como mercadoria nova, não estava sujeito a tanta regulamentação. A industrialização podia evitar as regras comerciais, assim como sobre aprendizes ao conduzir suas operações nas sombras das "cidades novas" como Birmingham e Manchester, onde as velhas regras não valiam e os juízes de paz que impunham sua aplicação não tinham poder.

A tradição inglesa de monopólios também custou a desaparecer. A Companhia das Índias Orientais dominou o comércio com a Índia até 1813 e o comércio com a China por mais algumas décadas ainda. O monopólio da Companhia das Índias Orientais, ao excluir outras companhias britânicas que desejavam comercializar com o Extremo Oriente, mais prejudicou que ajudou a situação comercial britânica. A Lei da Bolha, aprovada em 1720 depois do episódio da Companhia dos Mares do Sul, com o intuito de desencorajar especulação, sufocou a inovação ao exigir autorização parlamentar para a formação de sociedades por ações. O Parlamento só repeliu essa norma em 1825 e só enxugou o processo de formação de sociedades por ações em 1856.

A Lei da Bolha também proibia o uso de muitas "ferramentas especulativas", às quais era atribuída a culpa pelo colapso do mercado em 1820, incluindo as vendas a descoberto e as operações futuras. Sabemos hoje que esses instrumentos reforçam a estabilidade do mercado e reduzem o custo do capital. Sua ausência causou excessiva instabilidade nos mercados ingleses por mais de um século.

Como o resto da Europa, a Inglaterra era extremamente mercantilista e só demoliu suas muralhas protecionistas muito depois da batalha de Waterloo. Já mencionamos a revogação das Leis do Milho. A Lei de Navegação só foi abolida pelo Parlamento em 1849. O navio a vapor não tinha grande utilidade comercial quando os governos impunham forte proteção à sua agricultura e indústria. Apenas quando a Inglaterra removeu sua legislação protecionista, o último tijolo na criação da fundação para a prosperidade pôde ser assentado: o do transporte efetivo.

A Nova Jerusalém

As colônias americanas da Inglaterra não só desfrutaram de todas as suas vantagens institucionais como escaparam da maior parte das maldições que afligiam a metrópole. A produção de capital aconteceu de modo particularmente desimpedido nos Estados Unidos. Pouco depois que a Constituição do país foi ratificada, os norte-americanos criaram o mais avançado sistema mundial de patentes. Só lhes faltavam capital e trabalhadores. As duas coisas logo começariam a fluir livremente no interior e vindas do exterior. Em 1855, a população dos Estados Unidos já era maior que a britânica; em 1870, sua economia também ultrapassou a do Reino Unido.

O gráfico 7-2 mostra o crescimento do PIB per capita norte-americano depois da ratificação da Constituição. Contrastando com o crescimento incerto da Inglaterra no começo do século 19, os Estados Unidos registraram crescimento de produtividade da ordem de 2% ao ano praticamente desde que o país foi criado – muito mais rápido que o obtido na costa oposta do Atlântico.* Boa parte do crescimento inicial na produtividade dos Estados Unidos derivava da recuperação de atrasos.

Gráfico 7-2

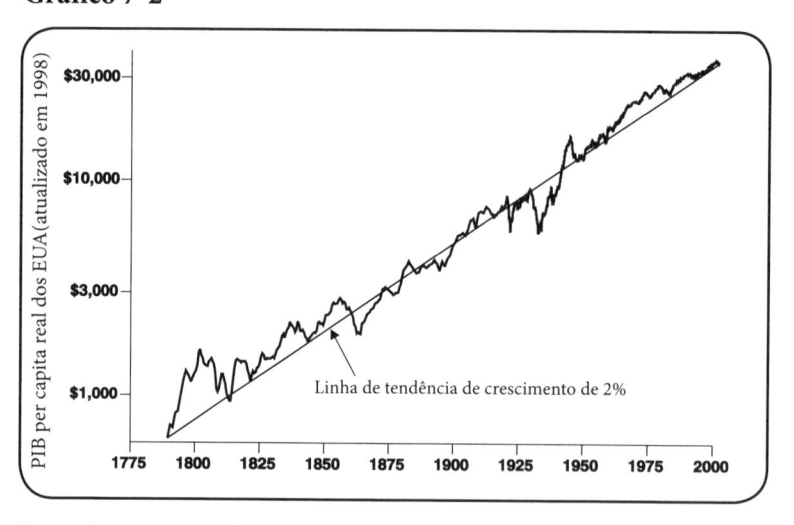

[Gráfico: PIB per capita real dos EUA (atualizado em 1998), de 1775 a 2000, com linha de tendência de crescimento de 2%]

Fonte: Departamento do Comércio dos EUA

---

* A proximidade entre o crescimento do PIB per capita exibido no Gráfico 7-2 e a marca dos 2% é quase sobrenatural. Lembre-se que, no capítulo 1, vimos que os ritmos de crescimento das grandes nações desenvolvidas no século 20 também se agrupavam estreitamente em torno dos 2% ao ano.

Maddison estima que, em 1820, o PIB per capita dos Estados Unidos equivalia a apenas 73% do britânico e que a produtividade do país não ultrapassou a da Inglaterra até o começo do século 20. Devido à imigração e a um maior índice de natalidade, porém, o tamanho bruto da economia norte-americana havia excedido o da inglesa muito antes disso.

O novo país foi abençoado com recursos e terras abundantes, mas sua imensa extensão territorial, apesar dos longos rios, não era totalmente favorável à prosperidade econômica, principalmente se comparada à inglesa ou à holandesa. Desde o começo, os Estados Unidos herdaram da Inglaterra uma mercadoria muito mais valiosa: as melhores instituições do mundo, e escolheram aquelas que encorajavam a liberdade e o comércio, descartando as que não o faziam, além de inventarem algumas que lhes são próprias. No entanto, algumas falhas peculiares aos Estados Unidos, entre as quais a instituição da escravatura, precipitaram uma sangrenta guerra civil e retardaram a conquista de uma posição dominante entre as nações do planeta.

CAPÍTULO 8
QUEM FICOU PARA TRÁS

A florescente prosperidade da Holanda e da Inglaterra logo se espalhou pelo resto da Europa Ocidental e, posteriormente, pelo leste da Ásia. Determinar se um país se tornaria ou não rico dependia de fatores culturais e institucionais profundamente enraizados. Entre as dezenas de países que conquistaram a prosperidade na trilha da Holanda e Inglaterra, destacarei três para análise: França, Espanha e Japão.

O gráfico 8-1 mostra o crescimento do PIB per capita nesses três países em comparação com o da Inglaterra. Devido à proximidade da Inglaterra e às reformas pós-revolução, a França acompanhou de perto sua vizinha do outro lado do canal; a Espanha e o Japão precisaram de mais que um século para fazê-lo. As histórias econômicas dos três países têm como foco os obstáculos ao crescimento que existiam em seus caminhos, a forma como eles foram superados e que lições os modernos países em desenvolvimento podem extrair disso.

O GOVERNANTE E OS GOVERNADOS

Começando por Holanda e Inglaterra, mercadores e a pequena nobreza gradualmente restringiram as prerrogativas dos governantes e alteraram de modo fundamental a relação entre o Estado e o cidadão. Essa mudança se espalhou lentamente pelo restante da Europa Ocidental. O processo não aconteceu de modo suave ou uniforme. O Antigo Regime sob o reinado de Luís XIV, por exemplo, atingiu graus de absolutismo político e econômico que só seriam repetidos com o advento do comunismo e do nacional-socialismo modernos.

Gráfico 8-1
PIB per capita (ajustado pela inflação)

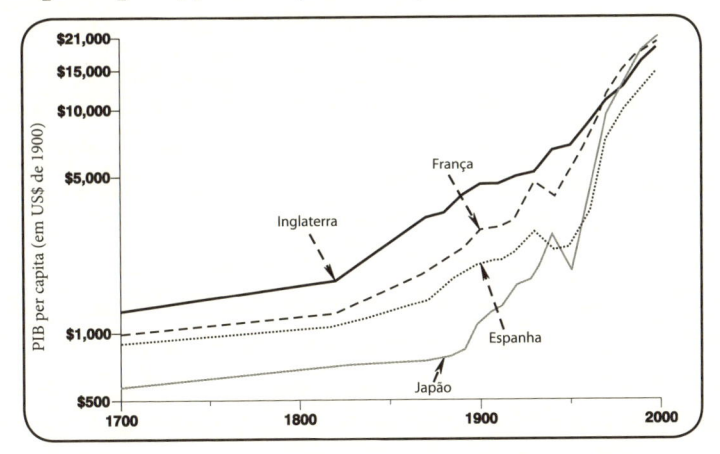

Fonte: Dados de Maddison, Monitoring the World Economy, 1820-1992; e Maddison, The World Economy: A Milennial Perspective, p. 264.

Por milhares de anos, o objetivo primário de qualquer governante era o de maximizar sua riqueza pessoal. Os direitos divinos dos reis só cediam diante da mais intensa pressão, como ocorreu em Runnymede, em 1215. A Europa pré-moderna era um turbilhão de constantes guerras entre pequenos Estados – "nação" seria uma palavra grandiosa demais para descrever a maioria deles. As estimativas variam, mas, no período medieval, havia até mil principados espalhados pelo continente europeu. O príncipe ou duque inteligente aprendia que, se tributasse demais os mercadores e trabalhadores, era provável que eles optassem por migrar para outro território, cujas taxas pesassem menos em seus bolsos.

> OS GOVERNANTES LENTAMENTE COMEÇARAM A RELACIONAR SEU BEM-ESTAR PESSOAL COM O DE SEUS SÚDITOS.

Os governantes lentamente começaram a relacionar seu bem-estar pessoal com o de seus súditos e aprenderam a não explorar demais aqueles que os serviam. Os Estados que não tributavam demais seus súditos e não confiscavam suas propriedades com exagerada frequência detinham tesouros mais substanciosos e exércitos maiores do que aqueles que faziam o oposto. As nações que não conseguiam abster-se de saquear seus súditos enfraqueciam e, em muitos casos, desapareciam. Gradualmente, por meio desse processo darwinista, os países com tributação mais inteligente, respeito pelas leis e direitos de propriedade garantidos prosperaram e prevaleceram diante de vizinhos menos avançados, e a Europa se tornou um bom lugar para enriquecer. O fragmentado panorama político europeu passou, assim, a oferecer um contraste dramático com relação aos Estados centralizados da China e Turquia, cujos empresários eram prejudicados por políticas governamentais insensatas, mas não tinham como escapar.

O soberano sábio arrecada impostos de maneira que isso não interfira nos incentivos do livre mercado. De uma perspectiva econômica e social, a melhor forma de tributação é o imposto sobre as vendas. A versão moderna mais comum desse tipo de tributo é a do imposto sobre valor agregado, em sua forma europeia, essencialmente um imposto nacional sobre as vendas que não exerce "efeito cascata" sobre as etapas precedentes do processo de produção, ao contrário do que acontece com as demais formas de imposto de venda. Impostos de renda criam distorção moderada, da mesma forma que impostos imobiliários, porque ambos reduzem os incentivos aos ganhos e aos investimentos. O pior caminho para obter receita para o Estado é a venda de direitos de monopólio, que sufocam a concorrência.

Mais importante que o tipo e talvez até que a alíquota de taxação, é o método de administração do sistema. Nada corrói tanto a saúde econômica quanto o confisco arbitrário de ativos, quer isso seja feito por assaltantes, quer seja feito pelos detentores de cargos públicos. Da mesma forma, nada desmoraliza mais uma sociedade que a isenção de impostos para toda uma classe social. A certeza de um imposto de renda de 30% é tolerável; uma chance de 30% de confisco arbitrário e completo ou uma isenção tributária que beneficie 30% da população empobrece uma sociedade e fomenta revoluções.

A RIQUEZA E A ESPADA

Antes da Idade Moderna, a simples ideia de que um país pudesse se tornar rico e poderoso por meio do comércio era desconhecida. Por milênios, o caminho para a riqueza foi a vitória e o saque. Antes do surgimento de uma prosperidade moderada na Itália renascentista e de uma variedade mais robusta na Holanda, poucos governantes compreendiam o valor do comércio e da indústria, que dirá faziam disso uma prioridade nacional. Só a conquista produzia riqueza. Quando os espólios escasseavam, uma espiral destrutiva característica surgia. A fim de compensar a receita perdida, o soberano elevava os impostos sobre os principais produtores de riqueza da nação – os agricultores. Incapazes de pagar os impostos mais altos, estes simplesmente vendiam ou abandonavam suas terras. Isso reduzia as receitas tributárias e resultava em alíquotas de impostos ainda mais altas e no abandono de mais fazendas. Do período tardio da Grécia helênica ao Império Otomano, passando por Roma depois de Constantino, a característica dominante de um Estado em decadência era o campo despovoado.

O primeiro passo em direção à prosperidade, portanto, é que o governante esteja ciente da conexão entre seu bem-estar e o de seus súditos. O moderno país desenvolvido é um "Estado de serviço" que provê bens públicos de maneira ativa a fim de estimular o comércio. Para citar apenas alguns desses bens, temos:

- educação para os jovens;
- proteção policial para garantir a segurança pública e os direitos de propriedade;
- justiça administrada por tribunais independentes para garantir a lealdade dos cidadãos;
- estradas para transportar trabalhadores e produtos.

Decidir, portanto, quem liderou e quem ficou para trás na jornada para a prosperidade depende de determinar quanto e onde a aristocracia governante compreendeu pela primaira vez a importância dos seguintes elementos que formam a base da riqueza nacional: o Estado de direito, a segurança da propriedade privada, a separação dos poderes, um vigoroso comércio nacional e internacional, a troca dos monopólios por uma base tributária ampla fundada sobre impostos de vendas e a provisão de segurança pública, educação e estradas.

Por que a França ficou para trás?

Em um influente ensaio, o historiador N. F. R. Crafts concluiu que a Inglaterra realizou a Revolução Industrial antes da França por sorte. Ele argumentou que os dois países detinham a infraestrutura social e intelectual necessária para o moderno crescimento e que, portanto, a vitória inglesa foi um evento "estocástico", ou seja, aleatório. Se o século 18 fosse repetido seguidamente – Crafts sugeriu – a França teria vencido a disputa econômica tantas vezes quanto a Inglaterra.

Sem dúvida, há um forte elemento de aleatoriedade na História. O que teria acontecido caso um micróbio ou bala perdida tivessem matado Hitler, Wellington ou Luís XIV prematuramente? Mesmo assim, basta o mais breve exame da história institucional europeia para revelar que, na corrida pela Revolução Industrial, os franceses nunca tiveram chance.

Ao menos superficialmente, a França se equiparava à Inglaterra nos quatro fatores econômicos críticos. É válido afirmar que a França deveria ter se unido à Inglaterra e à Holanda na vanguarda da prosperidade mundial. Os direitos de propriedade franceses não contavam com a garantia de um forte governo central e Judiciário altamente organizado? E a França, lar de Descartes e de Pascal, não poderia ser definida como o lar do iluminismo científico? O histórico de inovações tecnológicas da França não era tão impressionante quanto o inglês? A corte de Versalhes não era capaz de obter grandes montantes de capital de público faminto por *rentes* (rendimentos)? O sistema francês de estradas e canais, construído nos reinados de Henrique IV e Luís XIV, não era superior à coleção de veredas esburacadas e cais precários disponíveis na Inglaterra no século 17?

A resposta para todas essas perguntas é um vigoroso sim. Mas a decolagem econômica da França só aconteceu mais de um século depois da inglesa. Por quê? A resposta para essa questão está na eficiência com que cada um dos quatro fatores de crescimento operava no Antigo Regime.

O que um francês realmente queria

Quando começou o reinado de Henrique IV, em 1589, o feudalismo já estava quase extinto na França. Os direitos claros de propriedade de objetos e de terras se haviam difundido amplamente, e o comércio os acompanhou.

Mas, embora o sistema imobiliário francês conferisse propriedade, não oferecia incentivos. O problema estava naquilo que os economistas definem como "comportamento *rent seeking* ou de renda monopolista" – a propensão a usar privilégios especiais, em contraposição ao espírito empreendedor e ao trabalho árduo – para ganhar dinheiro. Exemplos conhecidos no mundo moderno incluem as taxas excessivas para inspeção de veículos, normas sindicais que beneficiam exageradamente algumas categorias e salários e benefícios exagerados para os altos executivos. A busca por renda monopolista é um traço básico da natureza humana e todas as sociedades sofrem com isso em certa medida. Só ocorrem danos econômicos quando essa prática se torna consistentemente mais atraente que ganhar a vida com o trabalho honesto. E era esse o caso durante o Antigo Regime.

> QUANDO LUÍS XIV MORREU, A FRANÇA HAVIA REGREDIDO A UM ESTADO QUASE FEUDAL, QUE SERIA A PRINCIPAL FONTE DE INSATISFAÇÃO PARA A REVOLUÇÃO.

Para compreender como esse comportamento evoluiu na França pré-moderna, precisamos compreender a estrutura tributária do país. A fonte primária de receita era a *taille*, um imposto sobre a terra e as edificações. A nobreza e o clero estavam isentos desse tributo, portanto ele só incidia sobre os agricultores e os pequenos empresários. Assim, a compra de patentes de nobreza e o ingresso no clero conferiam excelentes dividendos tanto em termos espirituais quanto materiais. A Coroa tentou extrair receita do clero e dos nobres, primeiro com a *gabelle* (imposto sobre o sal), depois com os *aides* (impostos sobre produtos de luxo, como o vinho, o sabão e as velas) e mais tarde com um complicado imposto per capita, a *capitation*. A desigualdade da carga tributária lentamente forçou os camponeses a vender suas terras, mas eles, muitas vezes, permaneciam nelas como arrendatários. As propriedades começaram a se acumular nas mãos de nobres que, da segurança de Versalhes, despachavam agentes encarregados de extrair os pagamentos senhoriais e fracionais – *sans merci* – dos antigos proprietários da terra e de seus descendentes. Quando Luís XIV morreu, a França havia regredido a um estado quase feudal, que seria a principal fonte de insatisfação para a revolução. A Coroa encontrava dificuldades para arrecadar tamanha quantidade de impostos complexos e por isso passou a depender cada vez mais de coletores terceirizados de taxas

– empresários privados que recolhiam tributos para o governo em troca de uma participação nos proventos.

O sistema era defeituoso, odioso e devastador para o vigor comercial do país. Começando no reinado de Henrique IV, os novos ricos tinham o sonho de estabelecer seus filhos como burocratas e coletores de impostos, da mesma forma que os profissionais liberais modernos anseiam por enviar seus filhos a universidades de elite. De sua parte, a Coroa, que estava sempre com falta de dinheiro para aventuras militares e extravagâncias na corte, não se preocupava ao trocar receita futura por dinheiro imediato. Os empresários da França não encontravam grande dificuldade para conquistar sucesso, mas, sob um sistema como esse, o espírito empreendedor de uma família raramente durava mais de uma geração. Um historiador descreveu assim a mentalidade francesa:

> Enquanto na Holanda e mesmo na Inglaterra, um mercador, industrial ou financista, depois de fazer sua fortuna não tem outro desejo a não ser que seus filhos expandam o alcance de seus negócios, na França o sonho de todo homem que conquistou o sucesso pelo esforço pessoal é comprar para o filho um posto oficial. Aqueles que estão no topo da ladeira compram para os filhos o posto de conselheiro em um dos Parlamentos da Chambre de Comptes; e os menos bem-sucedidos tornam os filhos funcionários públicos.

À medida que as famílias trocavam a atividade produtiva por títulos e cargos adquiridos, mais de 80% dos nomes que constavam dos registros tributários de uma aldeia podiam desaparecer em uma geração. Os direitos de propriedade exercem sua mágica quando oferecem incentivo. A França possuía direitos de propriedade superficialmente robustos, mas os incentivos a seus cidadãos eram esgotados por instituições que encorajavam a busca por renda monopolista. Os franceses até hoje aspiram ao status de *fonctionnaire* – ou seja, um burocrata dotado pelo Estado de considerável status, benefícios e vantagens. Uma vez mais, a queda de uma grande potência está relacionada com a política fiscal.

Ainda que os reis Stuart da Inglaterra tenham usado vendas de monopólios como caminho para a obtenção de receita, eles eram completamente amadores nessa área, concedendo direitos exclusivos sobre a importação de uma determinada mercadoria ou sobre a venda de um produto manufaturado ao primeiro cortesão que propusesse a ideia ao rei. No reino de Luís XIV, os franceses conduziriam a exploração de monopólios pelo Estado a novos picos.

O problema de Versalhes

O adjetivo mais evocativo para descrever regimes como esse é "dirigiste", ou "dirigista". O instinto centralizador francês surgiu da debilitação e do caos que se seguiram à Guerra dos Cem Anos (que, na verdade, durou 116 anos, de 1337 a 1453, na disputa pelo controle da França normanda). Ainda que a Inglaterra tenha vencido a maioria das grandes batalhas da guerra – Crécy, Agincourt e Poitiers –, a vitória final ficou com a França depois que Joana d'Arc conseguiu desbaratar o sítio de Orleans. No final do conflito, os ingleses só detinham Calais.

Depois da guerra, o Estado francês – pouco mais que uma colcha de retalho de feudos agrupados frouxamente sob o reinado de Carlos VII – estava arruinado. Carlos começou lentamente a afirmar seu poder em nível nacional, começando com o estabelecimento de impostos nacionais e a venda de cargos. Com Henrique IV, as guildas de artesãos, que receberam monopólio de suas indústrias, sufocaram a concorrência e retardaram a inovação. Nos dois séculos seguintes, monarcas sucessivos concentraram o poder nas mãos da Coroa. O processo chegou a seu apogeu quando Luís XIV reuniu os nobres da França em um aprisionamento esplêndido na corte de Versalhes. Isso unificou o país politicamente, mas também isolou a aristocracia de suas origens sociais e comerciais nas províncias e fraturou a vida comercial do país.

As extravagâncias da corte, que não precisam ser relatadas aqui, consumiam 6% do orçamento nacional. E seus custos indiretos eram ainda mais altos. A elite do país, obcecada pela conquista dos favores do Rei-Sol em Versalhes, afastou-se de seus interesses comerciais em suas regiões de origem.

O mais conhecido *contrôler général* (ministro das Finanças) de Luís XIV foi Jean-Baptiste Colbert. Esforçado, sinceramente dedicado ao bem-estar da França e honesto, para os padrões de sua época, ele comandava a economia do país de forma quase tão absoluta quanto o rei manipulava a nobreza. Acima de tudo mercantilista, Colbert acreditava que a saúde econômica de um país derivava do ouro acumulado em seus cofres, o que, por sua vez, dependia da balança comercial. Quando as exportações fluíam vigorosamente e as importações podiam ser contidas, a riqueza se acumulava. Quando as exportações se reduziam, o ouro saía do país e o enfraquecia.

O mercantilismo, portanto, era um jogo com vencedores e perdedores claros, que prejudicava todas as nações. Sua qualidade mais prejudicial foi demonstrada de maneira sucinta por outro ardente mercantilista, sir Francis Bacon, que observou que "o avanço de qualquer Estado depende do estrangeiro". O progresso econômico, historicamente, envolveu número considerável de tentativas e erros. A sabedoria penetrante de Adam Smith percebeu que o comércio internacional não ocorre a não ser que beneficie as duas partes e que a *guerre d'argent* mercantilista não beneficiava quase ninguém. A verdade desse conceito escapou às mentes brilhantes de gerações anteriores, entre as quais a de Colbert, da mesma forma que continua a escapar às dos atuais inimigos da globalização.

Colbert queria reforçar as exportações e decidiu que a França precisava estabelecer sua supremacia em todos os grandes itens de exportação de luxo da época: tapeçarias, vidro e porcelana (que eram então dominados pelo sul dos Países Baixos, pela Veneza e pela China, respectivamente). Em 1667, ele impôs tarifas sobre a importação desses produtos. Via os operários industriais como integrantes de um grande exército fabril e proibiu que realizassem greves. Instruía os funcionários a "instilarem o medo nos corações dos operários".

Uma sucessão de éditos determinava os métodos de produção nos mínimos detalhes. Determinado tipo de tecido tinha que conter 1.376 fios; outro, 2.368. Além disso, larguras específicas eram dispostas para cada tipo. Só para os regulamentos quanto à tintura de tecidos, eram necessários 371 artigos. As regras distinguiam entre três categorias de tingidores, cada qual com sua guilda. Os três grupos deviam manter estrita separação uns dos outros. O ministério de Colbert promulgou 44 códigos para os diferentes setores e criou um corpo de inspetores para garantir que fossem seguidos à risca.

Isso foi apenas o começo. Quando Colbert morreu, havia 15 inspetorias diferentes em atividade. E, quando os inspetores constatavam que os regulamentos existentes não se aplicavam a todos os estágios de manufatura, o *contrôler* expandia o código e apontava ainda mais inspetores. Em 1754, o número de inspetores havia chegado a 64.

As guildas estimulavam a regulamentação. Quando a guilda dos botoeiros descobriu, para sua preocupação e espanto, que os botões de tecido haviam superado seus produtos, feitos de osso, o *contrôler* instruiu os inspetores a multar os alfaiates responsáveis pela violação de normas e lhes conferiu poderes para invadir residências e multar as pessoas que estivessem usando botões de tecido. Os carneiros só podiam ser tosquiados em maio e em junho, o abate de ovelhas negras não era permitido e os dispositivos de cardagem tinham que ser feitos com um tipo específico de arame e conter um número determinado de dentes. O sistema de Colbert, com suas regulamentações comerciais complexas e muito abrangentes, sufocava a inovação e oferecia oportunidades quase infinitas de corrupção.

> O SISTEMA DE COLBERT SUFOCAVA A INOVAÇÃO E OFERECIA OPORTUNIDADES QUASE INFINITAS DE CORRUPÇÃO.

Todo Estado precisa de receita, mas a maneira como esta é coletada, muitas vezes, determina se uma nação sobrevive ou morre. Mesmo hoje, em muitos países da África e da Ásia, a venda de cargos públicos e de monopólios, com a consequente paralisia da concorrência e do crescimento, é uma fonte fácil de receita para os governos. A França e a Espanha pré-modernas caíram de cabeça nessa armadilha.

Os ingleses e os holandeses, como já vimos, não evitavam completamente a concessão de direitos monopolistas em troca de financiamento, mas com o tempo passaram a depender cada vez mais de impostos sobre as vendas, que incidiam sobre todos. Depois de 1700, o caminho para a riqueza, na Holanda e na Inglaterra, já não dependia de um posto no governo; e os cidadãos, cada vez mais, enriqueciam ao se envolverem com o comércio interno e externo e com a indústria.

As companhias de comércio internacional inglesas e holandesas de fato desfrutavam de poder monopolista, mas, em troca do privilégio, incorriam em consideráveis riscos. Mesmo hoje, as leis de patentes conferem monopólios limitados, também acompanhados pelo risco que isso acarreta para o inventor. De qualquer forma, a Lei dos Monopólios, de 1624, em larga medida pôs fim à concessão de monopólios pela Coroa Inglesa. A França, por sua vez, só restringiu os monopólios depois da Revolução. A distância de 175 anos entre os dois acontecimentos explica boa parte do atraso desse país no caminho da prosperidade econômica.

COMO ARRUINAR O RACIONALISMO

Pouca gente negaria que os franceses participaram plenamente do iluminismo científico, pois, como a inovação científica representava glória para a nação, Versalhes a valorizava e tampouco se poderia argumentar que os franceses eram inerentemente menos curiosos, inteligentes ou ambiciosos que os ingleses. Da mesma forma, não podemos afirmar de cara limpa que as realizações intelectuais, científicas e tecnológicas da Inglaterra superam as da França. A lista dos filósofos influentes, a começar por Descartes, em cujos ombros Newton metaforicamente teve de se apoiar para realizar seu trabalho, é pelo menos tão longa e distinta quanto a dos cientistas ingleses do período. Do mesmo modo, os franceses se igualaram aos ingleses na adoção da energia a vapor, do transporte ferroviário e da telegrafia.

Mas diferenças sutis e, no entanto, importantes quanto ao avanço intelectual e tecnológico surgiram dos dois lados do Canal da Mancha. A intolerância religiosa foi, por muito tempo, um traço forte da vida política francesa. Quando Henrique IV, que nasceu protestante, subiu ao trono como fundador da dinastia Bourbon, em 1589, foi forçado a se converter ao catolicismo antes que pudesse receber a coroa. Justificou sua conversão afirmando que "Paris vale uma missa". Em seu reinado, Henrique tentou reduzir as divisões religiosas. Em 1598, promulgou o Édito de Nantes, que conferia proteção e certa autonomia aos protestantes franceses. Luís XIV, que desprezava o protestantismo, revogou o édito em 1685. De um só golpe, o Rei-Sol privou a França de seus mais brilhantes cientistas e talentosos artesão, pois a maioria fugiu para a Inglaterra e para os Países Baixos. Denis Papin, o construtor do primeiro motor a vapor experimental, foi um desses refugiados.

As grandes inovações industriais dos séculos 17 e 18 foram criadas por artesãos habilidosos, e não por cientistas, e nisso também os franceses tinham desvantagem. Na França, os cientistas continuavam a ser membros da elite, mimados pela Corte e protegidos dentro das muralhas da academia. Esses luminares raramente interagiam com a população comum ou com os inventores e os artesãos. Na Inglaterra, em contraste, os acadêmicos e os artesãos se comunicavam e se misturavam livremente. O professor Wheatstone talvez mal tolerasse Cooke, o empresário em ascensão, mas isso não impediu que trabalhassem juntos. Era frequente que cientistas respeitados como Hooke e Halley oferecessem ajuda e conselhos a artesãos com baixo nível de educação formal, a exemplo de Newcomen, o fabricante de motores, e Harrison, o relojoeiro. Nas palavras do historiador econômico Joel Mokyr:

> Na Grã-Bretanha, a ponte entre os filósofos naturais e os engenheiros era mais larga e mais fácil de cruzar do que em outros países e, mais que em qualquer outro país, a Grã-Bretanha podia contar com pessoas capazes que transitavam livremente do mundo das abstrações, símbolos, equações, plantas e diagramas para o mundo das alavancas, polias, cilindros e rocas.

Quase duas décadas depois de publicar sua tese sobre o resultado "estocástico", Crafts a defendeu ao sugerir que os britânicos podem ter demonstrado vantagem sobre os franceses nas "microinvenções", ou seja, nas melhoras tecnológicas graduais de máquinas já existentes, mas os franceses lhes eram equivalentes nas "macroinvenções", dispositivos revolucionários que surgiam por coincidência ou acaso. Talvez ele tenha razão, mas isso é irrelevante. Nas ocasiões em que os franceses desenvolviam uma invenção – micro ou macro – antes dos ingleses, eram recorrentemente incapazes de capitalizá-la ou de produzi-la. A invenção que marcou a Revolução Industrial foi a máquina de fiar. De 1686 a 1759, os regulamentos econômicos franceses proibiam a produção, importação e até o uso de tecidos de algodão leve estampados, o produto dessas novas máquinas.

> A INVENÇÃO QUE MARCOU A REVOLUÇÃO INDUSTRIAL FOI A MÁQUINA DE FIAR.

Mesmo que os franceses tivessem inventado a máquina de fiar, seus sistemas industriais e de capital fiscalizados e controlados de perto pelo governo teriam impedido o uso generalizado dessa máquina revolucionária. Por mais incrível que possa parecer hoje, no século 18, a França executou 16 mil camponeses e pequenos empresários – em geral, na roda ou por enforcamento – devido a violações das normas quanto ao algodão. Indignados com a carnificina, reformistas propuseram a guilhotina como método mais humano de execução.

O capital foge da França

A dificuldade da França na terceira área, a dos mercados de capital, era mais sutil. Ainda que o país dispusesse de capital abundante, os empresários não tinham acesso a essa fonte. O empresário de sucesso, em vez de investir em seu negócio, queria se tornar *rentier*, um recebedor alegre e passivo de *rentes* emitidas pela Coroa (e mais tarde, por investimentos no exterior). O veículo financeiro preferido das classes média e baixa era a *bas de laine* – a meia de lã cheia de moedas de ouro e de prata tipicamente guardada embaixo do colchão. Esses dois veículos tradicionais – *rentes* e meias – ignoravam as necessidades dos empreendedores, que de qualquer forma continuavam relativamente pequenas. No século 19, os investidores franceses aplicavam cerca de três quatros de suas economias em títulos do governo nacional ou dos governos locais ou em títulos estrangeiros.

A intolerância religiosa também causou forte estrago no mercado de capital. João Calvino, por exemplo, era francês. Sua crença em que a salvação da alma dependia da profissão de fé do devoto e sua aprovação a empréstimos com juros modestos deram origem a poderosas casas bancárias protestantes em La Rochelle, Nîmes, Lyon e Paris. Como a Coroa não podia vender cargos a protestantes, eles eram "forçados" a se tornar comerciantes, e os bancos protestantes floresceram por gerações. A revogação do Édito de Nantes por Luís XIV forçou os protestantes a optar entre a conversão e o exílio. Os casos típicos envolviam a transferência de alguns membros das famílias para Amsterdã, Londres, Hamburgo ou Danzig, enquanto outros se convertiam e permaneciam na França. Os ramos separados das famílias mantinham estreito contato, como os Rothschilds fariam posteriormente. Mesmo assim, a estupidez da Coroa quanto a esses assuntos provocou grandes danos nos mercados de capital franceses. Mas dano menor que o infligido ao setor tecnológico, do qual fugiram em massa artesãos e inventores protestantes, cujos negócios eram muito mais portáteis.

De estradas e pedágios

A geografia da França também a colocava em desvantagem diante da Inglaterra. A França é um grande país continental, enquanto nenhum ponto do Reino Unido fica a mais de 110 quilômetros do mar. De uma perspectiva puramente mecânica, os franceses conseguiram superar o desafio de sua geografia desfavorável. O sistema rodoviário do país não era pior que o inglês. Além disso, seu mercantilismo tinha alguns efeitos salutares. Uma balança comercial positiva requeria transportes efetivos (bem como um sistema de pesos, medidas e moeda uniforme). Isso resultou em uma longa tradição de construção de canais e estradas pela Coroa francesa. O duque de Sully, ministro das Finanças de Henrique IV, concebeu uma vasta rede de canais no norte do país para desviar o comércio que passava pelas terras dos Habsburgo.

Sully deu início às obras de uma parte do sistema que propunha a construção de um canal para ligar os rios Sena e Loire que só foi concluído décadas depois da morte de Henrique. Colbert melhorou a via aquática e começou a executar o restante do grande plano de Sully, uma vez mais só concluído muito depois das mortes daquele que a iniciou e do então rei, Luís XIV. Um projeto ainda mais grandioso – o Canal de Deux Mers – para conectar o mar Mediterrâneo ao rio Garonne, e com isso ao Atlântico, foi concluído em 1691, mas o elevado custo de construção e manutenção de sua centena de eclusas não o tornava competitivo diante da rota marítima.

Sully e Colbert dedicaram igual vigor à construção de estradas. Nos reinados de Henrique IV e de Luís XIV, estradas razoáveis ligavam Paris a todas as fronteiras francesas. Os tempos de viagem foram reduzidos à metade e, no final do século 17, uma viagem de coche entre Paris e Lyon demorava "apenas" cinco dias. Aproximadamente na metade do século 18, a França tinha o melhor sistema de transportes terrestres da Europa.

Mas, com esses primeiros esboços de um sistema eficiente de estradas e canais, Colbert herdou um sistema de tarifas internas absurdo. Ele dividia a nação em zonas alfandegárias, e o tráfego entre elas ficava sujeito a pedágios caríssimos. Para agravar ainda mais o problema, eram os odiados coletores de impostos que administravam o vasto e complexo sistema.

Durante o reinado de Henrique IV, uma carga de sal transportada de Nantes a Nevers, uma distância de 430 quilômetros, pagava pedágios de valor quatro vezes superior ao da carga bruta. O sistema fragmentava o país em cerca de 30 zonas de comércio, o que destruía qualquer traço de uma economia nacional unificada.

Colbert reconheceu a necessidade de desmantelar as tarifas internas, mas os príncipes locais, que obtinham considerável renda dos pedágios, estavam bem posicionados para resistir a todos os seus esforços. Colbert conseguiu criar uma grande região isenta de pedágios no coração da França, as Cinq Gross Fermes (cinco grandes fazendas). Depois, relegou as províncias mais distantes ao livre comércio com os vizinhos estrangeiros, mas não com as Cinq Gross Fermes.

Metaforicamente, Colbert dedicava as manhãs a construir seu sistema de canais, enquanto as tardes da pequena nobreza local eram dedicadas a sabotar sua criação com a aplicação de tarifas internas.* Depois da morte do *contrôler*, em 1683, toda a disciplina fiscal se perdeu. No final do reinado de Luís XIV, três décadas mais tarde, o Estado havia dobrado o pedágio nas estradas e nos rios que controlava, e o país que no passado tinha exportado alimentos para a Europa era incapaz de importar o milho de que necessitava desesperadamente, porque não dispunha do crédito necessário. Enquanto a Inglaterra prosperava como um Estado de direito, a França era sangrada pelo "reino dos Fazendeiros-Gerais".

Após o dilúvio

E quanto à França depois da derrubada do Antigo Regime? Quaisquer que tenham sido os excessos da Revolução Francesa, duas de suas reformas ressuscitaram a moribunda economia do país. Primeiro, a Assembleia Constituinte aboliu de um só golpe todas as tarifas internas. Segundo, a revolucionária redistribuição de terras confirmou o direito dos agricultores humildes às suas terras e permitiu o processo de *enclosure* (cercamento) das terras comuns. Ao mesmo tempo, os agricultores foram autorizados a subdividir suas propriedades. Isso resultou no padrão, que persiste ainda

---

* Na Alemanha, os pedágios internos causaram ainda mais estragos. Os panorâmicos castelos do Reno tão amados pelos modernos turistas foram construídos com o propósito de intimidar o tráfego de barcos em suas águas. Um observador medieval classificou o pedágio fluvial, cobrado tipicamente uma vez a cada 15 quilômetros de jornada, como "a loucura desatada dos alemães". Antes que o posto de pedágio precedente desaparecesse de vista, o seguinte já estava visível, literalmente. Ver Heckscher, p. 56-60.

hoje, de muitas pequenas fazendas – o chamado *morcellement* (fragmentação). A atomização da agricultura francesa aprisionou uma porção elevada da população em um sistema agrícola cada vez mais ineficiente, o que, por sua vez, reforçou o apoio às medidas protecionistas que varreu o país no final do século 19.

Entre 1853 e 1888, enquanto os ingleses eliminavam tarifas com a maior velocidade possível, os franceses elevavam 900% os impostos sobre a importação de grãos e 4.000% os que incidiam sobre o gado importado. O discurso político francês do final do século 19 foi resumido perfeitamente por um engraçadinho como "todo mundo prometendo proteger a todos". O *morcellement* não só privou a indústria francesa da mão de obra habilitada de que ela necessitava como tornou a comida do país a mais cara da Europa, devido a uma combinação de agricultura ineficiente com protecionismo. Isso, por sua vez, custava caro às donas de casa do país e deixava os mercados famintos de capital. Só no século 20, a França abandonou seu passado mercantilista e removeu as paralisantes tarifas que a perturbavam, de uma ou de outra forma, desde a época de Sully e Colbert.

> SÓ NO SÉCULO 20, A FRANÇA ABANDONOU SEU PASSADO MERCANTILISTA E REMOVEU AS PARALISANTES TARIFAS QUE A PERTURBAVAM.

DERROTADA ANTES DA LARGADA

Crafts estava certo, de alguma maneira: a vitória econômica da Inglaterra sobre a França foi fruto do acaso, mas não no sentido que ele originalmente havia proposto. A sorte deu as cartas, mas o baralho era institucional. Quando os dois países receberam suas cartas institucionais, no século 17, foi inevitável que a Inglaterra ficasse com as fichas. Então, como hoje, toda nação buscava o mesmo objetivo: maximizar a receita e o poder do Estado. Ao longo do século 17, os holandeses e os ingleses temiam seu vizinho francês mercantilista e centralizado da mesma forma que o Ocidente tremia diante do aparente colosso econômico soviético no século 20. Pouca gente na Holanda e na Inglaterra tinha certeza de que seu "sistema" – igualdade perante a lei, separação de poderes, comércio descentralizado e eliminação de regulamentação inútil – prevaleceria. Na medida em que é possível determinar o que pensava de fato qualquer funcionário de Versalhes, Colbert tinha em mente apenas o melhor interesse da França quando colocou em prática seu desastroso esquema de centralização industrial.

Demoraria mais um século até que outro dos árbitros do Grande Jogo, Adam Smith, declarasse o resultado e explicasse o motivo. Só posteriormente ficou evidente para todos que era a França, com seu sistema falho de incentivos à propriedade, sua falta de comunicação entre cientistas e artesãos, seus mercados de capital atrofiados e suas tarifas internas sufocantes, que detinha as cartas perdedoras.

Espanha – tudo errado

Na grande corrida econômica da Europa Ocidental, a Espanha ficou em último lugar. Se um grande país desejasse intencionalmente sufocar seu crescimento econômico e influência geopolítica, não poderia tê-lo feito de modo mais efetivo que a Espanha.

Como os romanos antes deles, os espanhóis fizeram da conquista e do saque – e não da indústria e do comércio interno e externo – seu objetivo econômico primário. O casamento entre Fernando de Aragão e Isabel de Castela, em 1469, uniu duas das grandes nações europeias. Sua filha Joana, em seguida, consumou outra grande união dinástica ao se casar com Felipe, o filho de Maximiliano da Áustria e futuro Sacro Imperador Romano-germânico.

O filho desse casal, Carlos I, herdou o Império Habsburgo, que, no momento de sua subida ao trono, incluía toda a Espanha, o sul da Itália, a Borgonha (Holanda, Bélgica e partes do norte da França), a Áustria, a Hungria e diversos pequenos Estados alemães. Carlos sucedeu o avô como Sacro Imperador Romano-Germânico e, com o título Carlos V, assumiu a frente do mais rico e temido Estado da Europa. Ainda que o resto do continente tremesse, apavorado, diante desse colosso, sua peculiar estrutura tributária e institucional condenou o Estado Habsburgo ao fracasso. Em menos de um século, ele sofreu um colapso e ficou exposto à revanche de suas antigas vítimas.

Os acontecimentos de 1492 foram cruciais tanto para o Velho quanto para o Novo Mundo. Naquele ano, a Espanha Habsburgo optou por perseguir e expelir suas populações mais avançadas e habilidosas – os mouros e os judeus. O tratamento reservado aos muçulmanos foi particularmente revoltante. Os termos da conquista de Granada pela Espanha, naquele ano, concediam liberdade de culto aos muçulmanos, mas essa cláusula foi imediatamente abolida pela Igreja. A Inquisição forçou a conversão da maior parte dos muçulmanos ao cristianismo, e seus descendentes se tornaram conhecidos como mouriscos.

No século 16, a Inquisição expulsou os mouriscos de Granada e os espalhou pela Espanha e, em 1609, os expulsou totalmente do império. A tragédia foi intensificada porque os governos muçulmanos do norte da África imediatamente martirizaram muitos dos mouriscos que fugiram para seus territórios, porque eles eram cristãos. A própria Espanha sofreu devido ao tratamento aplicado aos mouriscos. Os mouros e mouriscos operavam sofisticados projetos de irrigação que ajudavam a produzir grande volume de uvas, castanhas, arroz e açúcar. Em poucas gerações, depois da expulsão deles, todos esses sistemas entraram em colapso.

DE CONQUISTA E COMÉRCIO

A longa marcha da insensatez continuou. As ordens de Fernando aos conquistadores que estavam embarcando para o Novo Mundo não podiam ser mais explícitas: "Obtenham ouro, humanamente se possível; mas, a qualquer preço, obtenham ouro". E foi o que eles fizeram – descobriram grandes montanhas de ouro. Pouco depois das quatro missões de Colombo, os exploradores encontraram uma quantidade relativamente modesta do brilhante metal em Hispaniola (a ilha que abriga os atuais Haiti e República Dominicana), a primeira colônia espanhola. Operações de mineração subsequentes resultaram no extermínio da população nativa. Em poucas décadas, os exploradores encontraram fontes muito maiores de ouro e de prata no México e nos Andes. A história brutal da conquista espanhola nessas duas regiões ainda assombra.

Entre 1519 e 1521, cerca de dois mil espanhóis, liderados por Hernán Cortés, entraram no México. Seus principais inimigos, os astecas, combateram com valentia e brutalidade comparáveis às dos europeus. Na verdade, a brutalidade dos astecas causou a queda deles. Tribos locais que não apreciavam a sujeição forçada aos astecas forneceram aos espanhóis dezenas de milhares de soldados, sem os quais a vitória teria sido impossível. Em 1548, os espanhóis encontraram os primeiros grandes veios de prata na superfície, em Guanajuato, que mais tarde revelou abrigar o mais valioso depósito de metal de todos os tempos, que respondia por um terço da produção mundial.

Sequência quase idêntica de acontecimentos se deu em 1532 no alto dos Andes. Depois de mais de uma década de planejamento e reconhecimento, Francisco Pizarro liderou uma força de 200 homens e atravessou as montanhas para subjugar a nação inca, que tinha mais de 3,5 milhões de habitantes. No processo, Pizarro capturou o imperador inca, Atahualpa, e exigiu resgate. Os conquistadores receberam um resgate em objetos de ouro suficientes para encher completamente uma sala de sete metros de comprimento, cinco metros de largura e três metros de altura. Depois, traiçoeiramente estrangularam o imperador inca. Os incas demonstraram uma percepção acurada quanto à mentalidade espanhola. Como retaliação pelo assassinato de seu imperador, mataram um refém espanhol despejando ouro derretido em sua garganta e exclamando: "Beba o quanto quiser; pois aqui temos o bastante para satisfazer até mesmo os mais ávidos".

Comparado ao triunfo espanhol sobre os astecas, a conquista dos incas foi curta e relativamente pouco sangrenta, ao menos da perspectiva europeia. Pouco mais de uma década mais tarde, um pastor inca chamado Gualci localizou o grande depósito mineral de Potosi, na Bolívia, posteriormente descrito pelos espanhóis como "uma montanha de prata".

Um rio de riqueza fatal

Ainda que as minas de prata fossem em geral empreitadas privadas, a Coroa espanhola controlava rigorosamente o processo todo – do refino do metal à chegada final das barras à Casa do Comércio de Sevilha. O governo era proprietário da grande mina de Huancavélica, que produzia o mercúrio essencial à extração da prata, e usava a mina de mercúrio como forma de controlar os refinadores de prata. O metal refinado localmente passava primeiro pelas casas de controle da Coroa, onde era fundido em forma de barras e carimbado para indicar que estava sujeito a tributação. As autoridades espanholas puniam severamente os detentores de metal não tributado.

No México, os conquistadores transportavam o metal por rota terrestre até Vera Cruz, de onde era embarcado para a Espanha. O metal sul-americano seguia um percurso mais complexo, que envolvia transporte do alto das montanhas por lhamas, que eram o único meio viável de carga, e de lá para a costa do Pacífico, de onde era transportado por navio ao Panamá e depois carregado através do istmo e reembarcado nos portos caribenhos Nombre de Dios e Porto Bello.

Esses três portos caribenhos e o mar que os cercava viram o maior fluxo de riqueza da História. Em geral, um comboio pesadamente protegido partia a cada ano do Panamá e outro saía do México. Dizia-se que Carlos V aplaudia ao receber a notícia de que haviam chegado em segurança à Espanha e, ao contrário da percepção popular, não era comum que se desapontasse. Piratas interceptaram e saquearam toda a frota de prata apenas duas vezes – a frota mexicana foi capturada pelos holandeses em 1628 e a frota sul-americana pelos ingleses em 1656.

Gráfico 8-2
Fluxo de ouro e prata do Novo Mundo para a Espanha

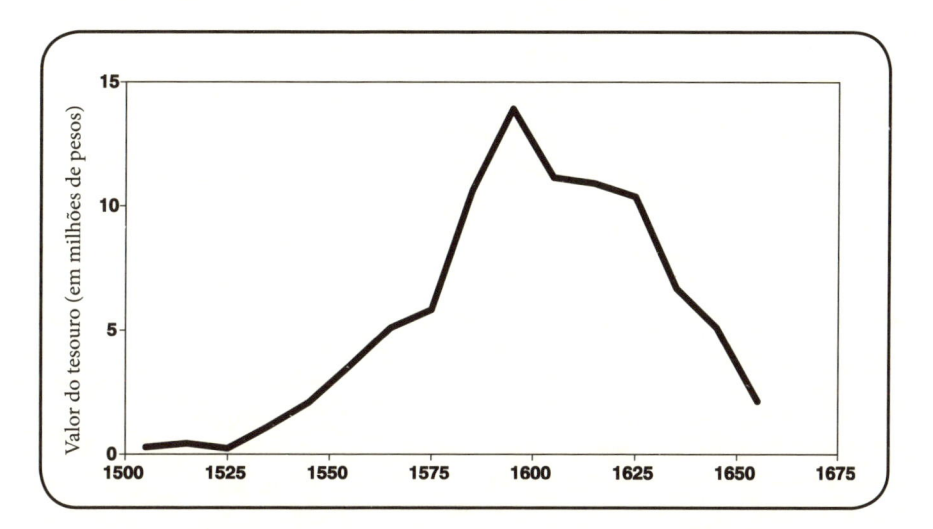

Fonte: Dados de Earl Hamilton, Imports of American Gold and Silver Into Spain, 1503--1660, p. 464.

O mais comum era que navios desgarrados dos comboios se tornassem presas fáceis, especialmente diante dos ingleses, que, em um mês de

1569, capturaram 22 navios espanhóis e os conduziram a Plymouth. O mau tempo custou muito mais navios aos espanhóis que a ação dos piratas.*

O gráfico 8-2 mostra o valor dos metais preciosos despachados pela Casa de Comércio – o total das importações legais espanholas, que atingiram o auge no final do século 16. O volume de metal transportado ilegalmente é controverso, e alguns estudiosos sugeriram que o pico dos embarques de prata do Novo Mundo não surgiu antes da metade do século 17. Mas isso pouco importa. O gráfico 8-2 é uma representação precisa do cômputo oficial, e é disso que o Tesouro espanhol dependia.

Essa infusão maciça de riqueza tornou a Coroa espanhola mais forte e mais propensa a ousadias. Também foi profundamente corrosiva para a sociedade espanhola. A abundância de espólios paralisou a Espanha economicamente durante séculos, por três motivos.**

– O influxo em larga escala de tesouros do Novo Mundo surgiu logo que Carlos I foi sagrado Imperador Romano-Germânico como Carlos V. A posição a que foi elevado alimentou suas ambições, e a riqueza adquirida infelizmente lhe ofereceu meios para realizá-las. Durante quase todo o reinado de Carlos e de seu filho, Felipe II, a Espanha esteve em guerra com a França, a Inglaterra e a Holanda. Houve ocasiões em que ela enfrentou os três países simultaneamente. A Espanha se via como baluarte da Contra-Reforma e defensora da verdadeira fé. O fervor religioso animava com um propósito divino sua luta contra a Holanda, a Inglaterra e muitos dos pequenos Estados alemães. Esse senso de missão moral foi um

---

* Três fontes são fortemente recomendadas sobre a conquista espanhola da América: Carnage and Culture, de Victor D. Hanson, que oferece uma descrição vívida da notável vitória de Cortés sobre os astecas; History of the Conquest of the Peru, de William H. Prescott, publicado em 1847 e relançado em 1957, pela Heritage Press, que faz o mesmo quanto a Pizarro e os incas; e, para um relato interessante e legível sobre a mineração e transporte de metais preciosos do Novo Mundo para a Espanha, "Imports of American Gold and Silver Into Spain, 1503-1660", de Earl J. Hamilton, publicado no Quarterly Journal of Economics, n. 43, 1929, p. 436-472. A editora MIT Press permitiu que eu postasse o artigo em http://www.efficientfrontier.com/files/hamilton--spain.pdf. Também agradeço o JSTOR por facilitar o acesso ao material.

** O imenso fluxo de prata do Novo Mundo também produziu uma grande inflação, porque uma oferta monetária muito inflada buscava uma quantidade fixa de bens. Isso, porém, não fez com que a Espanha, a origem dessa base monetária, deixasse de prosperar amplamente com essa situação, em detrimento de seus vizinhos.

desastre fiscal. O novo estilo de guerra custava mais caro do que qualquer um havia imaginado. Só a campanha de Metz, em 1552, custou dez vezes o valor da arrecadação anual do Tesouro com a prata da América, e a Armada derrotada em sua tentativa de invadir a Inglaterra, em 1588, custou cinco vezes a receita anual espanhola. Quando Carlos V abdicou, em 1555, deixou um déficit equivalente a cem vezes a receita anual em prata. A corte espanhola aplicava calotes com regularidade espantosa – em 1557, 1575, 1576, 1607, 1627 e 1647, apesar do fluxo torrencial de ouro e prata para seus cofres.

– A bonança do Novo Mundo concentrou as energias da nação nas conquistas e na captura de tesouros. Quando a prata se esgotou, sua perda eliminou o instinto comercial e industrial da sociedade espanhola. Nas palavras de um historiador do século 19:

> Os ricos desfrutavam confortavelmente da riqueza que haviam herdado ou extraído das Índias. Os nobres pobres optavam pela Igreja, ou por uma carreira nas armas, ou buscavam postos menores... se resignando... a sofrer fome, nudez e miséria em lugar da humilhação de ganhar a vida com o trabalho.

O paralelo entre a Espanha do século 16 e a Arábia Saudita moderna, dois países nos quais a estupenda riqueza natural desencoraja o trabalho árduo e financia aventuras religiosas no exterior, nem requer comentários.

– Por volta de 1550, a Espanha já havia ficado muito para trás do norte protestante da Europa no desenvolvimento de direitos de propriedade, racionalismo científico, mercados de capital e transporte e comunicações: os quatro fatores requeridos para a prosperidade. A riqueza mineral que a Coroa espanhola descobriu no período e o poder que desenvolveu conduziram a uma calcificação dos quatro fatores.

OS QUATRO FATORES NA ESPANHA

Já registramos antecedentes para a calamidade econômica em que a Espanha Habsburgo se transformou – uma sociedade amaldiçoada pela riqueza derivada do saque, que só serviu para fortalecer e tornar ainda mais difícil eliminar a parcela da sociedade que vivia de rendas monopolistas.

> A dependência quanto à riqueza mineral extraída do Novo Mundo e sua exploração para aventuras militares afetaram o desenvolvimento dos quatro fatores tradicionais de desenvolvimento.

Ao mesmo tempo, a Espanha sufocou qualquer instinto comercial que ainda restasse no país. A dependência quanto à riqueza mineral extraída do Novo Mundo e sua exploração para aventuras militares afetaram o desenvolvimento dos quatro fatores tradicionais de desenvolvimento.

1. Direitos de propriedade. A História feudal da Espanha e seu fluxo inicial de tesouros extraídos com facilidade do Novo Mundo cegaram o país quanto à importância dos incentivos econômicos efetivos. Mesmo as dinastias Tudor e Stuart da Inglaterra apreciavam, vagamente, que seus interesses econômicos se identificassem com os de seus súditos. Já os Habsburgo ignoravam a importância do bem-estar de sua população. Por que ligar para o comércio, a indústria e o bem-estar do povo quando a prata da América, as riquezas saqueadas e os tributos dos Países Baixos ofereciam um fluxo infinito de riqueza?

Além disso, depois de 1200, a Coroa espanhola desenvolveu uma fonte de receita bastante incomum. No período, a ovinocultura do país estava sob o domínio dos maiores proprietários rurais – cerca de duas dúzias de famílias conhecidas como "os grandes". No século 13, a Coroa concedeu a esse consórcio de grandes criadores de ovelhas (posteriormente conhecido como Mesta) um monopólio sobre as pastagens do país em troca de receitas tributárias. Depois que a contribuição da prata e do ouro da América perdeu importância no século 17 e os Países Baixos escaparam do domínio espanhol, o monopólio sobre os ovinos se tornou a principal fonte de impostos da Coroa.

Depois da expulsão dos mouros e mouriscos, grandes porções do sul da Espanha foram perdidas para o cultivo. Isso atraiu a atenção da Mesta, que via grande potencial para pastagens de inverno na região devido a seu clima mais ameno. A Coroa concedeu à Mesta o monopólio sobre a pastagem não apenas das antigas terras mouras, mas também das terras que ficavam ao longo das rotas migratórias e das que anteriormente não eram cultivadas. A fim de proteger esses direitos de pastagem, os agricultores locais eram proibidos de cercar as terras comuns. As ovelhas migratórias desmataram o campo, devastaram a agricultura e desvalorizaram as terras. Os pastores da Mesta queimavam árvores para melhorar os pastos, e isso resultou em profunda erosão do solo. Animais migratórios chegavam a pastar até nas praças das cidades. Em resumo,

> [...] os privilégios da Mesta faziam recordar os antigos privilégios de caça da aristocracia medieval. Desencorajavam a agricultura, e as pessoas que se opunham a eles podiam argumentar facilmente que condenavam à esterilidade algumas das melhores terras da Espanha.

No mundo pré-moderno, a venda de monopólios oferecia uma fonte fácil de renda – uma falsa solução viciante que satisfazia as necessidades momentâneas, mas atrofiava o crescimento econômico em longo prazo. Na prática, a Mesta privou os espanhóis das vantagens econômicas da *enclosure*, que haviam revigorado a agricultura da Inglaterra e da França.

E a Mesta não era de modo algum a única parte defeituosa das instituições espanholas de propriedade. Como o Novo Mundo, boa parte da Espanha propriamente dita foi adquirida pela conquista, especialmente de territórios mouros. A corte recompensava com imensas propriedades os líderes militares de sucesso e os favoritos da realeza. Por costume e por lei, essa terra era inalienável, ou seja, era transferida ao filho mais velho do proprietário, quando este morria, e não podia ser vendida. O sistema encorajava a indolência, manteve as grandes propriedades intactas por séculos e proibia a venda de terras àqueles que poderiam melhorá-las (algo parecido, por exemplo, com o que ocorre hoje no Zimbábue ou na Indonésia). Um soberano malévolo e determinado a semear a destruição econômica não poderia ter inventado maneira melhor de atingir seu objetivo.

> A MESTA PRIVOU OS ESPANHÓIS DAS VANTAGENS ECONÔMICAS DA ENCLOSURE, QUE HAVIAM REVIGORADO A AGRICULTURA DA INGLATERRA E DA FRANÇA.

As guerras incessantes do século 17, combinadas à perda da prata do novo mundo e à independência dos Países Baixos, lançaram a Espanha em uma espiral de destruição fiscal. Felipe II tentava extrair receita de onde pudesse. Vendia títulos e indulgências (uma das favoritas eram os certificados de legitimação para filhos de padres) e impunha empréstimos compulsórios na forma de juros (títulos do governo). Depois, ele suspendeu o pagamento dos juros, mas não demoraria a roubar descaradamente, confiscando ouro e prata de proprietários individuais. Com o declínio da população espanhola e a proteção contra os impostos adquirida por uma parcela cada vez maior dela por meio da entrada no clero ou da compra de títulos de nobreza, a carga tributária passou a pesar cada vez mais sobre o número em queda de comerciantes e agricultores. Essa sequência foi praticamente idêntica à ocorrida durante o declínio do Império Romano. A perda de confiança causada por esses deslocamentos precipitou o colapso do comércio externo – mesmo com a América espanhola –, já a partir de 1640. Por volta do século 17, todo o incentivo econômico privado havia evaporado. Nas palavras do historiador John Elliott, "a natureza do sistema econômico era tal que as pessoas tinham de escolher entre se tornarem estudantes ou monges, mendigos ou burocratas. Não havia outra escolha".

2. Racionalismo científico. Os Habsburgo sufocaram a vida intelectual da mesma maneira que paralisaram as finanças do país. No começo do século 16, as pesquisas iluministas de Erasmo floresciam na Espanha. Mas a transformação do Império Espanhol no arsenal de terror da Contrarreforma, sob o reinado de Felipe II, fez regredir a tradição intelectual espanhola. A Inquisição deteve acadêmicos, proibiu alunos de viajar ao exterior e na prática colocou a nação em quarentena contra a infecciosa heresia que varria a Europa do lado de lá dos Pirineus.

A Inquisição não foi invenção espanhola. Evoluiu lentamente, com base em estruturas já existentes da Igreja, depois do ano 1000. Com o tempo, passou a impor disciplina ideológica sobre toda a Europa. Ainda em 1696, um infortunado estudante de Medicina chamado Aikenhead foi enforcado em Edimburgo por blasfêmia.

A instituição chegou ao auge de seu poderio na Espanha, depois do casamento de Fernando com Isabel, e estabeleceu uma Inquisição nacional, independente do controle e comando papal. A Inquisição espanhola se tornou uma burocracia que se autoperpetuava e bancava autonomamente – um Estado dentro do Estado. Concorria até com a Igreja por postos lucrativos e ocasionalmente atacava membros elevados da hierarquia religiosa. Ainda que suas vítimas primárias tenham sido hereges – judeus, muçulmanos e, mais tarde, protestantes, ela também buscou alvos laicos, como filósofos e cientistas iluministas que, por azar, estivessem em território espanhol.

Com métodos como esse, o império protegeu com sucesso seus habitantes de participarem e desfrutarem dos resultados da vitória do racionalismo científico no século 17. Duzentos anos se passariam antes que os espanhóis voltassem a se integrar em grande número às fileiras da ciência mundial. Talvez a mais prejudicial consequência do atraso intelectual espanhol tenha sido a tolerância que isso gerou com relação a uma sucessão de monarcas cada vez mais ineptos. Essa avaliação brutal da dinastia Habsburgo costumava ser citada com frequência na Europa do século 18: "Carlos V era um guerreiro e rei, Felipe II era apenas um rei, Felipe III e Felipe IV não eram nem reis e Carlos II nem mesmo era homem".

3. Mercados de capitais. O dano causado aos mercados financeiros espanhóis pelas aventuras e extravagâncias dos Habsburgo pode ter sido mais prejudicial que todas as suas guerras. As imensas quantidades de ouro e de prata que passavam pela Casa de Comércio só ficavam por um curto período em solo espanhol antes de deixarem o país uma vez mais. A primeira parada para boa parte da prata do Novo Mundo era a França, cujos trabalhadores, atraídos pela riqueza e pelos altos salários espanhóis, cruzam os Pirineus rumo ao sul. Um velho adágio dizia que foi "para enriquecer os franceses que os espanhóis exploraram as minas de El Dorado".

Paradoxalmente, na metade do século 16, as moedas de prata e de ouro haviam praticamente desaparecido na Espanha e em seu lugar a Coroa cunhou moedas de cobre de baixa qualidade que a população, os mercados e até mesmo a realeza encaravam com suspeita. Em um ambiente de pesados déficits governamentais, calotes constantes e moeda deteriorada, as taxas de juros dispararam. Em 1617 o Conselho de Finanças espanhol já se queixava de que, considerando o alto volume de juros com taxas de até 10% em circulação, as empresas privadas não eram capazes de oferecer retorno suficiente para atrair capital. Em termos modernos, a imensa dívida do governo mantinha o setor privado excluído do mercado. Em 1673, a Coroa estava pagando juros de 40% ao ano sobre suas dívidas, contra empréstimos concedidos com juros de apenas 3% em Amsterdã, no mesmo ano. Dois historiadores econômicos, talvez tendo em mente o exemplo espanhol, comentaram, sucintamente: "As tendências e níveis de juros eram muito diferentes (entre os países da Europa) e em muitos casos prenunciavam o futuro poderio econômico e político de cada país".

4. Transporte e comunicações. Se a abundância de riquezas minerais é uma maldição, a natureza pode conferir a um país um dom de valor incontestável: estou falando de uma paisagem insular relativamente plana e recortada por rios navegáveis. A França sofria desvantagem com relação à Inglaterra quanto a isso, mas a situação da Espanha era ainda pior. Amaldiçoada por um território vasto, montanhoso e árido, o país quase não contava com rios navegáveis.

Apenas ocasionalmente a Espanha se dispunha a encarar suas limitações geográficas. A transferência da capital do império para Madri, por Felipe II, requeria que o rio Tejo se tornasse navegável desde Lisboa. Naquele período, Portugal era parte do Império. Em 1580, os engenheiros haviam dragado o primeiro trecho, 320 quilômetros rio acima até Alcântara. Em 1588, o projeto havia avançado mais 320 quilômetros, até Toledo, logo ao sul de Madri. Infelizmente, naquele ano, a Espanha foi derrotada em sua tentativa de invasão da Inglaterra e as prioridades do país mudaram. No reinado de Felipe III, a porção do rio entre Alcântara e Toledo entupiu. Outro projeto vital de transporte, a proposta de um canal entre o Tejo e o Manzanares, foi submetida a um comitê religioso. Em uma demonstração da espantosa incapacidade dos Habsburgo do século 16 para superar a lógica medieval, os religiosos invocaram Deus para vetar o canal: "Se Deus pretendesse que esses rios estivessem conectados", ponderaram, "os teria feito assim".

A preferência espanhola pela mula e pela vereda foi transferida ao Novo Mundo e persistiu por muitos séculos. O grande conde Olivares, luminar da corte espanhola no reinado de Felipe IV e grande ministro e alter ego do rei, lamentou que os estrangeiros considerassem seu país bárbaro "quando nos veem abastecer todas as cidades de Castela por meio de animais de carga – e com razão, já que toda a Europa está tentando a navegação interna e tendo lucro".

Uma nação espoliada

A história da Espanha Habsburgo é uma crônica de desperdícios. Em seu ápice, a Espanha produzia apenas um décimo da renda do império. Seu sistema econômico envenenava tudo o que entrasse em contato com ele. Enquanto o norte holandês da Borgonha prosperava, o sul espanhol definhava. Os Habsburgo escreveram o roteiro para a destruição de uma grande riqueza e o poder nacional: a busca de conquistas e tesouros, de preferência, da agricultura, indústria e comércio externo. Em seguida, pretendiam bancar essa busca por financiamento com tributação impiedosa, manipulação de preços e calotes frequentes. Por fim, fecharam as fronteiras e as mentes para as influências externas e negligenciaram a infraestrutura de comunicação e transporte.

> Enquanto o norte holandês da Borgonha prosperava, o sul espanhol definhava.

A Espanha se sobrecarregou com instituições econômicas arruinadas e as legou às suas colônias na América. A América Latina ficou relegada à condição de parente pobre no Novo Mundo, da mesma forma que a Espanha recuou para o próprio território no Velho.

Mais que isso, a grande riqueza e o poder da Espanha do século 16 encorajaram o mercantilismo, maldição que afligiu a economia europeia do período. Os vizinhos da Espanha analisaram que, se o acúmulo de ouro e prata era bom para a Espanha, seria bom também para eles. Os concorrentes espanhóis não conseguiam garantir moeda com a mesma facilidade que os espanhóis faziam com os saques, mas seriam capazes de fazê-lo por meio do comércio externo.

O longo caminho de volta

A reforma das instituições espanholas foi um processo longo e doloroso. A substituição dos Habsburgo pelos Bourbon depois da Guerra de Sucessão espanhola (1701-1714) eliminou apenas uma parte dos obstáculos. Em 1766, Carlos III decretou que todas as terras municipais fossem avaliadas e distribuídas aos "habitantes mais necessitados", mas os poderosos proprietários de terras e criadores de ovelhas bloqueavam seus esforços sempre que possível.

A Espanha não tentou uma reforma séria em suas leis sobre a terra durante mais de um século depois disso. No começo do período pós-napoleônico, as Cortes (o Parlamento espanhol) aprovaram repetidas leis complexas de reforma agrária, mas as viram ser repelidas em todas as ocasiões pela Coroa, que estava reconquistando sua força. Um exemplo típico foi a abolição dos vestígios de feudalismo pelas Cortes, em 1811. Três anos mais tarde, Fernando VII revogou a reforma. Logo em seguida, o rei revogou, apenas seis meses depois da promulgação um decreto de *enclosure* que contava com um forte apoio dos economistas espanhóis. No começo do século 19, a Coroa chegou até a reintroduzir a Inquisição, abolida por Napoleão.

A disputa constante entre as Cortes e a Coroa se estendeu por quase todo o século 19. A Espanha demorou demais a confiscar as vastas terras da Igreja e a privatizar as terras comuns, e foi necessária a ascensão de Franco para que o país começasse a se libertar dos grilhões econômicos que o haviam mantido como o primo pobre da Europa ao longo de 500 anos.

Mas as cicatrizes do regime Habsburgo persistiam. Ainda em 1930, 4% dos proprietários rurais espanhóis detinham dois terços das terras aráveis do país, e o 0,1% mais rico detinha um terço das terras. Só no século 20, a Espanha finalmente modernizou suas instituições de propriedade e se integrou ao mundo das democracias liberais.

Os espanhóis do século 17 já tinham consciência de suas limitações institucionais. Uma escola de críticos econômicos, os arbitristas, via os problemas com clareza e chegou a prever as soluções corretas: reforma tributária, redução do poder da Igreja, restauração do poder das Cortes, alívio da carga tributária dos trabalhadores e projetos de navegação e irrigação. Infelizmente, os nomes desses críticos – Gonzáles de Cellerigo, Sancho de Moncada e Fernández Navarrete – são muito menos conhecidos hoje do que o do mais famoso personagem de ficção espanhol do período, Don Quixote de la Mancha.

Força maior – a importação da prosperidade para o Japão

Se existe um país que chegou à Idade Moderna totalmente desprovido das instituições necessárias ao desenvolvimento econômico, foi o Japão. A vasta maioria de seus cidadãos estava desprovida das liberdades individuais mais básicas e dos direitos de propriedade. O camponês japonês só existia para sustentar uma vasta e parasitária classe guerreira. Entre os séculos 17 e 19, o Japão se isolou do mundo externo e reproduziu os piores aspectos do alto feudalismo europeu.

A Terra do Sol Nascente não é rica em solo arável. Três quartos de sua superfície terrestre são montanhosos; apenas 16% da terra é cultivável e toda ela era necessária para sustentar uma população que, no advento da industrialização, havia crescido para 90 milhões de pessoas.

A ESPIRAL DA MORTE DA AGRICULTURA NO JAPÃO FEUDAL

O Japão é uma nação relativamente nova. Indícios das primeiras sociedades de caçadores-coletores não apareceram no país até o quinto milênio a.C. Os primeiros habitantes das ilhas japonesas, conhecidos como jomon, evoluíram e se tornaram a população aborígene moderna do Japão, os ainu. Pouco antes da Era Cristã, agricultores coreanos se radicaram na ilha de Kyushu, no sul do Japão. Ao longo dos séculos seguintes, eles estenderam sua presença à porção sul daquela ilha e depois avançaram pelo Mar Interior do Japão rumo ao nordeste, para Honshu, a maior das ilhas japonesas. Esses agricultores chegaram a Hokkaido, a mais setentrional das grandes ilhas japonesas, no século 1, e começaram a se misturar à população nativa jomon. O Japão estabeleceu as fundações para uma sociedade feudal opressiva com as "reformas" Taiko, em 645-650, que declaravam que toda a terra era propriedade do governo e estabeleciam estipêndios para os guerreiros e nobres. Mil anos mais tarde, essa falta quase completa de terras controladas por agricultores autônomos ditaria a queda das classes governantes japonesas.

A classe guerreira dominante impunha tributos aos camponeses na forma de obrigações de grãos, de tecidos e de trabalho. Essas obrigações eram fixas – o mesmo volume de arroz devia ser pago pelo agricultor a cada ano, tanto em época de fome quanto de abundância. Esse sistema, que, durante os anos de escassez, impunha um fardo intolerável aos agricultores, persistiu até a Idade Moderna e produzia grande instabilidade social. O sistema tinha alguma flexibilidade, mas não o bastante. Em caso de fracasso total de uma safra, a tributação podia ser suspensa temporariamente.

O sistema de cotas fixas era extremamente danoso. Imagine um sistema de imposto de renda no qual um trabalhador seja forçado a pagar US$ 10 mil por ano quer esteja empregado, quer não. Lentamente, mas com certeza, a maioria dos contribuintes se endividaria e ficaria arruinada, e cedo ou tarde toda a economia do país entraria em colapso.

Depois das reformas Taiko iniciais, o governo concedeu terras privadas aos nobres, e templos, a agricultores que colocassem terras inexploradas em produção. Esses lotes eram, em muitos casos, isentos de tributação, o que só tornava mais pesado o fardo daqueles que aravam as "terras públicas". Isso deu início à conhecida espiral de taxação onerosa dos camponeses, à queda de produção e ao despovoamento. Havia pouca autoridade centralizada e a capacidade de tributar derivava da força. Na metade do século 14, a anarquia era a norma.

> A SOCIEDADE JAPONESA EVOLUIU NA FORMA DE TRÊS CLASSES SOCIAIS DISTINTAS – A FAMÍLIA IMPERIAL, OS SAMURAIS E AS PESSOAS COMUNS.

Gradualmente, a sociedade japonesa, sob seus opressivos governantes da classe guerreira, os samurais, evoluiu na forma de três classes sociais distintas – a família imperial, os samurais e as pessoas comuns. Estas últimas se dividiam em três grupos, de acordo com sua situação: agricultores, que mereciam mais estima; artesãos; e, no degrau mais baixo da escala, comerciantes e homens de negócios. Mas o status mais elevado dos agricultores era puramente teórico. Tributados brutalmente e sujeitos a abusos físicos e a execuções arbitrárias por ordem do daimyo (o samurai que servia como senhor feudal local) e de outros samurais, sua existência só pode ser descrita como miserável. Os Tokugawa, de acordo com um historiador, "tinham opinião positiva sobre a agricultura, mas não sobre os agricultores".

UMA NAÇÃO DE PARASITAS

Pouco antes do início da industrialização japonesa, no final do século 19, cerca de 85% da população trabalhava na terra e pelo menos 6% eram samurais improdutivos. O restante eram membros das classes artesãs e comerciais. O grande número de samurais – o equivalente a uma força militar de 15 milhões de soldados, nos Estados Unidos atuais – provou ser destrutivo para o Japão feudal. Ao longo da maior parte da História japonesa, os samurais detinham o poder, e a família imperial e seu séquito eram simples fantoches aprisionados na corte, em Kyoto. Os samurais formavam não apenas os escalões superiores do xogunato Tokugawa ("xogum" é um termo que pode ser traduzido como "generalíssimo") como a classe dos daimyo e um vasto número de guerreiros cujos serviços já não eram necessários no Japão, considerada a ausência de inimigos internos ou externos significativos. Os daimyo governantes começaram a se preocupar cada vez mais com o grande número de guerreiros desempregados e os reuniram em cidades fortificadas onde era mais fácil observá-los e controlá-los. O status e o patrimônio do samurai médio se deterioraram lentamente. No final do período Tokugawa, não era incomum que um guerreiro infortunado vendesse suas espadas e títulos a uma pessoa comum. E, muito pior, alguns samurais até se tornaram comerciantes.

A condição dos comuns só pode ser descrita como desesperadora. Os daimyo proibiam os camponeses de transferir ou de vender posses e os encaravam puramente como fonte de receita, extraindo até metade do magro rendimento de suas plantações. A situação dos servos japoneses era ainda mais lastimável que a dos europeus, que pelo menos desfrutavam da proteção nominal do código feudal romano-germânico. O sistema confuciano, que regia as atividades cotidianas no Japão, pouco oferecia em termos de sanções aos lordes que se portassem de modo indevido.

Do caos ao isolamento

Como em outras sociedades não ocidentais, a introdução de armas de fogo serviu para unificar o Japão. Aqueles que obtinham primeiro as novas e poderosas armas conquistavam vantagem. Três daimyo notáveis – Oda Nobunaga; o general deste, Hideyoshi; e o assistente de Hideyoshi, Tokugawa Ieyasu – usaram armas de fogo para estabelecer a estabilidade política e a unidade nacional. Nobunaga foi o primeiro a unificar uma complexa rede de feudos, mas foi assassinado em 1582. Hideyoshi concluiu a tarefa e, em seguida, tentou conquistar também a Coreia. Isso foi desastroso. Sua morte, em 1598, serviu como desculpa para o abandono da insensata aventura, e seu sucessor, Tokugawa Ieyasu, criou o xogunato que levou seu nome. Os samurais, irritados por um camponês dotado de armas de fogo ter se tornado capaz de liquidar sem esforço um espadachim altamente treinado, forçaram a proibição das novas armas. A história de incessante caos político e militar do Japão incomodava Ieyasu, e sua obsessão passou a ser a estabilidade. Ele obteve sucesso muito superior ao de seus sonhos mais audaciosos. Edwin Reischauer, historiador e embaixador norte-americano no Japão, caracterizou o xogunato Tokugawa, que durou 250 anos, como "um estado de paz absoluta, interna e externa, que jamais foi equiparado por qualquer outra nação ao longo de um período semelhante".

O xogunato pôs fim a séculos de caos político, e o retorno da estabilidade política bastou, em si, para produzir algum crescimento. Entre 1600 e 1820, o PIB per capita japonês cresceu 0,14% anuais – bem abaixo do lento ritmo de crescimento holandês, mas ainda assim um nível impressionante para um Estado feudal isolado. Porém essa prosperidade teve um custo alto: o isolamento do Japão com relação ao resto do mundo e a perpetuação de uma estrutura feudal rígida.

Depois de 1641, o xogunato limitou o contato entre o Japão e o mundo externo a dois pequenos entrepostos comerciais – um operado pelos chineses e o outro, pelos holandeses – situados perto de Nagasaki.

As manifestações externas da estrutura Tokugawa são preservadas até hoje – o novo xogum transferiu a capital de Kyoto para Edo (Tóquio), onde sua fortaleza e seu castelo formam o coração do moderno complexo imperial –, e a sociedade japonesa continua a exibir as marcas do período Tokugawa.

O CAMPO SALVA O JAPÃO

Os xoguns Tokugawa conseguiram progresso econômico, mas isso aconteceu a despeito, e não por causa, do extraordinário grau de paz e de ordem que o regime proporcionava. Os samurais foram transferidos para as cidades fortificadas. Em reação, boa parte dos empresários japoneses abandonaram esses feudos rigidamente controlados e se instalaram em distritos rurais, onde a mão pesada dos cobradores de impostos e das guildas não sufocava o comércio.

Além da relativa ausência de controle feudal, o campo oferecia outras vantagens. Elas incluíam uma abundância de energia hídrica e um quadro ágil de agricultores acostumados a uma economia monetária e capazes de combinar trabalho agrícola com fabril. As duas vantagens do campo – força de trabalho versátil e energia hídrica – são pré-requisitos essenciais para a industrialização. Quando a Restauração Meiji derrubou o xogunato, em 1868, levando a Revolução Industrial ao Japão, o campo ofereceu uma força de trabalho bem treinada e pronta para operar as máquinas das novas fábricas com estilo europeu. Em 1880, apenas oito anos depois que os britânicos construíram a primeira ferrovia entre Yokohama e Tóquio, uma força de trabalhadores locais treinados na "escola industrial rural" construiu um ramal ferroviário em terreno muito mais difícil, nas colinas entre Kyoto e Otsu.

Assim, a atividade econômica no Japão tendia a fluir para os locais nos quais os samurais estivessem ausentes. O paradoxo essencial do período Tokugawa era que as principais vítimas dele foram os samurais. Forçados a residir em cidades fortificadas empobrecidas, eles eram o alvo mais fácil para os daimyo famintos de impostos, que aos poucos reduziram as pensões desses guerreiros, que respondiam por cerca de metade das despesas do governo. Quando o prazo de validade do xogunato expirou, em 1868, os samurais insatisfeitos formavam a vanguarda das reformas Meiji.

Ao mesmo tempo que a Coroa Espanhola destruía a economia do país, a meio mundo de distância, os Tokugawa sufocavam metodicamente os quatro fatores que poderiam ter conduzido à prosperidade econômica do Japão. Sua rígida estrutura social privava quase toda a população de qualquer traço de direitos de propriedade e inibia o desenvolvimento de mercados de capital eficientes. Da mesma maneira que a realeza estava fazendo na França e na Espanha, o xogum e o daimyo empregavam a venda de monopólios na indústria e no comércio e a guildas como importante fonte de receita tributária. O mais comum era que essa receita não fosse parte de qualquer estrutura codificada. A maioria dos pagamentos era realizada na forma de "contribuições" e "agradecimentos", que criavam uma cultura governamental corrupta, que sobrevive ainda hoje.

O xogum era dono de um terço das terras aráveis do Japão, e as demais terras eram divididas entre mais de 200 daimyo. O xogum e os daimyo ocasionalmente concediam pequenas porções de terra a agricultores individuais, mas eles não tinham permissão para vendê-las. Os comuns não podiam, sob pena de morte, usar seda, consumir chá ou mesmo deter seu olhar sobre certos daimyo. Os camponeses podiam, porém, tomar empréstimos garantidos por suas terras. Perversamente, ainda que a terra de um camponês não pudesse ser vendida, podia ser tomada se ele tivesse dívidas não pagas. O problema dessas apreensões escapou ao controle das autoridades no século 20 e conduziu à reforma agrária promovida pelo general norte-americano Douglas McArthur depois da Segunda Guerra Mundial.

> O JAPÃO TINHA ENORME ATRASO COM RELAÇÃO AO OCIDENTE.

A eliminação de contatos com o exterior impediu que o iluminismo científico ocidental chegasse ao país. O embargo comercial autoimposto negava ao Japão as vantagens naturais de sua topografia como ilha – de certo modo, tão favorável quanto a da Inglaterra. O Japão tinha enorme atraso com relação ao Ocidente. Na metade do século 19, seu PIB per capita era equivalente a um quarto do inglês e a metade do espanhol, e as forças armadas do país estavam completamente obsoletas.

OS NAVIOS NEGROS

A imagem que simboliza a transformação do Japão moderno é a da chegada dos navios negros do comodoro Matthew Perry à baía de Tóquio em julho de 1853. Como todas as histórias emblemáticas, essa é uma simplificação exagerada. A reforma substancial não surgiu com a chegada de Perry. Na verdade, havia começado décadas antes da chocante aparência inicial dos navios norte-americanos e se estendeu por mais de 50 anos.

O poderio ocidental já havia alarmado o xogunato Tokugawa na Guerra do Ópio com a China, entre 1839 e 1842. Ainda antes, no século 19, muitos aristocratas japoneses haviam adquirido conhecimentos ocidentais – os holandeses educaram milhares de alunos em uma influente escola inaugurada em 1838. Foi a segunda visita de Perry a Tóquio, em 1854, e não a primeira, no ano anterior, que abriu o comércio com os Estados Unidos.

Depois das expedições de Perry, outros países fizeram demonstrações semelhantes da superioridade naval ocidental, de maneira muito mais letal e espetacular que os norte-americanos. O devastador bombardeio naval britânico contra o daimyo de Kagoshima, no sul do Japão, que se rebelou em 1863, bem como o bombardeio de uma força internacional contra Shimonoseki, em 1864, deixaram uma impressão muito mais duradoura que as visitas de Perry. Além disso, e mais importante, o colapso final do xogunato só aconteceu mais de duas décadas depois das visitas dos navios negros.

Durante seus anos finais, o xogunato, na verdade, implementou muitas inovações que seriam completadas pelo governo Meiji, que o sucedeu. Os últimos xoguns Tokugawa enviaram diplomatas e estudantes ao Ocidente, tomaram empréstimos na França e nos Estados Unidos e, pela primeira vez na história japonesa, concederam postos oficiais elevados a cidadãos comuns merecedores.

Mas as reformas foram tardias e não tiveram a dimensão necessária. Quando um país se abre para o comércio internacional pela primeira vez, passa por uma "convergência de preços" – eufemismo para um estado de coisas fortemente instável que gera grandes vantagens para alguns e grandes perdas para outros. Os preços das commodities de um país e, com elas, os dos três insumos clássicos – terra, mão de obra e capital – coincidem com os do restante do mundo.*

Uma vez que os preços dos grandes produtos de exportação japoneses – chá, arroz e seda – eram muito inferiores aos mundiais, essas commodities se tornaram mais caras e muitos proprietários rurais e mercadores enriqueceram, enquanto os consumidores delas, principalmente os samurais das cidades fortificadas, sofriam as consequências. Ao mesmo tempo, a disponibilidade de algodão e de equipamentos industriais estrangeiros baratos causou uma queda dramática em seus preços, o que prejudicou severamente os produtores japoneses desses bens. Camponeses e samurais, igualmente, atribuíam a culpa ao xogum, que se viu encurralado entre os poderosos interesses internos que foram prejudicados pelo novo comércio internacional e os canhões estrangeiros. Em 1868, um grupo de samurais sulistas muito capazes e insatisfeitos derrubou o governo Tokugawa.

---

* O modelo Heckscher-Ohlin, uma vez mais. A convergência de preços é utilizada muitas vezes como ferramenta de avaliação dos padrões mundiais de comércio. Por exemplo, o fato de que os preços das commodities tenham mudado de maneira tão dramática na época dos descobrimentos (os cem anos posteriores a 1492) indica que havia pouco comércio internacional significativo antes daquele período. Ver Kevin O'Rourke e Jeffrey G. Williamson, "Late Nineteenth Century Anglo-American Factor-Price Convergence: Were Heckscher and Ohlin Right?", Journal of Political Economy, p. 54. Dos mesmos autores, ver "The Heckscher-Ohlin Model Between 1400 and 2000: When It Explained Price Convergence, When it id Not, and Why", NBER Working Paper 7411, 1999, disponível em <http://www.j-bradford-delong.net/pdf_files/W7411.pdf>.

Praticamente ao mesmo tempo, o imperador reinante morreu e foi substituído por um sucessor jovem.

A reforma varreu o Japão medieval e introduziu os quatro fatores de desenvolvimento no país de maneira completa. Em poucos anos, o novo regime destruiu as bases institucionais do estado feudal. A morte do feudalismo conferiu sólidos direitos individuais e de propriedade, ainda que rudimentares. Pela primeira vez, a lei dissolveu guildas, aboliu as distinções legais entre as classes e permitiu que os camponeses se mudassem, vendessem ou dividissem suas terras e que plantassem as safras que preferissem.

Os japoneses adotaram com entusiasmo a cultura ocidental e, com ela, o racionalismo científico. O governo enviou seus jovens mais brilhantes ao exterior, para estudar na Alemanha, Inglaterra, França e Estados Unidos e aprender os mistérios da engenharia, da ciência militar, do governo e das finanças. Também assentou as fundações de um sistema moderno de educação pública piramidal e meritocrático. O comando do governo e da indústria jamais voltaria para as mãos preguiçosas e incapazes dos filhos dos samurais e dos daimyo.

Por fim, o Japão estabeleceu as bases de um moderno estado de serviços e deu aos mercados de capital, aos transportes e às comunicações o impulso de que tanto necessitavam, introduzindo uma moeda unificada e dinheiro em papel, além de serviços telegráficos, ferroviários e postais. Como símbolo da mudança radical nas perspectivas japonesas, o novo governo mudou o nome da capital, Edo, para Tóquio e transferiu a corte imperial para o terreno da antiga fortaleza central dos Tokugawa.

O ÚLTIMO SUSPIRO DOS SAMURAIS

Os Meiji então lidaram habilidosamente com a mais perigosa tarefa de qualquer regime revolucionário: enfrentar os remanescentes da velha aristocracia. Inicialmente, eles pagaram aos daimyo um décimo de seus tributos anteriores, como salário. Poucos anos mais tarde, suspenderam os pagamentos totalmente. Os Meiji converteram os estipêndios pagos aos samurais em títulos com juros inferiores aos do mercado, o que reduziu drasticamente a tradicional receita dos samurais.

Em 1877, uma coalizão de samurais sulistas obstinados instigou e liderou a última resistência do xogunato – a rebelião de Satsuma. A insurreição foi facilmente esmagada por um exército de recrutas. A humilhação dos samurais diante de um exército formado por camponeses demonstrou a completa impotência de uma classe guerreira que há muito tempo havia perdido o contato com suas raízes militares.

Até mesmo o domínio estrangeiro do comércio externo foi benéfico. Privadas pelos europeus da capacidade de impor barreiras tarifárias, as companhias japonesas se fortaleceram com o rigor da concorrência estrangeira. Forças internas também serviram para reduzir o controle do Estado sobre a indústria. As experiências do xogunato com industrialização ao modo ocidental criaram muitas fábricas e minas ineficientes no país. Depois da restauração, os Meiji rapidamente privatizaram esses empreendimentos, que terminaram sob o controle de alguns poucos proprietários, os chamados zaibatsu. O poder desses oligopólios só seria extinto depois da Segunda Guerra Mundial. A única exceção abominável à privatização ocorreu quanto à produção de munições, que continuou sob firme controle governamental. A aplicação de pressão pelo Ocidente, combinada à privatização interna, ofereceu um forte estímulo "anticolbertiano" ao comércio externo e ao crescimento do Japão.

> AS COMPANHIAS JAPONESAS SE FORTALECERAM COM O RIGOR DA CONCORRÊNCIA ESTRANGEIRA.

Como o país era muito atrasado, os mais simples avanços tecnológicos eram capazes de resultar em progresso considerável. Antes da Restauração Meiji, quase todos os arados eram acionados por trabalhadores, o que resultava em rendimentos de safra modestos. Mas, em 1904, mais de metade das terras estavam sendo cultivadas com o uso de arados puxados por bois. O crescimento econômico muitas vezes é resultado de fatores tão simples quanto esses. Entre 1870 e 1940, o PIB per capita real cresceu 1,9% ao ano. Embora robusto, o crescimento econômico visto no período Meiji empalidece diante daquele que o país conquistaria depois da Segunda Guerra Mundial.

O JAPÃO ADQUIRE UM MAU HÁBITO

O Japão aprendeu as lições dos navios negros talvez bem demais. No período Meiji, o país cometeu o mesmo erro geopolítico em que a Espanha havia incorrido e buscou prosperidade por meio das conquistas militares.

Primeiro empreendeu guerras contra a China (1894) e a Rússia (1904), que não apenas acabaram em vitórias para a nação, como também foram baratas e benéficas para a economia. O crescimento da renda per capita real do Japão subiu para 2,16% ao ano entre 1890 e 1910, as duas décadas que abarcam essas guerras.

As vitórias só serviram para aguçar o apetite japonês. Em 1931, o Japão invadiu a China, e a tensão com o Ocidente aumentou. Os gastos militares cresceram de 31% do orçamento nacional em 1931-32 para 47% em 1936-37 e tornaram necessária uma grande ampliação na dívida pública, como havia acontecido na Espanha Habsburgo. Quando Korekiyo Takahashi, o competente ministro das Finanças, argumentou contra os elevados gastos militares, foi assassinado pelo exército. O rumo militar e econômico do Japão estava definido, e o final não foi feliz em nenhum dos dois casos.

O "MILAGRE" DE MACARTHUR

Entre 1940 e 1998, período que inclui a desastrosa Segunda Guerra Mundial, o PIB per capita real do Japão cresceu ao fenomenal ritmo anual de 3,51%. O que acelerou o crescimento japonês na segunda metade do século 20? Duas coisas. Primeiro, os anos posteriores à Segunda Guerra Mundial foram, em termos gerais, uma "era dourada" no crescimento econômico mundial. A humanidade emergiu de dois conflitos cataclísmicos travados em pouco mais de uma geração e separados por uma das mais profundas depressões econômicas de todos os tempos. Até a velha e fatigada Inglaterra viu um crescimento de 1,83% em seu PIB per capita no período pós-guerra. Segundo, a proteção estratégica conferida pelos Estados Unidos no período da Guerra Fria permitiu que os japoneses quase eliminassem os gastos militares que antes haviam contribuído para a ruína do país.

Muitos atribuem o "milagre" econômico japonês do pós-guerra às reformas democráticas e econômicas introduzidas durante a ocupação militar aliada, comandada pelo general Douglas MacArthur. O grande guerreiro de fato impôs ao inimigo derrotado mudanças institucionais importantes em três áreas: dissolveu os zaibatsu, ressuscitou a democracia do período pré-guerra e forçou uma extensa reforma agrária.

Por mais louváveis que as medidas tenham sido, nenhuma teve grande importância econômica. Os zaibatsu não sufocavam a concorrência de forma muito grave. Pesquisas econométricas modernas revelam que, assim que um governo proporciona um Estado de direito e direitos individuais, ainda que rudimentares, novos avanços na democracia pouco fazem pelo progresso econômico e podem até prejudicar o crescimento. A prosperidade estimula a democracia, e não o oposto.* Se MacArthur não tivesse concedido o direito de voto às mulheres, descentralizado o aparelho policial, promulgado leis trabalhistas humanas e imposto muitas outras reformas políticas louváveis quando o fez, essas mudanças teriam acontecido de qualquer forma, posteriormente, porque a prosperidade criaria um eleitorado mais exigente. Ainda que alguns historiadores definam como "binacionais" as origens do poderio e da prosperidade do Japão moderno – uma combinação de instituições autóctones e importadas dos Estados Unidos –, a realidade é que muitas das reformas impostas ao país pela ocupação aliada já estavam em curso há décadas.

TERRA, SENHORIOS E CAMPONESES

Esses três fatores valem especialmente para a reforma agrária. Os Meiji introduziram liberdades rudimentares, direitos de propriedade e identificação clara da propriedade de terras, o que resultou na redistribuição de terras das grandes propriedades privadas aristocráticas na forma de pequenas propriedades privadas pelo "mecanismo Coase" (ver capítulo 2). Esse processo glacialmente lento, mas contínuo, permitiu que os pequenos agricultores esforçados gradualmente adquirissem propriedades dos herdeiros inquietos da riqueza e do privilégio, como havia acontecido na Inglaterra pré-moderna.

Porém os processos de redistribuição de terra na Inglaterra e no Japão diferiram radicalmente. Apesar da propriedade definida e livre de alienação que os Meiji ofereceram, os tributos fixos japoneses ditavam que, em anos de baixa produção, os credores ricos iriam lentamente adquirir terras dos nobres desprovidos de capital e dos pequenos agricultores. A reforma Meiji converteu o tributo fixo pago em arroz em um imposto também fixo no valor de 3% a 4% das terras, a ser pago em dinheiro. Os pequenos fazendeiros

---

* O tópico será tratado com mais detalhes no capítulo 10. Para quem deseja uma visão mais completa, ver Robert Barro, Determinants of Economic Growth, 1999.

foram ainda mais pressionados por esse sistema do que eram pelo antigo, que ao menos permitia alguma flexibilidade em caso de fracasso de safra.

Antes do século 20, não havia empregos industriais para absorver a mão de obra forçada a deixar o campo pela perda de terras, por isso os agricultores eram obrigados a permanecer em suas áreas de origem como arrendatários. Entre 1871 e 1908, a porcentagem de terra detida por arrendatários cresceu de 30% para 45% do total, índice mantido até o final da Segunda Guerra Mundial. Quando o general MacArthur chegou, o Japão rural estava dividido em dois campos ferozmente antagônicos: uma grande massa de agricultores arrendatários e uma pequena elite de grandes proprietários rurais que não viviam em suas terras.

Enquanto isso, os 75 anos de reformas estruturais dos Meiji haviam alterado radicalmente a composição social do Japão. O serviço militar e a educação universal não poupavam os filhos dos senhorios, e um herdeiro rico podia ser obrigado a servir às Forças Armadas sob o comando de um agricultor arrendatário mais educado. Os arrendatários, recém-alfabetizados e cada vez mais influentes, começaram a ficar insatisfeitos com sua situação. Nos anos entre as guerras, a reforma agrária se tornou uma questão inflamada. Na década de 30 do século 20, o apoio dos governos dominados pelos militares permitiu que os proprietários rurais detivessem a superioridade.

Do ponto de vista estritamente econômico, a relação entre senhorio e arrendatário é um sistema muito eficiente. O incentivo do senhorio para melhorar a produção agrícola é idêntico ao do pequeno agricultor; além disso, o senhorio tem recursos de capital superiores com os quais é possível melhorar as terras. Sob o sistema dominado pelos senhorios, a produtividade agrícola japonesa cresceu rapidamente depois da Restauração.

Da perspectiva social, porém, o conflito entre senhorios e arrendatários era desastroso. Os pobres empobreciam mais e mais, e os ricos enriqueciam. MacArthur acreditava que a classe de senhorios constituía a espinha dorsal do fascismo e do militarismo, e as forças de ocupação trabalharam para destruí-la. A ocupação indenizou os proprietários rurais por áreas redistribuídas, mas por preços anteriores à guerra. Devido à feroz inflação do pós-guerra, esses pagamentos, feitos em ienes desvalorizados, equivaliam a um confisco. Em um país no qual o tamanho médio da propriedade rural era de um hectare, quem tivesse mais que quatro hectares era visto como um barão rural. Embora os meeiros e os arrendatários talvez mereçam mais simpatia que os senhorios, é fato que as reformas de MacArthur foram uma violência contra as normas de propriedade. Como Reischauer observou mordazmente, "reformas revolucionárias são mais fáceis e mais divertidas de se impor no país alheio". Qualquer que tenham sido os efeitos sociais e políticos líquidos da reforma agrária japonesa, eles acabaram sendo economicamente irrelevantes. Em um país cada vez mais industrializado, a estrutura da posse da terra perde a importância.

A lição final de MacArthur aos japoneses parece ter sido uma demonstração involuntária do espantoso poder que o Estado de direito exerce em uma democracia. Em 11 de abril de 1951, o presidente Harry Truman o demitiu. Os japoneses ficaram atônitos ao descobrir que uma carta sarcástica de um líder civil nada imponente era capaz de derrubar um guerreiro tão poderoso e reverenciado.

O mais importante é que a proteção militar conferida pelos norte-americanos permitiu que o Japão só dedicasse 1% de seu PIB à defesa. O fato de que a economia japonesa tenha conseguido crescer nas quatro primeiras décadas do século 20, diante das esmagadoras demandas de capital e de força de trabalho das Forças Armadas do país, foi o verdadeiro "milagre japonês". Liberto das cadeias do militarismo, o Japão só podia crescer impetuosamente a partir das cinzas deixadas pela Segunda Guerra Mundial.

Para resumir, então, o surto de crescimento do pós-guerra surgiu como consequência inevitável de diversos fatores corriqueiros.

- Os japoneses, assim como boa parte do resto do mundo, estavam arruinados depois de 30 anos de guerras e de catástrofe econômica. Quando a indústria opera bem abaixo de sua capacidade e o capital precisa ser desviado do consumo para a restauração e modernização de instalações e equipamentos, o resultado é um crescimento econômico vigoroso.
- A presença militar norte-americana libertou o Japão das garras do demônio que mais comumente prejudica as grandes nações: gastos militares excessivos.
- Setenta anos antes da chegada de MacArthur, os japoneses haviam estabelecido instituições de propriedade primitivas, mas satisfatórias e tinham adaptado o país à ciência, aos mercados de capitais, aos transportes e às comunicações em estilo ocidental.

Também não prejudicou o país o fato de que a cultura japonesa enfatizasse o trabalho árduo, a poupança e a educação e que os japoneses tivessem mais de 50 anos de experiência com a democracia parlamentar antes que MacArthur a "importasse".

"O Sol Nascente"

Durante a década de 80 do século 20, tornou-se moda presumir que o crescimento econômico japonês se manteria até que o país dominasse o mundo. Da mesma forma que, nos anos 60 do século 20, os demais países industrializados encaravam com nervosismo o *Wirtschaftswunder* – o equivalente alemão ao milagre econômico japonês. Mas isso não era uma probabilidade séria. Primeiro, porque, assim que os direitos de propriedade e o Estado de direito estão assentados, uma economia deprimida cresce espontaneamente; mas o truque é muito mais difícil para uma economia que esteja funcionando a pleno vapor. Segundo, porque essas bênçãos institucionais só se fazem sentir uma vez: quando o Estado de direito e os direitos de propriedade estão assentados, é preciso encontrar crescimento em outras áreas. Por fim, porque os Estados Unidos estão se cansando rapidamente de subsidiar a defesa do rico Japão. Em breve, os japoneses verão ressurgir seu desejo de atender adequadamente às necessidades militares do país. Esperamos que não voltem a fazê-lo bem demais, como no passado.

CAPÍTULO 9
Os últimos colocados

Chegou a hora de considerarmos os países que ficaram para trás. Os dois primeiros capítulos desta seção apresentam, de maneira mais ou menos linear, relatos tradicionais sobre o desenvolvimento econômico da Holanda, da Inglaterra, da França, da Espanha e do Japão, geração após geração. Mas, como os países derrotados na corrida econômica mundial representam, na realidade, eventos não acontecidos – os galgos que se recusaram a correr, poderíamos afirmar –, suas histórias não poderão ser contadas de modo convencional.

A história do fracasso econômico é a da resistência de culturas tradicionais à mudança. Por isso, não é tão fácil examiná-la país por país. Para compreender por que alguns países não foram capazes de atingir a prosperidade, portanto, precisaremos examinar duas regiões amplas e definidas sob critérios culturais: o Império Otomano, o moderno mundo árabe por ele gerado, e a América Latina.

Na primeira metade deste capítulo, discutiremos como os quatro fatores do crescimento – direitos de propriedade, racionalismo científico, mercados de capitais e comunicações e transportes modernos – se saíram no Império Otomano, cuja desintegração deu origem ao caldeirão fervilhante de pobreza e de ressentimento do moderno Oriente Médio e da península balcânica. Na segunda metade, examinaremos certos aspectos dos mercados de capital e dos direitos de propriedade na América Latina, especialmente a maneira como o legado colonial espanhol, discutido no capítulo 8, continua a paralisar o crescimento econômico da região.

Até muito recentemente, a moda ideológica ditava que as disparidades na distribuição da riqueza mundial eram resultado de diferenças na riqueza natural e em sua exploração pelos dois fantasmas prediletos do marxismo: o colonialismo e o imperialismo. No final do capítulo, dissecaremos essa teoria com a ajuda de provas estatísticas e de alguns exemplos poderosos.

Não é possível falar de todos os países fracassados do planeta, principalmente da África e da Ásia, porque seu número é excessivo. O leitor interessado será facilmente capaz de aplicar a dinâmica dos quatro fatores encontrada no Oriente Médio e na América Latina ao restante das nações subdesenvolvidas.

POR QUE O ISLÃ FICOU PARA TRÁS?

Agora aplicaremos o paradigma dos quatro fatores a uma das principais divisões geopolíticas do mundo atual: a que separa o Ocidente laico das sociedades muçulmanas, mais tradicionalistas e religiosas. Exploraremos as raízes do desespero árabe com base na lamentável história dos quatro fatores no Império Otomano. No próximo capítulo, essa análise será seguida por uma abordagem sociológica de forte fundamentação estatística que sugere que a disparidade crescente de situação econômica entre o mundo muçulmano e o ocidental está pouco relacionada com a doutrina religiosa e muito, com a cultura local.

Da perspectiva do início do século 21, é fácil caracterizar o Islã como "retrógrado" e incapaz de oferecer a seus fiéis até mesmo as ferramentas básicas de que necessitam para conquistar a liberdade e a prosperidade que são comuns no Ocidente. Mas, se recuarmos 500 ou até mil anos, veremos o reflexo invertido da situação atual: uma cultura muçulmana poderosa e vibrante que aparentemente estava à beira de conquistar uma massa empobrecida e atrasada de pequenas nações cristãs.

Depois da primeira onda de conquista muçulmana, no século 7, o Islã rapidamente se dividiu em diversos califados inimigos entre si, e um estado islâmico abrangente e coeso só voltou a existir quanto os turcos otomanos conquistaram Constantinopla, em 1453. No apogeu do Império Otomano, só a China podia se comparar a ele em tamanho, riqueza, realizações culturais e sofisticação científica.

Considere que, mesmo antes da ascensão dos otomanos, a astronomia árabe não tinha igual no planeta. Por volta do século 11, Ibn al-Hytham, conhecido como Alhazen na Europa, havia formulado teorias ópticas e sobre o firmamento que iam muito além de qualquer coisa vista na Idade das Trevas europeia. Em 1550, os turcos construíram um farol de 120 degraus de altura no estreito de Bósforo, muito maior e mais avançado que qualquer rival europeu. Devido ao fato de peles e pergaminhos animais serem escassos na Península Arábica, os primeiros escribas muçulmanos tomaram emprestada a tecnologia chinesa do papel e a melhoraram muito.

> OS ÁRABES IMPORTARAM UM SISTEMA NUMÉRICO DA ÍNDIA QUE TINHA O REVOLUCIONÁRIO CONCEITO DO USO DO ZERO COMO MARCADOR DE POSIÇÃO.

Estudiosos islâmicos já traduziam antigos documentos gregos muito antes que a queda de Constantinopla, em 1453, atraísse a atenção da Itália renascentista para eles. Os árabes importaram um sistema numérico da Índia que tinha o revolucionário conceito do uso do zero como marcador de posição – sem o qual praticamente toda a matemática moderna deixaria de existir. Da mesma forma que os gregos inventaram a geometria e os europeus, o cálculo, os árabes criaram o al-jabr ou, como a conhecemos hoje, álgebra. E. L. Jones oferece o melhor resumo sobre a disparidade entre a cristandade medieval e o islamismo: "Cidades grandes e bem iluminadas, com universidades e grandes bibliotecas, na Espanha muçulmana, contrastavam com os casebres e mosteiros rústicos ao norte dos Pireneus".

Da mesma forma que os primeiros califados árabes, como o de Saladino, que reconquistou Jerusalém, despertavam admiração e medo entre os cristãos, nos séculos 16 e 17, o Império Otomano parecia ser um colosso prestes a devorar o Ocidente. Seu tamanho e sua influência eram imensos. Era tão grande e rico quanto o Império Romano havia sido em seu apogeu e investido do mesmo senso de superioridade e de permanência que seu predecessor na Antiguidade. A geografia do Império Otomano continua marcando sua presença no mundo. O império abarcava muitas terras que ainda hoje têm importância geopolítica central – a Arábia Saudita e os Estados do Golfo Pérsico, a Jordânia, a Síria, a Palestina/Israel, o Egito, boa parte do Irã e dos Bálcãs e a maior parte da África do Norte. Todas as esperanças, aspirações e frustrações que hoje emanam dessa instável região têm firmes raízes na história desse grande império, com uma capital assentada no limite sudeste do continente europeu. Houve períodos em que paxás governavam Budapeste e corsários árabes atacavam com frequência as ilhas britânicas. Em certa ocasião, em 1627, os otomanos chegaram a realizar incursões até a Islândia, em busca da mais valiosa mercadoria: escravos europeus.

O LONGO DECLÍNIO OTOMANO

No século 17, os turcos sitiaram Viena duas vezes. O ponto de inflexão no destino europeu ocorreu em setembro de 1683, quando os austríacos conseguiram romper o segundo sítio turco. Em pouco mais de uma década, o czar russo Pedro, o Grande, havia conseguido estabelecer presença na costa norte do Mar Negro, antes dominado pelos turcos. Em 1699, o Tratado de Carlowitz formalizou a redução das dimensões e da importância do Império turco.

A rapidez com que Napoleão conquistou o Egito, em 1798, deixou os otomanos atônitos. Na verdade, a invasão liderada pelo jovem general corso foi uma empreitada desastrada e planejada com incompetência, sem as informações necessárias sobre o terreno e o clima locais. Em poucos anos, suas forças foram facilmente expulsas por unidades sob o comando de outro jovem líder militar, o almirante britânico Horatio Nelson. A importância desses acontecimentos, de acordo com o historiador Bernard Lewis, "era muito clara: não só uma potência europeia podia chegar e agir como quisesse como apenas uma segunda potência europeia se provou capaz de expulsar a primeira". Em um século, o Império Otomano se tornaria "o doente da Europa", mantido vivo pelos franceses e pelos britânicos para contrabalançar o poder da Áustria Habsburgo.

Quando civilizações e culturas percebem que estão eclipsando, usam um dos dois seguintes caminhos para compreender seu declínio. O primeiro envolve uma pergunta dura, mas construtiva: o que fizemos de errado? O segundo implica buscar bodes expiatórios e perguntar: quem fez isso conosco? Para seu crédito, os otomanos fizeram a primeira pergunta, e não a segunda. Infelizmente, não chegaram à resposta correta.

Por volta do século 17, eles já haviam percebido que sua tecnologia militar tinha ficado muito atrás da ocidental. Tentaram remediar a situação por meio da importação aberta de armas e de assessores. Nos dois séculos posteriores ao Tratado de Carlowitz, uma corrente incessante de militares e de especialistas em armas da Áustria, da França e da Alemanha encontrou lugar em Istambul, e os turcos investiram pesados recursos nos mais recentes produtos dos arsenais ocidentais. Os otomanos adotaram uniformes de estilo ocidental e chegaram até a importar marchas militares do Ocidente.

Quando os otomanos iniciaram visitas de delegações diplomáticas e comerciais a diversos lugares da Europa Ocidental a fim de aprender sobre o inimigo, a imensa produção das fábricas ocidentais recém-criadas as espantou. Um embaixador turco sugeriu que o império adquirisse "cinco fábricas de rapé, papel, cristal, tecidos e porcelana" e depois disse que, no prazo de cinco anos, iriam ultrapassá-los, porque a base de todo o seu comércio, na época, estava em tais mercadorias. Uma estratégia digna do professor Rostow: construa fábricas, e o resto vem automaticamente. Mas há um defeito claro na ideia de simplesmente construir fábricas modernas em estilo ocidental sem desenvolver as outras instituições ocidentais: sem bases legais, intelectuais e financeiras firmes, isso é uma garantia de fracasso e de ruína. Sem direitos de propriedade claramente definidos e limites estritos para os poderes do sultão e dos imãs, nenhum empresário racional faria o enorme esforço necessário para criar e manter uma grande empresa, e nenhum investidor racional lhe emprestaria o capital preciso para isso.

Havia outra forma, ainda menos produtiva, de responder à pergunta "o que fizemos de errado?" Para muitos, a resposta era um retorno aos modos do passado, ou seja, de recuar ainda mais ao conservadorismo religioso. Excetuadas as áreas da ciência militar e da produção industrial, os otomanos não tinham curiosidade sobre o Ocidente. Uma indicação da situação respectiva de cada uma das duas culturas é que os europeus, com os ingleses na vanguarda, estabeleceram rapidamente departamentos de estudos árabes em suas universidades, enquanto os otomanos não retribuíram o interesse com a criação de "departamentos de estudos ocidentais".

Essa falta de curiosidade intelectual deriva em parte da doutrina muçulmana que vê o judaísmo e o cristianismo como paradas intermediárias e imperfeitas no caminho da verdadeira fé. "O que havia de verdade no cristianismo foi incorporado ao Islã; o que não foi incorporado era falso". Os ocidentais eram vistos como infiéis e seguidores de falsos caminhos, ainda que possuíssem maior riqueza e melhores armas.

Em determinado momento do século 15, os estudiosos muçulmanos congelaram a interpretação do Corão. Essa silenciosa catástrofe – uma doutrina conhecida como *taqlid*, a humilde aceitação de interpretações anteriores e o fechamento do Islã a qualquer nova interpretação no futuro – paralisou o islamismo como força social e econômica dinâmica. Para comparar, imagine que a Corte Suprema dos Estados Unidos tivesse congelado todas as reinterpretações da Constituição norte-americana em 1857, depois do julgamento do caso Dred Scott, no qual ficou estabelecido que negros não podiam se tornar cidadãos e que o Congresso não podia proibir a escravatura.

A proibição à livre pesquisa intelectual inerente ao conceito de *taqlid* envolve o segundo fator necessário à prosperidade científica: o racionalismo científico. Uma sociedade que não é inerentemente curiosa sobre o mundo externo e não se dispõe a desafiar suas suposições não inova, e uma sociedade que não inova não consegue progredir ou prosperar.

A ESPIRAL DA MORTE DA AGRICULTURA NA TURQUIA

Os otomanos sabiam que estavam fracassando, da mesma forma que os europeus sabiam que estavam se saindo bem. Mas nenhum dos dois lados compreendia a razão disso. A inferioridade militar e econômica da Turquia era apenas um sintoma de uma doença muito mais ampla. No capítulo 8, enfatizamos a importância da agricultura, do comércio e da indústria para o caráter do Estado, com especial destaque para seus métodos de arrecadação tributária. Governantes esclarecidos oferecem a seus cidadãos serviços críticos como proteção policial, medidas de saúde pública, estradas, educação e um Poder Judiciário independente. Os Estados que fazem isso prosperam. Os demais ficam para trás.

> OS ESTADOS CUJA RECEITA DEPENDE DA CONQUISTA E DO SAQUE INEVITAVELMENTE FRACASSAM.

Os Estados cuja receita depende da conquista e do saque inevitavelmente fracassam. Quando o espólio se esgota, a mesma sequência de acontecimentos que vimos na Grécia helênica, em Roma e no Japão pré-Tokugawa se instaura. Para arrecadar receita suficiente, o Estado aumenta os impostos. Esses impostos altos tornam inviável o cultivo de terras antes exploradas, causam o despovoamento do campo e sufocam a economia. O

Império Otomano, ainda mais que o Romano antes dele, era uma máquina de saque sem economia interna produtiva. Por isso, os turcos estavam condenados ao fracasso. Em 1675, um observador reparou que dois terços das terras aráveis estavam abandonadas em determinada região da Turquia europeia.

A Holanda e a Inglaterra foram os primeiros países a estabelecer uma conexão consciente entre a criação de um Estado de serviço e a conquista de poder, tanto militar quanto econômico. A França logo os acompanhou, enquanto a Espanha e o Japão tiveram de superar séculos de atraso antes de enfim atingirem esse status. Os otomanos jamais perceberam a ligação, e isso também se aplica à maior parte dos demais países muçulmanos.

Os quatro fatores no Império Otomano

Examinemos brevemente a situação dos quatro fatores de crescimento no Império Otomano.

- Direitos de propriedade. Os governantes de sociedades tradicionais não respeitam muito o Estado de direito ou a santidade da propriedade, e a violação mais flagrante dos direitos de propriedade é certamente a escravidão. Os otomanos só reduziram seu lucrativo comércio de escravos no século 19, devido à pressão do Ocidente, e só proibiram a escravidão em seus territórios no século 20. O Iêmen e a Arábia Saudita só a aboliram em 1962. Até hoje, as estimativas sobre o número de escravos existentes no Sudão, na Somália e na Mauritânia chegam a 300 mil.
- Racionalismo científico. O Islã, que inicialmente atribuía grande valor às pesquisas científicas, voltou-se contra elas aproximadamente em 1500. Um exemplo simples basta para ilustrar a atitude otomana com relação à ciência. Em 1577, o império construiu um grande observatório astronômico perto de Istambul. Era a resposta muçulmana ao observatório de Tyco Brahe em Uraniborg, com equipamento e pessoal comparáveis aos da instituição dinamarquesa. Pouco depois que a construção foi concluída, o sultão determinou que o edifício fosse demolido, atendendo aos conselho de seus assessores religiosos.
- Mercados de capital. A proibição islâmica ao pagamento de juros

sufocava o comércio. Além disso, como o sultão podia confiscar propriedades arbitrariamente, o capital era escasso e não havia bancos. Conforme mencionei anteriormente, os europeus criariam os primeiros bancos turcos no século 19.
- Transporte e comunicações. Quanto a isso, a vantagem europeia não era grande. Embora a comunicação e os transportes fossem pouco desenvolvidos no final do período medieval e no início do período moderno da história otomana, eles não eram muito melhores na Europa.

OS QUATRO FATORES NO ORIENTE MÉDIO MODERNO

No mundo muçulmano moderno, o terreno institucional é totalmente diferente. Como discutimos no capítulo 1, três dos quatro fatores – racionalismo científico, mercados de capitais e transportes e comunicações modernos – estão facilmente disponíveis, mesmo no Oriente Médio. Para crescer e prosperar, os únicos requisitos restantes são direitos de propriedade e um Estado de direito.

Mas hoje o conceito de direitos de propriedade ao modo ocidental é extremamente impopular no Oriente Médio. E essa falta de popularidade prevalece até entre os advogados da região. As medidas extremas tomadas contra criminosos sob a *shari'a* – apedrejamento e amputação – criam a impressão de um Estado de direito rigoroso. A maioria das nações do moderno Oriente Médio funciona como Estado policial, e a aplicação rigorosa da lei pouco importa se o próprio Estado atuar sem controle. A marca da sociedade sem leis – muralhas altas, encimadas por arame farpado e cacos de vidro, para proteger as casas dos ricos e os edifícios do governo – é onipresente no mundo muçulmano.

Geógrafos e arqueólogos oferecem argumentos convincentes no sentido de que até mesmo a desertificação do Oriente Médio é resultado da ausência de normas claras de propriedade de terras. Sob o domínio romano, boa parte da África do Norte era arborizada e fértil e se tornou árida e seca apenas com a chegada dos impérios islâmicos. A população e a produção agrícola da África do Norte eram muito mais numerosas durante o Império Romano do que no Otomano, iniciado mais de mil anos depois.

A "tecnologia" da irrigação é praticamente imemorial. As primeiras civilizações mesopotâmicas eram sociedades hidráulicas, e os romanos cultivavam com sucesso grandes áreas de deserto norte-africano empregando projetos de irrigação. Com a perda das instituições que garantiam o direito de propriedade, depois das conquistas árabe e otomana, esses projetos de irrigação caíram gradualmente no abandono, e a população da região diminuiu. Espantosamente, em muitos casos, arqueólogos modernos foram capazes de, com pouco esforço, restabelecer o fluxo de água em muitos dos antigos sistemas artesianos romanos, abandonados por mais de mil anos.

A tradição árabe de vida nômade e pastoril deriva logicamente da ausência de direitos de propriedade. A cabra tem alta mobilidade e pode pastar em qualquer lugar – características ideais em um reino no qual ninguém tem propriedade clara da terra e o califado está sempre pronto a confiscar as propriedades do agricultor ou do pastor. Isso talvez explique o velho provérbio árabe de que "há bênção no movimento". A cabra, que pasta e apara a vegetação bem perto do solo, demonstra especial eficiência na devastação de terras. Para onde as cabras vão, a erosão do solo e a expansão do deserto as acompanham.

Quando não existe proteção real à propriedade, a terra não será irrigada, arada ou fertilizada. Década após década, a versão árabe da Tragédia dos Comuns – a pastagem excessiva das cabras famintas e onipresentes – cria mais e mais desertificação de terras marginais produtivas.

A ALDEIA E A MESQUITA

No mundo muçulmano, escapar da armadilha econômica implica substituir o sistema tradicional de governo, baseado em família e religião, por um Estado laico, secular e de serviços. Separar César de Deus não é uma impossibilidade no mundo muçulmano. É algo que em larga medida já foi realizado, ainda que de maneira tênue, na Malásia e na Turquia.

O mundo muçulmano moderno não é mais atrasado que a maior parte da Europa de três séculos atrás e, em muitas áreas, como no acesso a transportes, comunicações e capital, está em posição melhor. A partir do século 16, a Europa Ocidental começou lentamente a derrubar a religião como princípio organizador. Em outras palavras, a Europa Ocidental começou a adotar uma sociedade civil. Caso o mundo muçulmano realmente deseje entrar na Idade Moderna, precisará fazer o mesmo. O processo levará séculos, e não anos ou décadas. Uma simples mudança de regime, seja por ímpeto interno ou externo, representaria, na melhor das hipóteses, uma mudança cosmética, como os franceses e os britânicos descobriram depois da Primeira Guerra Mundial ao criar regimes parlamentares em geral malsucedidos em antigos territórios otomanos.

Só podemos arriscar um palpite sobre a forma que esse processo poderia assumir no Oriente Médio moderno. Um caminho a ser seguido é o de um modelo de crescimento, discutido no próximo capítulo, no qual o desenvolvimento de direitos individuais e de propriedade conduz a uma maior prosperidade, seguida por avanços nos direitos individuais e por fim uma reforma democrática. A aldeia e o patriarca precisam muito mais de reforma que o imã e a mesquita.

Bernard Lewis sugere outra possibilidade, mais intrigante. Ele afirma que o Islã era inicialmente igualitário, e não hierárquico, em contraste com a pirâmide cristã de padre, bispo, arcebispo, cardeal e papa. Muito mais tarde, os turcos apontaram dirigentes religiosos, entre os quais o mais elevado é o grande *mufti,* um posto mais ou menos comparável ao de arcebispo de Istambul. Nas últimas décadas, os iranianos criaram do nada uma burocracia inteiramente nova de aiatolás que imita de forma quase exata o aparelho católico moderno. Talvez – Lewis espera – "eles estejam a ponto de provocar uma Reforma".

Qualquer que seja o percurso, a transformação cultural necessária ocorrerá no mundo muçulmano, ainda que isso custe muitas gerações de pesar e de pobreza. Em 1853, os japoneses chegaram às conclusões corretas ao contemplar os navios negros do comodoro Perry. Hoje, os navios negros da riqueza e do poder ao estilo ocidental e as instituições que os tornam possíveis, são igualmente visíveis no mundo muçulmano. A conclusão a que este chegará quanto a isso determinará seu destino.

América Latina: uma herança desafortunada

Não é por acaso que os herdeiros culturais e coloniais da Inglaterra – Estados Unidos, Canadá, Austrália e Nova Zelândia – estão entre os países mais ricos do mundo, tampouco é coincidência que os herdeiros da Espanha e de Portugal não tenham se saído bem. O capítulo anterior explorou as características disfuncionais da política e da economia na Espanha pré-moderna e mencionou de passagem a natureza criminosa e exploradora da máquina colonial espanhola. Não surpreende que os descendentes desse país tenham sofrido, tanto por seu controle brutal quanto por conta de suas instituições deficientes.

Dos quatro fatores que promovem o crescimento, a América Latina teve relativamente poucos problemas quanto a dois. Ela amadureceu muito depois que a Reforma rompeu os grilhões do dogma católico. Depois do fim da Inquisição, o racionalismo científico floresceu em todo o Novo Mundo, tanto de fala inglesa quanto de fala espanhola. Da mesma forma, durante o século 19, a Europa e os Estados Unidos financiaram liberalmente o estabelecimento de sistemas de navegação, de ferrovias e de telégrafos nos países da América Latina. Com o financiamento internacional e o serviço telegráfico, vieram mercados de capital sofisticados. A bolsa de valores de Buenos Aires se tornou uma das maiores do mundo. De fato, as ações de empresas argentinas eram fortes a ponto de nem serem negociadas lá. Uma indicação de sua importância está no fato de as ações das maiores companhias telegráficas e ferroviárias argentinas terem sido negociadas na Bolsa de Valores de Londres.

O problema econômico central da América Latina, típico da Idade Moderna, está em suas instituições de propriedade. A "libertação" da América do Sul, que varreu o domínio da Espanha dos Bourbon depois das guerras napoleônicas, apresentou semelhanças superficiais com a revolução americana, e as novas repúblicas da região adotaram instituições de governo inspiradas nas dos Estados Unidos. Porém, por trás dessa fachada democrática, escondiam-se todos os defeitos da Espanha. O legado Habsburgo negava aos países recém-independentes a cultura de liberdades e os direitos de propriedade individuais dos quais desfrutavam os cidadãos britânicos e norte-americanos, e as novas instituições políticas latinas refletiam o passado totalitário e violento dos Habsburgos.

Nos Estados Unidos, a revolução irrompeu de forma espontânea, deflagrada por grupos dispersos de pequenos proprietários rurais ferozmente independentes. Só quando os soldados britânicos se retiraram para Boston depois de sofrerem derrotas diante dos agricultores norte-americanos furiosos, em Concord e em Lexington, os Pais Fundadores dos Estados Unidos compreenderam que precisavam planejar uma forma de luta mais organizada e fazer isso rápido.

As guerras de independência da América do Sul, por outro lado, foram comandadas de cima para baixo, por membros aventureiros da elite de grandes proprietários de terras – os descendentes espirituais, se não literais, dos conquistadores. Como nos Estados Unidos, a tributação opressiva – no caso, as grandes contribuições necessárias para bancar a guerra espanhola contra Napoleão – deflagrou o incêndio da revolta. A guerra americana de independência foi um episódio sangrento, mas os combates na América do Sul eram de outra ordem. Os exércitos rebeldes em nada se pareciam com as forças norte-americanas. Quase não incluíam soldados voluntários. Os exércitos de Bolívar estavam repletos de mercenários, de saqueadores e de recrutas forçados, muitos dos quais marchavam algemados. Algumas das forças rebeldes eram pouco mais que bandos itinerantes de ladrões comandados por líderes guerreiros concorrentes.

> AS GUERRAS DE LIBERTAÇÃO DA AMÉRICA DO SUL FORAM MARCADAS POR MASSACRES EM MASSA, EXECUÇÕES SUMÁRIAS E BRUTAIS E EXIBIÇÃO PÚBLICA DE CABEÇAS DECEPADAS.

As guerras de libertação da América do Sul foram marcadas por massacres em massa, execuções sumárias e brutais e exibição pública de cabeças decepadas. Simón Bolívar, o George Washington sul-americano, governou a Venezuela e os países transandinos como ditador. Ele era capaz de grandes crueldades – ao libertar Caracas, em 1813, mandou executar um número de pessoas semelhante ao dos inimigos que havia matado em batalha. Mas, em termos de brutalidade escancarada, não conseguia concorrer com seu vice, Francisco Santander. O drama que se seguiu à captura de Bogotá, em 1819, é típico. Bolívar tomou a cidade, aprisionou os líderes monarquistas locais e continuou seu avanço rumo ao oeste, deixando Santander no comando da cidade dominada. Tão logo as forças de Bolívar estavam fora de alcance, Santander ordenou o fuzilamento dos 30 prisioneiros monarquistas e depois encomendou uma canção que louvasse seu feito. Além disso, fez com que fuzilassem um transeunte que intercedeu apelando por clemência para os prisioneiros. Essa postura ditou o tom para as guerras de libertação e para boa parte da história latino-americana subsequente. Essa propensão à violência encontrou sua expressão moderna na década de 70 do século 20, na forma de execuções em massa pelas ditaduras de direita no Cone Sul da América do Sul.

Os próprios espanhóis eram ainda piores que os rebeldes. Um dos mais bizarros protagonistas no cenário de guerra andino era um líder monarquista chamado José-Thomas Bove, que, apesar de ter sangue espanhol, desprezava os brancos. O plano de Bove era deter e executar o maior número possível de caucasianos, substituindo-os por colonos mestiços. Suas armas preferenciais eram a lança, para executar homens, e o chicote, para as mulheres.

Os saques, os morticínios e a anarquia generalizada que caracterizaram o surgimento dos países latino-americanos deram origem a quase dois séculos de instabilidade política generalizada. A história do México, em seus primeiros anos de independência, serve para ilustrar isso. Em fevereiro de 1821, um comandante local espanhol, Agustín de Iturbide, selou o destino do domínio colonial ao virar a casaca, entrar na Cidade do México com suas tropas e decretar independência da Espanha. Descontente em governar como líder constitucional, ele comandou um golpe contra o próprio governo e se fez coroar imperador. Ao longo dos nove anos seguintes, o México passou por quatro outros golpes.

A PROPRIEDADE AO SUL DA FRONTEIRA E A HISTÓRIA DE UM ECONOMISTA OBSCURO

A falta de governo estável é só metade da história. Da mesma maneira que os descendentes culturais da Inglaterra prosperaram por terem herdado um sistema de propriedade robusto, as antigas colônias da Espanha e de Portugal sofreram com sua ausência.

Se desejamos compreender o problema dos direitos de propriedade na América Latina, precisamos estudar um pouco mais a fundo a natureza fundamental desses direitos. Os capítulos 2 e 7 mencionaram de passagem o fato de que os direitos de propriedade não podem apenas existir, também precisam ser eficientes. Ou seja, exercê-los e fazer que sejam respeitados não pode ser caro demais. A compra da terra de Efrom por Abraão foi barata. Os custos de registro de Abraão ficaram limitados ao vinho e à comida servidos às testemunhas da transação. Depois de obtido, o direito de Abraão à terra passou a ser incontestável, com isso ele conquistou sua autoridade para lidar com invasores e grileiros. Igualmente importante é o fato de que seus direitos eram alienáveis – ele tinha liberdade para vender a terra a quem bem entendesse.

Agora, saltemos quatro mil anos para o futuro. Na metade dos anos 50, um economista da Universidade de Chicago chamado Ronald Coase começou a explorar as complexas regulamentações governamentais para os conflitos entre interesses privados. Imagine, por exemplo, uma fazenda de milho adjacente a uma propriedade pecuarista. O gado pode invadir as terras agrícolas e comer o milho. Os economistas classificam esse fato como "externalidade negativa", assim como a poluição gerada a mil quilômetros de distância que contamina a água potável ou o barulho feito por um vizinho a alguns metros de distância que perturba seu repouso.

Coase percebeu que existiam duas formas possíveis de resolver esse tipo de conflito. A primeira, e mais evidente, era exigir que o criador de gado pagasse pelo estrago. A segunda, menos intuitiva, permitia que o criador de gado exigisse pagamento do agricultor para construir uma cerca que restringisse o movimento de seu rebanho. No primeiro caso, a responsabilidade é do pecuarista; no segundo, do agricultor. A genialidade de Coase foi perceber que não importava a quem coubesse a responsabilidade original. Nos dois casos, o resultado final seria o mesmo – um montante idêntico passaria a outras mãos, mas o movimento aconteceria em direções opostas. Os dois resultados possíveis eram economicamente equivalentes.* Economistas e estudiosos do Direito logo reconheceram que o mesmo se aplicava aos direitos de propriedade: importa menos a distribuição inicial equitativa da propriedade do que a clareza e a eficiência na definição do direito a ela. Para Coase, apenas três coisas importavam:

- que a propriedade e a responsabilidade fossem definidas claramente;
- que a propriedade e a responsabilidade pudessem ser compradas e vendidas livremente;
- que as despesas de compra, venda e fiscalização fossem baixas.

Desde que as três condições fossem cumpridas, a propriedade acabaria chegando àqueles que fariam uso mais eficiente dela, e a responsabilidade seria extinta pela pessoa para a qual sua eliminação teria maior valor. Em

---

* Ronald Coase, "The Problem of Social Cost", Journal of Law and Economics, n. 3, Outubro de 1960, p. 1-44. O nome de Coase é conhecido principalmente entre economistas e advogados. Seu estudo é um dos artigos mais citados na literatura econômica. Em 1991, ele recebeu o Nobel de Economia por esse trabalho e por projetos relacionados.

um universo como esse, o governo não teria papel regulatório a não ser o de definir e impor os direitos de propriedade. Todas as transações de propriedade ocorreriam entre indivíduos.

Pense, por exemplo, que todas as propriedades de um país com direitos de propriedade seguros e eficientes fossem transferidas subitamente a algumas dezenas de famílias. Dentro de duas ou de três gerações, a concentração de propriedade começaria a se dissipar à medida que os herdeiros dissolutos dos proprietários originais, necessitando de dinheiro para viver no luxo, vendessem suas terras a pessoas capazes de usá-las com mais eficiência que eles. Em um século ou dois, pequenas propriedades e uma multiplicidade de proprietários seriam a norma e só restariam grandes propriedades às famílias que as tivessem administrado sabiamente.

Foi exatamente o que aconteceu na Inglaterra depois da conquista normanda. Um sistema cada vez mais eficiente de direitos de propriedade permitiu a dispersão gradual da posse de terra inicialmente reservada a um pequeno número de famílias normandas. Coase e seus seguidores estavam certos – em longo prazo, a identidade do proprietário de alguma coisa importa menos que a clareza de seu direito àquilo que possui e que sua liberdade de vender essa propriedade. Para resumir em linguagem corrente, a saúde de uma sociedade depende muito mais de regras claramente compreendidas e aplicadas do que da aparente "justiça" da distribuição de riqueza. Em linguagem ainda mais clara, o Estado de direito importa mais que a "justiça social".

De forma semelhante à situação da Inglaterra normanda, cerca de duas dúzias de famílias se tornaram donas da maior parte das terras da Espanha depois da expulsão dos mouros. A Espanha em seguida "exportou" a mesma concentração de propriedade às suas colônias latino-americanas. No México, por exemplo, quando milhões de pequenos agricultores morreram de varíola no século 16, suas terras foram incorporadas às grandes *haciendas* espanholas. As imensas plantações da colônia faziam parecer pequenas até mesmo as das grandes propriedades na metrópole. Devido ao mecanismo de propriedade falho herdado dos espanhóis, a maior parte das terras do México, até a Idade Moderna, terminou concentrada em grandes latifúndios hereditários mal administrados,

Na Espanha e em suas colônias, as coisas transcorreram de modo diferente do que aconteceu na Inglaterra normanda. Dos dois lados do Atlântico, a situação retrógrada das instituições espanholas de propriedade impediu a dissolução de grandes propriedades por meio da dinâmica normal do livre mercado. Consideradas as instituições de propriedade deficientes do império, a negligência espanhola, na verdade, conferiu vantagens em longo prazo – a Costa Rica, por muito tempo considerada um cantinho esquecido no regime colonial, escapou ao acúmulo de terra em grandes latifúndios e assim se tornou a única economia de sucesso na América Central.

A América Latina moderna não atende a nenhuma das três condições de Coase. A forma mais fácil de compreender a eficiência dos direitos de propriedade é estudar como se dá a compra de um terreno. Nos Estados Unidos, a parte mais complexa e difícil do processo é geralmente a da negociação do preço. Quando surge um acordo a esse respeito, uma pesquisa barata estabelece que o vendedor tem direito legítimo a vender a terra, o cheque pela venda é escrito, e a transferência é registrada pelas autoridades locais. Pronto.

Na América Latina, não funciona assim. Ao pesquisar o kafkiano mundo das leis de imóveis latino-americanas, o economista Hernando de Soto constatou que em Lima, no Peru, comprar uma casa legalmente é um processo que envolve 728 etapas. Em um mundo como esse, apenas os indivíduos e as empresas mais ricas são capazes de estabelecer títulos de propriedade claros. O agricultor não consegue vender suas terras, porque o comprador não tem certeza de que elas estão livres de ônus. Em uma sociedade como essa, a única forma de manter uma propriedade na família é dividi-la entre os filhos. Depois de algumas gerações, essa divisão progressiva de terras resulta em um grupo de primos distantes, famintos e em constante disputa. E o agricultor não tem como tomar empréstimos para melhorar sua propriedade. O banco não tem garantia de que poderá executar sua hipoteca sobre as terras em caso de inadimplência. As empresas, do mesmo modo, não conseguem obter capital. Os investidores não se dispõem a fornecê-lo se não estiverem seguros de seus direitos residuais. De Soto retrata os países do Terceiro Mundo como detentores de imensos tesouros de "capital morto": propriedades que poderiam atrair grandes investimentos se houvesse títulos claros de posse que permitissem que fossem usadas como caução.

A retórica política populista da América Latina contribui para o ambiente econômico venenoso. Quando o espectro vingador "do povo" pesa sobre um país, investir na melhora de uma propriedade ou empresa só serve para torná-la alvo mais suculento de confisco. Camponeses que recebem terras compradas ou confiscadas pelo governo terminam na mesma situação que os demais pequenos produtores rurais. Não podem vender suas terras, não podem tomar empréstimos usando-as como garantia e temem que o golpe de estado seguinte reverta a distribuição de terras.

O Ocidente não ajudou. Há décadas os países desenvolvidos encorajam reformas por decreto e, ao fazê-lo, criaram um sistema que confere ao camponês propriedades que ele não pode vender ou melhorar. O Ocidente esqueceu a lição aprendida séculos atrás: a melhor maneira de promover a prosperidade e a democracia é fazer a "reforma agrária ao estilo inglês", ou seja, distribuir terras com títulos claros de propriedade aos pequenos agricultores e ter um mercado livre e aberto para a venda e a compra de terras. Expropriações e vendas compulsórias de propriedades realizadas em nome "do povo", por melhores que sejam as intenções dos que as promovem, só servem para corroer as instituições necessárias para tirar da pobreza uma população impotente.

> MESMO DEPOIS DA ABERTURA DO PRIMEIRO BANCO MEXICANO, EM 1864, EMPRÉSTIMOS CAUCIONADOS PARA EMPRESAS SÓ ERAM REALIZADOS A JUROS MUITO ALTOS.

CAPITAL E COMPADRES

O estado caótico dos mercados imobiliários latino-americanos também agrilhoa os mercados de capital da região. O México é um exemplo já bastante estudado. Até 1890, a única fonte de financiamento para a maioria dos agricultores e das empresas mexicanos era a família. As fontes "impessoais" de financiamento comumente usadas no mundo ocidental – pequenos empréstimos bancários para pessoas físicas, emissões de títulos de dívida e ações para pessoas jurídicas – simplesmente não existiam. Mesmo depois da abertura do primeiro banco mexicano, em 1864, empréstimos caucionados para empresas só eram realizados a juros muito altos – ocasionalmente superiores a 100% anuais. Essa condição persistiu até o final do anos 30 do século 20. No início da Segunda Guerra Mundial, a bolsa de valores da Cidade do México tinha apenas 14 ações em negociação.

Sem contatos políticos poderosos, o empresário mexicano do século 19 não demorava a ser arruinado por rivais que tinham amigos no poder.

No começo e na metade do mencionado século, os mandatos políticos duravam meses, o que tornava difícil até para os mais poderosos proteger suas propriedades. Depois da ascensão do ditador Porfirio Díaz ao poder, em 1877, a situação se descomplicou um pouco, mas não melhorou. Durante o porfiriato, que durou até 1910, quase todas as grandes companhias mexicanas contavam com um ministro ou um parente de ministro em seu conselho, para garantir a aprovação do governo para a emissão de títulos de dívida e de ações. Como o capital acionário e em forma de títulos de dívida só estava disponível para pessoas bem relacionadas com o governo, o número de bancos era pequeno, o que tornava o capital escasso para os pequenos empresários e agricultores.

Porque as nações latino-americanas não se viam como "Estados de serviços", ignoravam a estrutura institucional dos mercados de capital – leis que regulam o crédito, os empréstimos, as hipotecas e as incorporações. Os mexicanos não contavam sequer com leis rudimentares de propriedade e de comércio em seus códigos até quase o final do século 19. Onde não existe estrutura legal de proteção ao investidor, o índice de retorno requerido pelo credor ou pelo investidor é tão elevado que o capital, na prática, desaparece.

A corrupção da política latino-americana tem origem na Espanha Habsburgo e foi perpetuada pela instabilidade política. Uma herança de conquistas, saques, exploração e extração forçada de riqueza mineral não confere grande valor a mercados de capitais. O moderno flagelo das nações andinas – a indústria das drogas e a ilegalidade que a acompanha – representa mais um sintoma que uma doença.

Não é coincidência que os dois países ibéricos mais ricos e mais democráticos – Chile e Espanha – tenham chegado a essa situação depois de passar por ditaduras direitistas repressivas que enfatizavam a garantia aos direitos de propriedade. O caso do Chile é particularmente instrutivo. As políticas econômicas do ditador Augusto Pinochet eram dirigidas pelos "Chicago Boys" – economistas treinados em Chicago e fortemente influenciados por Ronald Coase e por Milton Friedman. A seleção de ditadores direitistas é um jogo perigoso, claro, porque é mais provável que o resultado seja um Perón, um Marcos ou um Duvalier que um Pinochet ou um Franco. E nenhum desses dois últimos era exatamente uma flor.

As perspectivas econômicas da América Latina, com seus bolsões de instituições de propriedade florescentes, seu acesso relativamente fácil ao capital e seu apego à cultura ocidental, parecem mais brilhantes que o mundo muçulmano. No entanto, não se pode contar com prosperidade automática para a região. As nações sul-americanas mais pobres, as da cordilheira dos Andes e mesmo algumas das mais ricas continuam sob o domínio de sua herança colonial ibérica, corrupta, violenta e economicamente deficiente. Para que todos os países escapem dela, décadas serão necessárias.

Os Estados fracassados do mundo muçulmano e da América Latina suscitam questões de religião e de cultura que precisam ser encaradas abertamente, se desejamos evitar que a crescente disparidade entre os países mais ricos e os mais pobres do mundo resulte em cataclismo. Abordaremos as interações entre cultura, religião e crescimento econômico no próximo capítulo.

RIQUEZAS NATURAIS E IMPERIALISMO

No século 19, sérios defeitos institucionais retardaram o desenvolvimento econômico da França, da Espanha e do Japão. No mundo moderno, essas mesmas falhas institucionais tiraram dos trilhos a prosperidade do mundo muçulmano e de boa parte da América Latina. Uma análise dos motivos para que algumas nações fiquem para trás não estaria completa sem mencionar dois fatores que não são importantes.

1. Recursos naturais. Pode haver uma correlação inversa entre riqueza e recursos naturais. Contemplar o Império Habsburgo ou modernas nações como Nigéria, Arábia Saudita e Zaire torna difícil não concluir que uma vasta riqueza natural pode ser uma maldição. A produção de riqueza por um empreendimento comercial nascido do trabalho árduo e dos riscos assumidos encoraja instituições governamentais sadias e gera nova riqueza. A produção de riqueza por um número limitado de buracos no chão, controlados ou possuídos pelo governo, gera busca de renda monopolista e corrupção.

É difícil contemplar Cingapura, a Holanda e a Suíça e não imaginar se sua falta de recursos naturais não lhes conferiu uma vantagem. É fato que a Inglaterra repousa sobre "uma montanha de carvão", mas também que o país precisava importar a maior parte de seu minério de ferro e 100% de seu algodão, as matérias-primas fundamentais da Revolução Industrial (o minério de ferro vinha da Suécia, e o algodão tinha de contornar o Cabo da Boa Esperança). A França, por outro lado, tinha não só uma, mas duas fontes acessíveis de algodão: suas colônias nas Índias Ocidentais e uma rota eficiente para o Levante, pelo Mediterrâneo. No entanto, foi a Inglaterra que primeiro desenvolveu uma indústria baseada no algodão.

Por fim, poucas nações desenvolvidas apresentavam carência de recursos naturais comparável à do Japão. A ascensão meteórica de sua economia depois de 1868 demonstra com imensa clareza que recursos naturais são completamente irrelevantes para o desenvolvimento econômico. O único dote natural importante é uma topografia favorável ao transporte interno. Grande riqueza mineral corrói as instituições que promovem a prosperidade em longo prazo.

2. Imperialismo. Culpa e remorso autocrítico se tornaram tendências fortes no Ocidente moderno. Se algumas nações são ricas e outras, pobres, o motivo de forma alguma pode estar no fato de que as primeiras produzem mais que as segundas. Ao contrário, ele deve estar no fato de que as primeiras roubaram as segundas. Começando por Marx, os acadêmicos e as classes falastronas passaram a explicar a prosperidade inglesa (e ocidental) em termos de exploração imperialista. Esse equívoco sobrevive até hoje entre aqueles capazes de distorcer a lógica a ponto de comparar os executivos da Nike com os soldados do Império Britânico.

Mas basta um momento de reflexão para revelar que essa vaca sagrada da esquerda é em larga medida irrelevante. Embora os governantes coloniais possam ter sido inimaginavelmente brutais e exploradores, também levaram prosperidade às colônias, acompanhada pelo Estado de direito.

Gráfico 9-1
PIB per capita em 1995 vs. densidade populacional em 1500

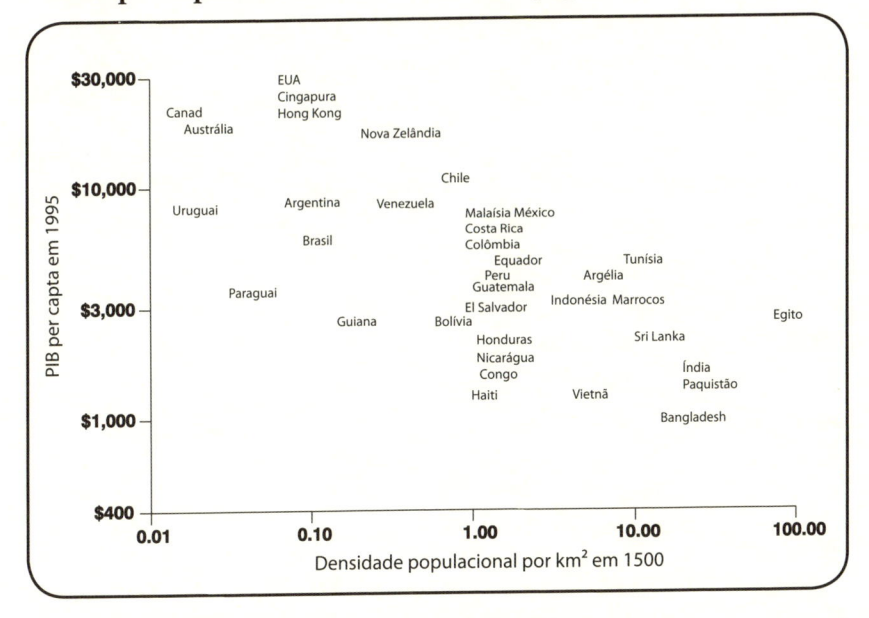

Fonte: ACEMOGLU, Daron; JOHNSON, Simon; ROBINSON, James A. Reversal of Fortune: geography and institutions in the making of the modern world income Distribution. In: Quartely Journal of Economics. n. 117, 2002. p. 1286-1289; e The Colonial Origins of Comparative Development: an empirical investigation". In: American Economic Review. n. 91, dez. 2001. p. 1398.

Nos últimos anos, os economistas começaram a dedicar atenção à interação entre colonialismo, economia e instituições nacionais. Desde 1500, houve uma "reviravolta de fortunas" nos países em desenvolvimento. As nações mais ricas de 1500, que posteriormente se tornariam colônias (a Índia dos Mughal, os astecas e os incas), estão hoje entre as mais pobres, enquanto as nações mais pobres de 1500 que viriam a ser colonizadas (o resto da América, a Austrália e a Nova Zelândia) estão entre as mais ricas. O gráfico 9-1 mostra a densidade populacional – o que serve como referência aceita para o PIB per capita em sociedades pré-industriais – de nações colonizadas, em 1500, e seu PIB per capita atual. O gráfico 9-2 expõe uma relação ainda mais fascinante entre a mortalidade nos assentamentos de colonos europeus e o desenvolvimento econômico posterior – as nações com índices de mortalidade elevados entre os caucasianos mostraram crescimento econômico baixo posteriormente.

Gráfico 9-2
PIB per capita em 1995 e mortalidade de colonos

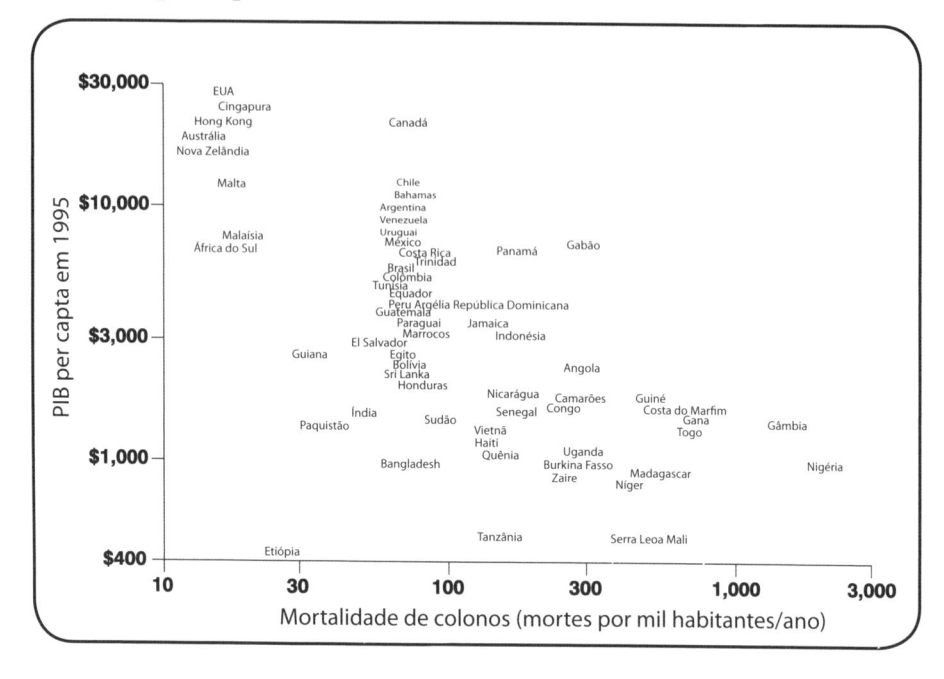

[Gráfico de dispersão: eixo Y "PIB per capta em 1995" variando de $400 a $30.000; eixo X "Mortalidade de colonos (mortes por mil habitantes/ano)" variando de 10 a 3.000.

Países plotados:
- ~$30.000: EUA, Cingapura, Hong Kong, Austrália, Nova Zelândia, Canadá
- ~$10.000: Malta, Chile, Bahamas, Argentina, Venezuela, Malaísia, África do Sul, Uruguai, México, Costa Rica, Trinidad, Brasil, Colômbia, Panamá, Gabão
- ~$3.000: Tunísia, Equador, Peru, Argélia, República Dominicana, Guatemala, Paraguai, Jamaica, El Salvador, Marrocos, Indonésia, Guiana, Egito, Bolívia, Sri Lanka, Honduras, Angola, Nicarágua, Camarões, Guiné, Senegal, Congo, Costa do Marfim, Gana, Gâmbia
- ~$1.000: Índia, Paquistão, Sudão, Vietnã, Haiti, Bangladesh, Quênia, Uganda, Burkina Faso, Togo, Madagascar, Zaire, Níger, Nigéria
- ~$400: Etiópia, Tanzânia, Serra Leoa, Mali]

Fonte: ACEMOGLU, Daron; JOHNSON, Simon; ROBINSON, James. "The Colonial Origins of Comparative Development: an empirical investigation". In: American Economic Review. n. 91, dez. 2001. p. 1398.

Os dois gráficos sugerem que as colônias densamente povoadas que tinham altos índices de mortalidade atraíam poucos colonos. Uma baixa densidade populacional e uma alta mortalidade entre os colonos ocidentais acarretavam duas consequências: primeiro, instituições ocidentais e Estado de direito fracos; segundo, os colonos que encaravam essas adversidades e sobreviviam tendiam a se restringir a atividades de extração e de exploração de alta lucratividade – principalmente a mineração, cujo melhor exemplo é o Congo do rei Leopoldo da Bélgica. Áreas com baixa densidade de população local e baixos índices de mortalidade para os caucasianos, como a América do Norte, a Austrália e a Nova Zelândia, atraíram um grande fluxo de europeus e assim se beneficiaram das instituições ocidentais e de uma base econômica agroindustrial. Nessas áreas, o grande número de colonos ingleses com relação ao número de habitantes locais produziu "campo aberto" para que a cultura e as instituições europeias florescessem, ao permitir que os colonos aniquilassem sistematicamente os habitantes locais da área. Um observador altamente cínico poderia apontar que é necessário um quinto fator para a prosperidade das nações coloniais: o genocídio.

Os dois tipos de colonialismo podiam ser bárbaros, mas nenhum deles, particularmente o segundo, empobrecia a população nativa sobrevivente, ao menos não a ponto de torná-la muito mais pobre do que era antes da colonização. O colonialismo em si não produzia pobreza. Na prática, a forma assumida por ele determinava a diferença posterior entre a pobreza e a riqueza. Quando a colonização era realizada por um grande número de colonos dedicados à agricultura e à indústria, o próximo passo era a prosperidade. Se alguns poucos colonos adoecidos escravizavam a população nativa em busca de riqueza mineral, o resultado posterior inevitável eram a pobreza e o atraso. Mesmo nesse caso, as vantagens econômicas do colonialismo podiam ser substanciais. A maioria dos ocidentais, por exemplo, não sabe que a Índia é formada por diversas comunidades linguísticas e que não existe um idioma local compreendido por todos. Consequentemente, a existência do país seria dúbia sem a introdução forçada do inglês como idioma comum.

> O COLONIALISMO EM SI NÃO PRODUZIA POBREZA.

No que tange aos que o perpetraram, o colonialismo provavelmente causou mais mal que bem. A colônia mais rica da Inglaterra era, de longe, a América. Se a hipótese imperialista tivesse qualquer validade, a Inglaterra teria sido devastada pela independência dos Estados Unidos. Mas ocorreu exatamente o contrário: o crescimento econômico explodiu em ambos os países quando a derrota inglesa equalizou as relações comerciais. Mesmo no auge do Império Britânico, as colônias absorviam menos de um quarto de sua produção. As exportações para mercados desprotegidos como o da Europa e o dos Estados Unidos respondiam pela maior parcela do comércio de exportação britânico.

Em um mundo no qual o imperialismo realmente importasse, os países mais ricos do planeta seriam aqueles que se mantiveram, no geral, livres do jugo ocidental, como o Butão, a Mongólia, a Etiópia e a Rússia, enquanto nações que se mantiveram como colônias por mais tempo, como Hong Kong e Cingapura, seriam as mais pobres. O imperialismo, portanto, é resultado de grandes discrepâncias de riqueza e de capacidade militar entre os países, e não sua causa.

Instituições, e não riqueza natural ou liberdade do domínio colonial, separam os vencedores e os perdedores no comércio mundial. Acima de tudo, é o grau de respeito e reverência pelas regras do jogo – Estado de direito, igualdade perante a lei e respeito pelas liberdades civis de todos – que determina a riqueza das nações.

PARTE 3

Consequências

Nesta seção, vamos aplicar os conceitos históricos que foram discutidos nos nove capítulos anteriores a fim de determinar sua relevância na Idade Moderna. No final do século 20, as tensões do planeta mudaram de foco, da ideologia para a religião. O capítulo 10 explorará as fronteiras da pesquisa econômica e sociológica para buscar lições sobre o relacionamento entre religião, riqueza, ideologia e desenvolvimento democrático.

A impressão popular dominante na vida no Ocidente moderno, especialmente nos Estados Unidos, é a de que a existência nesses lugares é cada vez mais precária, insegura e estressante. Qual é a vantagem de enriquecer como nação se isso não nos torna mais felizes? Na verdade, existe uma relação adversa entre crescimento econômico e felicidade, que examinaremos no capítulo 11.

Não importa se o dinheiro compra ou não a felicidade, ele certamente influencia o poder geopolítico. O capítulo 12 relacionará as conexões entre riqueza, conquista e influência ao longo dos últimos 500 anos de história mundial, principalmente no que tange à crescente hegemonia norte-americana em um mundo "unipolar".

Ainda que o crescimento econômico sustentado dos dois últimos séculos não tenha precedentes, ele abarca apenas um breve momento histórico. Se toda a história humana se resumisse a um dia, a próspera Idade Moderna duraria menos de dez segundos.

Até que ponto o moderno regime de crescimento é sustentável? E, o mais importante, o quanto pode ser estável um planeta no qual a riqueza per capita dobra a cada geração? Nas páginas finais do livro, discorrerei sobre a prosperidade, a escalada das necessidades humanas e as perspectivas de crescimento continuado.

CAPÍTULO 10
DEUS, CULTURA, COBIÇA E A ESTEIRA ROLANTE DO HEDONISMO

O dinheiro não compra felicidade, mas pelo menos você pode sofrer confortavelmente.

(Lilian Bernstein, mãe do autor)

OS USOS DA RIQUEZA

A premissa deste livro é a de que a prosperidade flui naturalmente assim que uma sociedade passa a contar com os quatro fatores cruciais – direitos de propriedade, racionalismo científico, mercados de capital e transportes e comunicações modernos. Isso tudo é ótimo, o leitor poderia dizer, mas existe alguma maneira de confirmar essa hipótese de forma objetiva? Afinal, nações não se prestam facilmente a experiências científicas controladas.

O leitor perspicaz terá reparado que, embora o livro tenha muitos gráficos e números sobre o PIB per capita, em momento algum coletei dados sobre todos os países e fiz comparações baseadas em, por exemplo, indicadores quanto ao Estado de direito. Será que informações quantitativas abrangentes como a mencionada existem e, caso existam, o que nos dizem?

E, já que estamos tratando do assunto, que bem faz toda essa riqueza? O mundo passa a ser mais ou menos feliz ao se tornar mais próspero? Como a política social e a política em si afetam simultaneamente a prosperidade e a felicidade geral de uma sociedade? Qual é, exatamente, a relação entre a riqueza e a felicidade?

Ao longo das últimas décadas, sociólogos, cientistas políticos e economistas acumularam um grande volume de dados sobre mais de cem nações, correlacionando riqueza e crescimento a uma ampla variedade de características políticas, econômicas e sociológicas. Podemos pensar em cada país como uma "experiência natural", cada qual com dotes sociais e institucionais distintos. Utilizando uma análise estatística cuidadosa, podemos extrair algumas conclusões cautelosas sobre as causas e os efeitos da prosperidade. Dessa tempestade de números, emerge uma fascinante relação entre prosperidade, bem-estar psicológico, democracia e medidas sociológicas de valores tradicionais e de poder pessoal. A riqueza, conforme revelam esses dados, não nos torna muito mais felizes, mas reforça muito a democracia.

No final dos anos 50 do século 20, o cientista político Seymour Lipset começou a realizar esse tipo de análise objetiva. O maior interesse de Lipset era o desenvolvimento democrático. Na época, fervilhava o debate acadêmico sobre a importância relativa de fatores políticos, econômicos e religiosos para a democracia. Por exemplo, os defensores da teoria do determinismo religioso apontavam que quase todas as democracias tinham origem judaico-cristã, ao passo que seus adversários mencionavam o fascismo na Itália e na Alemanha. O que incomodava Lipset era que nenhum dos lados parecia disposto a analisar todos os dados disponíveis. De uma perspectiva estatística, sistemas políticos e econômicos são muito "sujos"; qualquer sociólogo que valha o que come seria capaz de encontrar inúmeras exceções até mesmo quanto aos mais fundamentais princípios sociológicos.

Lipset partiu de uma mensuração simples do desenvolvimento democrático e depois executou uma análise estatística de todos os fatores que podem afetar esse desenvolvimento. Os fatores mais importantes provaram ser a renda e o nível educacional, que pareciam sustentar instituições democráticas. Nas décadas posteriores à publicação do artigo pioneiro do pesquisador, em 1959, sociólogos, economistas e cientistas políticos seguiram seu exemplo. Neste capítulo, examinaremos a pequena, mas fascinante porção dessas pesquisas que está relacionada com a parte mais difícil do enigma da riqueza humana: a ligação entre dinheiro, felicidade, democracia, religião e cultura. Precisamos caminhar com cuidado, aqui. É fácil fazer suposições errôneas quanto a fatores políticos e sociais que parecem estar correlacionados. Uma analogia médica basta para explicar. Décadas atrás, estudos médicos sobre pintores de parede demonstravam que seu QI era inferior à média da população geral. Inicialmente, os pesquisadores concluíram que havia algo na tinta que danificava o cérebro, mas isso não era um fato. Uma análise mais cuidadosa demonstrou que o efeito sobre o QI não era "dependente de dosagem", ou seja, não se tornava mais severo caso a exposição ocupacional aumentasse. Em vez disso, pintar casas, uma atividade bastante tediosa, tendia a atrair pessoas de QI mais baixo. O nexo causal é o inverso do esperado: o baixo QI "causou", por assim dizer, a escolha da pintura de casas como profissão.

DE PROTESTANTES RICOS E MUÇULMANOS POBRES

Não podemos evitar mencionar a relação entre religião e crescimento econômico. A prosperidade ocidental surgiu no norte protestante da Europa, e a tentação de utilizar a religião como ferramenta analítica de economia comparativa é realmente forte. É certo que, quando o filósofo e sociólogo Max Weber contemplou o planeta há mais de um século, não conseguiu resistir a ela. Um dos fundadores da sociologia, seu livro *A Ética Protestante e o Espírito do Capitalismo* sugeria que a Reforma havia deflagrado o capitalismo moderno e que a ênfase do calvinismo ao sacrifício pessoal e ao trabalho árduo havia feito do protestantismo o propulsor da prosperidade mundial.

> RIQUEZA E POBREZA TÊM UMA CORRELAÇÃO MAIS FORTE COM FATORES SOCIOLÓGICOS E CULTURAIS DO QUE COM A RELIGIÃO.

A mesma suposição pode ocorrer a um observador moderno. Por que as nações hinduístas e muçulmanas estão entre as mais pobres do mundo? Certamente, religiões importantes como essas devem, para melhor ou para pior, ter considerável bagagem econômica. Mas, como veremos abaixo, os dados demonstram que esse não é o caso. Riqueza e pobreza têm uma correlação mais forte com fatores sociológicos e culturais do que com a religião.

Há problemas graves na hipótese de Weber e, entre os economistas e sociólogos modernos, o papel do calvinismo como propulsor básico da prosperidade ocidental caiu em descrédito. Para começar, a Genebra de Calvino de forma alguma era um baluarte da livre empresa capitalista. Ainda que o augusto pastor tenha posto fim às proibições medievais a empréstimos com juros, sua interferência quase constante nas taxas de juros e nos preços de mercadorias causou danos reais à economia da cidade.

Genebra era avançada e esclarecida, para os padrões da época, também em outras áreas, principalmente na educação pública. No entanto, continuou a sofrer com o atraso econômico por séculos depois de Calvino. Foi apenas três séculos depois da Reforma que as nações protestantes começaram a permitir que a mão invisível de Adam Smith fizesse sua mágica. Quando o livro de Weber foi publicado, em 1905, a Áustria e a França, católicas, faziam parte do grupo dos países mais prósperos do mundo.

O domínio dos califados árabes e do Império Otomano em seus primórdios sobre uma Europa medieval impotente e retrógrada demonstra claramente que o cristianismo não oferece vantagens políticas e econômicas intrínsecas com relação ao islamismo. Essa falta de correlação religiosa precisa ser enfatizada. A cultura é determinada pela geografia, não pelo local de culto. Pesquisas sociológicas demonstram, por exemplo, que, embora um alemão católico possa ter valores mais conservadores e tradicionais que um alemão protestante, ele será muito menos parecido com um católico sul-americano ou italiano do que com seus compatriotas protestantes. O mesmo se aplica inclusive às regiões mais recônditas do Terceiro Mundo, nas quais os dados demonstram que as perspectivas de um muçulmano da Índia ou da África se assemelharão mais às de seus compatriotas de outra religião do que às dos muçulmanos de outros países.

O aspecto mais espetacular da tendência é que um muçulmano bósnio se assemelha mais a um sofisticado parisiense em roupa, maneirismos e sensibilidade do que a um correligionário saudita. Outra variação desse tema é a diferença entre as populações sefardi e asquenaze de Israel. A cultura sefardi se assemelha bastante à do mundo árabe, enquanto a asquenaze é altamente ocidentalizada. Bernard Lewis afirma que

> [...] em muitos de seus [asquenazes e sefardis] encontros o que vemos é um confronto entre cristianismo e islamismo, estranhamente representados por antigas minorias judaicas, as quais refletem, como que em miniatura, as forças e fraquezas das duas civilizações de que fizeram parte.

Maxime Robinson, um dos mais argutos observadores do islamismo, declara abertamente que nenhum dos preceitos do Islã é inerentemente antagônico ao capitalismo. Basta observar rapidamente os países mais avançados do mundo muçulmano, a exemplo da Malásia e da Turquia, para constatar o fato. Mais importante que isso é que nada na religião dos muçulmanos mais devotos do Oriente Médio, do Paquistão e da Índia impede que eles empreguem de forma efetiva as ferramentas do capitalismo empresarial quando emigram para o Ocidente laico.

Isso não significa dizer que a religião não exerce influência alguma sobre a economia. Ao menos teoricamente, o cristianismo tem uma vantagem doutrinária única com relação a outras fés. Expressa claramente a separação entre a Igreja e o Estado: "A César o que é de César; e a Deus o que é de Deus".

Da conversão do imperador romano Constantino à Genebra calvinista, essa separação foi mais desrespeitada que defendida. Do começo do período de domínio romano até bem depois de Martinho Lutero, a postura da Igreja com relação ao capitalismo empresarial esteve apenas um pouco à direita da expressa por Karl Marx. Como vimos no capítulo 1, tanto Santo Agostinho quanto São Tomás de Aquino eram abertamente hostis aos negócios e, no curso do primeiro milênio, a Igreja desenvolveu uma doutrina cada vez mais contrária aos empréstimos e à formação de capital. A mentalidade anticapitalista da Igreja em seus primórdios pode ter sido a causa mais importante do atraso da Europa medieval, se comparada ao mundo islâmico da mesma época. Ironicamente, sem a infraestrutura financeira oferecida pelos judeus da Europa, os turcos provavelmente teriam conquistado o continente. A dimensão da antipatia europeia com relação ao capitalismo fica clara em um texto de Barbara Tuchman.

> Para garantir que ninguém ganhasse vantagem sobre ninguém mais, a lei comercial proibia a inovação em técnicas e ferramentas, a venda de mercadorias abaixo de um dado preço, o trabalho noturno sob luz artificial, o emprego de aprendizes adicionais ou uso da mulher e filhos menores como trabalhadores, e a publicidade ou elogios que comparassem bens a outros bens de forma positiva.

O hinduísmo é a única das grandes religiões mundiais cujos preceitos restringem diretamente a situação econômica de seus fiéis. O sistema de castas paralisante que a religião impõe divide a humanidade em uma hierarquia que sacramenta a condição lastimável das classes mais baixas e nega a prosperidade neste mundo em troca de uma oportunidade de triunfo no outro.*

A religião simplesmente oferece uma lente pela qual as tradições de uma sociedade são filtradas. O tratamento variado que as mulheres recebem em diferentes partes do mundo muçulmano serve como ilustração. Em algumas sociedades islâmicas, mulheres e homens funcionam juntos, como iguais, no trabalho, enquanto em outras a tradição proíbe que mulheres trabalhem fora. Superficialmente, parece que o Islã desperdiça metade de seu capital humano e, com isso, prejudica as economias das nações muçulmanas. Na verdade, as culturas estreitas de sociedades tradicionais é que causam a maior parte dos danos nesses países. Na Península Arábica e em outras partes, o Islã e o Corão são simplesmente cortinas de fumaça empregadas para racionalizar os tabus de uma sociedade isolada, cujo hábitat era o deserto e que já existia por milhares de anos antes da chegada do Profeta. Se os árabes tivessem se convertido ao cristianismo e ao judaísmo em vez de ao islamismo, é provável que a sociedade saudita moderna fosse igualmente fundamentalista.

A PIRÂMIDE DA FELICIDADE

Dito isso, a conjectura de Weber sobre a conexão entre protestantismo e prosperidade foi valiosa. A ciência da sociologia que ele inventou ajudou a iluminar bastante os fatores culturais e religiosos que afetam a estrutura política e o crescimento econômico. De fato, a percepção de que um indivíduo controla sua vida apresenta uma das maiores correlações com a felicidade. Essa conexão sólida entre autonomia individual e felicidade foi substanciada por pesquisas conduzidas em dezenas de países, da Argentina ao Zimbábue.

Nos anos 50 do século 20, o psicólogo Abraham Maslow popularizou o conceito de "hierarquia de necessidades". Essa ideia, acompanhada das mais recentes pesquisas sociológicas, oferece um paradigma poderoso para o exame da relação entre riqueza e democracia.

Quando jovem, Maslow percebeu em seus estudos acadêmicos que certas necessidades humanas prevaleciam sobre as demais. A necessidade

---

* A moderna Constituição indiana eliminou as castas intocáveis. O governo indiano também opera o maior programa mundial de ação afirmativa, dirigido aos membros das castas inferiores. Ver India: From Midnight to the Millennium, (Nova York: Perennial, 1998), de Shashi Tharoor, e The End of History and the Last Man, de Francis Fukuyama, p. 228.

mais básica é respirar. Se a pessoa for privada de ar, sofrerá problemas em menos de um minuto. E, se o ar estiver faltando, todos os demais impulsos serão relegados ao segundo plano – sede, fome, até mesmo dor. Só depois que uma pessoa recomeça a respirar é que essas outras sensações serão atendidas. A grande contribuição de Maslow foi determinar a hierarquia dessas necessidades.

> O PONTO MAIS ALTO DA HIERARQUIA FOI A BUSCA DOMINANTE NO PERÍODO NEW AGE: A DA "REALIZAÇÃO PESSOAL.

Depois que a pessoa satisfaz essas necessidades imediatas, "fisiológicas", de oxigênio, água, comida, calor, ela pode tratar das necessidades de segurança: segurança física pessoal e um emprego fixo. E, depois que estas tenham sido satisfeitas em medida considerável, vêm as necessidades de integração – o amor de um cônjuge, o da família e o da comunidade. Em seguida é a vez das necessidades de estima – o respeito (distinto do amor) de seus iguais, bem como o respeito próprio.

Quando mais alta for a posição da pessoa na pirâmide, mais segura ela se sentirá. O ponto mais alto da hierarquia foi a busca dominante no período New Age: a da "realização pessoal". Maslow não definiu com precisão o significado do termo, mas descreveu as características de homens que o atingiram, como Lincoln ou Gandhi. Eram pessoas desprovidas de egoísmo, que sabiam separar meios de fins, resolviam problemas em vez de se queixar e conseguiam ignorar o efeito corrosivo da pressão de um grupo.

```
            Realização
             pessoal
         Necessidades de estima
       Necessidades de inclusão
      Necessidades de segurança
     Necessidades fisiológicas
```

Os indivíduos com posição baixa na pirâmide de Maslow agem puramente por instinto e não se dedicam muito ao pensamento abstrato. Não desfrutam de grande liberdade de escolha pessoal, o que prejudica seu bem-estar.

A pirâmide de Maslow ofereceu a sociólogos de todo o mundo um quadro estrutural com o qual pudessem medir e interpretar diversos tipos de dados psicológicos e sociológicos, principalmente indicadores de bem-estar. Os maiores desses esforços foram a World Values Survey (WVS) e a Eurobarometer Survey. A WVS originalmente realizou levantamentos em dez países europeus, em 1981, mas os resultados espantaram os pesquisadores de tal forma que eles decidiram expandir o estudo a 65 países, que abrigam 80% da população mundial. O Instituto de Pesquisa Social (ISR) da Universidade de Michigan responde, hoje, pela coordenação do esforço.

O ISR não tem como foco dominante os grupos nacionais ou religiosos, e sim características pessoais facilmente definíveis e mensuráveis. Seus pesquisadores usam as técnicas mencionadas para estudar as relações entre personalidade, cultura, religião, política e prosperidade.

AS ESCALAS DA DEMOCRACIA

Como exatamente os cientistas sociais avaliam a interação entre cultura, bem-estar, democracia e riqueza? Procedem da mesma forma que qualquer outro cientista social: formulando hipóteses e coletando dados para testá-las. A principal ferramenta nessa complexa área envolve a condução de pesquisas sobre muitas variáveis sociológicas em muitas nações. Uma dessas variáveis é a escala de "sobrevivência/expressão pessoal" (S/SE), concebida pela WVS para medir as atitudes pessoais com relação ao pensamento e à expressão independentes. Em termos gerais, a escala S/SE mede a posição de uma pessoa na pirâmide de Maslow. Os pesquisadores questionam os participantes, por exemplo, sobre a importância relativa que atribuem à livre expressão e à segurança pessoal, perguntam se eles já assinaram petições e se confiam nos outros. Uma predominância de respostas positivas indica um resultado S/SE elevado, muitos "nãos" significam uma posição baixa da S/SE. Quanto mais alto é o resultado, mais elevada é a posição do participante na pirâmide de Maslow e mais feliz a pessoa tende a ser.

Os sociólogos Ronald Inglehart, da Universidade do Michigan, e Christian Welzel, da Universidade Internacional de Bremen, estudaram a ligação entre a escala S/SE e a força das instituições democráticas e encontraram forte correlação entre o resultado médio da escala S/SE de um país e o vigor de sua democracia.

Não deveria causar surpresa que exista correlação entre a S/SE e a democracia. A verdadeira questão é qual dos dois fatores vem primeiro. É tão fácil imaginar que a democracia aumenta a expressão pessoal quanto que a expressão pessoal mais livre resulta em mais democracia. Os dados demonstram uma relação surpreendente: a conexão entre os dois fatores está na riqueza. Inglehart e Welzel revelaram esse nexo causal por meio de uma ferramenta estatística conhecida como "correlação cruzada defasada". Eles determinaram especificamente que a correlação entre os índices da S/SE obtidos em 1995 e o índice de democracia em 2000 era muito maior que a correlação entre o índice de democracia em 1995 e o índice da S/SE de 2000. O índice de democracia é calculado pela combinação do índice de direitos civis e políticos compilado pela Freedom House com o índice de corrupção da Transparência Internacional.

Em outras palavras, a democracia atual tem correlação positiva com o resultado S/SE anterior, enquanto a democracia anterior não se correlaciona tão bem com o resultado S/SE posterior. Os dados sugerem que uma população realizada, dotada de direitos e capaz de escolher livremente reforça a democracia, e não o contrário. O resultado não prova que o desenvolvimento pessoal (S/SE elevada) produz democracia, mas é altamente compatível com essa conclusão.

Em seguida, Inglehart e Welzel examinaram a relação entre a S/SE e a riqueza pessoal.* Uma vez mais, constataram forte correlação entre a riqueza e a S/SE e, novamente, a mesma técnica de correlação cruzada defasada sugere que é a riqueza que resulta em S/SE mais alta e, com isso, em uma democracia mais forte, e não o contrário.

Obviamente, o modelo simplifica demais um processo extremamente complexo. Sim, a democracia reforça o senso de poder pessoal. Mas a

---

* Welzel e Inglehart usaram um índice de riqueza que definem como "recursos de poder". Ele difere do PIB per capita simples por combinar índices padronizados de riqueza com o padrão educacional e a expectativa de vida, entre outros fatores, bem como indicadores sobre a regularidade de sua distribuição na população. O parâmetro de recursos de poder oferece correlação muito mais próxima com a S/SE do que o simples PIB per capita. (Ronald Inglehart, em comunicação pessoal.)

dinâmica oposta – a de que esse senso de poder pessoal impulsiona a democracia – é muito mais poderosa, e a tendência é compatível com a história recente. O final do século 20 demonstrou que é impossível exportar instituições democráticas para nações cuja população tem medo e não pode se expressar. A experiência da Bósnia e de Kosovo no final do século 20, onde a manutenção de um aparelho precário de governo exigiu a presença militar de forças de paz da ONU por longo prazo, comprova o fato. O mesmo vale para a situação atrofiada da "democracia" em países empobrecidos como o Paquistão. A Índia é um exemplo menos extremo. Suas instituições democráticas são fracas, ao menos para os padrões ocidentais, devido ao sistema servil de castas. Ainda que tenha sido oficialmente abolido, o sistema de castas continua a exercer poderosa influência cultural.

No momento em que escrevo, os Estados Unidos e seus aliados acreditam (ou afirmam acreditar) que são capazes de levar a democracia para o Iraque. A discussão acima sugere que essa pode ser uma ilusão perigosa. Além disso, se a democracia no Iraque é uma ilusão, a democracia no Afeganistão é um delírio febril.

A TEORIA DE TODAS AS COISAS

Podemos combinar a tese deste livro com a hipótese Inglehart/Welzel e gerar o seguinte diagrama:

```
{ Direitos de Propriedade
  Racionalismo científico
  Mercados de capitais
  Transporte e Comunicações } → Prosperidade → Poder pessoal → Democracia
```

O modelo proposto tem falhas, é preciso admitir. O paradigma retratado acima também se move da direita para esquerda, ainda que não tão bem. Assim, se a democracia cresce, os cidadãos ganham poder e os quatro fatores se beneficiam. Não há dúvida quanto a isso. Mas os dados de Welzel, Inglehart e outros pesquisadores deixam pouca dúvida quanto ao fato de que o movimento dominante é da esquerda para a direita, e não o oposto. Embora a democracia seja altamente desejável pelos próprios méritos, os dados indicam que os benefícios econômicos que ela proporciona são no mínimo discutíveis.

E quanto ao nível de educação, o outro grande determinante da democracia, de acordo com Lipset? A educação reforça a democracia principalmente por seus efeitos econômicos. Uma sociedade com baixo nível educacional não tem como dominar novas técnicas que aumentem a produtividade e com isso fica condenada à pobreza. Mas mesmo uma população com nível educacional elevado pode ter o mesmo destino se não contar com incentivos econômicos eficientes. Em ambos os casos – nações que são pobres devido ao baixo nível educacional; nações com bom nível de educação que são pobres devido a instituições inadequadas –, a pobreza resultante prejudicará o desenvolvimento econômico.

> A EDUCAÇÃO REFORÇA A DEMOCRACIA PRINCIPALMENTE POR SEUS EFEITOS ECONÔMICOS.

O comunismo produziu uma grande safra de nações com bom nível educacional que não conseguiu promover o avanço de suas economias ou de suas instituições políticas. O fracasso mais espetacular entre esses países é o de Cuba, que nos 40 anos posteriores à sua revolução obteve avanços dramáticos no ensino, em todos os níveis, e reduziu o analfabetismo de cerca de 35% para 2%. Mas, no mesmo período, o PIB per capita real do país caiu um terço, a despeito dos imensos subsídios soviéticos – uma realização singular em uma época na qual o PIB per capita do resto do planeta mais que dobrou. A análise acima também sugere que a pobreza cubana ajudou Fidel Castro a transformar seu país em um dos mais repressivos do planeta.

O histórico dos países não comunistas, especialmente o das economias asiáticas que ganharam poder nas últimas décadas, também sustenta a teoria de que a democracia deriva da prosperidade. É mais frequente que países prósperos se tornem democracias do que o oposto. Um exemplo primário é o do Japão, onde os Meiji criaram um sistema superficial de representação política que acabou se tornando um vibrante sistema parlamentar à medida que o país prosperava. No início da era Meiji, o direito de voto baseado em patrimônio pessoal permitia que apenas meio milhão de japoneses votassem. A crescente prosperidade aumentou o poder dos camponeses do país e forçou o governo a liberalizar o sistema e a introduzir o sufrágio universal (masculino) em 1925. Nos anos 30 do século 20, a democratização sofreu um retrocesso porque o governo caiu, vítima de um golpe militar aplicado em câmera lenta. Mas não resta dúvida de que as modernas e vigorosas instituições democráticas japonesas são primordialmente resultado da grande prosperidade nacional no pós-guerra, em vez do contrário.

ELOGIO AOS DÉSPOTAS

A atual combinação de liberalização econômica com repressão política na China parece ter mais probabilidade de sucesso que o processo semelhante adotado pela Rússia. Um raro "exemplo duplo" do fenômeno ocorreu no Chile, onde Salvador Allende e seu ministro da Agricultura marxista, Jacques Chonchol, eliminaram da Constituição as leis de garantia dos direitos de propriedade, confiscaram terras e arruinaram a economia do país. Isso abriu caminho para a ascensão de um tirano fascista, Augusto Pinochet, que reparou os danos econômicos restabelecendo os direitos de propriedade e liberalizando os mercados. A prosperidade assim criada reforçou as instituições democráticas do país e causou a queda posterior do ditador. Transformação semelhante, de ditadura direitista a democracia liberal, ocorreu na Espanha. Quando Laureano Lopez Rodo, um dos ministros da Economia de Franco, foi questionado sobre se a Espanha estava pronta para a democracia e respondeu, famosamente, que ela chegaria quando a renda média ultrapasse os US$ 2 mil ao ano. Quando a ditadura de Franco enfim caiu, em 1975, a renda média espanhola era de US$ 2.446.*

Francis Fukuyama, cientista político da Universidade Johns Hopkins, chegou a conclusão semelhante em seu *O Fim da História e o Último Homem*, livro controverso, mas de sólido argumento. Ele apontou o fato de que a democracia filipina havia fracassado ao tentar promover uma reforma agrária significativa devido a uma poderosa minoria de proprietários rurais. E imaginou se "uma ditadura não poderia ser muito mais funcional em introduzir uma sociedade moderna, como aconteceu quando poderes ditatoriais foram usados para introduzir a reforma agrária durante a ocupação norte-americana do Japão".

A relação entre prosperidade e democracia acrescenta uma dimensão interessante à afirmação de Amartya Sen, economista ganhador do Prêmio

---

* Em um campo tão complicado quanto a ciência política, a teoria muitas vezes requer uma intervenção da coincidência. O fato de que Franco tenha morrido em 1975, deixando o príncipe Juan Carlos, que acreditava na democracia, como chefe de Estado, ajudou a Espanha. Ver Fukuyama, p. 110.

Nobel, de que não há grandes fomes em democracias funcionais, porque a imprensa livre e os políticos ambiciosos têm fortes motivações para revelá-las e retificá-las. Embora a alegação seja válida, sem dúvida a ausência de fome nas democracias funcionais também é um subproduto do fato de que a própria prosperidade simultaneamente estimula a democracia e oferece excelente cura para a fome.

Tradicionalismo e racionalismo

A pesquisa WVS mede um segundo parâmetro sociológico essencial, a força dos "valores tradicionais". Qualquer que seja sua religião, as sociedades tradicionalistas enfatizam os valores tradicionais, como proibição do aborto, do divórcio e da homossexualidade. As sociedades fortemente tradicionais são, em geral, autoritárias, devotas e dominadas pelos homens.

A pesquisa WVS determina o índice "tradicional/laico-racional" (T/SR) solicitando que os entrevistados digam se concordam ou discordam de afirmações como "Deus é muito importante em minha vida", "tenho grande senso de orgulho nacional" e "apoio um maior respeito pela autoridade". As respostas positivas enquadram o participante no extremo "tradicional" da escala (ou seja, apontam para um índice T/SR de valor negativo) e as negativas, no extremo "laico-racional" (ou seja, apontam para um índice T/SR de valor positivo).

Sociedades com indicadores T/SR positivos tendem a ser mais ricas que sociedades com indicadores T/SR negativos. Porém, o efeito desse indicador sobre a riqueza não é tão forte quanto o da S/SE. Em resumo, o indicador T/SR mede até que ponto o conhecimento de uma sociedade é visto como "falsificável", conceito discutido no capítulo 3. Uma sociedade com valor elevado para o indicador aceita alegremente contestações de quase toda a sua base de conhecimentos, enquanto uma sociedade com valor baixo para o indicador manterá suas crenças não importa quanto a informação contrária seja convincente.

Um valor T/SR baixo apresenta forte correlação com uma economia agrícola, ainda que os Estados Unidos, em certa medida, e a América Latina sejam exceções. As crenças pessoais mudam mais devagar no campo, que valoriza muito a estabilidade familiar e comunitária, de modo que a associação entre um valor T/SR baixo e um amplo setor agrícola não causa surpresa. O indicador da S/SE, por outro lado, apresenta forte correlação com as dimensões do setor de serviços. Os trabalhadores desse setor passam o dia expressando opiniões e tomando centenas, ou mesmo milhares, de decisões, e isso encoraja a autonomia e a expressão pessoal.

Combinar os indicadores da S/SE e do T/SR divide claramente o mundo em grupos religiosos/culturais. O gráfico 10-1 mapeia as nações em uma grade bidimensional, com o indicador do T/SR em um dos eixos e o da S/SE no segundo. Os países europeus protestantes se agrupam na porção superior direita do gráfico, que indica valores do T/SR e da S/SE elevados. Podemos descrever essas nações prósperas como "comunicativas e laicas". Os países de fala inglesa tendem a estar na porção central e inferior direita do gráfico. São "comunicativos e conservadores". Os países ex-comunistas – "ateus silenciosos" – ficam na porção superior esquerda, e o sul da Ásia, que é formado principalmente por nações muçulmanas e pela Índia, fica na porção inferior esquerda. São os "fundamentalistas silenciosos".

O gráfico 10-2 sobrepõe dados sobre PIB per capita a esse modelo. Ele revela muito sobre a relação entre riqueza e valores pessoais/culturais – os ricos são de fato diferentes. Ao percorrer o eixo x (ou seja, o eixo S/SE) da esquerda para a direita, constatamos riqueza cada vez mais alta. Nas sociedades mais ricas, as pessoas não são apenas mais felizes, mas tendem a se sentir livres para expressar o que pensam, para contestar o governo e para tomar decisões próprias.

No eixo y, ou seja, o do T/SR, de baixo para cima, essa relação se torna menos clara – as sociedades tradicionais tendem a ser menos ricas, mas a relação entre riqueza e T/SR não é tão forte quanto a que existe no eixo S/SE (ou seja, o movimento da esquerda para a direita cruza duas ou três demarcações de riqueza, enquanto o movimento de baixo para cima cruza apenas uma ou duas). Embora Weber talvez estivesse certo sobre a associação entre prosperidade e protestantismo, a ligação existia porque os protestantes estavam... bem, protestando. A piedade religiosa nada tinha a ver com o fato.

Gráfico 10-1
Interação de religião, cultura, expressão pessoal e valores tradicionais

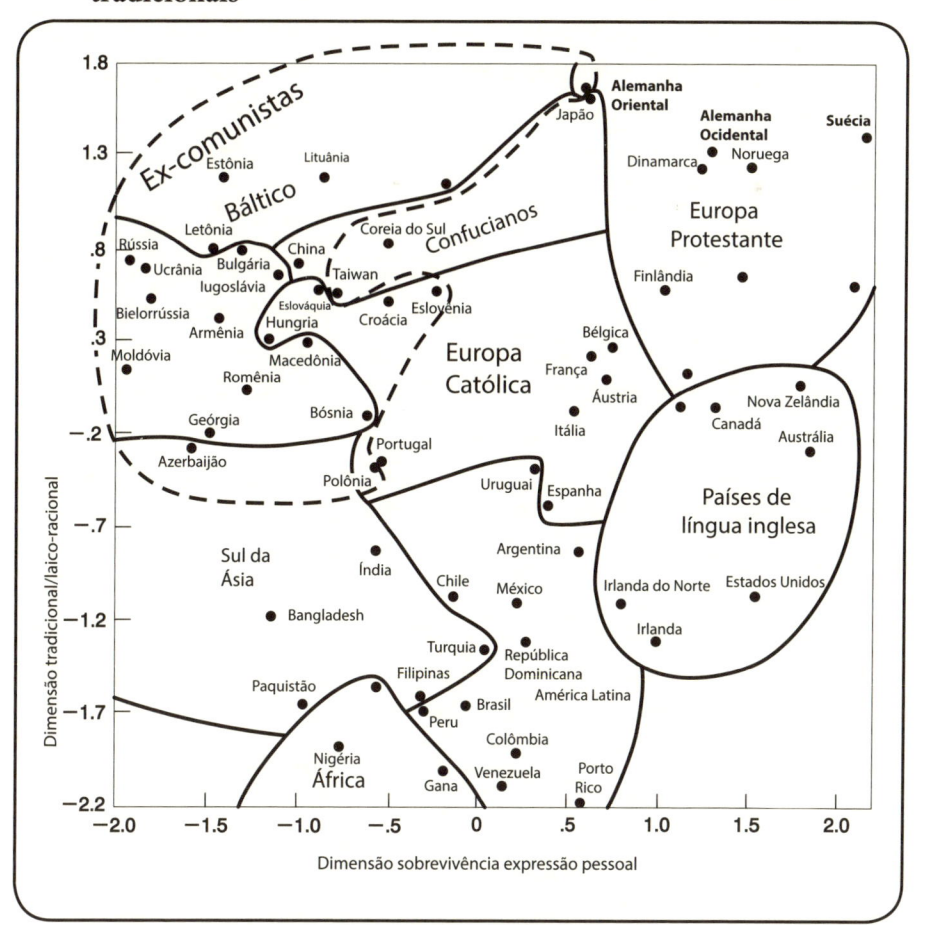

[Gráfico: eixo Y "Dimensão tradicional/laico-racional" de -2,2 a 1,8; eixo X "Dimensão sobrevivência expressão pessoal" de -2,0 a 2,0. Agrupamentos: Ex-comunistas, Báltico, Confucianos, Europa Protestante, Europa Católica, Países de língua inglesa, Sul da Ásia, África, América Latina. Países plotados incluem: Estônia, Lituânia, Japão, Alemanha Oriental, Alemanha Ocidental, Suécia, Rússia, Ucrânia, Letônia, Bulgária, China, Coreia do Sul, Dinamarca, Noruega, Iugoslávia, Taiwan, Finlândia, Bielorrússia, Eslováquia, Eslovênia, Bélgica, Armênia, Hungria, Croácia, França, Áustria, Nova Zelândia, Moldóvia, Macedônia, Canadá, Romênia, Itália, Austrália, Geórgia, Bósnia, Azerbaijão, Portugal, Polônia, Uruguai, Espanha, Índia, Argentina, Chile, México, Irlanda do Norte, Estados Unidos, Bangladesh, Irlanda, Paquistão, Turquia, Filipinas, República Dominicana, Brasil, América Latina, Peru, Colômbia, Nigéria, Gana, Venezuela, Porto Rico.]

Fonte: Reproduzido com permissão de Ronald Inglehart e de Wayne E. Baker, a partir de Modernization, Cultural Change and the Persistence of Traditional Values, American Sociological Review, n. 65, fev. 2000, p. 29.

Os Estados Unidos, com seu T/SR baixo claramente visível no gráfico 1, são uma anomalia entre os países ricos. Isso contraria a crença norte-americana de que o país vive na vanguarda do progresso social. Não só a maioria dos países norte-europeus apresenta uma S/SE superior como o T/SR dos Estados Unidos é semelhante ao de Bangladesh.

Os países mais pobres e infelizes do planeta são os que vemos na porção inferior esquerda dos gráficos 10-1 e 10-2 – sociedades tradicionais empobrecidas nas quais os cidadãos infelizes não podem expressar livremente suas opiniões ou fazer escolhas sobre suas vidas.

Gráfico 10-2
Interação de prosperidade, expressão pessoal e valores tradicionais

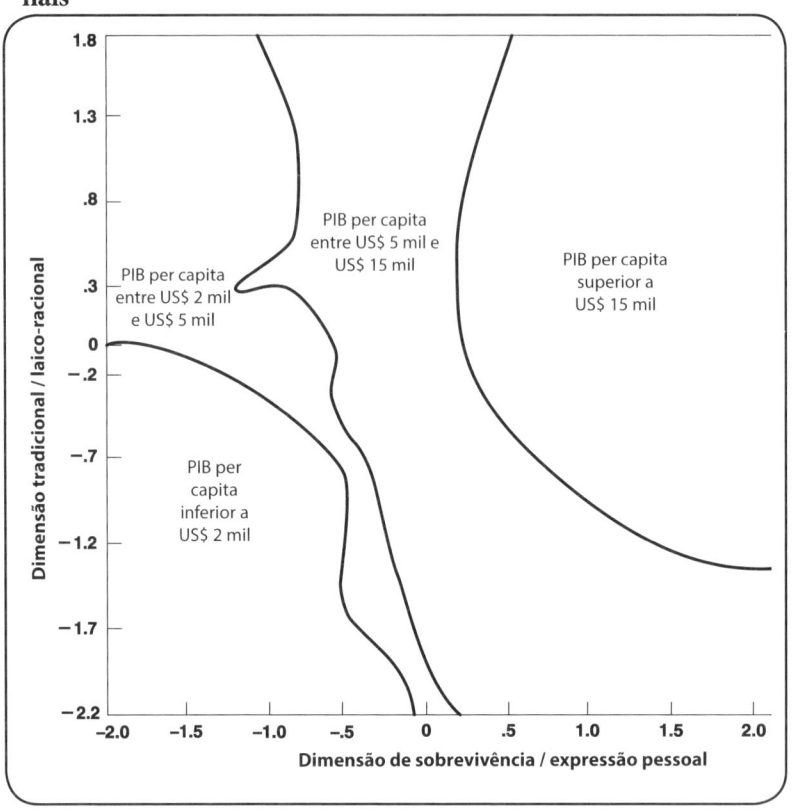

[Gráfico: eixo vertical "Dimensão tradicional / laico-racional" de -2,2 a 1,8; eixo horizontal "Dimensão de sobrevivência / expressão pessoal" de -2,0 a 2,0. Regiões delimitadas: "PIB per capita inferior a US$ 2 mil", "PIB per capita entre US$ 2 mil e US$ 5 mil", "PIB per capita entre US$ 5 mil e US$ 15 mil", "PIB per capita superior a US$ 15 mil".]

Fonte: Reproduzido com permissão de Ronald Inglehart e de Wayne Baker, a partir de Modernization, Cultural Change and the Persistence of Traditional Values, American Sociological Review, n. 65, fev. 2000, p. 30.

As dinâmicas vistas nos gráficos 10-1 e 10-2 não resultam inteiramente de forças estáticas e antigas. Sem os 50 anos de comunismo, os países bálticos e a República Tcheca provavelmente estariam na porção superior direita do gráfico, em companhia dos demais países do norte da Europa. Dados recolhidos ao longo de períodos extensos revelam que mudanças significativas podem ocorrer, tanto no eixo S/SE quanto no eixo T/SR, em períodos relativamente curtos, como demonstra o gráfico 10-3.

Gráfico 10-3
Mudanças na expressão pessoal e valores tradicionais, com o tempo

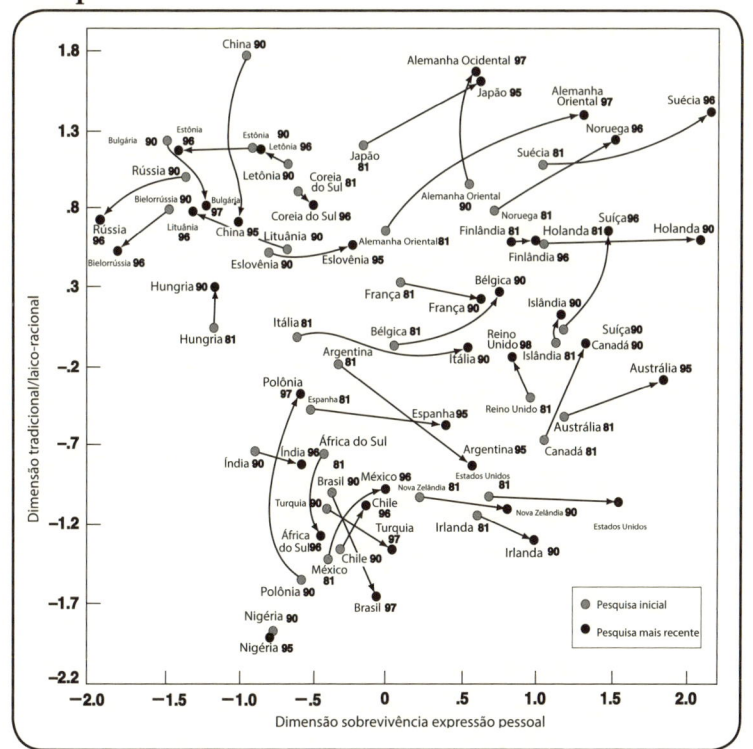

Fonte: Reproduzido com permissão de Ronald Inglehart e de Wayne Baker, a partir de "Modernization, Cultural Change and the Persistence of Traditional Values", American Sociological Review, n. 65, fev. 2000, p. 40.

O movimento visto no gráfico 10-3 é sistemático, e não apenas uma simples flutuação aleatória ou um desvio de dados. Com o tempo, quase todos os países desenvolvidos elevaram significativamente seus valores de S/SE, enquanto os países em desenvolvimento mostraram relativamente pouco movimento. Esse gráfico revela uma conclusão ainda mais surpreendente. Quando a maioria desses países passou por colapsos econômicos, seus resultados de S/SE caíram. Isso reforça a constatação de que a prosperidade influencia a S/SE, que serve como indicador de felicidade pessoal, em vez de esta influenciá-la. Como a S/SE influencia o avanço da democracia, essa não é uma tendência positiva para os países ex-comunistas.

O agrupamento de nações com base em traços culturais, no gráfico 10-1, demonstra que a cultura, mais que a religião, influencia a riqueza, a S/SE e o T/SR. Isso é confirmado por técnicas sofisticadas de análise estatística que demonstram que os valores de S/SE e de T/SR têm correlação com muitos fatores, entre os quais um passado comunista e as porções da população que trabalham nos setores de serviço, industrial e agrícola, não importa qual seja seu patrimônio ou religião.

> À MEDIDA QUE AS PESSOAS ENRIQUECEM E GALGAM A PIRÂMIDE DE MASLOW, PASSAM A ACEITAR MAIS OS DESCONHECIDOS E A CONFIAR MAIS NELES.

Como já observamos, o índice da S/SE tem mais correlação com a riqueza. O grau de confiança mútua entre as pessoas parece ser o fator-chave para ligar riqueza à S/SE. À medida que as pessoas enriquecem e galgam a pirâmide de Maslow, passam a aceitar mais os desconhecidos e a confiar mais neles. Economistas e sociólogos vêm dedicando cada vez mais atenção ao fenômeno do "raio de confiança" – até que ponto uma pessoa está disposta a acreditar nas palavras de outros que não sejam seus parentes e a confiar em suas ações. Fukuyama aponta que o raio de confiança pode flutuar consideravelmente mesmo dentro de um país. Ele atribui o mau desempenho econômico da Sicília, frente o do norte da Itália, ao minúsculo raio de confiança que predomina no sul. "O sul da Itália é o lar da Máfia e da política do suborno. Não se pode explicar a diferença entre o norte e o sul da Itália em termos de instituições formais". A hipótese Inglehart/Welzel sugere que, na realidade, o oposto é verdade – a riqueza amplia o raio de confiança, e não o reduz.

A CIÊNCIA DO CRESCIMENTO ECONÔMICO

Não demorou para que os economistas aderissem aos novos métodos. A abordagem econômica quanto ao efeito da cultura e das instituições está embasada em uma compilação amplamente utilizada de estatísticas conhecida como "conjunto de dados Summers-Heston".* Devo ao professor

---

* O nome deriva dos compiladores originais, os economistas Robert Summers e Alan Heston. Os dados também são conhecidos como "Tabelas Penn World".

Robert Barro, responsável por boa parte desse trabalho, o uso dos gráficos da segunda edição de seu *Economic Growth*, para ilustrar os dados.

A técnica básica envolve uma análise estatística sofisticada com uma ampla gama de fatores que supostamente influenciam o crescimento econômico, como nível educacional, índices de fertilidade, expectativa de vida, montante de investimento público e privado e assim por diante. Os efeitos de todos esses fatores podem ser medidos, o que, por sua vez, deixa de fora uma parte do crescimento econômico que não pode ser explicada com base neles. Os economistas então correlacionam a "porção inexplicada" do crescimento com o fator de interesse.

Mesmo que você não conheça as técnicas estatísticas de regressão múltipla utilizadas, não é difícil compreender os gráficos. Examinemos, por exemplo, a relação entre o crescimento do PIB per capita e o do PIB total, exibidos no gráfico 10-4, que demonstra alta correlação negativa entre os dois fatores. Para explicar de modo simples, as economias de nações pobres tendem a crescer mais rápido que as de nações ricas.

Gráfico 10-4
Crescimento econômico vs. riqueza

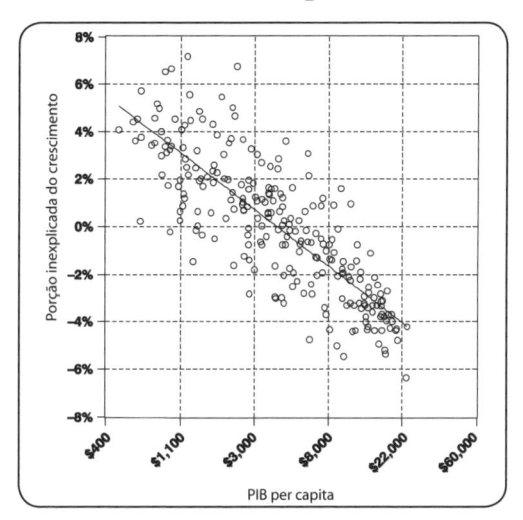

Fonte: Reproduzido e modificado com permissão dos autores Robert Barro e Xavier Sala-i-Martin, Economic Growth, 2. edição (Cambridge, MA: MIT Press, 2004).

Em resumo, os países pobres tendem a recuperar o atraso com relação aos ricos, como aconteceu nos anos 60 do século 20 com os chamados

Tigres Asiáticos, nações que registraram índices de crescimento econômico real da ordem de 6% ao ano.

Os sabichões decretaram que os índices elevados de crescimento sustentado vistos nesses países pobres foram "milagres". Isso não é fato. Na realidade, representam o curso normal dos eventos que se seguem à abertura de mercados, criação de um Estado de direito e garantia dos direitos de propriedade em um país pobre moderno. Se a sequência parece familiar, lembre-se de que já assistimos a esse filme no capítulo 8, com a história dos "milagres" japoneses depois da restauração da dinastia Meiji e da Segunda Guerra Mundial.

Mas, assim que esses países se aproximam do padrão de vida ocidental, deixam de crescer tão rapidamente. Nos primeiros anos da Guerra Fria, o alto índice de crescimento da União Soviética parecia corroborar a famosa ameaça de Nikita Khruschchev aos Estados Unidos: "Nós vamos enterrar vocês" (ele queria dizer em termos econômicos). Que analistas sérios, nos anos 50 e 60 do século 20, tenham se preocupado genuinamente com a força da economia soviética hoje é algo quase cômico, mas a febril paranoia da Guerra Fria criava situações como essa. É claro que não precisávamos ter nos preocupado. Os altos índices de crescimento soviético, ao menos uma parcela deles que não era fictícia, representavam o caminho natural para um país retrógrado, mas em desenvolvimento, e não a criação de uma potência econômica.

Lembre-se da "nora que não fala". A introdução até mesmo da mais básica tecnologia moderna realiza milagres em uma sociedade pré-industrial. O crescimento é mais lento em nações que estão na vanguarda da tecnologia. Um crescimento de produtividade de 2% ao ano, que impressiona em um país industrializado, é decepcionante para uma nação em desenvolvimento.

Enfatizamos repetidamente a importância dos direitos de propriedade e do Estado de direito. Os dados empíricos comprovam essa importância? O gráfico 10-5 demonstra o efeito que o índice de Estado de direito do International Country Guide Risk exerce sobre a porção inexplicada do crescimento.

A relação concreta é complicada, porque o índice mede a força do sistema judicial mais que o grau de proteção conferido por ele à propriedade privada. Por exemplo, em 1982, a escala atribuía à Hungria e à Polônia, então comunistas, índices de 6 e de 5, respectivamente, em uma escala de 7 pontos (o que corresponderia a valores de 0,83 e 0,67 no gráfico 10-5). Mesmo assim, a tendência geral é clara: a maioria esmagadora dos países com índices elevados exibe crescimento positivo inexplicável, e a maior parte das nações com índices baixos tem crescimento inexplicavelmente pequeno.

Gráfico 10-5
Crescimento econômico vs. Estado de direito

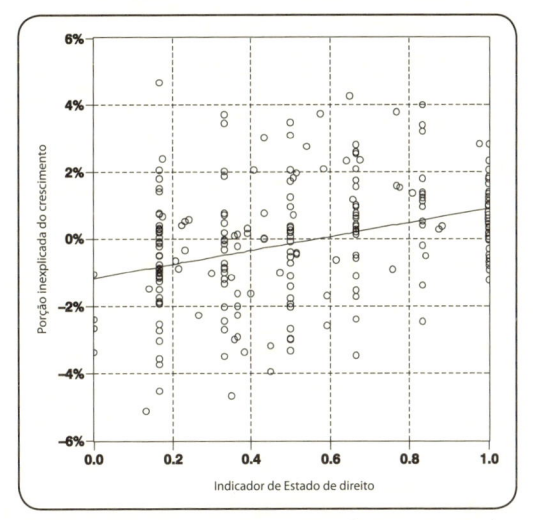

Fonte: Reproduzido e modificado com permissão dos autores Robert Barro e Xavier Sala-i-Martin, Economic Growth, 2. edição (Cambridge, MA: MIT Press, 2004).

Outros pesquisadores confirmaram essas constatações. Mais recentemente, os economistas Robert Hall e Charles Jones verificaram uma correlação estatística relativamente alta entre o que designam como "infraestrutura social" – instituições e políticas governamentais que amparam os direitos de propriedade e o Estado de direito – e a produtividade dos trabalhadores.*

Os economistas Bradford DeLong e Andrei Schleifer realizaram um inteligente estudo histórico no qual examinaram o efeito dos direitos de propriedade sobre o crescimento econômico na Europa ao longo de um período de centenas de anos. Como dados econômicos e políticos precisos de longos períodos de tempo são difíceis de se obter, os dois fizeram o melhor que podiam. Primeiro, os autores classificaram os governos nacionais em cada século como absolutistas ou não absolutistas, ponderando que estes últimos protegeriam a propriedade com mais vigor que os primeiros. Em seguida, mediram o

---

* Em nível macroeconômico, a "produtividade do trabalhador" é o PIB por hora trabalhada e serve como excelente indicador de riqueza média. Ver Robert E. Hall e Charles I. Jones, Why Do Some Countries Produce So Much More Worker Output Than Others?, Quarterly Journal of Economics, n. 114, 1999, p. 83-116.

crescimento populacional nas maiores cidades desses países, para que ele servisse como referência aproximada quanto ao crescimento econômico.

A correlação entre o tipo de governo e o crescimento urbano surpreendeu: quase sem exceção, a população urbana cresceu muito mais rápido nas nações não absolutistas do que nas absolutistas. DeLong e Schleifer atribuem a alteração no centro econômico e demográfico da Europa ocorrida depois de 1500, do sul para o norte, à ascensão de governos não absolutistas e que respeitavam a propriedade privada ao norte dos Alpes.

Outro importante fator determinante de crescimento, e de alta influência política, é o tamanho do governo. Os efeitos negativos dos gastos públicos sobre o crescimento econômico fornecem um grito de guerra à direita política. Mas até que ponto esse efeito existe de fato? O gráfico 10-6 demonstra um efeito negativo leve causado pela presença de um governo grande. É um efeito quase invisível e muito menos pronunciado do que o mostrado no gráfico sobre o Estado de direito. Sem a linha de tendência de médias computadas que o gráfico exibe, o efeito de um governo grande é invisível.

Gráfico 10-6
Crescimento econômico vs. Tamanho do governo

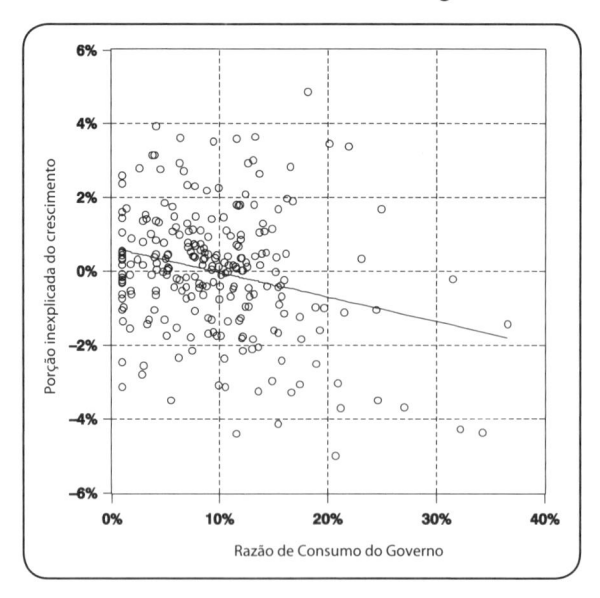

Fonte: Reproduzido e modificado com permissão dos autores Robert Barro e Xavier Sala-i-Martin, Economic Growth, 2. edição (Cambridge, MA: MIT Press, 2004).

Os economistas encontraram uma forte relação entre o crescimento e a razão de investimento – a porcentagem do PIB investido pelo governo e pelo setor privado, como mostra o gráfico 10-7. A correlação positiva entre crescimento e investimento exemplifica um nexo causal reverso: crescimento causa investimento, e não o oposto. O professor Barro comprovou essa ligação causal estatisticamente, estudando correlações defasadas semelhantes às usadas por Welzel e Inglehart, a fim de estabelecer o fluxo causal da riqueza para a expressão pessoal e desta para a democracia. No caso do crescimento e do investimento, o crescimento anterior apresenta uma correlação mais forte com o investimento posterior do que o investimento anterior com o crescimento posterior. Portanto, o crescimento resulta em investimento, e não o oposto. Isso é compatível com a teoria – o setor privado só opta por investir quando o crescimento elevado promete altos retornos.

> A PROSPERIDADE É A PRINCIPAL RESPONSÁVEL PELA DEMOCRACIA, ENQUANTO A DEMOCRACIA, POR SI SÓ, POUCO FAZ PELA PROSPERIDADE.

**Gráfico 10-7
Crescimento econômico vs. Taxa de investimento**

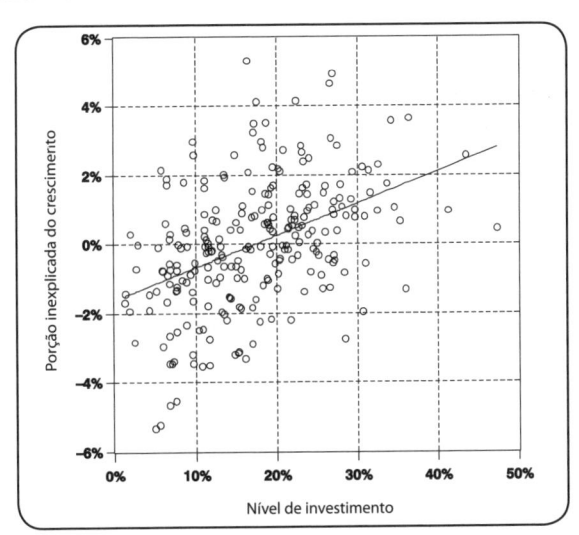

Fonte: Reproduzido e modificado com permissão dos autores Robert Barro e Xavier Sala-i-Martin, Economic Growth, 2. edição (Cambridge, MA: MIT Press, 2004).

Gráfico 10-8
Crescimento econômico vs. Democracia

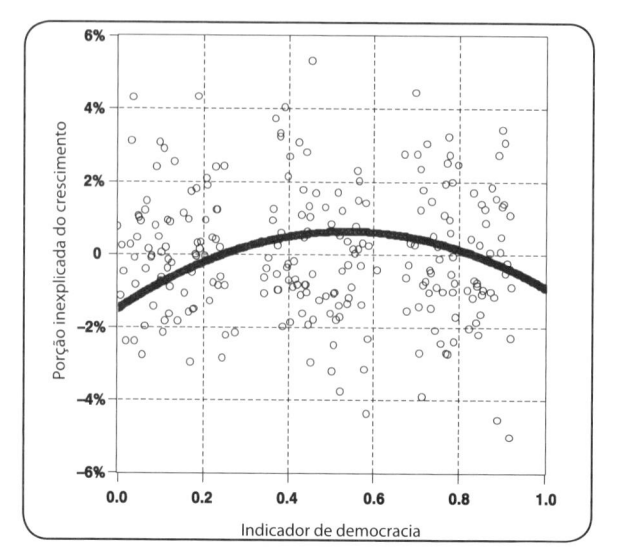

Fonte: Reproduzido e modificado com permissão dos autores Robert Barro e Xavier Sala-i-Martin, Economic Growth, 2. edição (Cambridge, MA: MIT Press, 2004).

Por fim, temos a democracia em si. A relação entre ela e o crescimento, mostrada no gráfico 10-8, é curiosa e pode ser representada pela forma de um U invertido. A democratização ajuda, até certo ponto. A eliminação dos aspectos mais onerosos do totalitarismo ampara o crescimento.* Mas, quando o governo passa a promover um avanço maior das instituições democráticas, o crescimento, na verdade, sofre.

O professor Barro sugere que os efeitos desfavoráveis da democracia avançada são causados pela propensão de regimes populistas a explorar os ricos. Mas não é difícil imaginar outras causas. As democracias tendem a subsidiar setores industriais em declínio, problema particularmente grave na Europa e no Japão. As instituições democráticas também tendem a fornecer aos cidadãos emancipados uma ampla variedade de caminhos caritativos, culturais e políticos socialmente úteis, mas economicamente improdutivos, que não estão abertos aos cidadãos de países mais repressivos.

---

* Aqui, o professor Barro usa o indicador Gastil de liberdades civis para medir o desenvolvimento democrático. Ver Raymond Gastil, Freedom in the World (Westport, Connecticut: Greenwood Publishing Group, 1982).

A propensão a investir também sofre com o "excesso de democracia". Os economistas encontraram um nível mais elevado de investimento nos países com níveis intermediários de democracia. As democracias altamente avançadas costumam mostrar decréscimo no retorno sobre o capital e, com isso, oferecem menos incentivo ao investimento.

A relação de causa e efeito entre crescimento e democracia também pode ser constatada nos dados de Barro, que concordam com os de Inglehart e Welzel e também confirmam a hipótese original de Lipset: crescimento econômico anterior apresenta correlação mais forte com democracia posterior do que o oposto. A prosperidade é a principal responsável pela democracia, enquanto a democracia, por si só, pouco faz pela prosperidade.

Barro também constatou que o desenvolvimento democrático pode manter décadas de atraso com relação à prosperidade – os dados defasados sugerem que, em média, é preciso ter uma geração de prosperidade para produzir uma transição democrática bem-sucedida. No capítulo 8, mencionamos a explosão na riqueza espanhola durante a ditadura de Franco e a transição altamente bem-sucedida para um novo regime democrático que a seguiu. Os historiadores progressistas fazem questão de ignorar essa sequência de eventos.

De forma semelhante, instituições democráticas vigorosas só evoluíram no Chile, em Taiwan e na Coreia do Sul décadas depois que essas nações começaram a se aproximar do nível de riqueza do Ocidente. O processo avança com lentidão glacial. O entusiasmo quanto às perspectivas da democracia na China, mesmo depois de quase uma geração de rápido crescimento econômico, requer otimismo e paciência.

Será que cortes de impostos, segundo o modelo da escola *supply-side*, aumentos nos gastos com a educação e outras formas de reformas sociais e econômicas com motivação política aceleram o crescimento em uma democracia liberal avançada e próspera? Barro tem suas dúvidas.

> Seria provavelmente viável elevar o ritmo de crescimento em alguns décimos de ponto percentual por meio de um corte nas alíquotas tributárias ou gastos improdutivos do governo, ou pela eliminação de regulamentações prejudiciais, [mas] não existem provas de que aumentos no investimento em infraestrutura, subsídios

à pesquisa ou gastos educacionais ajudariam muito. Basicamente, um crescimento de 2% na renda per capita parece ser o melhor possível, em longo prazo, para um país que já seja rico.

POR QUE ISSO IMPORTA?

Em determinado momento, o leitor começará a questionar a obsessão deste livro com relação aos aspectos materiais do mundo. Qual é a utilidade do crescimento econômico se o sucesso material do homem do Ocidente não parece ter garantido ao cidadão médio um mínimo de felicidade, quanto mais de realização espiritual ou existencial? A prosperidade cada vez maior trouxe consigo um nível mais intenso de abuso de drogas, de insegurança no emprego e de perturbações na família, para não mencionar a inveja e o ressentimento que uma porção substancial do Terceiro Mundo, especificamente sua população muçulmana, sente dos países ocidentais ricos. Para parafrasear John Kenneth Galbraith, existem outras medidas, mais importantes, do valor e do propósito de um indivíduo, que vão além da questão "o que você fez hoje para aumentar o Produto Interno Bruto de seu país?"

Como no debate sobre os padrões de vida no início da Revolução Industrial, essas discussões, muitas vezes, acabam em batalhas ideológicas quanto aos efeitos da globalização e do neocolonialismo e quanto ao papel do Estado. Em um campo político minado como esse, só seremos capazes de formar hipóteses e testá-las por meio de dados objetivos.

Chegou agora o momento de estudar a relação entre riqueza e felicidade em si. Será que o rápido aumento na riqueza do Ocidente reduziu ou aumentou o bem-estar de seus moradores? Para expressar de forma mais direta: toda essa riqueza está ou não nos tornando mais felizes? É possível responder essas perguntas?

Nas últimas décadas, psicólogos e sociólogos atenderam nossos pedidos e desenvolveram formas abrangentes e sofisticadas de medir a satisfação humana. Ao longo de quase meio século, uma grande quantidade de pesquisas teve como objeto o bem-estar humano, à medida que a humanidade se tornava mais próspera. Um exemplo típico, a Pesquisa Social Geral, abarca diversos indicadores sociológicos dos Estados Unidos. Considere a seguinte pergunta, presente no estudo:

"Considerando tudo, como você diria que as coisas vão, hoje: se descreveria como muito feliz, razoavelmente feliz ou nada feliz?"

De 1970 para cá, o percentual de norte-americanos que responde "muito feliz" se manteve mais ou menos constante em 30%. As pesquisas WVS e Eurobarometer oferecem dados ainda mais detalhados e sistemáticos sobre o bem-estar.

A CIÊNCIA DA FELICIDADE

Muitas pessoas se oporão à aplicação de um barômetro da felicidade válido para toda a ampla gama de culturas mundiais díspares. Mas pesquisadores constataram que todas as sociedades adotam explicitamente e definem o conceito de felicidade e de bem-estar de forma mais ou menos semelhante. É uma conclusão que não deveria surpreender. Afinal, essencialmente, somos todos seres humanos.

No resto do capítulo, usaremos o termo "bem-estar" em seu sentido psicológico, em vez de econômico – ou seja, como sinônimo de felicidade. Os sociólogos constataram que, em quase todas as sociedades, os mesmos quatro indicadores de bem-estar se aplicam: situação econômica, emprego, saúde e situação familiar. Dos fatores relacionados à família, a situação marital é o mais crítico. Apesar do que dizem os comediantes de TV, as pessoas casadas, enquanto grupo, tendem a ser muito mais felizes que as solteiras. O desemprego causa infelicidade mesmo quando a renda proveniente de outras fontes é adequada. Ou seja, os efeitos negativos do desemprego sobre o bem-estar independem da renda. Privar um trabalhador de seu emprego o torna muito menos feliz, em média, mesmo nos casos em que a renda perdida com a demissão é plenamente compensada. Nas palavras de um pesquisador, "seria necessário imenso montante de renda adicional para compensar o fato de que alguém ficou sem emprego".

Além disso, medidas quantitativas de felicidade representam valores reais enquanto ferramentas de previsão. Indivíduos com resultados positivos quanto à felicidade apresentam incidência muito baixa de doenças psicossomáticas e de perda de dias de trabalho, são mais longevos e demonstram atividade de ondas cerebrais superior à normal na área frontal esquerda.

Outra objeção frequentemente levantada a respeito das pesquisas sobre felicidade é que elas não consideram as diferentes traduções culturais e linguísticas dos termos "feliz" e "satisfeito". A Suíça é um excelente laboratório para o estudo dessa preocupação, em função de suas populações de fala alemã, francesa e italiana. Os dados demonstram que os três grupos linguísticos apresentam índices de felicidade superiores aos de seus primos idiomáticos na Alemanha, na França e na Itália. Isso torna improvável que o idioma desempenhe papel significativo nas pesquisas sobre felicidade, ao menos entre as três diferentes nacionalidades presentes na Suíça.

O estresse político e militar também torna as pessoas infelizes. Diversos estudos demonstram queda no bem-estar dos Estados Unidos entre o final dos anos 50 e o começo dos anos 70 do século 20, mais provavelmente relacionado à tensão da Guerra Fria. No final dos mesmos anos 70, quando a perspectiva de uma calamidade nuclear começou a se distanciar, o referencial de felicidade voltou ao nível normal. No entanto, mesmo quando testes estatísticos sofisticados são usados para separar esses importantes atributos, a situação econômica continua a ser um forte determinante da felicidade e do bem-estar.

> A POBREZA CAUSA INFELICIDADE, E NÃO O CONTRÁRIO.

Também houve quem questionasse a relação causal entre a situação econômica e a felicidade. Não seria possível os felizes se tornarem mais bem-sucedidos? Não. Em primeiro lugar, em todas as sociedades estudadas, as pessoas identificam a riqueza como algo importante para sua felicidade. Em segundo, a queda dramática do bem-estar médio verificada nos países ex-comunistas que passaram por crises econômicas depois da queda do Muro de Berlim demonstra que a pobreza causa infelicidade, e não o contrário.

QUANDO COMEÇAREMOS A NOS DIVERTIR?

O gráfico 10-9 demonstra a tendência de percepção de bem-estar em quatro países europeus representativos, entre os anos de 1973 e 1998.

Gráfico 10-9
Índice de satisfação

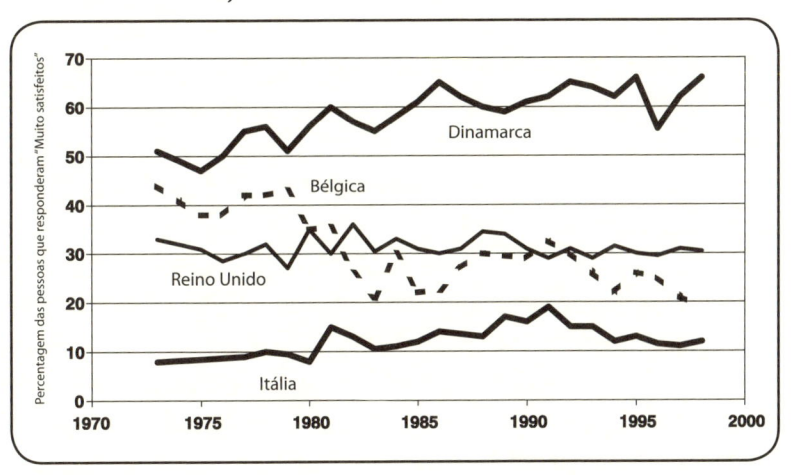

Fonte: Dados de Ronald Inglehart e Hans-Dieter Klingemann, Genes, Culture, Democracy and Happinness, em Culture and Subjective Well-Being, E. Diener e Mark Suh, ed. (Cambridge: MIT Press, 2000), 167.

Ele acompanha a porcentagem de entrevistados, nesses países, que se descreveram como "muito satisfeitos", majoritariamente, a "razoavelmente satisfeitos", "não muito satisfeitos" ou "nada satisfeitos".

O que surpreende é que os europeus não se tornaram muito mais felizes ao longo de um período em que o PIB per capita cresceu por volta de 60%. Ainda mais intrigante é a diferença extrema entre a Dinamarca, onde 60% da população se declara muito satisfeita, e a Itália, cuja média de satisfeitos é de apenas 11%. Os britânicos ocupam uma posição intermediária entre os dois extremos. O gráfico 10-9 também demonstra que os belgas se tornaram mais deprimidos ao longo do período. Qual é a origem dessa melancolia? A resposta provavelmente está relacionada com o surgimento de tensões culturais e linguísticas (entre as populações de fala francesa e holandesa) na Bélgica, nas últimas décadas, o que resultou em um aparato político mais fragmentado. É uma tendência que se assemelha à da felicidade nos Estados Unidos durante a Guerra Fria e nos países ex-comunistas depois de 1990.

Os sociólogos não conseguem explicar essas diferenças entre países apenas com base em fatores econômicos – a diferença na riqueza per capita desses quatro países se manteve relativamente pequena ao longo do período. É evidente que devem existir fatores culturais envolvidos. Os estereótipos – o bom humor dinamarquês, a rabugice belga – têm validade limitada. E os baixos resultados dos italianos, supostamente eufóricos, surpreendem um pouco.

O Japão é o exemplo mais dramático de país no qual o dinheiro não parece ser capaz de comprar a felicidade. Entre 1958 e 1987, período no qual o PIB per capita japonês cresceu 500%, a escala da felicidade não se alterou no país.

Nações, tristes e alegres

Podemos obter uma perspectiva diferente a respeito da felicidade quando examinamos a relação entre o PIB per capita e a percepção média de bem-estar. Os gráficos 10-10 e 10-11 ilustram outra escala de satisfação – um índice composto de felicidade e satisfação, obtido pela pesquisa WVS e comparado ao PIB per capita. Se considerarmos um período suficientemente longo, existe pouca correlação entre a riqueza e a felicidade nacionais.

O lado esquerdo do gráfico 10-10 mostra uma ampla distribuição de felicidade entre os países pobres, atribuível à inclusão das nações ex-comunistas.

Gráfico 10-10
Bem-estar vs. PIB per capita

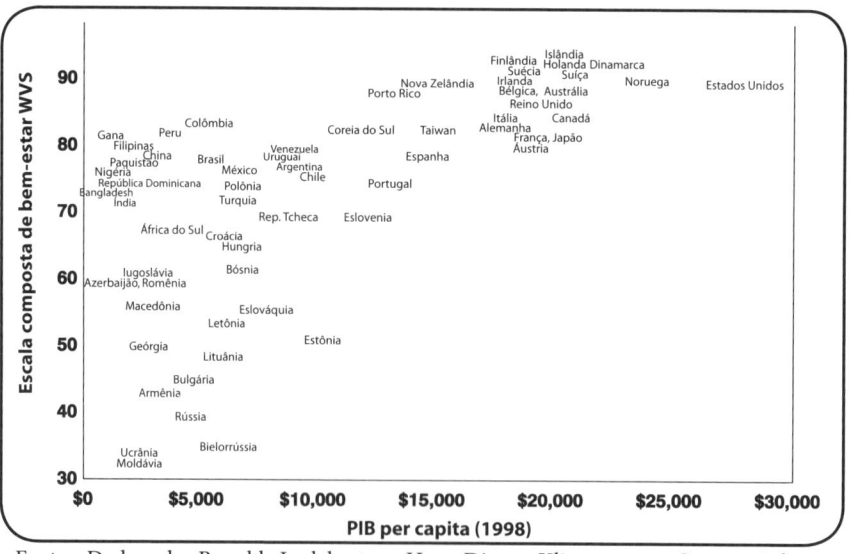

Fonte: Dados de Ronald Inglehart e Hans-Dieter Klingemann, Genes, Culture, Democracy and Happinness, em Culture and Subjective Well-Being, 2000, p. 172 e 173; e de Maddison, The World Economy: a milennial perspective, p. 264 e 276-279.

Se excluirmos os países ex-comunistas que experimentaram grande queda em seus índices de felicidade, como resultado do agravamento súbito de suas condições políticas, sociais e econômicas, a correlação se torna mais forte, como ilustra o gráfico 10-11. Os países ex-comunistas que executaram com mais sucesso a transição para a economia de mercado e para a democracia – Polônia, República Tcheca e Hungria – têm indicadores de felicidade perto dos mais baixos entre as nações ocidentais, mas ainda assim superiores aos dos demais países ex-comunistas.

Indicações fragmentadas sugerem que a deterioração do ânimo nacional nas nações ex-comunistas é um fenômeno do final do século 20. Por exemplo, na região de Tambov, na Rússia, o índice composto de felicidade caiu de 70 para 39 entre 1981 e 1995. Os resultados dos húngaros, que passaram por mudanças econômicas e sociais muito menores que as sofridas pelos russos, caíram muito menos, de 74,5 em 1981 para 62 em 1990, antes de registrarem ligeira alta e atingirem os 65 pontos em 1998.

Gráfico 10-11
Bem-estar nos países não comunistas vs. PIB per capita

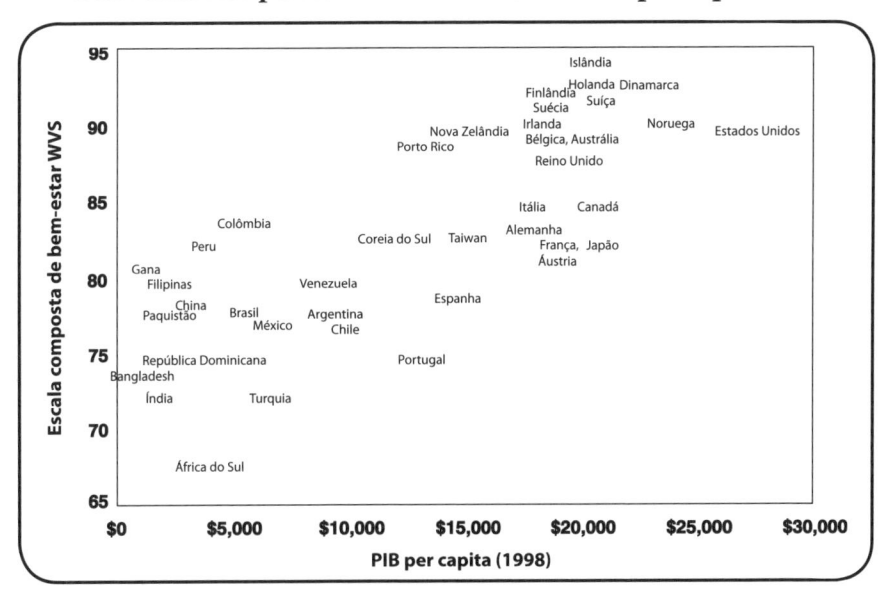

Fonte: Dados de Ronald Inglehart e Hans-Dieter Klingemann, Genes, Culture, Democracy and Happinness, em Culture and Subjective Well-Being, 2000, p. 172-173; e de Maddison, The World Economy: a milennial perspective, p. 264 e 276-279.

O efeito da riqueza nacional sobre o bem-estar nacional visto no gráfico 10-11 é relativamente pequeno. O lado direito do gráfico, que exibe nações com PIB per capita superior a US$ 15 mil, demonstra uma relação quase inexistente entre riqueza e felicidade – apenas abaixo desse nível a riqueza se torna um fator influente.* Como já apontamos anteriormente, os dados demonstram que a riqueza e o bem-estar nacionais têm uma correlação fraca. Por exemplo, os colombianos são mais felizes que os austríacos, a despeito de um PIB per capita quatro vezes menor.

Bem-estar por quilo

Dentro dos países, porém, a riqueza tem grande importância. Numerosos estudos apontam, sem exceção, que os cidadãos mais ricos são os mais satisfeitos e que os mais pobres são os menos satisfeitos de uma sociedade. O gráfico 10-12 demonstra a substancial diferença de felicidade entre os cidadãos mais ricos e os mais pobres em 12 nações representativas.

O gráfico 10-13 detalha esse fenômeno adotando gradações de renda ainda menores – no caso, para os Estados Unidos em 1973. Repare como a relação é suave e curvilínea – o avanço da felicidade é maior nas rendas mais baixas e diminui nas mais altas. Alguns sociólogos interpretaram esse tipo de gráfico, bem como a aparente falta de efeito da riqueza sobre a felicidade nos países ricos observada no gráfico 10-12, como demonstração de um "efeito limiar". Em outras palavras, quando determinado nível de renda é atingido (por volta de US$ 8 mil no ano do estudo, 1973), as necessidades de segurança e de sobrevivência foram supridas, e novos avanços na riqueza não resultam em aumentos adicionais de bem-estar.

É provável que não seja esse o caso. Os economistas trabalham há muito tempo com a hipótese de que as pessoas percebem a riqueza "logaritmicamente", de acordo com elevações proporcionais de renda.

---

* As pessoas familiarizadas com a Economia reconhecerão que a utilidade da riqueza é logarítmica – ou seja, a felicidade só é gerada por incrementos geométricos de riqueza. A escala aritmética usada no eixo X dos gráficos 10-10 e 10-11 distorce esse efeito. O incremento teórico de felicidade obtido pela elevação do PIB per capita de US$ 15 mil para US$ 30 mil é 15 vezes inferior ao obtido com o avanço de US$ 1 mil para US$ 15 mil.

Gráfico 10-12
Índice de satisfação pessoal vs. Riqueza

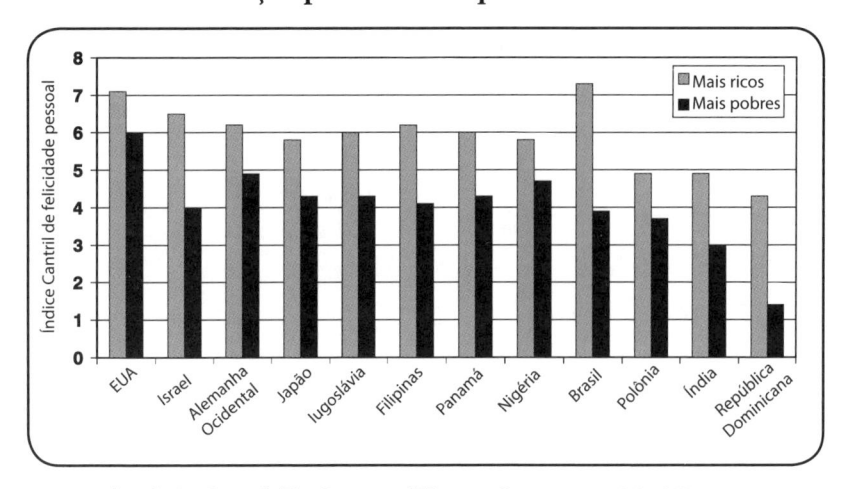

Fonte: Dados de H. Cantril, The Pattern of Human Concerns, p. 365-377.

Gráfico 10-13
Renda vs. Felicidade nos EUA, 1973

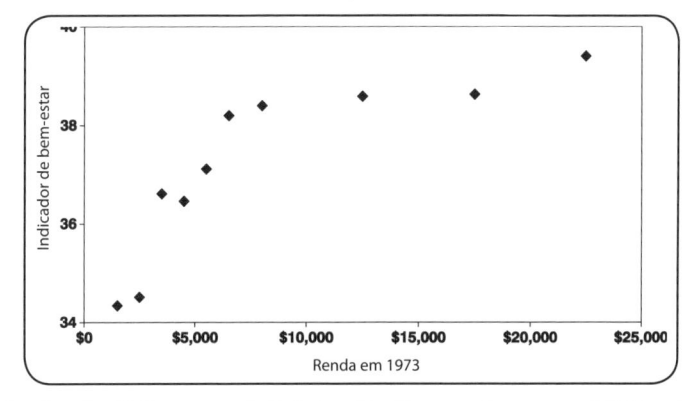

Fonte: Dados de Ed Diener et al, Relationship Between Income and Subjective Well-Being: relative or absolute", em Social Indicators Research, n. 28, 1993, p. 208.

Teoricamente, dizem, uma pessoa deveria obter incremento semelhante em seu bem-estar a cada vez que sua renda cresce por determinado fator – se sua felicidade aumenta em dado valor porque sua renda subiu de US$ 50 mil para US$ 100 mil, incremento semelhante será obtido caso seja novamente duplicada, para US$ 200 mil. O gráfico 10-14 demonstra

> TODAS AS PESSOAS AVALIAM SUA RIQUEZA PRINCIPALMENTE EM COMPARAÇÃO COM A DE SEUS AMIGOS E VIZINHOS.

que esse é de fato o caso – um dos raros exemplos de comportamento humano que confirma as previsões dos economistas. O traçado é semelhante ao do gráfico 10-13, exceto por representar a riqueza logaritmicamente, na escala horizontal, em vez de empregar a representação aritmética convencional usada no gráfico 10-13. Os economistas estavam certos, afinal, o bem-estar cresce de acordo com o logaritmo da riqueza.

O CUNHADO DE SUA MULHER

O dinheiro, portanto, compra felicidade, mas apenas em sentido relativo. A riqueza absoluta importa menos que a riqueza com relação à do vizinho. De acordo com Karl Marx: "Uma casa pode ser grande ou pequena; se as casas vizinhas forem igualmente pequenas, ela satisfaz todas as demandas sociais de habitação. Mas, se um palácio for construído ao lado de uma casinha, esta se encolhe como se fosse um casebre".

Gráfico 10-14
Renda vs. Riqueza nos EUA, 1973, Escala Logarítmica

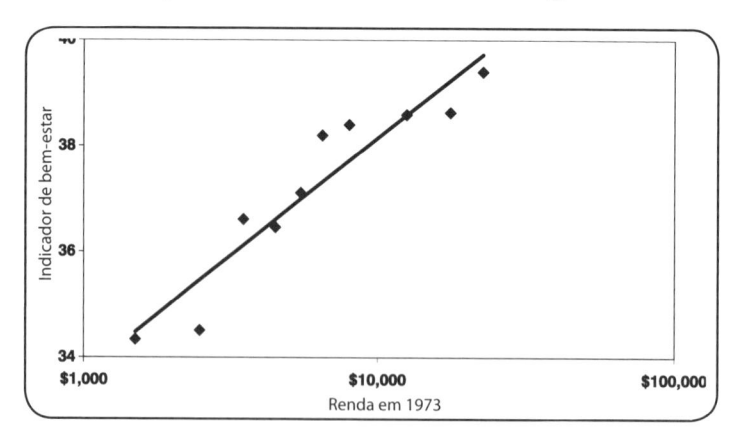

Fonte: Dados de Ed Diener et al, Relationship Between Income and Subjective Well-Being: Relative or Absolute, em *Social Indicators Research*, n. 28, 1993, p. 208.

Ou, como disse H. L. Mencken, com mais sarcasmo, rico é o homem que ganha mais que o cunhado de sua mulher.*

A maneira como definimos os grupos de comparação envolve sutilezas importantes. Todas as pessoas avaliam sua riqueza principalmente em comparação com a de seus amigos e vizinhos. Uma pessoa que tenha renda de US$ 100 mil ao ano em uma região rural economicamente deprimida provavelmente será muito mais feliz que uma pessoa que ganhe a mesma quantia – mesmo que computadas disparidades de poder de compra – no Upper East Side de Manhattan.** Esse "efeito vizinho", um dos aspectos imutáveis da natureza humana, aplica-se a muitas outras áreas. O economista Paul Krugman descreveu sua infelicidade, ainda que fosse um acadêmico bem pago e respeitado, lecionando em uma das grandes universidades mundiais.

> Eu tinha um emprego agradável, com bom salário e recebia muitos convites para conferências em todo o mundo. Comparado a 99,9% da humanidade, não tinha de que me queixar. Mas evidentemente não é dessa maneira que o animal humano funciona. Meu grupo de referência emocional era formado pelos economistas de maior sucesso de minha geração, e eu em geral não era visto como um deles.

As modernas telecomunicações podem estar abalando a natureza local desse "efeito vizinho". Há apenas 50 anos, Stálin e Mao Tsé-Tung

---

* Essa é mais que uma piada, pois a probabilidade de que uma mulher tenha emprego é 20% maior se o marido de sua irmã ganha mais que seu marido. Ver David Neumark e Andrew Postlewaite, Relative Income Concerns and the Rise in Married Women's Employment, Universidade da Pensilvânia, 1996 (dados inéditos). Outra descrição mordaz do fenômeno é oferecida pelo historiador econômico Charles Kindleberger: "Não há nada tão perturbador para o bem-estar e o juízo de alguém quanto ver um amigo enriquecer". Ver Kindleberger, Manias, Crashes and Panics, quarta edição(Nova York: John Wiley & Sons 2000), p. 15.

** Nem todos os dados são compatíveis com essa hipótese. Por exemplo, Diener et al não conseguiram demonstrar um efeito da riqueza primordialmente relativo. Mas também não provaram a hipótese oposta – de que o bem-estar está associado à satisfação de necessidades não relacionadas à sobrevivência. Ver Ed Diener et al, Relationship Between Income and Subjective Well-Being: relative or absolute", em Social Indicators Research, n. 28, 1993, p. 208.

conseguiram impedir que um quarto da população mundial tomasse conhecimento de sua miséria. Hoje, a Coreia do Norte talvez seja o último país do planeta capaz de continuar a realizar essa desanimadora façanha. Em uma sociedade cada vez mais globalizada, a riqueza de pessoas distantes de nós ganha significado real. Mais perto de casa, a mídia moderna torna os moradores de áreas urbanas deterioradas, e até da classe média, mais conscientes de sua pobreza com relação ao estilo de vida dos ricos e dos famosos que jamais conhecerão em pessoa. No exterior, os árabes comuns precisam encarar diariamente as deficiências de seu estilo de vida, se comparado ao do Ocidente.

Não seria exagero dizer que os ricos que vivem entre nós são a causa de nossa infelicidade. Quanto maior for sua riqueza e quanto mais próximos estiverem, quer em termos reais quer por via eletrônica, mais miseráveis farão com que nos sintamos. Se isso é verdade, as sociedades com menor disparidade de riqueza tenderão a ser as mais felizes. Mas será que isso de fato procede? Sim. Todas as nações que ocupam posição mais alta na escala de bem-estar subjetivo da pesquisa WVS – Islândia, Holanda, Dinamarca, Finlândia, Suécia, Irlanda e Noruega – adotam políticas tributárias declaradamente redistributivas e ostentam uma distribuição de renda estreita.

Gráfico 10-15
Bem-estar vs. Desigualdade de renda

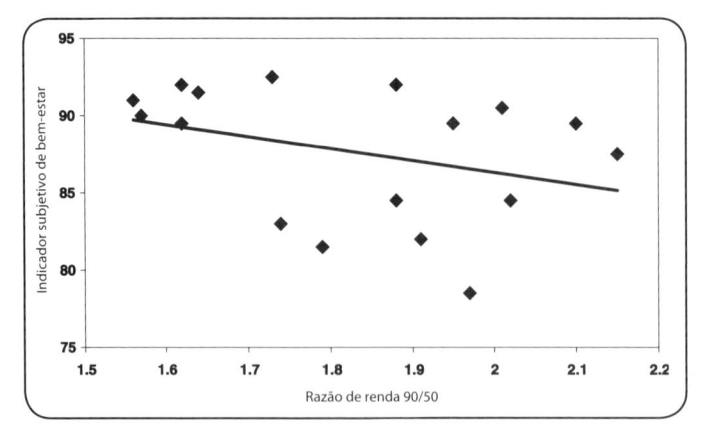

Fonte: Dados do Estudo de Renda de Luxemburgo, disponível em http://www.lisproject.org/keyfigures/ineqable.htm; e de Ronald Inglehart e Hans-Dieter Klingemann, Genes, Culture, Democracy and Happiness, em Culture and Subjective Well-Being, p. 172-173.

Uma boa maneira de medir o "efeito vizinho" calcula a razão entre a renda dos 10% mais ricos da população e a mediana de uma população, ou seja, a renda na marca dos 50% na escala de distribuição. O gráfico 10-15 mostra a escala WVS de bem-estar comparada a esse indicador. A linha de tendência descendente ilustra uma correlação negativa fraca entre a desigualdade de renda e a felicidade. Análises mais sofisticadas, como as descritas anteriormente com base no conjunto de dados Summers-Heston, demonstram o mesmo fenômeno.

Mesmo dentro de um país, os graus distintos de desigualdade de renda influenciam a felicidade. A diversidade das organizações comunitárias em Israel é um laboratório para o estudo da dinâmica entre desigualdade de renda e felicidade. Em 1977, um grupo de sociólogos da Universidade Hebraica de Jerusalém estudou dois *moshavim* – sociedades cooperativas. O primeiro, que eles denominaram "Isos", pagava o mesmo salário a todos os membros; o segundo, "Anisos", pagava seus integrantes de acordo com os cargos e a produtividade. O resultado médio na escala Cantril, que mede a felicidade em uma escala de 0 a 10, foi de 7,88 no *moshav* Isos e de 7,25 no Anisos.

Ainda que a diferença seja pequena, o resultado é altamente significativo, por diversas razões. Primeiro, porque os resultados Cantril apresentaram agrupamento estreito em ambos os grupos, o que torna a diferença estatisticamente significativa. Por exemplo, 20% dos membros do Isos se descreveram com um "10", perfeita felicidade na escala Cantril, enquanto na comunidade Anisos nenhum o fez. Segundo, porque imigrantes da América do Sul eram dominantes entre os membros do Isos, enquanto entre os Anisos a maioria dos moradores tinha origem europeia. Como os sul-americanos tendem a apresentar resultado de S/SE inferior ao dos europeus, o bem-estar mais elevado na comunidade do Isos é particularmente significativo. Terceiro, porque os membros do Anisos tinham nível de educação mais alto, fator que também apresenta forte correlação com a felicidade. E, por fim, porque a renda média do Anisos era um terço mais alta que a do Isos. Ou seja, o fato de que os quatro indicadores acima deveriam ter feito os moradores do Anisos mais felizes ainda torna mais notável que eles não tenham sido.

Para resumir:

- dentro de uma dada sociedade ou nação, a riqueza é um importante fator determinante, mas não o único, para a felicidade;

- entre diferentes países, isso é menos verdade, pois a riqueza nacional se correlaciona apenas fracamente com a felicidade nacional, enquanto, em nível mundial, fatores culturais e históricos se tornam mais importantes;
- devido à natureza relativa da percepção de riqueza (o efeito vizinho), aumentos na riqueza nacional agregada que sejam resultantes do crescimento econômico não tornam uma nação mais feliz. Ainda que os cidadãos mais ricos de um país tendam a ser os mais felizes, o efeito vizinho dita que a nação como um todo não se torna mais feliz à medida que enriquece. Mas uma nação tampouco se torna mais infeliz à medida que enriquece. Os companheiros de viagem dos avanços de produtividade (pressões de tempo, estresse e menor segurança no trabalho) parecem não exercer grande efeito. É possível alegar que aumentar a riqueza torna as pessoas mais felizes, mas que esse efeito é contrabalançado em igual medida pelo estresse da vida moderna. Em 1995, o economista Richard Easterlin propôs uma pergunta retórica: elevar a renda de todos aumenta a felicidade de todos? A resposta, evidentemente, é não. O que é bom para o indivíduo não é necessariamente bom para a nação como um todo.

OS ALVOS MÓVEIS DA POBREZA E DA RIQUEZA

O homem moderno está sobre uma espécie de "esteira rolante do hedonismo". À medida que a riqueza das nações cresce, elas precisam produzir cada vez mais bens e serviços a fim de manter o mesmo grau de satisfação entre seus cidadãos. Uma descrição oferecida uma geração atrás por um agricultor indiano que ganhava US$ 10 por mês ilustra de forma simples como opera esse fenômeno.

> Quero um filho e alguma terra, porque hoje cultivo terra que é propriedade de outros. Gostaria de construir uma casa para mim e ter uma vaca para obter leite e manteiga. Também queria comprar roupas melhores para minha mulher. *Se eu conseguisse isso, seria feliz. (Ênfase acrescentada pelo autor.)*

Repare que o agricultor nem se referiu aos aparelhos modernos considerados essenciais para a felicidade pelos atuais moradores do Terceiro Mundo – refrigerador, televisor e motocicleta. Seu quadro de referência material era tão diferente do usado por seus sucessores contemporâneos quanto o de um agricultor chinês o é com relação ao de um morador médio do Ocidente.

Se o conceito de riqueza é um alvo móvel, o mesmo se aplica à definição de pobreza. Até os mais pobres norte-americanos modernos teriam sido considerados bastante prósperos em 1500, enquanto dentro de mais 500 anos a vida do ocidental médio atual será descrita como um suspiro de penúria e de barbárie. A dúvida quanto à questão sobre se a população pobre do mundo está crescendo ou diminuindo precisa ser esclarecida levando-se em conta outros fatores – estamos falando de pobreza no sentido absoluto ou no sentido relativo?

No sentido absoluto, estamos vencendo a batalha. Como visto no capítulo 1, mesmo que desconsideremos o PIB per capita e o definamos como irrelevante, a expectativa de vida, o nível de alfabetização e de mortalidade infantil dos países mais pobres do planeta melhoraram dramaticamente nas últimas décadas, da mesma forma que o espectro das grandes fomes massivas desapareceu do planeta há meio século. As últimas fomes em massa, na China e na Índia, por volta da metade do século 20, tiveram origens artificiais, e não naturais. As mais recentes, na África ao sul do Saara, foram contidas antes que atingissem seu pleno potencial destrutivo, pelo esforço do sistema internacional de comércio e pela assistência que se tornou possível pelos transportes modernos.

Em sentido relativo, estamos perdendo a batalha de maneira igualmente clara. A disparidade entre os países mais ricos e os mais pobres e as disparidades de riqueza dentro dos países aumentaram terrivelmente no último meio século. Os pobres e seus defensores extrairão pouco conforto do fato de que a renda real das pessoas mais pobres de uma sociedade, na verdade, cresceu e sua qualidade de vida melhorou na Idade Moderna.

Essa variedade moderna de pobreza, portanto, depende apenas do grau de dispersão de renda e só poderemos melhorá-la, dentro de certos limites, caso façamos redistribuição da riqueza e aumentemos o bem-estar médio da sociedade – mas no processo teremos de sacrificar algum crescimento. No próximo capítulo, exploraremos as concessões e compensações no relacionamento entre crescimento e igualitarismo econômico e examinaremos como a questão foi tratada dos dois lados do Atlântico.

CAPÍTULO 11
CONCESSÕES E COMPENSAÇÕES

O maior paradoxo do crescimento econômico é que os mesmos mecanismos que criam grande riqueza também dão origem a grandes desigualdades em sua distribuição. A propriedade privada é poderoso incentivo à produção de riqueza pessoal, mas, ao mesmo tempo, nega essa riqueza a outros. A riqueza acaba se estendendo ao restante da população, mas ocasionalmente não em velocidade suficiente para evitar problemas políticos ou coisa pior.

E nem poderia ser de outro modo. Se as pessoas não puderem manter aquilo que ganham, não produzirão. Mas, por outro lado, se aqueles que mais produzirem forem autorizados a reter seus ganhos, as desigualdades crescerão e, à medida que o fizerem, o bem-estar social se deteriorará. Isso se aplica especialmente a um mundo de mentalidade tecnológica no qual o talento único de um indivíduo pode ser amplificado em escala quase infinita pela capacidade de transmissão instantânea de sua produção a todo o planeta. A relação antagônica e complementar entre o crescimento econômico vigoroso e a desigualdade de renda é consequência direta da ênfase dada aos direitos de propriedade e ao Estado de direito.

> OS MESMOS MECANISMOS QUE CRIAM GRANDE RIQUEZA TAMBÉM DÃO ORIGEM A GRANDES DESIGUALDADES.

Os direitos de propriedade, mesmo sem a desigualdade de renda que geram, acarretam certos inconvenientes. Muitas vezes, sua manutenção é dispendiosa. No jargão da Economia, os direitos de propriedade implicam "custos de execução e aplicação da lei": um dispendioso sistema judicial, policial e, em certos casos, até mesmo um aparelho militar e de segurança nacional. Não é incomum que esses custos excedam os benefícios econômicos que a garantia da propriedade privada proporciona.

A história dos *montagnais*, indígenas canadenses que viviam da caça de castores na província do Labrador do período colonial, é uma ilustração instrutiva. Por milhares de anos, o custo de estabelecer direitos individuais de propriedade sobre o vasto hábitat dos castores foi muito maior que os modestos benefícios econômicos propiciados pelo animal. Por isso, a tribo automaticamente considerava os castores como propriedade coletiva, a serem caçados por todos. Na metade do século 17, o primeiro europeu a visitar os *montagnais* relatou a falta de direitos de propriedade quanto às terras que abrigavam castores. Então chegou a Hudson Bay Company, oferecendo preços astronômicos pelas peles. Isso mudou tudo. De repente, o estabelecimento de direitos de propriedade sobre as áreas de caça se tornou economicamente viável.

Os indígenas das planícies norte-americanas jamais estabeleceram direitos de propriedade sobre seus campos de caça, porque búfalos e outros animais tinham pouco valor econômico. Mesmo que tivessem estabelecido esses direitos, o território coberto pelos animais era tão vasto que os custos de fiscalização teriam sido proibitivos. Na sociedade moderna, igualmente, alguns direitos de propriedade podem ter manutenção dispendiosa demais – o download de músicas e de filmes de Sylvester Stallone é um exemplo simples disso.

As despesas de aplicação de tais direitos variam amplamente entre as diferentes sociedades. Em termos relativos, a propriedade pode ser protegida a um custo muito mais baixo nos Estados Unidos do que no Afeganistão. Em Kansas City, a maioria das pessoas se percebe como parte integrante da sociedade – cidadãos ordeiros que têm forte interesse na segurança das posses de todos, e não apenas na de suas propriedades pessoais. Em Cabul não é assim. Onde existe uma abundância de partes interessadas, pouca gente rouba, os custo de execução e aplicação da lei são baixos e é fácil garantir a propriedade. Onde a população está insatisfeita e tem forte desconfiança das autoridades, o custo para proteger os direitos de propriedade dispara, e a economia sofre com isso.

O fenômeno, que defino como "o efeito participativo", é a mais provável razão para a resistência das economias ocidentais a sete décadas de gastos e de intrusões governamentais cada vez maiores. Sim, o Estado controla uma porção cada vez maior da economia, mas a maior parte desse avanço se traduz em benefícios para a classe média. Os gastos dos indivíduos – quer seja em dinheiro próprio ou em dinheiro redistribuído a eles por meio dos diversos sistemas de bem-estar social – distorcem bem menos os mercados do que os gastos diretos do governo com bens e serviços. Quando o público gasta o dinheiro que lhe é redistribuído por meio de programas de bem-estar social, os gastos refletem os valores econômicos reais dos bens e dos serviços, enquanto os gastos do governo não o fazem. Em outras palavras, redistribuir 30% do PIB aos cidadãos na forma de pagamentos de transferência distorce os preços muito menos do que o mesmo montante faria caso fosse gasto diretamente pelo governo em bens e serviços.* Pessoas que não estão passando fome nem estão desabrigadas tendem a não roubar.

A ERA DOS NOVOS BARÕES SAQUEADORES

O efeito participativo é muito mais frágil do que imaginamos. Como aponta Mark Roe, professor de Direito na Universidade Harvard, a Argentina tinha o oitavo maior PIB per capita do mundo em 1900. Sua dívida era classificada como uma das mais seguras do mundo, e os comentaristas opinavam que a estabilidade política do país era comparável à britânica. A chegada de imigrantes europeus ao país era incessante.

Ainda que isso não fosse evidente naquele momento, nem tudo estava bem na Argentina. Como no restante da América Latina e na Espanha, a posse de terras estava estreitamente concentrada nas mãos de alguns poucos

---

* Isso é análogo ao fenômeno da "perda de valor natalino". O custo dos presentes de Natal excede, em média, o valor que têm para quem os recebe – ou seja, o presenteado médio se disporia a pagar menos pelo presente do que o presenteador pagou por ele. Um pesquisador estimou essa perda de valor natalino entre US$ 4 bilhões e US$ 13 bilhões em 1992, nos Estados Unidos. A perda de valor nos serviços, como os programas médicos Medicare e Medicaid e alguns programas federais de habitação norte-americanos, é estimada entre 9% e 39% dos gastos (que, por sua vez, respondiam por 23% do orçamento federal no ano fiscal de 2003). Ver Joel Waldfogel, The Deadweight Loss of Christmas, em American Economic Review, n. 83, dez. 1993, p. 1328-1336.

latifundiários ricos e, quando a Grande Depressão começou, milhões de agricultores arrendatários fugiram para as cidades em busca de trabalho. Esses milhões de miseráveis se tornaram alvo fácil para a demagogia de Juan Perón, que os bajulava incessantemente e fez sair dos trilhos uma economia, no passado, florescente.

Se as desigualdades de renda e de riqueza avançam demais, o bem-estar do cidadão médio sofre a ponto de fazê-lo deixar de ser participativo – como aconteceu na Argentina. O custo de execução e aplicação dos direitos de propriedade dispara e, quando isso acontece, o crescimento econômico, em algum momento, sofrerá.

> MESMO AS NAÇÕES MAIS ESTÁVEIS, LIBERAIS E APEGADAS AO LIVRE MERCADO NÃO ESTÃO IMUNES A CATÁSTROFES.

Até que ponto os Estados Unidos avançaram nessa estrada? Os economistas Thomas Piketty e Emmanuel Saez recentemente examinaram em linhas gerais a desigualdade de renda nos Estados Unidos ao longo da maior parte do século 20. O gráfico 11-1 mostra a parcela da renda nacional que cabe ao 1% mais rico dos contribuintes, antes e depois dos impostos sobre os ganhos de capital acionário e imobiliário. O quadro descrito por Piketty e Saez confirma a imagem popular a respeito da distribuição de renda nos Estados Unidos do século 20: extrema desigualdade no final da era dos barões saqueadores, no início do século, posteriormente revertida pelas políticas tributárias redistributivas seguidas por governos democratas e republicanos e que retorna na década de 80 do século 20.

Determinar até que ponto a desigualdade avançou depende do parâmetro considerado. O traçado do gráfico 11-1 quanto ao 1% mais rico sugere que, no ano 2000, a desigualdade nos Estados Unidos não havia superado a do começo do século 20. Nossa perspectiva muda se excluirmos os ganhos com investimentos e computarmos apenas os salários. Nesse caso, a desigualdade fica ainda pior que a da era dos barões saqueadores, principalmente para os presidentes de companhias.

Gráfico 11-1
Porcentagem da renda nacional ganha pelo 1% de contribuintes mais ricos

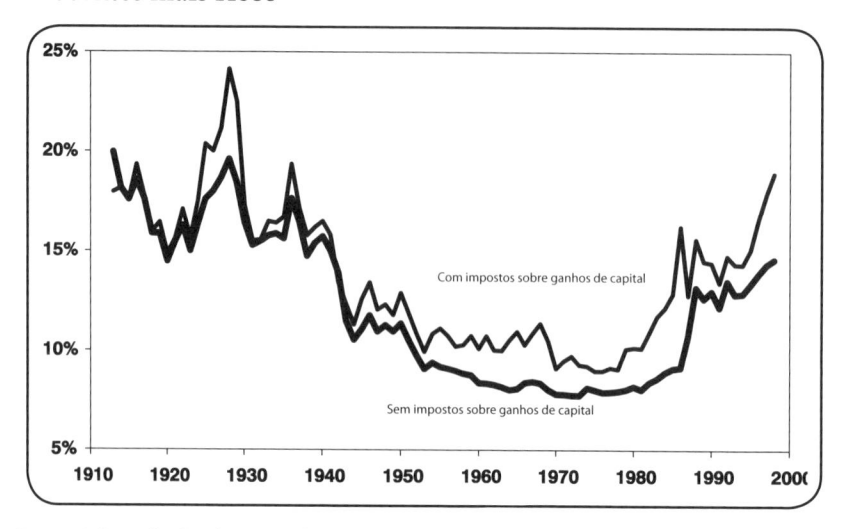

[Gráfico de linhas mostrando a porcentagem da renda nacional dos 1% mais ricos de 1910 a 2000, com duas linhas: "Com impostos sobre ganhos de capital" e "Sem impostos sobre ganhos de capital". Os valores variam entre aproximadamente 8% e 24%.]

Fonte: Adaptado de Thomas Piketty e Emmanuel Saez, Income Inequality in the United States, 1913-1998, em NBER Working Paper 8467.

Os presidentes de grandes empresas ganhavam, em média, 40 vezes o salário do trabalhador comum, em 1970, disparidade semelhante à encontrada entre os cidadãos mais pobres e os mais ricos na Inglaterra do século 17, como descrita por Gregory King, um dos primeiros demógrafos britânicos. Em 1998, o presidente médio de empresa ganhava mil vezes mais que o trabalhador médio. A discreta conclusão oferecida por Piketty e Saez é a de que

> Os atuais ganhadores dos salários mais altos poderão acumular riquezas muito maiores do que em décadas precedentes. Se a tributação progressiva de renda e propriedades não compensar esse novo fenômeno, a desigualdade na renda e na receita de capital começará a se alargar acentuadamente nas próximas décadas.

A direita política romantiza o *laissez-faire* dos Estados Unidos no século 19 como uma era dourada da livre empresa capitalista, isenta de tributação predatória e de interferência governamental nas áreas privadas. Mas os fatos negam essa interpretação. No Ocidente moderno, as economias prosperaram apesar da disparada dos impostos e da regulamentação governamental sobre a indústria. Apenas a devastação da guerra desacelerou momentaneamente o crescimento econômico. As democracias liberais têm a capacidade de sufocar a prosperidade, mas apenas por redistribuição de renda e por gastos governamentais em escala quase comunista, como ocorreu na Inglaterra nos anos 60 e 70 do século 20.

A História ensina que uma disparidade de renda significativa é menos benigna que uma carga tributária moderadamente desconfortável. Grandes discrepâncias de riqueza e de renda podem tirar economias aparentemente prósperas dos trilhos – como aconteceu na Argentina peronista.

Sangue em St. Peter's Field

Mesmo as nações mais estáveis, liberais e apegadas ao livre mercado não estão imunes a catástrofes desse tipo. O Reino Unido pós-Napoleão chegou mais perto do que se costuma imaginar de perturbações que poderiam ter posto fim à sua prosperidade. Nos primeiros estágios da Revolução Industrial, os trabalhadores ingleses, atraídos pelos altos salários nas fábricas, começaram a se aglomerar em cortiços fétidos na região de Midlands. Durante as guerras napoleônicas, o salário semanal para operadores de máquinas de porte médio era de 60 xelins por semana, o que bastava para tornar toleráveis as condições desumanas de seu alojamento. As quedas de preços do período pós-napoleônico vieram acompanhadas por um colapso de salários, que caiu para uma média semanal de 24 xelins, e pelo fortalecimento das Leis do Milho, que proibiam a importação de cereais para a Inglaterra e mantinham artificialmente elevado o preço dos grãos no mercado interno. Essa combinação entre salários baixos e preços inflacionados para os alimentos levou dezenas de milhares de pessoas à miséria, deixou muitas à beira da morte por fome e desestabilizou o cenário político.

Embora a House of Commons da Inglaterra possa ser considerada a mãe dos parlamentos, ela não representava os interesses populares até o início do século 19. O direito de voto extremamente restrito induzia os representantes a votar a favor do Sul e do Oeste britânico. O partido conservador (Tory Party) podia, conforme sua vontade, facilmente comprar, vender ou mesmo cancelar eleições. A condição desesperadora da nova classe trabalhadora urbana levou à necessidade de uma reforma parlamentar e resultou na formação de um grupo crescente de políticos radicais.

O governo reacionário de Liverpool e de Castlereagh, preocupado com o fantasma da Revolução Francesa e aterrorizado diante da perspectiva de um levante jacobino na Inglaterra, interpretava incorretamente o movimento reformista e via rebelião por todos os lados. Em março de 1817, o governo suspendeu o direito de *habeas corpus* por quase um ano. A suspensão conteve temporariamente a agitação dos radicais, mas, quando o direito foi restaurado, uma série de greves gerou tumultos em Lancashire. Em 16 de agosto de 1819, um dia quente e claro, os reformistas realizaram uma marcha de protesto pelos subúrbios de Manchester e um comício em um campo perto da Igreja de St. Peter's, a fim de escolher um novo parlamentar. A "eleição" era ilegal, e o comício contava com a presença de um renomado orador radical, Henry Hunt. O público era imenso, especialmente para a época. A melhor estimativa fala em 90 mil pessoas presentes no local, das quais 60 mil na praça diante da igreja.

As autoridades, que já estavam em alerta devido a denúncias (falsas) de armas ocultas, cercaram o local com 1,5 mil soldados. A marcha ordeira e o comportamento calmo da multidão causaram estranheza aos soldados, que entraram em pânico e decidiram deter Hunt. Em mais uma ilusão de uma lógica já distorcida, as autoridades decidiram usar a força, tendo em vista o número de presentes. Os soldados abriram caminho em meio à multidão usando suas espadas, para capturar Hunt, e a situação logo escapou ao controle. Centenas de presentes foram feridos, mas o fato de que armas de fogo não tenham sido usadas – o sabre e os bastões eram as armas preferenciais – limitou a 11 o número de mortos.

Uma das vítimas, um veterano da batalha de Waterloo chamado Richard Lees, declarou que, ao menos no campo de batalha belga, o combate havia sido homem a homem; o acontecido naquele dia no campo da igreja de St. Peter's havia sido homicídio, puro e simples. Lees morreu em função dos ferimentos sofridos, pouco depois de fazer a declaração. O massacre logo ganhou o apelido de "Peterloo" e se tornou mote para apelos por uma reforma política. O poeta Shelley, em *A Máscara da Anarquia*, escreveu:

"Com o homicídio me deparei
E ele usava a máscara de Castlereagh"*

A violência chocou a Inglaterra e deu força ao partido Whig, que defendia a reforma. Em 1833, a Lei Fabril encarregou o governo de supervisionar a segurança da indústria. No mesmo ano, os primeiros funcionários do serviço de emigração passaram a garantir que os passageiros em viagens transatlânticas para os Estados Unidos fossem bem alimentados. Em 1846, depois de décadas de conflitos políticos, o Parlamento finalmente revogou as Leis do Milho e deu início a um período de comércio internacional mais livre, que reduziu os preços dos bens de consumo, principalmente dos grãos.

Três anos mais tarde, o Parlamento também revogou a Lei de Navegação, o que facilitava a vida dos trabalhadores ao promover um nova queda nos preços dos grãos. A despeito dos protestos das companhias ferroviárias contra a "interferência no direito de propriedade", as Leis Ferroviárias promoveram mais segurança no transporte do setor. Serviços de saúde governamentais foram criados para fiscalizar a higiene nos cortiços industriais, e o Parlamento reforçou severamente a fiscalização dos bancos. Em um brilhante feito de engenharia social, o prefeito de Londres (e posterior primeiro-ministro), Robert Peel, organizou a primeira força policial urbana. Na metade do século 19, a Inglaterra passou por uma das mais agressivas expansões de poderes governamentais sobre o comércio e sobre a vida privada vistas no mundo ocidental. O Reino Unido do século 19 jamais foi o paraíso de *laissez-faire* que os libertários modernos romanticamente descrevem.

HOOVER, MACARTHUR, ROOSEVELT E A MARCHA DOS VETERANOS

Uma sequência semelhante de acontecimentos ocorreu nos Estados Unidos um século mais tarde, nas profundezas da Grande Depressão, que assistiu a um desemprego da ordem de 25%. Em julho de 1932, Rexford Tugwell, assessor de Franklin Delano Roosevelt, então candidato à presidência, observou que:

> A essa altura, milhões de pessoas desprovidas de qualquer forma de emprego estavam fortemente desesperadas. As organizações privadas de caridade haviam praticamente exaurido seus recur-

---

* Nota ao leitor: A pronúncia de "Castlereagh" cria uma rima.

sos, e as agências públicas racionavam seus magros orçamentos. Os salários dos dirigentes estavam sendo tão reduzidos quanto os dos trabalhadores, isso nos casos em que ainda havia emprego. As pessoas endividadas tinham pagamentos a vencer, mas não eram capaz de realizá-los. Tinham de aceitar a execução de hipotecas sobre suas propriedades ou a perda de sua caução, que em muitos casos representava anos de economias, talvez suas empresas ou suas casas.

A semelhança entre as cenas norte-americanas e as da Alemanha, um país no qual o desemprego era ainda maior e as ruas estavam repletas de militantes políticos homicidas, não escapou a Tugwell:

> Não tínhamos tempo para estudar cuidadosamente os acontecimentos lá, mas era evidente que prenunciavam algo de sinistro. Além disso, apresentavam semelhança assustadora com ocorrências em nosso país, que haviam começado a acontecer com a mesma urgência.

Milhões de pessoas, desempregadas e sem perspectiva de trabalho, deixaram suas casas e saíram pelas ferrovias, rodando o país em vagões de carga ou acampando em grandes favelas sem nenhuma condição sanitária, conhecidas como Hoovervilles, que surgiram em toda parte. Os acontecimentos chegaram a seu ponto culminante no final de julho, quando veteranos da Primeira Guerra Mundial chegaram a Washington para exigir o pagamento antecipado de uma bonificação, prometida para antes de 1945. O presidente Hoover, temendo uma revolução incipiente, ordenou que o chefe do Estado-Maior do Exército, o general Douglas MacArthur, com a assistência de dois jovens subordinados chamados Eisenhower e Patton, retirasse os manifestantes da Pennsylvania Avenue e do acampamento adjacente onde se haviam instalado, em Anacostia Flats. As ordens de Hoover a MacArthur, transmitidas pelo secretário da Guerra, Patrick Hurley, eram claras.

> O presidente acaba de me informar que o governo civil do Distrito de Colúmbia o alertou de que não é mais capaz de manter a lei e ordem no distrito. O senhor conduzirá tropas federais à cena dos

distúrbios, imediatamente. Cerque a área afetada e a limpe o mais rápido possível.

Uma vez mais, soldados de uma democracia liberal avançaram com espadas desembainhadas contra uma multidão de civis. Mas, dessa vez, em função de um incidente técnico militar – soldados de cavalaria montados, como os designados para a missão, podem dispersar oponentes desarmados golpeando-os com o lado plano da lâmina, sem lhes causar ferimentos sérios –, o estopim não foi aceso, ainda que por pouco. Mas ver soldados do exército regular atacando veteranos de guerra desarmados enojou a nação, por isso qualquer chance de reeleição que Hoover tivesse desapareceu naquela tarde. Roosevelt, que havia sido indicado quatro semanas antes para disputar a presidência, chegou à conclusão de que Hoover estava derrotado e pôde reduzir seus compromissos de campanha e dedicar tempo precioso ao planejamento do New Deal.

Tanto o Reino Unido quanto os Estados Unidos chegaram mais perto de uma revolução, nessas ocasiões, do que muita gente gostaria de admitir.* Nas duas décadas que se seguiram à Batalha de Anacostia Flats, uma estrutura tributária progressiva e programas sociais redistributivos minimizaram as desigualdades econômicas nos Estados Unidos. Ainda que os dados de Piketty e Saez demonstrem que essas disparidades tenham começado a crescer outra vez nas décadas recentes, a insatisfação resultante evidentemente não atingiu níveis de crise, como nos períodos pós-Waterloo e da Grande Depressão. Por enquanto.

Forçando os limites

Existe um jogo de concessão e compensação, portanto, entre o crescimento econômico e a coesão social. Podemos pensar em uma "dinâmica de estabilidade" por meio da qual uma sociedade garante os direitos de propriedade e restringe a tributação na proporção necessária para garantir crescimento econômico, mas sem gerar desigualdades de renda extremas o suficiente para causar instabilidade política e social.

---

* Para um panorama ideal das condições quase revolucionárias na Inglaterra do começo do século 19, ver R. J. White, Waterloo to Peterloo (Londres: Heinemann, 1957).

Os Estados Unidos parecem estar estudando cautelosamente o limite justo dessa dinâmica, para determinar que dimensão de desigualdade de renda e de riqueza será considerada tolerável, visando encorajar o crescimento ideal.

O resto dos países desenvolvidos parece operar no limite oposto dessa dinâmica, para determinar até que ponto o crescimento econômico pode ser sacrificado em nome do encorajamento à máxima igualdade e felicidade. Os países escandinavos e os Estados Unidos servem como exemplos limítrofes quanto aos gastos do governo. Entre 1924 e 1995, a porção do PIB dinamarquês canalizado para o Estado subiu de 11% para 51%. Nos Estados Unidos, esse percentual é de cerca de 30% do PIB, se computados os gastos dos governos federal, estaduais e locais. Considerando a dolorosa reacomodação recente no nível de serviço governamental do norte da Europa, diante do padrão estabelecido nas décadas precedentes, os europeus parecem estar próximos do limite máximo de tributação.

Como é possível que as economias do norte da Europa, tributadas em 50% de sua produção, sejam capazes de sustentar prosperidade semelhante à dos Estados Unidos, cuja economia paga apenas 30% de impostos? Três motivos se destacam.

- O sistema de bem-estar social europeu criou uma reserva sólida de cidadãos participativos que respeitam de bom grado as normas sociais e o Estado de direito e pagam impostos. Os mecanismos para isso são diversificados – vão da evidente improbabilidade de que um desempregado roube se estiver na fila do salário-desemprego aos benefícios sutis do efeito participativo sobre a arrecadação tributária e o cumprimento de contratos comerciais. Todos esses efeitos benéficos dos altos gastos em programas sociais resultam em custo baixo de execução e aplicação dos direitos de propriedade, o que compensa, em larga medida, os danos que os altos impostos causam aos incentivos econômicos.
- Ainda que os gastos dos governos europeus e do norte-americano sejam extremamente elevados com relação aos padrões históricos, eles consistem basicamente em pagamentos de transferência, por isso causam pouca "perda de valor" – o desperdício que ocorre quando o comprador e o consumidor do serviço não são a mesma pessoa.

As despesas militares têm alto índice de desperdício. Assim, os 15% a 25% do PIB que a União Soviética e o Império Habsburgo dedicavam às Forças Armadas provaram ser muito mais prejudiciais que os 50% do PIB que a Europa setentrional dedica aos gastos sociais, uma vez que a defesa responde por uma parcela minúscula de seu PIB.

- Por fim, os europeus tributam de forma mais inteligente que os estadunidenses. O sistema tributário europeu é surpreendentemente regressivo, mas mais eficiente que o norte-americano em termos econômicos. Depende mais de tributos sobre o consumo, como o imposto sobre valor agregado, e menos de taxas economicamente ineficientes sobre renda, dividendos e ganhos de capital, que é o caso nos Estados Unidos.

Será que os norte-americanos se tornaram mais tolerantes quanto à desigualdade de renda nos últimos 100 anos? Se isso é verdade, é resultado apenas das redes de segurança redistributivas que começaram a surgir com o New Deal, sem as quais o país há muito tempo teria experimentado severa instabilidade social e política. No entanto, não deveríamos exagerar na complacência. A tolerância à desigualdade de renda cai dramaticamente em períodos de crise, como aconteceu durante a Depressão. Talvez isso represente mais uma virada em um longo e incessante ciclo político e econômico do tipo, como proposto por Kondratieff, com alternância entre períodos de *laissez-faire* e de vigor redistributivo, pois os excessos de um regime geram reforma no seguinte.* Nossa melhor esperança é que as grandes democracias liberais, tanto as emergentes como as já estabelecidas, administrem esse eterno ciclo de forma razoavelmente ordenada.

> A TOLERÂNCIA À DESIGUALDADE DE RENDA CAI DRAMATICAMENTE EM PERÍODOS DE CRISE.

---

* Nikolai Kondratieff foi um economista russo que, nos anos 1920, escreveu sobre ciclos, ou ondas, econômicos recorrentes com 60 anos de duração, que envolvem produção e investimento. Kondratieff concluiu que essas ondas significavam que os males do capitalismo dos anos 1930 eram temporários e se autocorrigiriam. Stálin não gostou e o enviou ao Gulag, onde ele morreu em 1938. Ver Nikolai Kondratieff, The Long Way Cycle (Nova York: Richardson and Snyder, 1984).

Inflação *versus* emprego

A abordagem de estudo da felicidade com base em "dados concretos" também esclarece as compensações e as concessões mútuas entre a inflação e o emprego. Dinheiro fácil gera inflação mais alta e desemprego mais baixo, enquanto um arrocho monetário tem o efeito oposto. Leitores de certa idade recordarão o "índice de miséria" adotado nos Estados Unidos durante a presidência de Jimmy Carter – a soma de desemprego e inflação. Como vimos no capítulo anterior, o desemprego é uma forte causa de miséria. Será que a inflação faz o mesmo? Não, não faz. Um estudo sobre o efeito do desemprego e da inflação sobre a felicidade de 12 nações europeias e dos Estados Unidos constatou que um ponto percentual de alta no desemprego causa duas vezes mais infelicidade que um ponto percentual de alta na inflação. Uma discussão detalhada quanto à pobreza, à inflação e ao desemprego vai muito além do escopo deste livro, mas as autoridades econômicas dos países desenvolvidos e em desenvolvimento fariam bem em considerar que a inflação causa muito menos sofrimento emocional que o desemprego. Do ponto de vista contrário, aqueles que favorecem um Estado de bem-estar social ao estilo europeu deveriam considerar o efeito corrosivo dos altos níveis de desemprego inerentes a esse sistema sobre o moral público.

Países ricos, países pobres

A última consideração quanto a concessões e compensações que faremos envolve a melhor forma de assistência dos países ricos aos países em desenvolvimento. O dinheiro, o esforço e o pessoal que podem ser dedicados a esse tipo de empreitada são limitados. Ao longo dos últimos 50 anos, os países mais avançados agiram de duas maneiras com relação às nações menos ricas: agências governamentais e não governamentais ofereceram assistência "humanitária", de modo disperso e indiscriminado, em geral, nas áreas da agricultura e da saúde; em nível governamental e internacional, grandes empréstimos foram concedidos, para projetos de infraestrutura. Outro caminho para a assistência é a assistência política. De vez em quando, países ricos, principalmente os Estados Unidos, encorajam e fiscalizam eleições livres (exceto em nações governadas por déspotas amigos do Ocidente).

Como os países desenvolvidos poderiam empregar esses recursos limitados do modo mais eficiente? Paddy Ashdown, alto representante da ONU na Bósnia e Herzegovina, oferece uma resposta sucinta: "Em retrospecto, deveríamos ter dado prioridade ao estabelecimento de um Estado de direito, pois tudo mais depende disso: uma economia funcional, um sistema político livre e justo, o desenvolvimento da sociedade civil, a confiança do povo na polícia e nos tribunais".

Em outras palavras, antes que uma nação construa estradas, clínicas e represas, precisa capacitar seus juízes e advogados. Depois, é necessário paciência em doses cavalares. Antes que a democracia floresça no país, sua economia tem de florescer por décadas. Tentativas de plantar as sementes da democracia em culturas agrícolas ou nômades tradicionais estão fadadas ao fracasso. Projetos de assistência podem resultar na construção de estradas e de escolas, mas, se os direitos de propriedade e o Estado de direito forem ignorados, essas instalações se deteriorarão e cairão em desuso, como ocorreu na Turquia otomana dois séculos atrás e na África há 30 anos.

Devemos nos preocupar com a possibilidade de que reformas pró-mercado ampliem a disparidade de renda nos países em desenvolvimento? Não. O fato de que o Estado de direito não existe permite que as elites governantes e seus "compadres" desenvolvam comportamento rentista altamente lucrativo e, em determinados momentos, pratiquem o roubo escancarado. Mesmo no México, que adota um sistema tributário abertamente redistributivo, os 10% mais ricos da população têm renda 11,6 vezes superior à dos 10% mais pobres – enquanto os Estados Unidos apresentam 5,5 e a Suécia, 3.

É comum alegar que os países em desenvolvimento não podem "arcar com o custo" das reformas de mercado devido ao efeito adverso que elas exercem sobre as pessoas nos degraus mais baixos da pirâmide social. Ao menos em seus estágios iniciais, a melhora das instituições econômicas reduz a desigualdade, porque torna mais difícil roubar. Nos países pobres, então, não existe toma lá, dá cá: a reforma só traz vantagens.

Não ajuda muito oferecer assistência econômica se o país não for um Estado de direito. O melhor exemplo disso é a Nigéria, que desde 1980 exportou mais de 15 bilhões de barris de petróleo, faturando muito mais que o Ocidente poderia ter fornecido em assistência ao país, mas que, no entanto, viu uma queda de 20% em seu PIB per capita entre 1980 e 2003. A única coisa útil que o Ocidente pode doar aos países subdesenvolvidos do planeta é sua herança institucional, sem a qual todas as demais formas de assistência são um desperdício.

CAPÍTULO 12
COBIÇA E CONFLITO: A MALDIÇÃO DO VENCEDOR

A vitória cabe a quem tiver a última moeda.
(Don Bernardino de Mendoza, Theoria y Practica de La Guerra)

O capítulo 10 concluiu que a riqueza não é necessariamente essencial para o bem-estar de uma nação, mas facilita o desenvolvimento de instituições democráticas por ela. Agora, trataremos de outro importante benefício da prosperidade: um forte poderio. Não é exagero afirmar que a economia é uma questão de vida ou de morte para os países. Compreender o desenvolvimento econômico proporciona uma percepção aprofundada da história política das grandes potências e explica a forma assumida pelo mundo moderno.

Os filhos gêmeos da riqueza, democracia e poder, tornam cada vez mais certa a hegemonia mundial de uma das grandes democracias liberais. Aqui, primeiro, trataremos da complexa ligação histórica entre riqueza e poder e depois das surpreendentes vantagens geopolíticas de que dispõem as democracias liberais populosas.

A conexão entre riqueza e poder no mundo moderno é simples. Reduzida à sua essência, a guerra moderna é, em larga medida, uma empreitada industrial, e as nações mais produtivas em geral prevalecem. A história da produtividade militar remonta aos primórdios da História. Na Grécia antiga, as táticas e as panóplias dos hoplitas ofereciam vantagem insuperável aos soldados gregos diante dos oponentes persas. No início da Guerra dos Cem Anos, o arco longo inglês, altamente preciso a distâncias de até 200 metros e com capacidade de disparo de até 12 projéteis letais por minuto, devastou a elite do exército francês em Crécy e em Agincourt. Depois a tecnologia reverteu a sorte no conflito, quando catapultas para uso em cercos permitiram a vitória francesa. Como em qualquer disputa industrial, a produtividade se tornou o fator decisivo. Os produtos podem ser diferentes, mas a natureza da competição é sempre a mesma – quem produzir o equipamento mais letal, ao custo mais baixo e em maior quantidade vencerá.

Da mesma forma que a máquina de fiar de Crompton deu à Inglaterra a vitória na Revolução Industrial, sua contrapartida militar, a metralhadora, permitiu que os britânicos triunfassem em muitos conflitos coloniais do século 19 – como a batalha de Ondurman, no Sudão, onde 11 mil dervixes foram mortos por apenas algumas dezenas de baixas britânicas. De forma semelhante, o comando dos ares e a eficiência na guerra blindada demonstrados pela Alemanha nazista na Polônia, nos Países Baixos e no norte da França permitiram que os alemães derrotassem rapidamente as economias combinadas da Inglaterra e da França, cujos recursos superavam os seus.

A vitória, claro, requer mais que o simples desenvolvimento e a aquisição de equipamento militar. Quem vence uma partida de beisebol não é o fabricante de tacos. Praias precisam ser tomadas de assalto, posições defensivas poderosas têm de ser conquistadas, mares devem ser enfrentados a bordo de depósitos flutuantes de munição, e batalhas aéreas mortíferas necessitam ser vencidas. Mas, sem tacos de beisebol de alta qualidade, até o melhor time termina derrotado.

Além da riqueza bruta, armas avançadas, soldados corajosos e comandados competentes, o domínio geopolítico também requer a vontade necessária para investir sangue e tesouro na busca de poderio nacional. Nos Estados totalitários – na realidade, para a maioria das nações ao longo da História –, isso não representa uma barreira intransponível. Os governantes da Espanha Habsurgo e da antiga União Soviética empobreceram a população de seus países e transformaram seus camponeses em "bucha de canhão" sem pensar duas vezes. No extremo oposto, a Europa moderna e os Estados Unidos do século 19 (excetuado o período da guerra civil) optaram por riqueza, deram preferência ao poder e, assim, direcionaram o mínimo possível de sua produção econômica aos armamentos. Surpreendentemente, a Inglaterra, mesmo no ápice de seu poderio, enquadrava-se nessa segunda categoria. Como suas forças eram muito mais avançadas que as de seus oponentes coloniais, os britânicos operavam seu império com despesa mínima, dedicando menos de 3% de seu PIB às Forças Armadas. Além disso, o PIB inglês, em momento algum, foi muito superior a 10% do produto mundial total (o que se compara aos 40% do produto mundial que os Estados Unidos representavam em 1945 e aos 20% que representam ainda hoje). Em 1880, o número de britânicos servindo às Forças Armadas era mais de duas vezes inferior ao de franceses, três vezes menor que o número de russos e ainda mais desproporcional com relação ao da Alemanha e da Áustria.

Ocasionalmente, um país é capaz de superar a riqueza de um oponente militar. Em um conflito pequeno e localizado, um país pobre e retrógrado que disponha de um exército motivado e disciplinado, lutando em seu território e disposto a arcar com grandes baixas, pode superar um inimigo muito maior e mais rico. Isso acontece com mais frequência em guerras de libertação nacional – na Argélia, na Indochina (duas vezes) e, melhor não esquecer, na América do Norte durante a guerra de independência dos Estados Unidos.

No período pré-moderno, a distância oferecia segurança, o que se provou especialmente válido na guerra de independência dos Estados Unidos, na qual os britânicos combatiam sob a intransponível desvantagem de transportar "cada biscoito, bala e homem" pelo frio e tempestuoso Atlântico. Por quase dois séculos, o isolamento físico dos Estados Unidos oferecia um tipo de segurança com o qual um país posicionado no centro do caldeirão europeu só podia sonhar.

No século 19, as coisas começaram lentamente a mudar, quando o uso do vapor permitiu que o Ocidente projetasse seu poderio com mais eficiência através dos oceanos e mesmo do interior dos continentes, onde houvesse rios navegáveis, como aconteceu na África (Congo) e na China (Yangtzé). Áreas montanhosas, principalmente no Afeganistão, mostraram ser mais resistentes. No entanto, no século 20, tornou-se possível superar até essa extrema desvantagem geográfica. Aqueles que previram que as forças norte-americanas no Afeganistão sofreriam o mesmo triste destino que os britânicos enfrentaram em séculos anteriores deixaram de considerar que o míssil de cruzeiro, os bombardeios de longo alcance, os porta-aviões e os helicópteros servem para neutralizar os aliados tradicionais dos guerreiros afegãos – a inacessibilidade física e o terreno difícil.

Tendo isso em mente, a análise de Mendoza – a de que a vitória cabe a quem tiver mais dinheiro – provou estar fundamentalmente correta. Nos prolongados conflitos mundiais entre grandes coalizões que caracterizaram a Idade Moderna, os fatores tecnológicos, geográficos e motivacionais que afetaram diferentemente os muitos países envolvidos e os campos de batalha altamente dispersos acabaram se tornando superáveis, e a vitória coube àqueles que dispunham do maior poderio econômico.

> A Segunda Guerra Mundial é o exemplo máximo de guerra como competição industrial.

A Segunda Guerra Mundial é o exemplo máximo de guerra como competição industrial. No início do conflito, o PIB combinado das primeiras potências aliadas – Reino Unido e França – mal excedia o das potências do Eixo (Alemanha e Itália) – US$ 475 bilhões para os Aliados e US$ 400 bilhões para o Eixo, em dólares de 1990. Dada a superioridade alemã em moral combatente, veículos blindados e forças aéreas, os nazistas logo conquistaram a Polônia, em setembro de 1939, e a França, em junho de 1940. Depois disso, a Inglaterra teve de encarar sozinha a assustadora máquina militar e econômica da Alemanha, e sua sobrevivência parecia incerta. Nos dias posteriores à queda da França, o Reino Unido quase capitulou. Apenas as manobras habilidosas de Churchill nas reuniões de gabinete, contra o oponente derrotista lorde Halifax, evitaram um fim desonroso para 900 anos de independência da Inglaterra.

Os britânicos persistiram aos tropeços por mais 19 meses antes que os Estados Unidos entrassem na guerra, em 1941. Isso alterou o cômputo econômico dos combatentes para US$ 1,75 trilhão (Estados Unidos, Reino Unido e União Soviética) contra os US$ 600 bilhões dos oponentes (Alemanha, Itália e Japão). Churchill, como era seu costume, anteviu a verdade essencial em meio à confusão estratégica que prevalecia nos dias posteriores a Pearl Harbor: "O destino de Hitler estava selado. O destino de Mussolini estava selado. Quanto aos japoneses, eles seriam esmigalhados. *Restava apenas aplicar devidamente nossa força esmagadora*". (Ênfase acrescentada pelo autor.)

A Batalha de Midway, para mencionar um exemplo conhecido, é muitas vezes vista como "ponto de inflexão" ou confronto "decisivo" na guerra do Pacífico. Ainda que os Aliados tivessem decifrado os códigos japoneses e determinado as intenções inimigas, o resultado da batalha não estava garantido.

Um ataque norte-americano gravemente descoordenado por fim encontrou três porta-aviões japoneses temporariamente indefesos e com os conveses de voo repletos de combustível e de bombas no exato momento em que os bombardeiros norte-americanos os sobrevoavam. O historiador militar B. H. Liddell Hart define Midway como exemplar no que tange à influência do acaso nas batalhas aeronavais travadas em novo estilo. A interpretação militar convencional é a de que uma derrota norte-americana em Midway teria devastado as perspectivas aliadas no Pacífico e permitido que os japoneses persistissem na guerra por anos ou até mesmo forçado Washington a negociar a paz.

Mas uma observação sumária dos números basta para revelar uma situação diferente. Os dois lados começaram a guerra com cerca de meia dúzia de grandes porta-aviões de esquadra. O Japão usou quase todos os seus no ataque a Pearl Harbor, e quatro foram perdidos em Midway. No final de 1942, quatro dos porta-aviões norte-americanos também haviam sido afundados (o Lexington, no Mar de Coral; o Wasp, por um submarino; o Hornet, perto de Guadalcanal; e o Yorktown, em Midway). Assim, por volta do final de 1942, restavam a cada um dos lados apenas alguns poucos porta-aviões de esquadra, dos quais um ou dois em geral estavam atracados para reparos ou reabastecimento em cada determinado momento. Nos três anos seguintes, os japoneses só produziram mais dois porta-aviões de esquadra, enquanto os Estados Unidos construíam 16. Os japoneses também construíram 14 porta-aviões de menor porte, enquanto os norte-americanos construíam 118 (embora muitos desses tenham servido para a proteção dos comboios no Atlântico).

Aproximadamente no término de 1943, o almirante Nimitz tinha a seu dispor uma dúzia de porta-aviões de esquadra para a invasão das ilhas Gilbert, o que dava aos norte-americanos controle absoluto do ar e do mar. Se os japoneses tivessem vencido em Midway de forma decisiva, o cômputo ainda seria de nove porta-aviões de esquadra para os norte-americanos e de cinco para os japoneses. De qualquer forma, os Estados Unidos eram capazes de repor a perda de três grandes porta-aviões em um prazo de seis meses, enquanto os japoneses demoraram mais de um ano para produzir seus dois últimos. Em função de tal margem de superioridade em outros navios de primeira ordem, submarinos e aviões, "aplicar devidamente a força esmagadora" de que dispunham os norte-americanos resultaria em derrota certa para o Japão. A guerra no Pacífico foi decidida tanto nos estaleiros norte-americanos quanto nas ilhas sangrentas e nos oceanos.

Embora a vitória requeira mais que apenas dinheiro, a riqueza sempre teve importância central nas empreitadas militares. As circunstâncias econômicas ditam o destino das grandes potências.

A QUEDA DE CRESO

Reza a lenda que Creso, o fabulosamente rico rei dos lídios, enviou alguns de seus cortesãos a Delfos, para que perguntassem ao oráculo se ele deveria ou não atacar os persas. O oráculo respondeu que "caso enviasse um exército contra os persas, destruiria um grande império". Encorajado, Creso decidiu atacar. Ele descobriu em batalha que o oráculo tinha feito uma previsão perfeita – mas o império destruído foi o dele.

A hegemonia, muitas vezes, traz em si as sementes da destruição. Os economistas conhecem há muito tempo a "maldição do vencedor": quem vence um leilão muitas vezes paga demais e se sai pior do que teria saído caso houvesse "perdido". Na geopolítica, a maldição do vencedor provou ser quase uma lei da natureza, por simples razão: manter e exercer grande poder requer gastos astronômicos. É fato que a aquisição de território pode proporcionar um saudável fluxo inicial de tesouros, mas, depois que o saque se reduz, as despesas se multiplicam, porque o "vencedor" precisa guarnecer, reprimir e defender terras cada vez mais distantes – o que resulta naquilo que o historiador Paul Kennedy define como "distensão imperial".

No período de 1500 até os dias atuais, os conflitos se tornaram mais e mais caros. Os grandes combatentes em uma guerra do século 16 gastavam dez milhões de libras ou mais ao longo de um conflito. Na época das guerras napoleônicas, os gastos dos grandes combatentes eram de mais de cem milhões de libras ao ano. Nas "guerras francesas", entre 1793 e 1815, os gastos britânicos totais excederam 1,6 bilhão de libras.*

Os gastos bélicos cresciam em ritmo muito mais acelerado que as economias que os bancavam. Entre 1600 e 1820, a economia inglesa cresceu

---

* Os montantes são calculados com base em libras esterlinas correntes na época. Os dez milhões de libras para um conflito do século 16 valeriam US$ 500 milhões hoje; o 1,6 bilhão de libras que custaram as guerras francesas equivaleria a US$ 60 bilhões atuais. Entre os dois períodos, a inflação foi relativamente baixa. Ver Roger Ibbotson e Gary Brinson, Global Investing, 1993, p. 251-252.

apenas 600%, a francesa, menos de 300% e a espanhola, nem 100%. Ainda que alguns poucos príncipes pré-modernos talvez estivessem cientes do risco de gastar demais com suas guerras, foi Adam Smith, em uma palestra apresentada em 1755, que formalizou os efeitos adversos da guerra e da tributação esmagadora necessária para bancá-la:

> "Pouco mais é necessário a conduzir um Estado ao maior grau de opulência, do mais baixo barbarismo, além de paz, impostos leves e uma administração tolerável da justiça; e tudo mais será propiciado no curso natural das coisas".

É uma infelicidade que os Habsburgo e os Bourbon não contassem com os conselhos do sábio e taciturno escocês. O capítulo 8 mencionou as obrigações militares cada vez mais pesadas da Espanha e as moratórias sucessivas do país. Quando Felipe II morreu, em 1598, a Coroa Espanhola devia cem milhões de ducados de ouro, dez vezes o custo da malfadada Armada de 1588 e 50 vezes o rendimento anual da prata do Novo Mundo, que no momento estava próximo de seu pico.

O espírito aventureiro extravagante de Felipe foi apenas um prelúdio para a desastrosa Guerra dos 30 Anos (1618-1648), um massacre religioso europeu que sugou grande número de pessoas e de dinheiro de todo o resto da Europa até a Alemanha e os Países Baixos, além de ter condenado ao fracasso os Habsburgo, desprovidos de recursos. Por volta de 1600, o fluxo de metais preciosos do Novo Mundo havia caído mais de 80%, e a Espanha havia perdido a receita da Holanda. Só lhe restavam os magros recursos de sua economia interna.

Com a disparada em seus compromissos e despesas e a queda rápida em seus recursos, não haveria brilhantismo estratégico ou coragem – qualidade que a Espanha exibiu amplamente ao longo de seu declínio – capaz de superar o fato de que o país havia esgotado seus recursos. Não demorou para que Portugal e Holanda conquistassem sua independência da Espanha e a humilhassem nas negociações de paz. Paul Kennedy, de novo, constata: "Os Habsburgo simplesmente tinham muito a fazer, inimigos demais a combater, frentes demais a defender... O preço da posse de tamanhos territórios era a existência de numerosos inimigos".

Os Habsburgo costumavam gastar duas ou três vezes mais dinheiro do que arrecadavam. Em uma época de crise mortal, gastos militares tão exagerados e flagrantes podiam ser justificados, mas mantê-los ao longo de décadas condenou o país ao declínio, não importava o resultado das batalhas.

Quem tomou o lugar da Espanha? A Holanda era pequena demais para concorrer com os Estados-Nações que estavam surgindo a seu redor. Com relação a seus vizinhos maiores, a Holanda já havia passado de seu apogeu ao conquistar a independência, no final da Guerra dos 30 Anos. A Inglaterra, que poderia ter se beneficiado com a queda da Espanha, estava naquela altura começando a consertar os estragos de sua ruinosa guerra civil: uma série de desastrosos protetorados, parlamentos e, posteriormente, monarquias Stuart.

Isso tudo teria dado à França a oportunidade de ocupar a lacuna de poder deixada pela implosão dos Habsburgo, mas o país também tinha gasto demais ao longo do conflito. Espanhóis e franceses continuaram em guerra por mais 11 anos depois da Paz de Westfália, firmada em 1648, e quando assinaram o Tratado dos Pirineus (1659) a França estava devastada financeiramente tinha uma população empobrecida e um crédito arruinado.

O país demoraria muitas gerações até aprender a controlar seu apetite bélico. Luís XIV iria se provar tão irresponsável e perdulário quanto os Habsburgo. O perceptivo Colbert compreendia bem a magnitude do estrago fiscal causado pelas aventuras militares do Rei-Sol, mas suas tentativas de contê-lo em geral fracassaram. O único conflito que o *contrôler* apoiou foi a expedição de 1672 contra a Holanda, oponente da França no grande jogo do mercantilismo.

A mais escancarada e dispendiosa das aventuras de Luís XIV foi a Guerra da Sucessão Espanhola. Quando o último e patético rei Habsburgo da Espanha, Carlos II, morreu, em 1700, Luís colocou seu neto Felipe de Anjou no trono, como Felipe V, ocupou o sul dos Países Baixos e monopolizou todo o comércio com a América espanhola. De um só golpe, o monarca realizou o impossível ao unir praticamente toda a Europa em uma grande coalizão – contra ele. O inevitável conflito privou a França de grandes territórios e de concessões comerciais no Novo Mundo, separou as duas monarquias Bourbon, entregou Gibraltar aos britânicos e sobrecarregou o reino do moribundo Rei-Sol com uma dívida imensamente superior à que tinha antes dele.

O desastre financeiro da França depois da Guerra de Sucessão Espanhola preparou o terreno para o Crepúsculo dos Deuses financeiros da época, quando o escocês John Law convenceu a Coroa Francesa a permitir que ele assumisse as esmagadoras dívidas da monarquia em troca de ações em sua Mississipi Company. A especulação com os papéis da Mississipi Company deflagrou a maior explosão financeira da História, a bolha combinada das companhias Mississipi e Mares do Sul, em Paris e em Londres, em 1719-1720.*

Três gerações mais tarde, o bisneto do Rei-Sol, Luís XV, envolveria a França na Guerra dos Sete Anos, a primeira das guerras realmente mundiais, e uma vez mais esgotaria os cofres do país. A Inglaterra tomou o resto da porção francesa do Canadá e eliminou a influência do oponente nas Índias Ocidentais e na Índia. Talleyrand foi quem melhor expressou a cordata incapacidade dos Bourbon para conter seu lado aventureiro ao descrever o *ancien régime* (antigo regime) com a frase "*ils n'ont rien appris, ni rien oublié*" ("eles não aprenderam nada e não esqueceram nada").

A Inglaterra tampouco escapou das perturbações financeiras ou da insensatez militar. Até seu restrito envolvimento na Holanda durante a Guerra dos 30 Anos distendeu a limitada economia britânica. O Parlamento e a Coroa travavam disputas constantes quanto a despesas de guerra, por isso quando Carlos I decretou um confisco arbitrário de fundos para a construção naval (o infame Ship Money) deflagrou uma guerra civil que lhe custaria a cabeça.

Meio século mais tarde, a Guerra da Sucessão Espanhola também sobrecarregou a Inglaterra com dívidas consideráveis. Como na França, uma empreitada comercial especulativa, a Companhia dos Mares do Sul, assumiu a considerável carga da dívida governamental causada pelos custos com a guerra e, assim como a Mississipi Company de Law, passou por uma bolha. Como a dívida inglesa era menor e o mercado de capitais do país mais saudável, a bolha da Mares do Sul causou menos estragos em Londres em 1720 do que a bolha da Mississipi Company causou em Paris. A Inglaterra também se envolveu em despesas militares insensatas no século 18 – a guerra

---

* Com relação ao PIB, a bolha dos Mares do Sul foi maior que a mania da internet do final dos anos 90. A melhor estimativa avalia a capitalização total do mercado de ações inglês em 500 milhões de libras em 1720, ou seja, sete vezes o PIB. No auge da loucura da internet, o valor total de todas as empresas de capital aberto nos Estados Unidos era de apenas duas vezes o PIB.

da independência dos Estados Unidos, um conflito cujo resultado estava decidido de antemão pelas realidades geográficas.

> No final da Revolução Americana, o Reino Unido e a França tinham dívidas nacionais semelhantes, da ordem dos 200 milhões de libras.

Os franceses não conseguiram evitar a tentação de interferir no conflito na América, e Luís XVI repetiria os erros de seu avô e de seu tataravô. A guerra da França contra os britânicos (simultânea à guerra de independência dos Estados Unidos) custou mais ao país que as três guerras anteriores.

Os governos britânico e francês, uma vez mais, apelaram aos sofisticados mercados financeiros para obter empréstimos que permitissem cobrir a disparidade entre os imensos custos das guerras modernas e suas economias nacionais relativamente fracas. No final da revolução americana, o Reino Unido e a França tinham dívidas nacionais semelhantes, da ordem dos 200 milhões de libras.

Novamente, o destino das nações dependia de detalhes fiscais corriqueiros, no caso, o nível dos juros. Com seus mercados de capital superiores, a Inglaterra conseguia captar recursos pela metade do custo pago pela França. Assim, o custo britânico de serviço dos empréstimos resultantes equivalia à metade do francês. A Inglaterra tinha mais facilidade que a França para arcar com a carga. A inadimplência francesa deflagrou uma grave série de acontecimentos: Luís convocou uma rara reunião dos Estados Gerais, em 1789, e isso deu origem à Revolução Francesa. Observadores contemporâneos não ignoram a conexão entre finanças e vitória. De acordo com o bispo Berkeley, o crédito era "a principal vantagem que a Inglaterra tinha sobre a França".

A revolução devastou os mercados de capital franceses, que já não eram sólidos nem mesmo em seus melhores momentos. Em 1797, Napoleão cancelou dois terços das dívidas do governo, o que destruiu a confiança do mercado quanto ao crédito do governo e causou uma disparada dos juros para além dos 30%. Como, então, Napoleão pagou seu imenso exército de recrutamento em massa? Do modo tradicional, com recursos obtidos de conquistas e saques. O audacioso corso impunha reparações e taxas esmagadoras aos inimigos derrotados, que muitas vezes ultrapassavam os 50%

da arrecadação de um país. Dolorosamente ciente de sua situação, ele observou que "meu poder decairá caso eu não o alimente com novas glórias e novas vitórias. A conquista fez de mim o que sou, e só a conquista permitirá que eu retenha minha posição".

Por algum tempo, o processo funcionou. A França prosperou, e as taxas de juros caíram para perto do patamar britânico. Mas a França não foi capaz de evitar a mais velha armadilha da História. Quando o espólio se esgotou, suas finanças rapidamente se estagnaram, e isso privou as Forças Armadas de oxigênio. O famoso *élan* dos soldados camponeses que o império havia transformado em força invencível desapareceu quando o novo e brutal estilo de guerra total acompanhou Napoleão em sua retirada para o solo pátrio. Não demorou até que ele fosse exilado em Elba.

Nos séculos 19 e 20, o custo da guerra continuou a crescer mais rápido que a arrecadação dos governos. Nem mesmo a imposição de tributos bélicos extraordinários bastava para cobrir as despesas, e os governos tinham de captar recursos no mercado para manter suas forças em combate. Como em séculos precedentes, o que separava os vencedores dos derrotados era sua capacidade de captação. Bolsas de valores e quartéis militares formavam um contínuo.

Ao longo dos dois séculos passados, os mercados de capital britânicos e norte-americanos executaram de forma admirável suas missões de batalha. O desempenho da máquina financeira norte-americana nas duas guerras mundiais do século 20 foi tão impressionante quanto o da máquina militar do país. O gráfico 12-1 retrata em linhas gerais uma economia que absorve de forma bem-sucedida os pesados custos de uma guerra, com a ajuda de bom crédito e de mercados financeiros saudáveis. A linha preta marca o montante de gastos militares como porcentagem do PIB (escala esquerda). Primeiro, perceba como os gastos militares norte-americanos eram baixos – menos de 1% do PIB ao longo da maior parte da história do país e menos de 10% durante a Guerra Gria. Ao longo dos três grandes conflitos norte-americanos – a guerra civil e as duas guerras mundiais –, os gastos militares atingiram um pico de 47% do PIB em 1945.

Gastos militares muito altos tornam necessária a obtenção de empréstimos, e o governo dos Estados Unidos recorreu aos mercados de títulos para cobrir a diferença. A linha cinzenta mostra como a carga da dívida (escala direita) demorou décadas depois de cada conflito até ser eliminada.

Gráfico 12-1
Gastos militares e dívida dos EUA como proporção do PIB

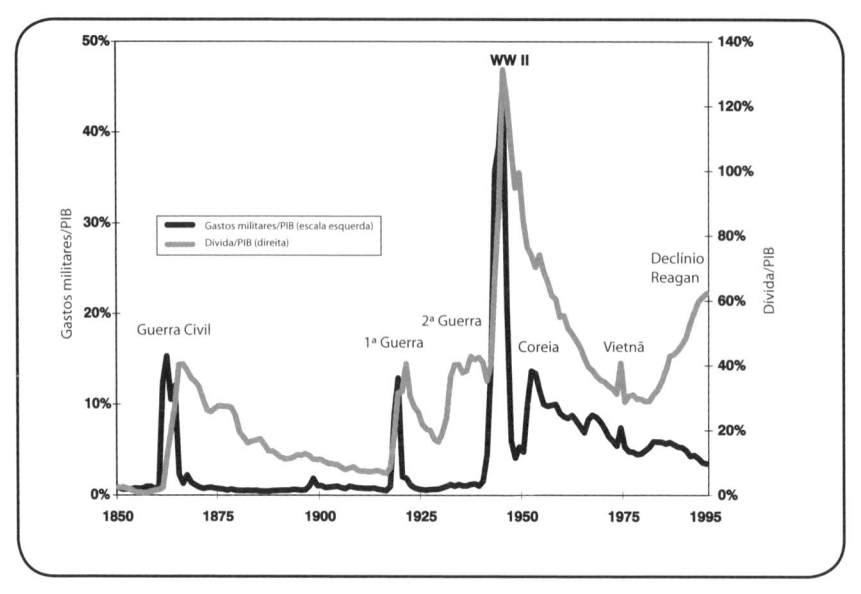

Fonte: Dados do PIB dos EUA fornecidos pelo Departamento de Comércio; dados de gastos militares obtidos do conjunto de dados "Material Capabilities", parte do Correlates of War Project, Universidade de Michigan http://www.umich.edu/~cowproj/; dados da dívida nacional, do Departamento do Tesouro dos EUA.

A curva da dívida mostra duas altas não associadas a condições de guerra: a primeira, para cobrir os custos do New Deal e; a segunda, para cobrir os cortes de impostos e os gastos militares moderadamente elevados do governo Reagan com a Guerra Fria.

A cada novo conflito, os Estados Unidos obtinham financiamento com menos perturbação nos mercados de capitais e com um aumento menor nas taxas de juros do que o que haviam conseguido no conflito precedente. Durante a guerra civil, um governo desacostumado a colocar um grande volume de títulos no mercado teve de confiar no setor privado para fazê-lo (principalmente, no banqueiro de investimento Jay Cooke, cuja genialidade se revelou no estabelecimento de uma grande rede de corretores que vendiam títulos a investidores comuns). Assim, a captação ocorria a um custo relativamente baixo, e os juros sobre os títulos do governo subiram para apenas 6% durante a guerra, contra os 4,5% anteriores ao conflito.

Quando chegou o século 20, o governo havia adquirido capacidade de vender títulos não apenas a compradores institucionais, mas também diretamente aos cidadãos, na forma dos Liberty Bonds (que pagaram os custos da Primeira Guerra Mundial) e dos Savings Bonds (que cobriram o custo da Segunda Guerra Mundial e dos conflitos posteriores).

> UMA GRANDE ECONOMIA, SEM TECNOLOGIA MILITAR E INDUSTRIAL MODERNA, NÃO TEM GRANDE UTILIDADE.

Consequentemente, na Primeira Guerra, as taxas de juros mal se moveram diante do nível de 4% anterior à guerra. E, na Segunda Guerra, o governo e as grandes empresas conseguiram obter vultosos empréstimos sem que isso afetasse os juros. Quando a dívida nacional dos Estados Unidos atingiu o espantoso pico de 131% do PIB do país, em 1945, os títulos do governo estavam sendo vendidos com rendimento de 2,5%, nível semelhante ao do início da guerra.

O resto do mundo não se saiu tão bem. Em quase todos os demais países, uma sequência inexorável de desgaste e exaustão financeira se manifestou nas duas guerras mundiais. As fatais demandas fiscais de um conflito longo e de alta intensidade, travado em múltiplas frentes, corroeram as economias nacionais de todos os participantes da guerra e forçaram os países mais fracos a se endividarem com os aliados mais ricos. Esses países mais fracos (Rússia, Áustria-Hungria e Itália, na Primeira Guerra; Itália e Japão, na Segunda Guerra) não foram capazes de manter suas forças equipadas e alimentadas e precisaram recuar ou, como aconteceu com a Rússia em 1917, sair totalmente da guerra.

O processo, em seguida, espalhou-se pelos Estados que pareciam robustos – no final de 1918, a Alemanha havia concentrado sua capacidade econômica a tal ponto na produção de munições que o PIB do país havia caído cerca de um terço com relação ao nível do pré-guerra. A produção industrial do país caiu ainda mais e a população estava à beira da fome. O gráfico 12-2 mostra os gastos militares alemães no século 20, uma vez mais como porcentagem do PIB. Perceba como os picos do país em período de guerra são maiores, se comparados aos dos Estados Unidos – 84% do PIB na Primeira Guerra e 139% do PIB na Segunda Guerra. Além disso, esse nível de gastos foi sustentado por longos períodos – a Alemanha se manteve em combate por quase seis anos na Segunda Guerra e, já em 1938, os gastos militares respondiam por um terço de seu PIB. Nem mesmo os gigantescos mercados de capital norte-americanos seriam capazes de manter um esforço dessa ordem; que dirá os mercados de capitais alemães, muito menos desenvolvidos, que certamente não estavam a essa altura.

Quando as duas guerras mundiais chegaram ao fim, os Estados Unidos eram o único combatente ainda em pé, não só em termos militares como também econômicos, enquanto a Inglaterra tinha uma pesada dívida com os norte-americanos. A última tarefa na longa e distinta carreira de lorde Keynes foi a sofrida comissão que ele liderou em 1946, em uma conferência monetária internacional nos Estados Unidos, a fim de conseguir termos mais favoráveis para o pagamento da dívida de guerra britânica.

Gráfico 12-2
Gastos militares alemães como porcentagem do PIB

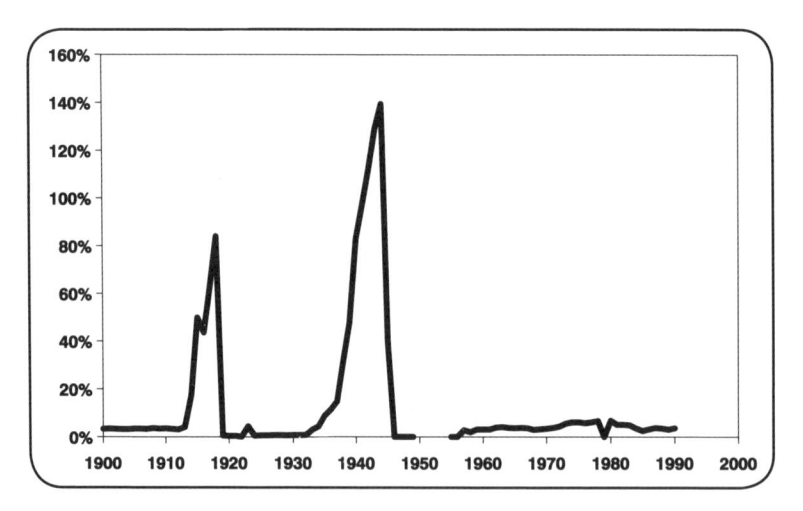

Fonte: Dados sobre gastos militares do conjunto de dados "Material Capabilities", parte do Correlates of War Project, Universidade de Michigan http://www.umich.edu/~cowproj/; dados sobre o PIB alemão de Maddison, Monitoring the World Economy, 1820-1992, p. 180. Deflator pela Ibbotson Associates.

Ele obteve sucesso nessa empreitada, mas voltou para a Inglaterra debilitado e morreu duas semanas depois. O Império Britânico terminou não com o estrondo da batalha, mas com o gemido da insolvência.

As palavras de Mendoza, portanto, precisam ser ligeiramente alteradas. A vitória não cabe exatamente a quem ainda tiver dinheiro quando o conflito chegar ao fim, mas a quem for capaz de tomar dinheiro emprestado de seus cidadãos, pagando os juros mais baixos.

PROSPERIDADE, DEMOCRACIA E HEGEMONIA

Tanto a democracia quanto o poder militar derivam da mesma fonte: prosperidade econômica, distribuída de forma ampla entre os habitantes. A estreita associação entre vigor empresarial e inovação militar reforça a ligação entre riqueza e poder – demonstrada, mais recentemente, pelo extraordinário desempenho da máquina militar norte-americana no Afeganistão e no Iraque.

Gráfico 12-3
PIB dos EUA e do Reino Unido como porcentagem do PIB mundial

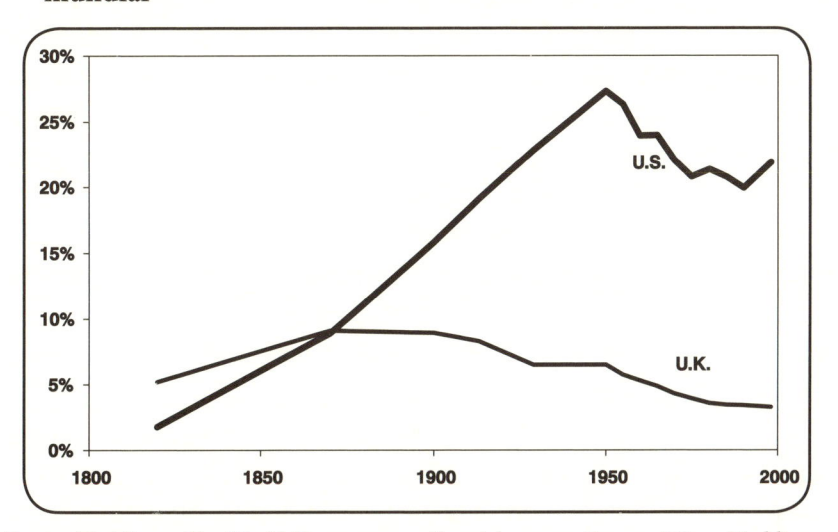

Fonte: Maddison, *The World Economy*: a milennial perspective, p. 263; e Maddison, *Monitoring the World Economy*, 1820-1992, p. 227.

A causa do declínio no poderio da Inglaterra pode ser observada claramente no gráfico 12-3, que mostra as proporções dos Estados Unidos e do Reino Unido no PIB mundial. O relativo domínio da economia britânica, outrora a maior do mundo, lentamente desapareceu. Isso não equivale a dizer que a Inglaterra empobreceu – longe disso. Entre 1870, quando o Império Britânico estava no auge do poder, e 1998, quando seu status era muito menos exaltado, o PIB per capita real britânico aumentou quase seis vezes. O infortúnio da estratégia britânica reside no fato de que os demais países cresceram ainda mais rápido.

Da mesma forma, o gráfico 12-3 torna evidente a fundação do crescente poderio norte-americano, com sua tripla base de índices elevados de natalidade, imigração maciça e produtividade em disparada. Alguns exemplos concretos ajudam a adensar a fina linha de um gráfico: entre a guerra civil e o final do século 19, a produção norte-americana de grãos quase triplicou, a quilometragem das ferrovias quase sextuplicou e a produção de carvão cresceu quase 900%. No começo do século 20, os líderes e os jornais europeus já haviam começado a anunciar a concorrência desleal da comida e dos produtos industrializados norte-americanos baratos. Enquanto reis e primeiros-ministros discutiam abertamente uma aliança contra o poderio norte-americano, só o mais desastroso infortúnio histórico poderia ter impedido a ascensão dos Estados Unidos à supremacia mundial no século 20.

O PIB bruto, por si só, tem peso geopolítico insuficiente – se o alcance global é o objetivo, é necessário combinar riqueza e avanços tecnológicos. Os casos da Rússia e da China ilustram que uma grande economia, sem tecnologia militar e industrial moderna, não tem grande utilidade. Na segunda metade do século 19, a Rússia tinha uma das maiores economias mundiais e, de longe, as maiores Forças Armadas. Ao longo da maior parte de sua história, a China manteve o maior PIB mundial, em virtude de sua grande população e da disparidade de renda relativamente pequena que caracterizava o mundo pré-industrial. Ainda hoje, a China tem o maior exército permanente do planeta e uma das maiores economias.

O balanço militar no Oriente Médio moderno também demonstra que a tecnologia avançada pode compensar as deficiências de PIB bruto. Lá, Israel vem dominando seus quatro vizinhos de "linha de frente" – Egito, Jordânia, Síria e Líbano – desde que o país foi estabelecido em 1948, a despeito do fato de que as quatro economias inimigas unidas têm mais que duas vezes o tamanho da economia do Estado judaico.* Quem procura

---

* Maddison, Monitoring the World Economy: a millennial perspective, 1820-1992, p. 307, 308, 311. Essa diferença não mostra sinais de redução, pois as economias árabes, com seus PIBs per capita muito inferiores, vêm crescendo em ritmo semelhante ao de Israel, pelo fenômeno da recuperação de atraso. Ver capítulo 10 para a relação inversa entre PIB per capita e crescimento econômico.

uma fórmula econômica bastante simplificada para expressar o poderio geopolítico deveria considerar uma medida que incorpore ao cômputo tanto o avanço tecnológico quanto as dimensões brutas da economia. Um "índice de poder" relativamente simples poderia envolver a multiplicação dos gastos militares totais pelo PIB per capita.

A ascensão do poderio geopolítico dos Estados Unidos no século 20 – o "século americano" – foi consequência quase inevitável de seu progresso no período econômico e da tecnologia do país. Como os Estados Unidos e o Reino Unido tinham os maiores PIBs per capita do planeta e, com eles, as Forças Armadas mais avançadas, durante os séculos 19 e 20 quase inteiros, a mensagem do gráfico 12-3 é clara: no mundo moderno, o poderio geopolítico cabe às nações prósperas e de mercado aberto. Nações totalitárias podem igualmente adquirir território e influência mundial, mas, na ausência das fundações econômicas sólidas que só uma economia de mercado pode oferecer, esse poder inevitavelmente desabará.

BALAS E VOTOS

Mas e quanto à relação entre a democracia e o poder? As modernas democracias liberais contam com uma vantagem geopolítica sutil, mas poderosa: suas estruturas políticas oferecem obstáculo efetivo à distensão imperial excessiva que condenou a Espanha Habsburgo, o Antigo Regime, a Alemanha nazista e a União Soviética à derrota. Embora políticos aventureiros possam seduzir eleitorados democráticos para que aprovem ações militares insensatas, o aumento esmagador dos impostos e as reduções de serviços públicos que resultam de ações militares intensas e prolongadas não são toleradas indefinidamente pelo público. Chega uma hora em que algo precisa mudar.

As modernas democracias liberais bloqueiam as aventuras militares por meio de um segundo mecanismo: quando a riqueza e as liberdades individuais avançam, cai a tolerância a baixas militares. As 618 mil mortes em combate ocorridas na guerra civil dos Estados Unidos representavam quase 4% da população masculina adulta do país e excederam as vidas perdidas em todos os conflitos militares subsequentes do país. Em outro exemplo de determinismo econômico, assim que a guerra civil se tornou uma guerra de atrito, a minúscula base industrial dos Estados confederados condenou seus exércitos à derrota. Por volta dos anos 70 do século 20, a Guerra do Vietnã, supostamente uma batalha pela sobrevivência contra o comunismo, tornou-se intolerável depois de 58 mil mortes sofridas pelas forças norte-americanas –, ainda que a população do país fosse oito vezes maior que em 1865.

Além de seu efeito de contenção a aventuras militares, a ligação entre riqueza e aversão a baixas impulsiona a inovação militar. Há 20 anos, causaria imensa incredulidade afirmar que uma campanha que exigia manobras blindadas, ataques por helicópteros e dezenas de milhares de missões de ataque aéreo feitas por porta-aviões, muitas das quais noturnas, poderia derrotar o exército iraquiano, um dos maiores do planeta, ainda que mal equipado e mal treinado, pelo custo de apenas uma centena de vidas norte-americanas. Essa deslumbrante busca por eficiência foi consideravelmente motivada por um setor de defesa extremamente consciente da falta de apreço crescente do público por cerimônias fúnebres de militares mortos em serviço.

A trajetória da riqueza relativa dos Estados Unidos no pós-guerra, vista no gráfico 12-3, é intrigante. A proporção do PIB americano na economia mundial chegou a um pico em 1945, com sua vitória na Segunda Guerra Mundial. Maddison estima que a parcela norte-americana da economia mundial logo depois da guerra atingia os 30%; outros estimam que tenha chegado aos 50%. Seria de esperar que o domínio relativo da economia norte-americana diminuísse com a reconstrução dos demais países no pós-guerra, mas duas coisas inesperadas ocorreram. Primeiro, o declínio do domínio econômico norte-americano foi relativamente pequeno. Ao longo das três décadas passadas, a porção norte-americana do PIB mundial se manteve relativamente constante, em cerca de 22%. Segundo, e mais notável, o domínio geopolítico norte-americano não parece ter se corroído com o relativo recuo diante do pico econômico atingido em 1945.

Em um artigo influente para a revista Foreign Affairs, Stephen Brooks e William Wohlforth, professores da Universidade Dartmouth, descrevem em termos precisos um mundo "unipolar", coisa jamais vista anteriormente. Esse mundo é caracterizado pela hegemonia militar norte-americana, baseada em uma máquina militar tecnologicamente superior e bancada pela mais vigorosa economia do planeta, em contraste com as Forças Armadas ruinosamente dispendiosas dos Habsburgo, dos Bourbon e dos romanos.

A superioridade mundial dos Estados Unidos custa apenas 3,5% de seu PIB – muito menos que os 10% do PIB que o país investia na defesa nos anos Eisenhower. Os autores chegam a citar Paul Kennedy: "Ser líder a custo alto é uma coisa; mas ser a superpotência do planeta a custo baixo é espantoso". Além disso, Brooks e Wohlforth descartam o impacto militar e social do terrorismo, apresentando-o como nada mais que a reencarnação moderna do homicídio em massa por motivos políticos – uma história imemorial. Podemos colocar a ameaça terrorista em perspectiva de outras maneiras. Mesmo que os piores cenários de terrorismo nuclear se realizassem, custariam menos que as dezenas de milhões de vidas exterminadas pelos monstros do século passado: Hitler, Stálin, Mao e Pol Pot.

A ira das massas árabes é superestimada. O desagrado, se quiser ganhar significado político, precisa ser transmitido por veículos de violência eficientes. Pouca gente leva em conta que os acontecimentos de 11 de setembro de 2011 também forçaram uma reavaliação do mundo muçulmano por parte dos norte-americanos. Um norte-americano que tenha compromisso ideológico com sua causa, expresso pelo alistamento militar, pode agir em defesa daquilo que acredita de modo muito mais eficiente que as massas de Rawalpindi, Cairo e Jacarta, armadas apenas com pedras, por mais que estas desejem ferir o "Grande Satã".

Brooks e Wohlforth antecipam que o domínio norte-americano persistirá por mais algumas décadas. Como os Estados Unidos manterão seu poder a despeito do declínio de sua economia com relação ao restante do planeta? É simples: os demais participantes desistiram do jogo ou nem entraram nele.

Para exemplificar a primeira categoria, temos a União Soviética, uma economia paralisada por um sistema pervertido de incentivos e dirigida por uma coleção de ideólogos sádicos. Por duas gerações, a União Soviética encaminhou mais de um sexto de sua medíocre produção industrial às suas gigantescas Forças Armadas. Com a chegada da era da CNN, a União Soviética perdeu a capacidade de ocultar sua pobreza do resto do mundo, assim como a riqueza do Ocidente, de seu povo desmoralizado.

Devido à opacidade das finanças soviéticas, não temos como traduzir os gastos militares da antiga União Soviética com precisão em termos de dólares, mas ao que parece a "corrida armamentista" foi disputada de perto. Em qualquer ano, os gastos com a defesa dos Estados Unidos e com a da

União Soviética eram mais ou menos iguais e, de fato, certa equivalência de poderio militar existiu ao longo da Guerra Fria. A mesma imprecisão vale para esforços de cálculo do PIB soviético. As estimativas mais otimistas apontam uma economia soviética equivalente a 40% do tamanho da norte-americana.

O gráfico 12-4 mostra o gasto militar russo no século 20, uma vez mais, como porcentagem do PIB. Os dados que embasam o cálculo são notoriamente imperfeitos. Os historiadores não têm como determinar, por exemplo, se o gasto militar soviético foi realmente maior durante a Guerra Fria do que na Segunda Guerra Mundial. Mas a conclusão implícita é clara. A União Soviética gastou mais de 15% de seu PIB com a defesa de seus domínios por pelo menos meio século. Durante a Guerra Fria, os russos não estavam preocupados apenas com a ameaça norte-americana. A partir dos anos 60 do século 20, suas desavenças com os chineses forçaram os soviéticos a manter mais de 40 divisões de seu exército como guarnição na fronteira chinesa. Os gastos com a Guerra Fria causaram desgaste até mesmo aos vigorosos sistemas dos Estados Unidos – só podemos imaginar o que semelhante fardo causou à economia soviética, muito menor, ao longo das mesmas décadas. A União Soviética por fim desabou quando o último sustentáculo econômico do regime – a receita do petróleo – despencou, em função da queda sofrida pelos preços mundiais do petróleo na metade dos anos 80 do século 20.

> OS ESTADOS QUE PREZAM A LEI E OS DIREITOS DE PROPRIEDADE TENDEM A SE TORNAR TANTO PODEROSOS QUANTO DEMOCRÁTICOS.

Enquanto isso, as nações europeias, exauridas por gerações de conflitos e pouco inclinadas a ceder soberania nacional a um comando militar integrado europeu desprovido de verbas suficientes, optaram por não desenvolver poderio militar comparável a seu poderio econômico. Dessa forma, tornaram-se impotentes em termos geopolíticos.

Gráfico 12-4
Gastos militares russos como porcentagem do PIB

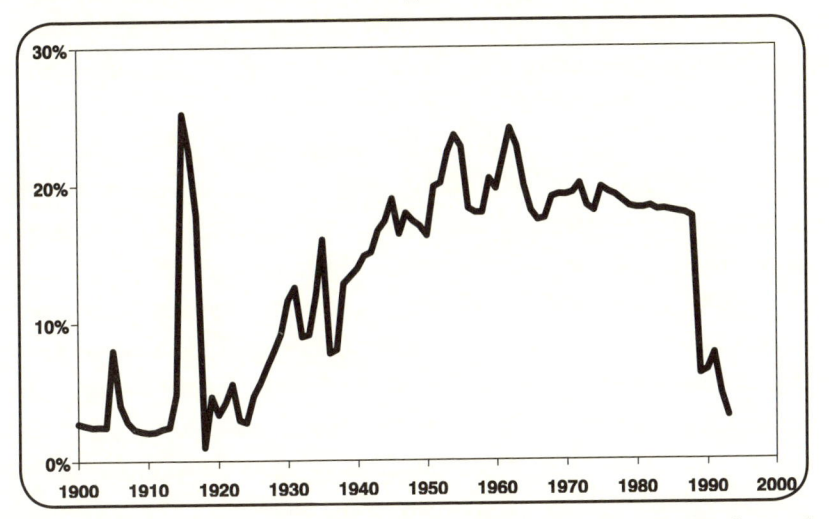

Fonte: Dados sobre gastos militares do conjunto de dados "Material Capabilities", parte do Correlates of War Project, Universidade de Michigan http://www.umich.edu/~cowproj/; dados sobre o PIB russo de Maddison, Monitoring the World Economy, 1820-1992, p. 186-87. Deflator pela Ibbotson Associates.

Uma das imagens mais estranhas da história recente continua a ser a da incapacidade da Europa, próspera, feliz e impotente para tomar qualquer atitude com relação a saques, estupros e homicídios que aconteciam logo além de suas fronteiras, na Bósnia e em Kosovo, o que deixou ao conhecidamente belicoso Bill Clinton, então presidente dos Estados Unidos, a responsabilidade de enfim enviar sua Força Aérea para deter os conflitos. O Japão, como os países europeus ricos, desfruta de uma economia vigorosa e de um mercado aberto, da "justiça toleravelmente administrada" proposta por Smith e de um intenso desejo de evitar conflitos e despesas militares significativos, durante o futuro previsível.

Outras nações, como a Índia e a China, certamente aspiram ao poderio regional, mas são fracas em termos institucionais e econômicos, e suas Forças Armadas, ainda que grandes, são mal equipadas. É improvável que possam desafiar a hegemonia norte-americana, ao menos em curto prazo. A queda nos gastos militares chineses com relação ao PIB do país é fascinante e não costuma receber a atenção merecida. Os sucessores de Mao aprenderam a lição soviética e discretamente reduziram os gastos militares, como parte das reformas pós-Deng. Qualquer avaliação das despesas militares chinesas oferece desafios semelhantes aos da mesma tarefa com relação à antiga União Soviética – as estimativas quanto aos gastos militares atuais variam dos US$ 15 bilhões aos US$ 60 bilhões anuais –, mas mesmo as mais elevadas representam baixa porcentagem do PIB total, se comparadas a uma estimativa de 17% para o começo dos anos 1970.

Brooks e Wohlforth limitaram sua análise à hegemonia norte-americana, mas, além de seu prognóstico entusiástico quanto a uma nova Pax Americana, um ponto ainda mais importante emerge: o status de potência mundial está aberto a qualquer país grande, bem-sucedido e de mercado aberto disposto a dedicar ao menos uma pequena parte de sua energia criativa e de sua riqueza às Forças Armadas. Esse simples fato torna muitas nações candidatas ao posto de grande potência, e muitas outras se qualificarão para isso no futuro. É inconcebível pensar que nenhum outro país aspira ao, e consiga obter, o status de grande potência ao longo do próximo século.

O gráfico 12-5 resume a relação entre prosperidade, democracia e poderio militar. Como vimos no capítulo 10, a prosperidade nascida dos direitos de propriedade seguros e do Estado de direito promove o desenvolvimento democrático; pois a riqueza gera a democracia, e não o oposto. A mesma prosperidade também dá origem ao poderio militar e geopolítico. Em termos brutos, os Estados que prezam a lei e os direitos de propriedade tendem a se tornar tanto poderosos quanto democráticos. Além disso, as democracias ricas resistem à distensão imperial que afligiu as nações totalitárias ao longo da História. Ao fazê-lo, protegem sua riqueza e seu poder. Por fim, a aversão das democracias ricas a baixas militares estimula o desenvolvimento de tecnologias militares avançadas.

Essa conexão entre economia de mercado, democracia e eficiência militar sugere uma conclusão que vai além daquela proposta por Brooks e por Wohlforth. Não importa o quanto dure a hegemonia dos Estados Unidos, parece provável que, em um devir previsível, o futuro status de grande potência, em caráter persistente, esteja reservado a democracias liberais populosas e inovadoras. Estas são as únicas nações que terão a capacidade de expandir sua economia, desenvolver seus armamentos e bancar devidamente suas Forças Armadas. Além disso, os eleitorados desses países, dotados de amplos poderes políticos, restringirão os gastos militares a um nível tolerável – menos de 10% do PIB, digamos – e assim dificultarão a distensão imperial.

Usando um raciocínio diferente, Francis Fukuyama chegou mais ou menos à mesma conclusão. Ele aponta que, no mundo moderno, a democracia liberal não tem concorrência séria nem há perspectiva de que isso surja dentro de um futuro previsível – o que explica o título deliberadamente provocante de seu livro. A História derrotou a monarquia e desacreditou o fascismo e o comunismo. O Islã, embora seja uma força em ascensão em muitas partes do mundo, tem apelo limitado fora das terras muçulmanas.

Gráfico 12-5

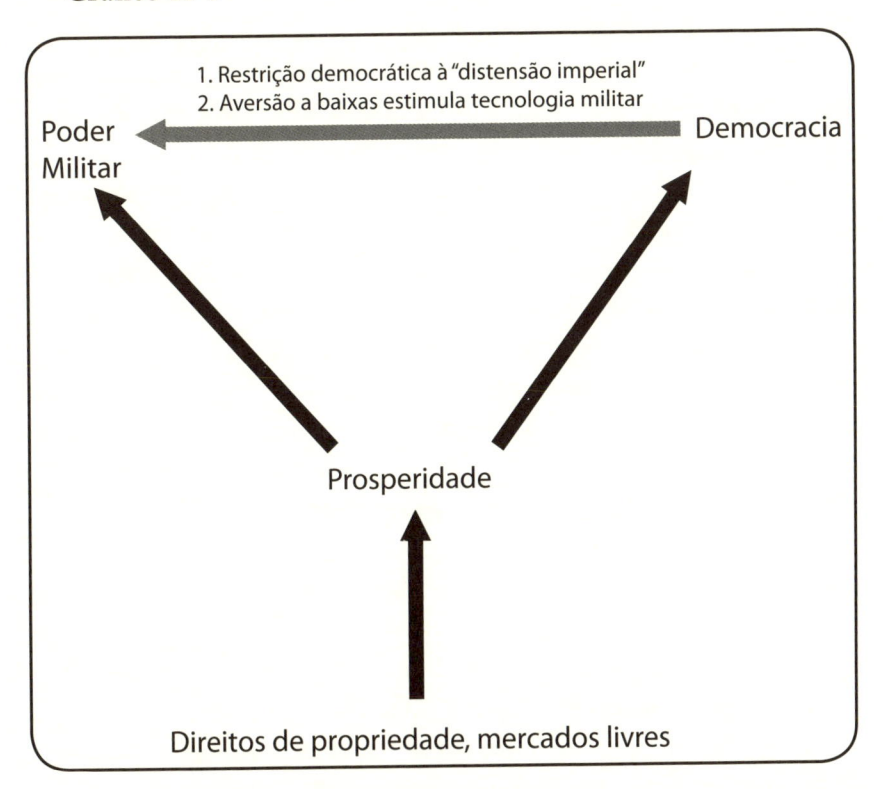

```
           1. Restrição democrática à "distensão imperial"
           2. Aversão a baixas estimula tecnologia militar
  Poder  ◀─────────────────────────────────────  Democracia
  Militar
      ↖                                    ↗
         ↖                              ↗
            ↖                        ↗
               ↖                  ↗
                  Prosperidade
                       ↑
                       │
          Direitos de propriedade, mercados livres
```

Mas a explicação de Fukuyama não leva muito em conta o aspecto econômico. Apenas a democracia liberal, ele afirma, satisfaz o desejo humano de orgulho e de valor pessoal. O autor evoca com frequência (com demasiada frequência) o termo grego para esses sentimentos: *thymos*.

É claro que *thymos* é simplesmente um sinônimo para os degraus mais altos da pirâmide de Maslow e está reservado a pessoas de barriga cheia e que estejam bem abrigadas. Apenas em lugares nos quais as necessidades fisiológicas e de segurança básicas tenham sido atendidas – tarefa considerável – a noção de *thymos* e, com ele, a democracia liberal prosperam. Um Estado de outro modo repressivo, que respeite os direitos de propriedade terminará por prosperar, e essa prosperidade dará mais poder a seus cidadãos e encorajará seus impulsos de *thymos*, que, por sua vez, conduzirão por fim a uma maior democracia.

Estados totalitários podem conquistar poder mundial por um breve período, mas no mundo moderno isso só acontece quando um golpe ditatorial toma o controle de uma grande e próspera economia de mercado, como ocorreu no Japão e na Alemanha nos anos 30 do século 20. Os paralelos históricos entre esses dois países são notáveis. Os dois tinham regimes retrógrados que passaram por reformas políticas e econômicas logo depois de 1870 e registraram crescimento dramático como resultado.

Embora nem o Japão nem a Alemanha do pré-guerra fossem democracias ao estilo de Jefferson, os dois expandiram muito os direitos de voto de seus cidadãos no início do século 20. De 1870 a 1913, a Alemanha e o Japão obtiveram o segundo e o terceiro maiores crescimentos mundiais de PIB per capita, respectivamente, superados apenas pelo dos Estados Unidos. Como resultado, os dois se tornaram potências regionais. Mesmo antes da Primeira Guerra Mundial, a Alemanha reinava como potência industrial europeia. Na unificação alemã de 1871, o direito de voto foi conferido a todos os homens com mais de 25 anos. Entre 1930 e 1934, Hitler concentrou o poder político por meio de um regime complexo que usava a democracia contra ela mesma. Subsequentemente, Alemanha e Japão se tornaram ditaduras e, na ausência da oposição democrática natural a qualquer distensão imperial, tentaram conquistar poder de alcance mundial, antes de terminarem esmagados na Segunda Guerra Mundial.

Como Napoleão, o moderno Estado totalitário e agressivo em termos militares deve encarar uma escolha terrível: assumir riscos nos campos de batalha, como fizeram a Alemanha e o Japão, e com isso tirar seus oponentes democráticos mais poderosos do sono em que se encontram, forçando-os a se rearmar, ou correr o risco de estagnação econômica causada por gastos militares excessivos ao longo de um período extenso, como ocorreu na União Soviética.

Se a China e a Rússia continuarem a avançar na direção da democracia liberal, nada impedirá que venham a desafiar a hegemonia norte-americana com todo o sucesso, na condição de superpotências militares ao estilo ocidental. Se as nações europeias levassem suas Forças Armadas a sério e tivessem integrado sua soberania no mesmo momento em que integraram suas moedas, poderiam ter realizado as mesmas coisas, ainda mais rápido. Embora nenhum desses cenários pareça provável de modo imediato, a História nos ensina que o domínio de uma nação não dura para sempre. É provável que nos próximos 50 a 100 anos vejamos o declínio da influência norte-americana. Mas ainda não está claro quem será o desafiante vitorioso.

O que parece provável é que, enquanto as democracias liberais do planeta mantiverem a força de vontade, suas vantagens econômicas inerentes garantirão seu domínio geopolítico combinado. Embora muitos discordem, talvez corretamente, da postura unilateral e de ação militar preventiva adotada hoje pelos Estados Unidos, o simples fato de que pelo menos uma potência democrática esteja disposta a desafiar os Estados totalitários do planeta é reconfortante. Por mais que o gorila norte-americano alarme o restante do planeta, um mundo que não conte com uma superpotência democrática e liberal disposta e capaz de enfrentar o inevitável desafio totalitário seria um lugar muito mais assustador.

CAPÍTULO 13
O FIM DO CRESCIMENTO?

Vistos pela perspectiva dos séculos recentes, o progresso tecnológico e o crescimento econômico criado por ele parecem uma máquina incansável e incontrolável – uma espécie de máquina de motocontínuo (ou movimento perpétuo) econômica que não mostra sinais de cansaço, quanto mais de que vá parar. Mas uma observação rudimentar da História basta para elaborar uma visão mais cautelosa. No quadro mais amplo do tempo, 200 anos não representam um piscar de olhos e o que parece inexorável e imemorial para uma geração pode desaparecer completamente na seguinte.

Em um ensaio provocante que serve como conclusão, *The First Modern Economy* – a magistral história econômica da Holanda escrita por Jan de Vries e por Ad van der Woude –, os autores apontam que o crescimento econômico holandês, iniciado efetivamente na metade do século 16, simplesmente desapareceu dois séculos mais tarde. Será que a história da estagnação holandesa do século 18 deveria servir como alerta para o mundo ocidental, que está chegando ao bicentenário de sua explosão de crescimento? Para parafrasear o professor Roberto Barro, será que 2% e 200 anos é tudo o que um país – ou um planeta – rico pode ter?

Questionar o moderno crescimento econômico é um jogo traiçoeiro. Nos anos 70 do século 20, uma geração inteira de pessimistas, liderada pelo Clube de Roma, passou vergonha ao invocar limites severos para o crescimento, como consequência inevitável dos recursos fixos. Eles imaginavam que, em função do crescimento da população e da oferta limitada de terra, comida, madeira e petróleo, o jogo fatalmente terminaria. Embora o clube e seus seguidores sejam dignos do legado de Thomas Malthus, eles ignoraram a adaptabilidade e o gênio criativo da espécie humana. Quando uma commodity se torna escassa ou dispendiosa, os inovadores desenvolvem substitutos melhores e mais baratos. Há apenas cem anos, as maneiras mais confiáveis de armazenar valores eram o ouro e os imóveis. Ao longo do século 20, surgiram, como que por mágica, formas de riqueza distintas da terra e da moeda. Um século e meio atrás, pensadores sérios acreditavam que nossas cidades em breve estariam mergulhadas na escuridão. Afinal, a iluminação mundial funcionava com óleo de baleia.

Basta observar de passagem a história econômica para perceber um declínio gradual, mas geral, nos preços reais das commodities. A pessoa média gasta hoje uma porção bem menor de sua renda para comprar sua comida e suas roupas do que era gasto com isso um século atrás, o que também se aplica às matérias-primas usadas na indústria.

O historiador econômico Simon Kuznets afirmou que uma desaceleração no crescimento econômico pode vir de uma entre duas forças básicas da economia: da oferta ou da procura. Ele acreditava que a oferta, movida pela curiosidade e pela engenhosidade inatas aos seres humanos, não se tornaria fonte de estagnação. A procura, ele avaliou, seria o mais provável inimigo do crescimento. À medida que as pessoas enriquecessem, prefeririam o lazer ao trabalho e ao consumo – e certamente perderiam o interesse na busca vazia por riqueza material. Uma das mais sublimes ironias da história econômica foi a morte do professor Kuznets em 1985, o ano em que surgiu a Home Shopping Network, a primeira rede de varejo televisivo dos Estados Unidos.

REGIMES DE FALHA

As forças demográficas merecem consideração como ameaça ao crescimento. Nas próximas décadas, o avanço na expectativa de vida e os custos crescentes da educação e do treinamento dos jovens pressionarão o restante da população trabalhadora. O número de produtores diminuirá e uma porção cada vez menor da força de trabalho restará para sustentar uma população cada vez maior de jovens e de velhos dependentes. Nas últimas décadas, os orçamentos nacionais dos mais avançados países do mundo foram capturados pela previdência social. O orçamento federal norte-americano de

2003 dedicava 60% de seus recursos totais aos "quatro grandes" programas sociais: seguro social, Medicare, Medicaid e General Assistance. Dos 40% restantes, 18% couberam à defesa e 8% aos juros sobre a dívida nacional. Assim, sobravam 14% para todo o restante – policiamento, justiça, educação, pensões de veteranos de guerra e a infraestrutura nacional (serviços de aviação, meteorologia, rodovias, aeroportos e outros).

Ao longo das próximas gerações, os 60% do orçamento que cobrem os quatro grandes programas sociais – mais da metade dos quais envolvem despesas médicas – devem crescer muito mais rápido que a economia em geral, e não é difícil imaginar cenários catastróficos nos quais o governo, diante de quase US$ 50 trilhões de obrigações sem recursos que as banquem, veja-se forçado a uma moratória, cause inflação desastrosa ou imponha tributos paralisantes.

O mais provável, porém, é uma combinação de pratos do "cardápio da dor": uma mistura que consistirá em doses equivalentes de conflito entre gerações, em uma reavaliação dolorosa dos programas Medicare e de seguro social e em pesada tributação em estilo europeu. Ainda que o deslocamento em curto prazo seja doloroso, os efeitos dessa guinada demográfica não serão muito severos em longo prazo. Usando um complexo algoritmo, os pesquisadores Robert Arnott e Anne Casscells estimaram que a "razão de dependência" efetiva – o número de jovens e de velhos sustentado por um trabalhador ativo – subirá de 0,55 para 0,76 entre 2010 e 2030 e depois disso se nivelará. Isso retardará temporariamente o crescimento em cerca de 0,6% ao ano, por duas décadas – incômodo, decerto, mas temporário e dificilmente o fim da prosperidade.*

Forças ecológicas, econômicas e demográficas não parecem obstáculos prováveis ao crescimento. Assim, o próximo candidato evidente é uma catástrofe militar. A industrialização da morte violenta coloca forças destrutivas espantosas nas mãos não apenas de exércitos, mas de indivíduos. Além disso, o próprio crescimento desestabiliza as sociedades. Tanto dentro dos

---

* Um aumento de cada trabalhador sustentando 1,55 pessoa, incluindo ele mesmo, para cada trabalhador sustentando 1,76 pessoas implica um incremento de 0,6% no crescimento do PIB per capita (1,51/1.37)11/20=0,06. Ver Robert Arnott e Anne Casscells, "Demographics and Capital Markets Returns", em Financial Analysis Journal, n. 59, mar./abr. 2003, p. 20-29; E também, R. Arnott, comunicação pessoal.

países quanto entre eles, o crescimento produz vencedores e derrotados e, com a crescente disparidade de riqueza entre eles, surge a possibilidade de discórdia social e guerra. Em 1700, a renda per capita do país mais rico, a Holanda, era cinco vezes superior à do mais pobre. Em 1998, o PIB per capita dos países ocidentais mais ricos era mais de 40 vezes superior ao das nações mais pobres da África ao sul do Saara.

> O PRÓPRIO CRESCIMENTO DESESTABILIZA AS SOCIEDADES.

Embora tumultos internos e internacionais possam fazer do planeta um lugar mais perigoso, teoricamente parece estar acontecendo exatamente o oposto. Por milhares de anos, até 1950, conflitos armados entre países europeus eram comuns; hoje, uma grande guerra entre dois países membros da Organização para a Cooperação e o Desenvolvimento Econômico – que abarca os países mais ricos e poderosos do planeta – parece altamente improvável. De maneira semelhante, a ameaça terrorista, embora assustadora em termos emocionais, não é significativa quantitativamente. Mesmo que terroristas fossem capazes de realizar regularmente ataques como os do 11 de setembro, causariam estragos de magnitudes menores que os da Aids, do álcool, do tabaco, dos acidentes rodoviários ou dos Big Macs. Na primeira metade do século 20, os danos foram muito piores. Em um dia comum entre setembro de 1939 e agosto de 1945, o número de mortes violentas era aproximadamente 25 mil pessoas. Isso significa um 11 de setembro a cada três horas, 24 horas por dia, durante seis anos.

As simples implicações matemáticas do crescimento sustentado pela produtividade das futuras gerações são espantosas: se o PIB per capita mundial tivesse começado a crescer 2% ao ano quando Cristo nasceu, hoje ele seria de 60 quintilhões de dólares, ou seja, o algarismo 6 seguido por 19 zeros, em vez dos atuais US$ 8 mil. Mesmo um ritmo de crescimento de 1% ao ano teria resultado em PIB per capita de US$ 200 bilhões. Embora seja possível que estejamos a caminho de um longo futuro de riqueza inimaginável, não é preciso grande cinismo (ou um diploma de História) para prever tropeços e quedas. Apenas a natureza precisa da catástrofe continua desconhecida. E, como sugerido no capítulo 10, mesmo que o crescimento vigoroso persista em longo prazo, não é provável que ele nos torne muito mais felizes.

OS RICOS E SEUS PRIVILÉGIOS

As maiores ameaças potenciais provavelmente virão dos imperativos do crescimento em si. À medida que as sociedades enriquecem, sua tolerância ao risco e à adversidade diminui. O auxílio aos pobres passou a caber às autoridades, na Inglaterra e na Holanda, apenas no período final do mundo pré-moderno. Em 1750, a educação pública universal, caso fosse proposta, teria parecido um uso extravagante dos escassos recursos do governo. Em 1900, ela já era norma. Em 1870, apenas os socialistas defendiam que o governo bancasse proventos para os desempregados e os aposentados. Em 2000, todos os países ocidentais ofereciam esses benefícios. Serviços de saúde universais mantidos pelo governo deixaram de ser um sonho absurdo e se tornaram realidade no Ocidente em menos de uma geração, com exceção dos Estados Unidos, onde os apelos pela extensão dos serviços de saúde oferecidos pelo governo a todos os cidadãos vêm se tornando ensurdecedores.

É de se duvidar que os cidadãos de nações cada vez mais ricas considerem os cuidados universais de saúde como o passo final na extensão das responsabilidades governamentais. À medida que a riqueza cresce, a porcentagem do PIB consumido pelo governo a acompanha (nos Estados Unidos, 30%, computados os governos federal, estaduais e municipais, e um percentual ainda maior em outros países do Ocidente), para fornecer benefícios cada vez mais amplos. O impulso econômico causado por essa lista crescente de benefícios pode resultar em um quadro de "equilíbrio de crescimento" malthusiano, no qual qualquer riqueza excedente seria imediatamente consumida por novas demandas por serviços do governo.

FICÇÃO CIENTÍFICA

Não deveríamos nos preocupar apenas com assombrações capazes de acabar com o crescimento. Será que o "limite de velocidade de 2%" proposto por Barro representa uma constante econômica, como a velocidade da luz?* E se modificações na biologia da espécie humana permitirem um

---

* Esse limite de crescimento se aplica apenas a países ricos e tecnologicamente avançados. As nações em desenvolvimento, bem como aquelas que estejam se recuperando de destruições causadas pela guerra, podem crescer temporariamente em um ritmo muito mais acelerado ("ritmo de recuperação de atraso").

ritmo mais rápido de crescimento na produtividade? O caminho mais provável para um crescimento mais rápido passaria por alterar o principal propulsor do crescimento – o cérebro humano.

Os avanços na engenharia genética em breve permitirão que pais – e o Estado – aumentem a inteligência de seus filhos. Imagine que um país da OCDE assuma o controle da produção de bebês e eleve o QI médio de sua população de 120 para 140 pontos. A parte difícil nesse caso será a preservação de liberdades individuais e do Estado de direito, para que os incentivos econômicos sejam preservados. Em pouco tempo, o país que agisse dessa forma passaria a apresentar um desempenho alguns pontos percentuais superior ao dos vizinhos, em termos de avanço anual do PIB; e a cada geração sua economia duplicaria com relação à dos concorrentes. Em determinado momento, outros países poderiam precisar optar entre três alternativas pouco atraentes, para encarar o vizinho cada vez mais próspero: destruí-lo; adotar suas políticas genéticas; ou não fazer nenhuma das duas coisas e assim ficar relegados a um status econômico e militar progressivamente inferior.*

Como diz a velha piada, fazer previsões é difícil, principalmente sobre o futuro. Essas especulações não são muito mais que ficção científica. Embora a variedade de possíveis modos de fracasso econômico no futuro esteja limitada apenas pela capacidade de quem a imagine, apostar contra a civilização ocidental não tem sido uma boa ideia nos últimos 500 anos. Até mesmo a precisão dos mais acurados profetas da distopia – Orwell, Huxley e Bradbury – não impressiona muito. Dentro de um século, é provável que o mundo seja um lugar muito mais próspero e, dentro de mil anos, os homens do futuro verão nossa época como uma Idade das Trevas, pobre, cruel e repleta de privações. O crescimento econômico do próximo século ou milênio manterá o ritmo moderno de 2% ao ano? Será maior ou menor? Não há como saber.

---

* Também é possível que pais adotem técnicas de engenharia genética que beneficiem a inteligência, deixando o Estado fora do processo e evitando assim as terríveis consequências geopolíticas discutidas acima.

CAPÍTULO 14
QUANDO, ONDE E PARA ONDE

Nos 250 anos transcorridos desde que Adam Smith identificou "paz, impostos fáceis e uma administração tolerável da Justiça" como condições necessárias para a prosperidade, os economistas refinaram sua receita simples. Na Idade Moderna, tornou-se evidente que o progresso tecnológico é a fonte primária de crescimento. Ao traçar o rumo da inovação nos estágios de concepção, desenvolvimento, produção e consumo, é possível desenvolver um modelo funcional para a compreensão do crescimento econômico. Se formos capazes de compreender o crescimento, também poderemos vislumbrar, em linhas gerais, qual será o destino das nações.

A mensagem primária deste livro é a de que as instituições de um país – não seus recursos naturais ou seu patrimônio cultural nem seu senso de poder ou de desvantagem econômica e política, tampouco sua competência militar – determinam sua prosperidade em longo prazo e seu futuro. O caminho para a prosperidade passa pelas quatro instituições que discutimos nos capítulos 2 a 5. A falta de cada uma dessas instituições constitui um obstáculo ou uma barreira que impediu o progresso humano. Quando as quatro instituições estão implementadas em um país, as barreiras ao avanço da genialidade, da criatividade e da ambição humanas são derrubadas. A inovação floresce e a prosperidade da nação é uma consequência inevitável.

Primeiro, os governos precisam oferecer incentivos adequados aos criadores de tecnologia. Se, como na China antiga, a recompensa pela inovação é o confisco do invento por parte do Estado, pouco progresso será feito. Assim, o requisito primordial para a prosperidade é a proteção dos direitos de propriedade, a "administração tolerável da justiça" que Smith defendia.

Se os frutos do espírito empreendedor não forem razoavelmente garantidos, pouca gente inovará e produzirá. Se o trabalhador não puder reter a maior parte de seu salário, não se esforçará. A propriedade pode ser ameaçada por muitos atores – pelo criminoso, pelo déspota e, em casos extremos, até pelos burocratas bem-intencionados do Serviço Social ou de um Banco Central incapaz de controlar os gastos do governo e a inflação monetária. O conceito-chave é que apenas os governos nos quais existe separação de poderes, onde cada poder é controlado pela lei, são capazes de garantir de forma efetiva os direitos de propriedade, pela simples razão de que qualquer imposição escancarada por qualquer governante, por mais justo e sábio que ele seja, sempre corrompe e causa perda de legitimidade. Sem a legitimidade que emana do aparelho impessoal de um sistema judiciário separado do sistema de governo, não há como impor decisões. Uma lei que não se aplica igualmente a todos os cidadãos, incluído o governante, não é de fato lei.

> APENAS OS GOVERNOS NOS QUAIS EXISTE SEPARAÇÃO DE PODERES, ONDE CADA PODER É CONTROLADO PELA LEI, SÃO CAPAZES DE GARANTIR DE FORMA EFETIVA OS DIREITOS DE PROPRIEDADE.

Ainda que o Estado de direito tenha surgido inicialmente na Grécia antiga e na Roma republicana, a morte da República Romana o sufocou por mais de 500 anos. Ele só voltou a surgir na Inglaterra medieval. Os lamentáveis experimentos políticos do século 20 só ampliaram nossa compreensão quanto à frase enganosamente simples de Smith. A simples existência de uma máquina judicial eficiente não basta: o poder do Judiciário precisa estar completamente separado do poder do governante e deve se aplicar uniformemente a todos.

A tributação, nas palavras de Smith, precisa ser "fácil" – o Estado não pode abocanhar uma porção grande demais. Mas como definir o que é "demais"? O sucesso dos Estados Unidos e as experiências sociais dos Estados europeus de bem-estar social oferecem uma medida-padrão básica. Um país próspero pode facilmente tolerar que o Estado consuma 30% de sua produção, como é o caso dos Estados Unidos, mas, quando a parcela do governo se aproxima dos 50%, como em muitas nações do norte da Europa, o crescimento econômico começa a sofrer.

Segundo, os inovadores precisam contar com as ferramentas intelectuais necessárias. Da mesma forma que o mais habilidoso carpinteiro sofre sem seu martelo, serra ou plaina, o inventor é impotente sem um modelo intelectual efetivo por meio do qual possa interpretar aquilo que o rodeia. Antes de cerca de 1600, até os mais brilhantes filósofos naturais gregos, romanos, chineses, indianos e europeus não dispunham do quadro mental correto. A alma do homem ocidental não está na grande literatura, na arte e na arquitetura derivadas de suas raízes greco-romanas, mas sim na simples disposição de sujeitar suas crenças mais bem guardadas ao mais severo escrutínio empírico. Hoje, é isso que realmente separa o Ocidente do restante do planeta. Por mais gloriosas que tenham sido a ciência e lógica gregas, elas não ofereceram uma interpretação exata dos fatos concretos do mundo real e não conseguiram fornecer à humanidade modelos úteis da natureza.

As ferramentas corretas – uma mente empírica, sustentada pelo método científico – não bastam. Tolerância social e religiosa também é necessário. A inovação é um processo altamente subversivo e as sociedades que desencorajam a dissidência padecem. Por mais de 500 anos, a Igreja Católica sufocou a inovação intelectual e científica. Embora a revolta de Martinho Lutero tenha produzido uma nova e igualmente sufocante ortodoxia, rompeu o monopólio da Igreja sobre a vida intelectual europeia e, em longo prazo, libertou as energias criativas de todo o continente para que avançassem na direção que preferissem.

Uma análise alternativa na qual a Igreja não tivesse ficado encarregada de zelar pelo legado intelectual greco-romano é um experimento mental interessante. Para seu crédito, a Igreja criou as primeiras grandes universidades europeias, no começo da Idade Média, e manteve vivos os ensinamentos gregos e romanos. Sem a proteção da Igreja ao conhecimento antigo, a escuridão que desceu sobre o Ocidente depois do ano 476 poderia ter durado mais tempo e se provado mais profunda. É igualmente fácil defender o argumento oposto – o de que o monopólio da Igreja sobre a pesquisa acadêmica sufocou o desenvolvimento intelectual europeu. Sem os obstáculos impostos pela Igreja, o homem talvez tivesse caminhado na Lua séculos antes do que o fez.

Terceiro, assim que os inventores e os empresários contarem com os incentivos e as ferramentas intelectuais adequados, precisam dispor de acesso a grande volume de capital financeiro, para levar suas invenções ao público geral. Isso, por sua vez, requer a conquista da confiança daqueles que detêm o capital. Começando no século 16, os governos municipais holandeses e, mais tarde, a Coroa Inglesa convenceram seus respectivos públicos investidores de que emprestar dinheiro a eles era boa ideia. Assim que o público passou a se sentir confortável emprestando recursos ao governo, os cidadãos comuns também começaram a fornecer capital a empresas privadas. No século 19, o advento das sociedades com responsabilidade limitada tornou possível o estabelecimento e a capitalização das grandes companhias impessoais que, para o bem e para o mal, ainda hoje impulsionam o moderno Ocidente.

Quarto, e último, é preciso que existam comunicações confiáveis e rápidas com as quais direcionar o fluxo de capitais e anunciar os novos produtos, bem como transportes capazes de carregá-los fisicamente por todo um país e, cada vez mais, por todo o planeta. Por muito tempo, a minúscula produção física dos homens e animais limitou a velocidade e a força das empreitadas humanas. Embora a roda-d'água e os moinhos de vento tenham ampliado a força disponível para a indústria em certas localizações favoráveis, pouco fizeram para acelerar o fluxo de bens e de informação. Mas, em um piscar de olhos histórico, os motores a vapor de Watt multiplicariam o volume e a velocidade da navegação por um fator de dez. Um século mais tarde, a magia do telégrafo tornaria instantâneas as comunicações mundiais.

O gráfico 14-1, que ilustra os fluxos históricos das quatro instituições críticas – direitos de propriedade; racionalismo científico; mercados de capital eficientes; transporte, comunicações e energia modernos –, resume a orientação dos capítulos 2 a 5. Esse esquema histórico demonstra por que a economia mundial explodiu no século 19, quando os últimos desses fatores se desenvolveram e amadureceram.

Historicamente, direitos de propriedade garantidos e Estado de direito, embora necessários, não foram suficientes, por si sós, para garantir a prosperidade. Os atenienses e os ingleses do final da Idade Média contavam com um Estado de direito robusto e com propriedades protegidas, mas não experimentaram um crescimento econômico vigoroso.

Gráfico 14-1

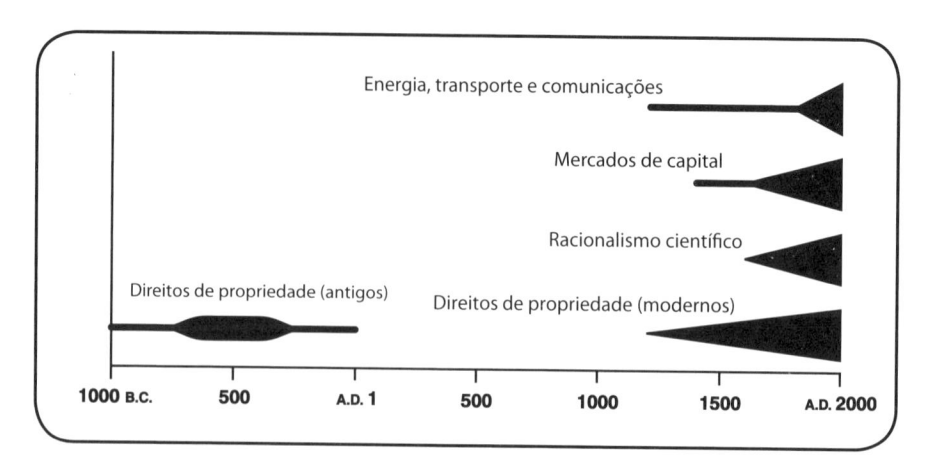

```
                              Energia, transporte e comunicações ▶
                                         Mercados de capital ▶
                                      Racionalismo científico ▶
     Direitos de propriedade (antigos)   Direitos de propriedade (modernos) ▶
  ├──────────┼──────────┼──────────┼──────────┼──────────┼──────────┤
 1000 B.C.   500      A.D. 1      500       1000       1500      A.D. 2000
```

Em retrospecto, faltavam-lhes os três outros fatores: as ferramentas intelectuais requeridas, o capital financeiro adequado para produzir suas invenções em escala suficientemente grande e os transportes e as comunicações com os quais carregar e divulgar seus produtos finais.

Embora um sistema sofisticado de direitos de propriedade tenha conferido aos gregos e aos ingleses medievais poucos benefícios econômicos, a propriedade adquiriu importância crítica no mundo moderno, quando os três demais fatores – racionalismo científico, mercados de capital e sistemas de geração de energia, transportes e comunicações – apareceram. Os três demais fatores não só surgiram na Idade Moderna como se tornaram disponíveis a todos os interessados. Física, Engenharia, Economia e Direito podem ser ensinados em qualquer universidade ou comprados em qualquer livraria. Capital pode ser obtido do outro lado da cidade ou, se isso não for possível, de um banco estrangeiro. Estradas podem ser construídas, automóveis, computadores, aviões e celulares podem ser adquiridos facilmente. Mas a proteção à propriedade de que a maior parte do moderno Ocidente desfruta, celebrada por Coke, Locke e Smith, não é tão fácil de se promover. Hoje, em todo o mundo, é esse o fator que separa mais claramente os países vencedores dos demais.

Onde

A primeira seção deste livro, portanto, explicou por que o crescimento ocorreu quando ocorreu. Assim que definimos a questão do crescimento por meio dos quatro fatores críticos, pudemos tratar da questão do onde. A segunda seção do livro examinou o padrão de crescimento em diversos países, levando em conta os quatro fatores institucionais. Uma correlação quase perfeita foi encontrada entre a presença dos quatro fatores e a decolagem econômica da nação.

Em cerca de 1500, a Europa, com suas centenas de Estados e principados, tornou-se, por acidente, uma estufa na qual concorriam instituições e ideologias. Não é por acaso que as duas nações com as combinações mais vantajosas desses fatores – Holanda e Inglaterra – transformaram-se no local de nascimento da moderna prosperidade. O desenvolvimento dos direitos de propriedade, do racionalismo científico, do mercados de capital, dos transportes e das comunicações, na Holanda do século 16, embora rudimentar, sustentou um lento crescimento econômico por quase dois séculos. Embora a energia e o transporte a vapor ainda não estivessem disponíveis na economia holandesa, a nação dispunha da característica natural que confere o mais claro benefício econômico: topografia plana e vias aquáticas navegáveis. No extremo oposto, todos os quatro fatores estavam essencialmente ausentes no Japão e na Espanha antes do final do século 19; por isso, não é surpreendente que o desenvolvimento econômico de ambos tenha começando apenas então.

No mundo atual, bem como em 1800 ou 1900, a prosperidade floresce onde os quatro fatores existem. Tanto Hong Kong quanto Cingapura, que herdaram a lei comum inglesa, aceitam o racionalismo ocidental, contam com mercados de capital florescentes e com transportes avançados que estão prosperando. Não atrapalha esses países o fato de que os dois também tenham sido beneficiados na loteria geográfica – pequenas nações insulares com portos soberbos e de excelente posição estratégica.

Da mesma forma que uma pessoa, em alguma medida, herda boa aparência, inteligência e talento esportivo de seus pais, uma nação pode se beneficiar de bons "genes" institucionais. Onde a herança institucional é propícia – as terras colonizadas pela Inglaterra no Novo Mundo e lugares como Hong Kong e Cingapura, cujos cidadãos adotaram a lei comum avidamente –, a prosperidade floresceu. E onde os genes eram desvantajosos, como no caso da disfuncional tradição de conquista, brutalidade gratuita, fervor religioso e mentalidade rentista baseada em riqueza mineral transitória que os países ibéricos legaram às suas colônias na América, o atraso e a pobreza foram as consequências inevitáveis.

> A ESTRUTURA TRIBAL AFRICANA CONFERE AOS CHEFES PODER EXECUTIVO E JUDICIAL.

Como exemplo extremo dessa condição, a África ao sul do Saara tem ausência quase completa dos quatro fatores. A estrutura tribal africana confere aos chefes poder executivo e judicial. Essa falta de separação entre poderes nega aos países o Estado de direito e a proteção à propriedade de que eles necessitam – ou seja, nega-lhes um Poder Judiciário independente. Se acrescentarmos a essa lastimável mistura o torpor intelectual de uma cultura tradicional e a virtual ausência de mercados de capital, o resultado é uma receita de estagnação econômica. A pobreza resultante deflagra o caos. Que a tragédia do HIV esteja presente com tamanha força no continente economicamente menos avançado do planeta não é uma coincidência.

A África também conta com uma quinta desvantagem. A despeito de sua imensa riqueza mineral, o continente não dispõe de um recurso físico economicamente importante: vias fluviais navegáveis. A costa africana oferece menos abrigo a navios que as costas europeias, e a maioria dos rios do continente tem cataratas, cujas entradas são protegidas por bancos de areia intransponíveis, e não há neve que alimente a corrente para manter a água alta o ano todo, como acontece na Europa, na Ásia e na América do Norte. De modo geral, as vias fluviais africanas só recebem tráfego pesado de transporte na estação chuvosa.

PARA ONDE

Depois que estabelecemos o quadro dos quatro fatores para compreender o crescimento econômico e aprendemos a aplicá-lo a nações e a culturas específicas, o que isso nos diz sobre as perspectivas de prosperidade e democracia continuadas e sobre o estado geopolítico do planeta?

Os quatro fatores estão agora solidamente instaurados nos países desenvolvidos do planeta e seria necessária uma catástrofe devastadora

– capaz de erradicar toda a humanidade – para destruir seus traços.

Não estou exagerando na declaração. Embora a Segunda Guerra Mundial tenha destruído o Japão e a Alemanha fisicamente, suas almas institucionais ocidentalizadas e sua base de conhecimento ficaram incólumes, e suas economias se recuperaram rapidamente. Como vimos nos capítulos 1 e 8, os "milagres econômicos" japonês e alemão não foram só resultado da magnanimidade dos vencedores – a Alemanha exibiu recuperação semelhante depois da Primeira Guerra Mundial e do punitivo Tratado de Versalhes.

A humanidade jamais voltará a perder essas "receitas" institucionais e tecnológicas essenciais. Não há como esquecermos o cimento, que ficou perdido por 13 séculos depois da destruição do Império Romano. Sua fórmula, assim como os projetos de todas as nossas tecnologias essenciais, está difundida entre milhões de pessoas, em livros e em discos rígidos de computador, por isso não é mais possível perdê-los totalmente, como aconteceu com a mais avançada tecnologia civil depois da queda de Roma. Além disso, o Ocidente incorporou de tal modo a base institucional, de sua prosperidade às suas normas comportamentais, que o crescimento continuado se tornou tão inevitável quanto, em última análise, resistente a todas, exceto às mais destrutivas formas de catástrofe. A relação entre crescimento econômico e democracia, desenvolvida no capítulo 10, é profundamente otimista. Se, como sugerem recentes pesquisas sociológicas, a prosperidade é o principal fator desencadeante do desenvolvimento democrático, não só a difusão continuada da democracia liberal será inevitável como a do poder geopolítico que sua máquina de riqueza confere também o será. Isso significa que uma hegemonia relativamente benigna será praticada pelas maiores democracias liberais do planeta. Thomas Friedman, colunista do jornal New York Times, refere-se a isso em tom brincalhão como "a teoria McDonald's da guerra e da paz". Até recentemente, jamais havia ocorrido uma guerra entre dois países nos quais existissem lojas da rede McDonald's de lanchonetes. A globalização tem seu preço, claro. A crescente interdependência do planeta o torna muito mais vulnerável a contágios de toda espécie, sejam sociais, ambientais, financeiros ou microbiológicos.

O capítulo 10 oferece projeção menos otimista para a felicidade cumulativa da humanidade, em um mundo de prosperidade cada vez maior. Mas mesmo os observadores mais cínicos de nossa cultura cada vez mais materialista precisam admitir que as inseguranças e preocupações atuais empalidecem diante das que existiam na vida em nível de subsistência que 99% da humanidade levavam antes de 1820.

Pela primeira vez na história humana, vastas regiões do planeta estão experimentando aumento constante e dramático de riqueza, com a consequente melhora nos padrões de vida. As fontes dessa riqueza – direitos de propriedade garantidos, racionalismo científico, mercados de capital vigorosos e transportes e comunicações modernos – tornaram-se parte tão sólida da vida do Ocidente que sobreviveram com facilidade aos maiores cataclismos do século passado, inclusive nos países ocidentais que sofreram os maiores danos físicos. Para o bem ou para o mal, a raça humana ingressou em uma era na qual o crescimento econômico impulsionado pela inovação tecnológica se tornou protagonista no cenário mundial. Para reescrever o que disse Santayana, aqueles que não aprenderem com a história econômica serão deixados para trás.